高等院校财政金融专业应用型教材

国 际 金 融 学

骆祚炎　编著

清华大学出版社
北京

内 容 简 介

本书分为四部分。第一部分的写作对象是国际收支,属于基础理论。该部分分为 2 章,分别介绍国际收支的概念、国际收支平衡表和国际收支的口径,以及各种国际收支决定理论。第二部分以汇率及其决定理论为写作对象,同样属于基础理论。该部分分为 4 章,介绍汇率的相关概念,并根据货币制度发展的顺序介绍各种汇率决定理论。对汇率决定理论的介绍采取由易到难的顺序进行。第三部分属于提高部分,其写作对象是开放经济条件下的内外均衡实现问题,这是国际金融研究的重要问题和主线。该部分共有 5 章,分别介绍开放经济下的内外均衡分析框架、开放经济下内外均衡的调节机制、开放经济下的政策目标与工具、开放经济下财政与货币政策的有效性,以及开放经济下政策的国际传导机制与国际政策协调。第四部分就国际金融领域的现象和实践进行介绍,包括 4 章,分别介绍国际金融市场与金融风险管理、汇率制度与汇率政策、国际货币体系,以及欧洲货币一体化。

本书可作为高等院校会计、财务、经济、管理等相关专业的高年级本科生、研究生、MBA 课程的教材,也可供相关从业人员参考。

本书封面贴有清华大学出版社防伪标签,无标签者不得销售。
版权所有,侵权必究。举报: 010-62782989, beiqinquan@tup.tsinghua.edu.cn。

图书在版编目(CIP)数据

国际金融学/骆祚炎编著. —北京: 清华大学出版社, 2023.6
高等院校财政金融专业应用型教材
ISBN 978-7-302-63850-6

Ⅰ. ①国… Ⅱ. ①骆… Ⅲ. ①国际金融学—高等学校—教材 Ⅳ. ①F831

中国国家版本馆 CIP 数据核字(2023)第 107705 号

责任编辑: 孟 攀
封面设计: 杨玉兰
责任校对: 徐彩虹
责任印制: 沈 露

出版发行: 清华大学出版社
网　　址: http://www.tup.com.cn, http://www.wqbook.com
地　　址: 北京清华大学学研大厦 A 座　　邮　编: 100084
社 总 机: 010-83470000　　邮　购: 010-62786544
投稿与读者服务: 010-62776969, c-service@tup.tsinghua.edu.cn
质量反馈: 010-62772015, zhiliang@tup.tsinghua.edu.cn
课件下载: http://www.tup.com.cn, 010-62791865

印 装 者: 北京国马印刷厂
经　　销: 全国新华书店
开　　本: 185mm×260mm　　印　张: 18.5　　字　数: 447 千字
版　　次: 2023 年 8 月第 1 版　　印　次: 2023 年 8 月第 1 次印刷
定　　价: 59.00 元

产品编号: 098037-01

前言

国际金融学与宏观经济学有一定的关联，它借鉴了宏观经济学的部分原理、研究手段和视角，扩展了宏观经济学，但又不同于开放宏观经济学，它需要研究开放条件下的货币和金融问题。国际金融学需要研究国际货币体系发展过程中的内外均衡问题，需要研究汇率制度发展及其包含的内外均衡问题，需要研究国际收支及国际收支的决定理论，需要研究汇率及汇率的决定理论，需要研究国际资本流动和国际金融市场的形成与发展。在这些研究对象中，不同条件下的内外均衡实现问题是国际金融学的研究主线。随着改革开放和国内经济的发展，随着各高校专业和课程设置的改革，国际金融学的地位越来越高。

国际金融学是金融学科和财经类非金融学科的一门重要课程。广东财经大学金融学院的左柏云教授在国际金融的教学实践中发挥了重要的引领作用。随着时间的推移，国际金融课程教学队伍越来越稳定，多年的教学实践使教学团队逐渐认识到应该编制一本和我们教学更适应的教材，这个想法得到了左柏云教授和邹新月教授的支持，也得到了广东财经大学和金融学院的支持。2003 年，本校金融学院金融学硕士研究生招生资格获得批准，国际金融学课程教学的重要性上升。2009 年，本校金融学专业被认定为国家级特色专业，国际金融学课程建设得到进一步加强。2011 年，本校金融学院国际金融学课程成为广东省省级精品课程，我们对于教材建设的必要性逐渐达成共识。2019 年，本校金融学院金融学专业成为首批国家一流专业，为了更好地服务金融学国家一流专业的建设，编制一本国际金融学教材更加迫切。2020 年，本校国际金融学课程成为广东省省级一流课程(线下)，为了圆满完成省级一流课程的建设任务，课程团队决定编制一本国际金融学教材。课程团队也希望借助国际金融学教材的编制等课程建设，为冲击国际金融学国家一流课程创造条件。

教材的编写从 2020 年 6 月开始酝酿，经过两年多的时间完成。教材编写的总体方案、规划和组织实施由骆祚炎教授负责。编写大纲由骆祚炎和邹新月教授进行总体设计，经过教材编写组反复讨论后于 2020 年 8 月定稿。第一稿出来后由骆祚炎和潘成夫提出修改意见，第二稿和第三稿均由骆祚炎提出修改意见。编写组委托吴鹏对第三稿进行了两次查重，在查重的基础上进行第四稿写作。第四稿写作过程中强调引入课程思政元素，同时由李亚青负责各章的意识形态审查。编写组将第四稿分别送往复旦大学经济学院杨长江教授和中山大学岭南学院陈平教授进行审阅并提出修改意见。两位教授进行了认真细致的审查，并给出了非常专业的具体修改建议。教材编写组以两位教授的修改意见为基础，进行认真的讨论，确定修改的方向为增强前沿性，并适度增加微观角度的写作，每章都进行了修改，由此形成第五稿。此教材就是在第五稿的基础上形成的。

教材编写组根据国际金融学的知识体系结构和内在的逻辑，并结合多年的教学经验，确定从基础理论开始，然后是提高部分，最后部分为国际金融领域的现象和实践。

具体分工如下：第一章由张春生负责编写；第二章由袁嫄和邹新月负责编写；第三、第七章和第八章由杨亭亭负责编写；第四章、第九章和第十一章由马超负责编写；第五章和第六章由袁际军负责编写；第十章由骆祚炎和邹新月负责编写；第十二章第一～四节由李亚青负责编写，第五节由袁嫣(广东机电职业技术学院)负责编写；第十三章由吴鹏负责编写；第十四章和第十五章由潘成夫负责编写。

本教材是在国际金融学课程团队多年教学的基础上精心编写而成，其体系和内容设计符合本科教学的要求，突出了基础理论和逻辑性强，易被师生接受的特点。同时，教材跟踪国际金融前沿理论和实践，体现了时代性。此外，教材对微观视角的国际金融理论与实践也有所涉及。

在此，对清华大学出版社编辑的辛勤劳动和专业指导表示衷心感谢！由于教材编写组水平有限，教材难免存在缺陷和不足，敬请学界同人批评指正。

编　者

目　　录

第一章　国际收支及相关概念 1

第一节　国际收支与国际收支平衡表 2
- 一、国际收支概述 2
- 二、国际收支平衡表 3
- 三、国际收支平衡表的编制 5

第二节　国际收支几种常用口径分析 8
- 一、国际收支平衡与失衡 8
- 二、国际收支几种常用口径 8

第三节　国际收支的宏观经济分析 10
- 一、封闭经济下的国内生产总值 10
- 二、开放经济下的国民收入与国际收支 11

第四节　国际储备 13
- 一、国际储备概述 13
- 二、国际储备的作用 17
- 三、外汇储备管理 18

本章小结 21
思考题 21

第二章　国际收支决定理论 23

第一节　国际收支弹性分析法 24
- 一、马歇尔-勒纳条件 24
- 二、马歇尔-勒纳条件的应用 25
- 三、毕肯戴克-罗宾逊-梅茨勒条件 27
- 四、本币贬值的时滞效应——J曲线效应 28
- 五、国际收支弹性分析法的政策含义及述评 30

第二节　国际收支乘数分析法 30
- 一、开放经济乘数 30
- 二、调整国民收入对于贸易余额的影响 32
- 三、开放经济的相互依存性对于贬值效果的影响 32
- 四、乘数分析法的政策含义及述评 34

第三节　国际收支吸收分析法 34
- 一、吸收分析法的基本思想 34
- 二、贬值对国民收入水平的影响 35
- 三、贬值对自主吸收的影响 36
- 四、吸收分析法所倡导的政策及评述 37

第四节　国际收支货币分析法 38
- 一、国际收支货币分析法的前提假设 38
- 二、货币分析法对于货币贬值效果的分析 39
- 三、货币分析法对于固定汇率制度下扩张性货币政策效果的分析 39
- 四、货币分析法的政策含义及评述 40

第五节　其他国际收支理论 41
- 一、新剑桥学派关于调节国际收支失衡的观点 41
- 二、国际收支财政分析法 41
- 三、国际收支结构论 42
- 四、国际收支四阶段生命周期理论 43

本章小结 43
思考题 44

第三章　外汇与汇率 45

第一节　外汇与外汇市场 46
- 一、外汇 46
- 二、外汇市场概述 47

第二节　汇率及其标价方法 48
- 一、汇率的概念 48
- 二、汇率的标价方法 48
- 三、汇率的种类 50

第三节　外汇交易 54
　　一、套汇交易 54
　　二、套利交易 56
　　三、远期外汇交易 57
本章小结 57
思考题 58

第四章　金本位制度下的汇率决定理论 59

第一节　货币制度发展阶段与汇率决定 60
　　一、银本位制度 60
　　二、金银复本位制度 61
　　三、金本位制度 62
　　四、信用货币制度 63
第二节　金本位制度下的汇率决定问题 63
　　一、金币本位制度下的汇率决定 63
　　二、金块本位制度与金汇兑本位制度下的汇率决定 64
本章小结 64
思考题 65

第五章　纸币流通条件下的汇率决定理论(上) 67

第一节　一价定律与购买力平价理论 68
　　一、开放经济下的一价定律 68
　　二、购买力平价理论的基本形式 69
　　三、购买力平价理论的检验与评价 71
第二节　利率平价理论 73
　　一、利率平价理论产生的背景 73
　　二、利率平价理论的主要内容 73
　　三、对利率平价理论的评价 76
第三节　国际收支说 77
　　一、国际收支说的早期形式：国际借贷说 77
　　二、国际收支说的基本原理 78
　　三、对国际收支说的简单评价 79
本章小结 80
思考题 80

第六章　纸币流通条件下的汇率决定理论(下) 81

第一节　汇率的弹性价格货币分析法 82
　　一、弹性价格货币分析法的基本模型 82
　　二、嵌入汇率预期后的货币模型 83
　　三、对货币模型的检验与评价 84
第二节　黏性价格货币分析法 85
　　一、超调模型的基本假设 85
　　二、超调模型中的平衡调整过程 86
　　三、对超调模型的评价与检验 88
第三节　资产组合分析法 89
　　一、资产组合分析法的基本模型 89
　　二、资产供给变动与资产市场的短期调整 92
　　三、资产市场的长期平衡 95
　　四、对资产组合分析法的评价 95
第四节　其他汇率决定理论 96
　　一、有效市场假说与理性预期理论 96
　　二、新闻模型与理性投机泡沫模型 97
　　三、汇率决定的混沌分析方法 98
本章小结 99
思考题 99

第七章　开放经济下内外均衡的分析框架 101

第一节　封闭条件下的 IS-LM 模型 102
　　一、封闭经济下的 IS 曲线 102
　　二、封闭经济下的 LM 曲线 102
第二节　开放条件下的 IS-LM-BP 模型 103
　　一、开放经济下的 IS 曲线 103
　　二、开放经济下的 LM 曲线 104
　　三、开放经济下的 BP 曲线 104
本章小结 107
思考题 107

第八章 开放经济下内外均衡的调节机制 109

第一节 固定汇率制度下内外均衡的调节机制 110
　一、内外均衡的含义 110
　二、固定汇率制度下内外均衡调节的一般机制 110
　三、固定汇率制度下,资本完全不流动时内外均衡调节机制 111
　四、固定汇率制度下,资本完全流动时内外均衡调节机制 112
　五、固定汇率制度下,资本不完全流动时内外均衡调节机制 112

第二节 浮动汇率制度下内外均衡的调节机制 113
　一、浮动汇率制度的含义 113
　二、浮动汇率制度下内外均衡调节的一般机制 113
　三、浮动汇率制度下,资本完全不流动时内外均衡调节机制 114
　四、浮动汇率制度下,资本完全流动时内外均衡调节机制 114
　五、浮动汇率制度下,资本不完全流动时内外均衡调节机制 115

本章小结 116
思考题 116

第九章 开放经济下的政策目标与工具 117

第一节 内外均衡冲突概述 118
　一、内部均衡目标与外部均衡目标 118
　二、内部均衡与外部均衡的关系 123
　三、开放经济下内外均衡冲突的根源 124

第二节 调节内外均衡冲突的政策工具与原则 124
　一、开放经济下的政策工具 125
　二、开放经济下的宏观经济政策搭配原则 126

第三节 调节内外均衡冲突的政策搭配原理 129
　一、调节内外均衡冲突的斯旺原理 129
　二、调节内外均衡冲突的蒙代尔原理 132

本章小结 134
思考题 135

第十章 开放经济条件下财政政策与货币政策的有效性 137

第一节 短期内的蒙代尔-弗莱明模型 138
　一、政策有效性的含义与问题的提出 138
　二、短期内的蒙代尔-弗莱明模型的前提条件 139
　三、固定汇率制度下财政政策和货币政策的有效性 139
　四、浮动汇率制度下财政政策和货币政策的有效性 143

第二节 三元悖论及三元悖论"折中化" 147
　一、经典的三元悖论 147
　二、三元悖论的不足 148
　三、三元悖论的改进与新发展:三元悖论的"折中化" 148

第三节 中长期内宏观经济政策的有效性 151
　一、中长期内的 SRAS-LRAS-AD 模型 151
　二、固定汇率制度下财政政策与货币政策的有效性 152
　三、浮动汇率制度下财政政策与货币政策的有效性 153

本章小结 154
思考题 155

第十一章　开放经济下政策的国际传导机制与国际政策协调 157

第一节　开放经济下政策的国际传导机制 158
一、政策的国际传导机制分析 158
二、两国蒙代尔-弗莱明模型简介 160

第二节　固定汇率制度下政策的国际传导效应 161
一、货币政策的国际传导 161
二、财政政策的国际传导 163

第三节　浮动汇率制度下政策的国际传导效应 164
一、货币政策的国际传导机制 164
二、财政政策的国际传导机制 165

第四节　开放经济下政策国际传导的微观机制 167
一、基本假设 167
二、标准模型简介 168
三、标准模型分析结论与政策含义 169
四、标准模型缺陷分析 169

第五节　开放经济下国际政策协调的基本原理 170
一、国际政策协调理论概述 170
二、货币政策的国际协调 172
三、财政政策的国际协调 177
四、贸易政策的国际协调 177
五、金融监管政策的国际协调 179

本章小结 182
思考题 183

第十二章　国际金融市场与金融风险管理 185

第一节　国际金融市场概述 186
一、国际金融市场的概念和特点 186
二、国际金融市场的分类 186
三、国际货币市场 188
四、国际资本市场 188
五、欧洲货币市场 190

第二节　国际金融衍生产品市场 192
一、国际金融衍生产品市场概述 192
二、国际金融衍生产品市场的主要交易品种 193
三、中国金融衍生产品市场的发展 197

第三节　国际资本流动 198
一、国际资本流动的概念 198
二、国际资本流动的类型 198
三、国际资本流动的原因 200
四、国际资本流动的影响 202

第四节　货币危机和债务危机 203
一、货币危机 203
二、债务危机 209
三、货币危机和债务危机的传播 211

第五节　国际金融风险管理手段和政策协调 211
一、货币风险和货币危机防范 211
二、债务风险和国际债务危机防范 212
三、国际资本流动的政策协调 213
四、金融科技与国际金融智能风控管理 213

本章小结 214
思考题 215

第十三章　汇率制度与汇率政策 217

第一节　汇率制度 218
一、汇率制度的概念和分类 218
二、固定汇率制度与浮动汇率制度的优劣比较 220
三、其他汇率制度 222

第二节　汇率制度的选择 227
一、全球汇率制度的分布 228
二、汇率制度的选择理论 231
三、汇率制度的影响因素 231

第三节　政府对外汇市场的干预 232
一、汇率政策的概念与目标 232
二、政府对外汇市场的干预概述 233

第四节 汇率对内部经济的影响 235
　一、汇率政策的调节机制 235
　二、汇率对内部经济的影响机制 236
　三、汇率变动的其他经济效益 239
第五节 人民币汇率制度与人民币
　　　 国际化 239
　一、人民币汇率制度 239
　二、人民币自由兑换 241
　三、人民币国际化 241
本章小结 243
思考题 243

第十四章　国际货币体系 245

第一节 国际货币体系概述 246
　一、国际货币体系的概念 246
　二、国际货币体系的分类 246
　三、国际货币体系的演变历史 247
第二节 国际金本位体系 248
　一、国际金本位制度的内容 248
　二、国际金本位的特点与内外均衡
　　　 目标的实现 249
　三、国际金本位制度的缺陷
　　　 及其崩溃 250
第三节 布雷顿森林体系 251
　一、布雷顿森林体系的建立 251
　二、布雷顿森林体系的主要内容 252
　三、布雷顿森林体系的运作
　　　 与崩溃 253

　四、对布雷顿森林体系的评价 254
第四节 牙买加体系 257
　一、"牙买加协议"的主要内容 257
　二、牙买加体系的特点 258
　三、牙买加体系的作用与缺陷 260
　四、国际货币体系改革 262
本章小结 264
思考题 264

第十五章　欧洲货币一体化 265

第一节 区域货币一体化概述 266
　一、区域货币一体化的概念
　　　 与理论 266
　二、区域货币一体化的实践 266
第二节 最优通货区理论 268
　一、最优通货区的单一分析法 268
　二、最优货币区的综合分析法 270
第三节 欧洲货币一体化 272
　一、欧洲货币一体化的发展历程
　　　 回顾 272
　二、从欧洲货币体系到欧元诞生 274
　三、欧元诞生后的运作 277
本章小结 283
思考题 283

参考文献 284

第一章 国际收支及相关概念

【章前导读】

国际收支是国际金融学最基本的理论问题,是国际金融学的理论基础,也是经济生活中最受关心的概念和主题。随着时代的变迁,国际收支的内涵和外延不断发生变化。本章从国际收支的概念、国际收支平衡表的账户设置与编制、国际收支的常用口径以及中国的国际收支变化情况等方面展开分析。

第一节　国际收支与国际收支平衡表

本节基于国际收支内涵，介绍国际收支平衡表的账户设置，经常账户、资本账户、金融账户、净误差和遗漏的业务内容，并在此基础上以10笔业务为例演示国际收支平衡表的编制方法。

一、国际收支概述

在封闭经济下，本国与国外没有经贸和资金往来；在开放经济下，本国产品出口国外(也从国外进口)，本国居民前往国外旅游(国外居民也到本国旅游)，本国企业赴国外投资(国外企业也来本国投资)，本国居民购买外国证券产品(国外居民也购买本国证券产品)等，一个国家与国际社会有广泛、密切的收支往来。一定的时期内(一个季度、半年、一年)一个国家(或地区)居民与非居民之间经济交易的系统记录，即为一个国家的国际收支。国际收支可从以下方面理解。

(一)记录居民与非居民之间的交易

一项交易是否记录为国际收支，判断依据不是双方的国籍，而是看交易是否发生在居民与非居民之间。居民是指一个国家经济领土内具有经济利益的经济单位(包括自然人、政府、非营利组织、企业四类)，具有经济利益是指经济单位在一个国家经济领土内从事经济活动或交易(或计划如此行事)长达一年或一年以上时间。IMF(International Monetary Fund，国际货币基金组织)规定：自然人居民是指在一个国家居住一年以上的个人(外交使节、驻外军事人员等为驻在国的非居民)；法人居民是指在一个国家从事经济活动的政府机构、非营利组织和企业(跨国公司的母公司、子公司分别为所在国的居民，国际性机构，例如联合国、IMF等，为任何国家的非居民)。一个国家的公民长期在他国居住生活，为本国的非居民，他国公民长期在本国居住生活，则视为本国居民。

(二)记录对象为居民与非居民之间的交易，而非仅限于收付

国际收支记录采用权责发生制，而非收付实现制。交易包括发生货币收支的国际往来、未发生货币收支的国际往来，未发生货币收支的国际往来需要折算成货币加以记录。交易可以具体划分为六类：①金融资产与商品劳务之间的交换，即以货币为媒介的商品劳务买卖；②商品劳务与商品劳务之间的交易，即物物交易；③金融资产与金融资产之间的交换，例如人民币对外直接投资(付出人民币获取境外企业股权)、在伦敦发行人民币债券(境外非居民让渡人民币获取人民币债券)；④无偿的单向商品劳务转移，例如工程无偿援建、实物捐赠等；⑤无偿的单向金融资产转移，例如侨汇、外汇捐赠等；⑥商品劳务、金融资产未发生流动的交易，例如债务免除、境外收益再投资。

(三)是对一段时间内交易流量的事后统计

国际收支是对一段时间内(一个季度、半年、一年)居民与非居民之间发生的交易量进行

记录，是一个流量概念。

二、国际收支平衡表

企业某个时点的资产负债存量、某个时期内的交易流量可以编制资产负债表、损益表加以记录和反映，一个国家在一定的时期内居民与非居民的经济交往流量、某个时点的对外资产负债存量，则可编制国际收支平衡表、国际投资头寸表加以记录和反映[①]。国际收支平衡表是指对一个国家在一定时期内(一个季度、半年、一年)居民与非居民的经济交往业务，以复式记账原理记入特定账户后汇总编制的反映一个国家的国际收支状况的会计报表。

在《国际收支和国际投资头寸手册》(第六版)中，国际收支平衡表设置四个一级账户，即经常账户、资本账户、金融账户、净误差与遗漏，经常账户、资本账户、金融账户下又设置了若干明细账户，如图1-1所示。

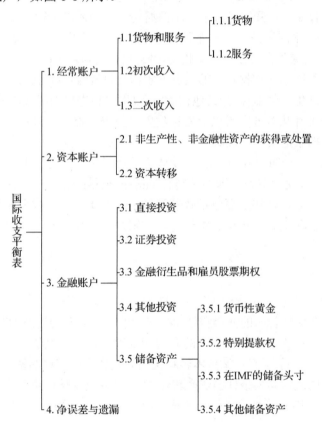

图1-1 国际收支平衡表

---

① 2009年IMF发布《国际收支和国际投资头寸手册》(第六版)，国际收支平衡表、国际投资头寸表、对外金融资产负债其他变化所构成的国际账户体系完整反映了居民与非居民之间的经济关系。对外金融资产负债其他变化记录国际收支以外的引起国际投资头寸变化的各种因素，例如汇率变化、债务注销、居民移居境外等国际收支平衡表没有记录的流量变化，国际收支平衡表、对外金融资产负债其他变化的加总得出国际投资头寸表的调整。

1. 经常账户

经常账户也称为经常项目，主要记录国际间实际资源的流动，包含货物与服务、初次收入、二次收入三个账户。

(1) 货物与服务(goods and services)。此账户分为货物、服务两个项目。①货物(goods)。货物也称有形贸易(visible trade)，是经常账户甚至整个国际收支最重要的科目，反映一个国家产品的国际竞争力，记录一个国家的货物的进口和出口。IMF 规定，进出口商品以离岸价格(FOB)计值，保险费、运输费从中剔除，计入劳务项下。②服务(services)。服务又称为无形贸易(invisible trade)，记录劳务的进出口，反映了一个国家服务业的国际竞争力，包括加工服务、维护维修服务、运输、旅行、建设、保险和养老服务、金融服务、知识产权使用费、电信计算机和信息服务等。

(2) 初次收入(primary income)。初次收入是指对生产过程的贡献、提供金融资产、出租自然资源而获得的收益。在开放经济下，本国居民可以受雇国外赚取收入(外国居民也可以受雇国内取得收入)，本国居民可以向外无偿转移财富(外国居民也可以对内无偿转移财富)，本国可以向境外投资(国外也可以对本国投资)引起投资收益内流(投资收益外流)。如此，初次收入包含上述三种情形下的收入：①雇员报酬；②投资收益(直接投资、证券投资、其他投资、储备资产所产生的收益)；③其他初次收入(生产和进口的税收与补贴、租金)。该账户记录居民与非居民互从对方取得以上三种收入。投资损益不记录在该账户，由交易引起的已经实现的投资损益记录在金融账户。

(3) 二次收入(secondary income)。二次收入是指转移支付这种收入再分配而获得的收入——不对等偿付的单方面转移，即经常转移(current transfer)，分为政府单方面转移、私人单方面转移。政府单方面转移主要包括政府间经济和军事援助、战争赔款、捐赠等。私人单方面转移主要有侨民汇款、年金、赠予等。该账户记录居民与非居民互从对方获得的转移收入。

2. 资本账户

资本交易与金融交易不同，资本账户(也称为资本项目)用于记录居民与非居民间的资本转移、非生产性非金融性资产的获得和处置，包含非生产非金融资产的获得与处置①、资本转移两部分。①非生产性非金融性资产的获得和处置，包括向大使馆出售土地、无形资产转让(许可证、专利、商标等)等；②资本转移是指固定资产所有权的资产转移、与固定资产收买或放弃相联系的或以其为条件的资产转移(非人寿保险索赔)、债权人不索取任何回报而豁免的债务，资本转移最重要的特征是转移引起一方或双方资产存量的对等变化，但对任何方的储蓄无影响②。

3. 金融账户

金融账户记录金融资本在居民与非居民间的交易和流动，反映一个国家对外金融资产

---

① 生产性资本(例如机器设备)放在货物交易中。
② 经常转移与资本转移相对应，资本转移以外的转移都为经常转移，经常转移直接影响可支配收入及商品服务的消费，即经常转移降低了捐赠者的收入和消费，提高了接受者的收入和消费。

和负债所有权变更的交易。《国际收支和国际投资头寸手册》(第六版)将金融账户分为五个子账户：直接投资、证券投资、金融衍生品和雇员股票期权、其他投资、储备资产。

(1) 直接投资(direct investment)。直接投资的目的是为取得非居民企业的经营管理控制权，对企业经营管理施加相当影响以便获取长期利益，包括在国外投资新建企业、购买非居民企业一定比例的股份(IMF 规定最低比例为 10%)、利润再投资三种形式。该账户记录居民与非居民之间以上三种投资情形。

(2) 证券投资(portfolio investment)。用于记录居民与非居民互相购买对方发行的股票、债券、基金等证券产品。当持有一家企业股票达到一定的比例(IMF 规定 10%以上，我国规定 25%以上)时，则转记为直接投资。

(3) 金融衍生品和雇员股票期权。用于记录居民与非居民之间互相投资金融衍生品及为雇员提供股票期权的情形。

(4) 其他投资(other investment)。其他投资项目范围广泛，包括其他权益投资、货币和存款、贷款、贸易信贷等，该账户记录居民与非居民互相提供以上方式融资的情形。

(5) 储备资产(reserve assets)。储备资产又称为国际储备，指货币当局持有的用于维护国际收支平衡及汇率稳定的对外资产，包括外汇储备、在 IMF 的储备头寸、特别提款权(special drawing right)、货币性黄金。该账户记录储备资产的增加及减少。

4. 净误差与遗漏

根据复式记账原理，每笔交易的借方和贷方恒等，因此经常账户、资本账户、金融账户的贷方总额与借方总额也必然相等。但国际经济交易统计数据来源不一(有的数据来自外汇管理部门，有的数据来自海关)，还有一些人为因素(例如保密、虚报进出口)，使数据在一定的程度上失真，导致借方总额与贷方总额无法平衡，为此人为设置"净误差与遗漏(net errors and omissions)"账户，以便抵消统计偏差，使借方发生额恒等于贷方发生额。

三、国际收支平衡表的编制

(一)复式记账

国际收支平衡表的编制采用复式记账法，每一笔交易都做两笔金额相等、方向相反的记录，不论对实际资源还是金融资产，借方记录资产(资源)持有量的增加，贷方记录资产(资源)持有量的减少，各账户借贷方记录的内容如表 1-1 所示。

国际收支平衡表的记账日期基于权责发生制原则，以所有权变更日期为准，即以债权债务发生时间为记录时点，一般商品在货物通关时记录，对外金融资产负债交易在交易主体进行账务处理时记录。延期付款进口货物，应该借记进口、贷记其他投资。对外提供劳务但未收款，应该贷记劳务、借记其他投资。对外债务引起未支付利息，则应该贷记其他投资、借记初次收入。

(二)记账货币

国际收支需要以某种货币记账，记账货币既可以是本国货币，也可以是非本国货币，美元是通用的国际收支记账货币。我国长期以美元记账编制国际收支平衡表，2010 年、2016

年起分别编制以人民币、特别提款权记账的国际收支平衡表。

表 1-1　国际收支平衡表账户借方与贷方记录的业务

账　户		贷方(+)	借方(-)
经常账户	商品与服务	出口	进口
	初次收入	收入流入	收入流出
	二次收入		
资本账户	非生产性、非金融资产的获得与处置	资产处置	资产获得
	资本转移	资产转入	资产转出
金融账户	直接投资	资本流入	资本流出
	证券投资		
	金融衍生品和雇员股票期权		
	其他投资		
	储备资产	储备资产减少	储备资产增加
净误差与遗漏	净误差与遗漏	以上借方总额大于贷方总额时	以上贷方总额大于借方总额时

(三)编制实例

下面以 A 国 10 笔业务为例编制国际收支平衡表,做会计分录时仅使用三级账户,不列出更明细的账户。

1. A 国企业出口商品 100 万美元,企业收到 100 万美元并存入银行。

　　借:其他投资　　　　　　100 万美元
　　　贷:商品　　　　　　　100 万美元

2. A 国居民去国外旅游花了 1 万美元,从自己的外汇存款账户中取款支付。

　　借:服务　　　　　　1 万美元
　　　贷:其他投资　　　　1 万美元

3. A 国企业收到 B 国企业支付的红利 50 万美元,并存入银行。

　　借:其他投资　　　　　　50 万美元
　　　贷:初次收入　　　　　50 万美元

4. A 国政府向 B 国捐赠一批价值 100 万美元的生活物资及 50 万美元。

　　借:二次收入　　　　　　150 万美元
　　　贷:商品　　　　　　　100 万美元
　　　　储备资产　　　　　　50 万美元

5. A 国企业在海外投资获得利润 150 万美元,其中 100 万美元用于再投资,50 万美元用于购买原材料运回国内。

　　借:商品　　　　　　　　50 万美元
　　　直接投资　　　　　　100 万美元
　　　贷:初次收入　　　　　150 万美元

6. A 国企业以账上的 200 万美元存款购买 B 国的国债。
   借：证券投资　　　　　　200 万美元
       贷：其他投资　　　　　　200 万美元
7. A 国组织国际劳务输出，取得收入 20 万美元，并汇回国内。
   借：其他投资　　　　　　20 万美元
       贷：初次收入　　　　　　20 万美元
8. A 国企业投资 B 国债券 100 万美元，现将其抛售，100 万美元出售给央行。
   借：储备资产　　　　　　100 万美元
       贷：证券投资　　　　　　100 万美元
9. A 国企业将一项专利转让给 B 国企业，获得 50 万美元。
   借：其他投资　　　　　　　　　　　　50 万美元
       贷：非生产性、非金融性资产的获得或处置　　50 万美元
10. A 国企业将一套价值 100 万美元的机器设备投资于 B 国企业股权。
    借：直接投资　　　　　100 万美元
        贷：商品　　　　　　　100 万美元

将以上 10 笔业务的会计分录记入相关账户，得到 A 国一定时期的国际收支平衡表(见表 1-2)。

表 1-2　A 国国际收支平衡表　　　　　　　　　单位：万美元

	贷方(+)	借方(-)
1. 经常账户	520	201
1.1 货物和服务	300	51
1.1.1 货物	100+100+100	50
1.1.2 服务		1
1.2 初次收入	50+150+20	
1.3 二次收入		150
2. 资本账户	50	0
2.1 非生产性非金融性资产的获得或处置	50	
2.2 资本转移		
3. 金融账户	351	720
3.1 直接投资		100+100
3.2 证券投资	100	200
3.3 金融衍生品和雇员股票期权		
3.4 其他投资	1+200	100+50+20+50
3.5 储备资产		
3.5.1 货币性黄金		
3.5.2 特别提款权		
3.5.3 在 IMF 的储备头寸		
3.5.4 其他储备资产	50	100
4. 净误差与遗漏		

表 1-2 中，经常账户贷方 520 万美元，借方 201 万美元，资本账户贷方 50 万美元，借方为 0，金融账户贷方 351 万美元，借方 720 万美元，经常账户、资本账户、金融账户贷方总额 921 万美元，借方总额 921 万美元，借贷总额相等，不需要净误差与遗漏项目冲抵平衡。

值得注意的是，国际收支平衡表的借方恒等于贷方(加上净误差与遗漏)，国际收支总是平衡的，但这种平衡仅是事后的统计平衡，并没有经济意义。现实中各国关注对象是国际收支结构，主要针对某个或某几个特定账户，通过其借贷差额分析国际收支结构的合理性，并由此作出相应的政策调整。

第二节 国际收支几种常用口径分析

国际收支平衡表可用以分析一个国家国际收支的整体与结构问题。本节先厘清国际收支平衡与失衡的理论含义，然后介绍贸易差额、经常账户差额、金融账户差额、基本账户差额、综合差额五个测度口径，以 2020 年国际收支平衡表计算以上五个口径，并通过对比 2010 年、2020 年国际收支平衡表来考察我国国际收支发展变化。

一、国际收支平衡与失衡

根据交易动机，国际经济交易可以分为自主性交易(autonomous transactions)和补偿性交易(compensatory transactions)。自主性交易(也称为线上交易)是指居民与非居民基于某种目的(例如追求利润、去国外旅游、向国际社会提供救助等)而从事的交易。补偿性交易(也称为线下交易)是指官方为了弥补国际收支不平衡而采取的补救性交易(为了弥补收支逆差，官方向外国政府或国际金融机构借款、动用官方储备等)。

自主性交易的贷方减借方的差额称为国际收支差额。自主性交易差额为零，表明国际收支平衡，差额为正表明国际收支顺差，差额为负表明国际收支逆差。国际收支顺差、国际收支逆差统称国际收支不平衡。国际收支不平衡时，官方需要采取补偿性交易来平衡国际收支，收支顺差时增加国际储备(资本流出)，收支逆差时需要向外借款(资本流入)或耗用官方储备，以便使借贷方发生额相等。

以自主性交易借贷额相等与否判断国际收支是否平衡，理论上可行，但不具有操作性，在概念和统计上难以精确区分自主性交易和补偿性交易，且这种平衡为国际收支的整体平衡。各国都将国际收支平衡作为重要宏观政策目标，但整体借贷平衡没有经济意义，要关注国际收支结构，对国际收支平衡表进行结构分析，观察某个特定账户、某些特定账户是否平衡，并根据局部借贷差额、结构性平衡(不平衡)采取相应的调整措施。

二、国际收支几种常用口径

(一)贸易差额

贸易差额(trade balance)是指在一定的时期内货物和服务的进出口差额，出口大于进口称为贸易顺差或贸易盈余(trade surplus)，进口大于出口称为贸易逆差或贸易赤字(trade deficit)。货物与服务贸易在国际收支中占有非常重要的地位和相当的比重，贸易差额可以作为国际收支的近似代表,是衡量一个国家的实际资源转让、实际经济发展水平的重要依据,综合反映一个国家的产业结构、产品质量和劳动生产率状况,直接体现了一个国家的产品的国际竞争力。

(二)经常账户差额

经常账户差额(current account balance)为贸易差额、初次收入差额、二次收入差额的加总,其中贸易差额为主要构成。贷方大于借方为经常账户顺差或经常账户盈余,此时要通过资本流出(私人增加境外投资、官方增加储备资产)来平衡国际收支。借方大于贷方为经常账户赤字或经常账户逆差,此时要通过资本流入、耗用官方储备或两者结合来平衡国际收支。经常账户收支是一个国家国际收支最重要的部分,综合反映了其三大产业的国际竞争力、一定时期的进出口状况(包括劳务、保险、运输、金融等)以及对外投资的收益状况,充分展现了该国实体经济的国际竞争力。经常账户差额还是一个国家制定国际收支政策和产业政策的重要依据。如果一个国家经常账户出现逆差,那么该国可以采取汇率贬值、实施紧缩性财政货币政策、发展出口导向型产业等措施来改善经常账户收支。IMF 非常关注成员国的经常账户收支,通过该指标评估成员国的经济健康状况。

(三)金融账户差额

资本账户借贷发生额很小,可以忽略不计。国际收支借方恒等于贷方,假设统计数据不存在错漏(净误差与遗漏为 0),则经常账户差额+金融账户差额=0,经常账户差额通过金融账户差额(financial account balance)的冲抵使国际收支保持平衡。经常账户逆差需要通过金融账户盈余提供融资,经常账户顺差需要通过金融账户赤字为盈余资金提供出路,即金融账户逆差额=经常账户顺差额,金融账户顺差额=经常账户逆差额。除了金融账户总体差额,还需要考虑剔除储备资产变动的非储备性质的金融账户差额。非储备性质的金融账户差额为私人交易引发的差额,可以归为金融账户的自主性交易,其加上官方处理储备资产的补偿性交易(官方借入较小,在此忽略)后,就为金融账户差额,非储备性质的金融账户差额+补偿性交易差额=金融账户差额。

在金融市场开放环境下,金融账户不再被动地为经常账户逆差提供融资服务或为经常账户盈余资金提供出路,金融账户下的资金流动受利率、汇率、风险等因素的影响而具有自身的运动规律,其在很大程度上独立于经常账户差额,金融账户收支不再依附于经常账户收支。相反,金融账户收支反过来影响经常账户收支,金融账户下大规模资金流入引起红利、利息对外支付增加,会减少经常账户顺差,大规模资金流出引起投资收益流入增加,从而改善经常账户收支。

(四)基本账户差额

基本账户差额为经常账户差额与长期资本账户(直接投资、证券投资、金融衍生品、其他投资中期限在一年以上的投资)差额的加总。相比短期资本,长期资本更为稳定,对流出国和流入国的宏观经济及金融市场冲击较小,其流出与流入更能反映一个国家国际经济往来中的基本收支状况,很多国家(尤其是长期资本流出与流入规模较大的国家)都将基本账户差额作为国际收支状况的重要观测指标。

在金融市场高度一体化的条件下，国际资本流动规模不断扩大，资本流动的方向逆转性和期限易变性越来越高，证券投资、金融衍生品、其他投资中期限在一年以上的投资往往易变为短期投资，例如购买一个国家的股票、中长期债券后，刚开始想长期持有，但因为资金回笼、证券发行国经济恶化或出现更好的投资机会，持有不满一年就抛售了，起初的长期投资变成了短期投资。另外，短期资本也可能具有稳定性，而具有长期投资性质，例如境外投资者长期持有本国一定规模的短期债券，或本国长期持有一定规模的境外短期债券，这部分短期投资相当于长期投资。由于长短期投资很容易互相转化，所以基本账户差额反映国际收支的准确性有一定的偏差，各国报送给 IMF 的国际收支平衡表也没有区别长期资本与短期资本。

(五)综合差额

综合差额是指经常账户差额与金融账户中直接投资、证券投资、金融衍生品、其他投资四者借贷差额的加总，即国际收支剔除储备资产后的借贷方差额，也为基本账户差额与短期资本流动差额的加总。综合账户贷方(借方)=经常账户贷方(借方)+资本账户贷方(借方)+非储备性质的金融账户贷方(借方)。

综合差额盈余时，需要通过增加官方储备(资本外流)来平衡国际收支；综合差额赤字时，需要通过减少官方储备、借入储备货币(资本内流)以便平衡收支。综合差额反映了国际收支对一个国家储备造成的调整压力，特别是面临较大逆差时，需要耗用较多国际储备(或借入大量资本)才能抵补。综合差额反映了一个国家自主性交易的收支状况，是全面衡量、反映一个国家国际收支的指标，通常所说的国际收支盈余或赤字即指综合差额盈余或赤字。

在固定汇率制下综合差额直接影响一个国家汇率变动方向，综合差额盈余时，外汇资金流入使官方储备增加，引起本币升值。综合差额赤字则引起储备资产流出，导致本币贬值，严重情况下甚至引发金融危机。在浮动汇率制下，综合差额对汇率的影响程度有所减弱，不如固定汇率制下影响那么直接和强烈[①]。

案例分析：中国的国际收支

第三节 国际收支的宏观经济分析

通过宏观收入核算分析，本节从理论上解释经常账户失衡的原因。首先介绍封闭经济下的 GDP 核算，然后介绍开放经济下的 GDP、GNI[②]核算及两者的关系，在此基础上分析贸易收支、经常账户收支与投资-储蓄的关系，经常账户收支与总收入-总吸收的关系。

一、封闭经济下的国内生产总值

在封闭经济下，存在家庭、厂商、政府三类经济主体，本国与外国没有贸易和资金往

---

① 固定汇率制、浮动汇率制在第十三章重点讲述。
② 1993 年联合国将国民生产总值(gross national product，GNP)改称国民总收入(gross national income，GNI)。

来，生产的商品和服务都供给国内消费者，商品和服务需求也都由本国厂商生产或提供。从支出法角度核算，国内生产总值(Y)由消费(C)、投资(I)、政府支出(G)组成。从收入法角度核算，国内生产总值由消费(C)、储蓄(包含居民储蓄S_I、厂商储蓄S_P)、净税收(T)构成。

$$Y = C + I + G \tag{1-1}$$

$$Y = C + S_I + S_P + T \tag{1-2}$$

对两式进行整理，$Y = C + I + G = C + S_I + S_P + T$，$I = S_I + S_P + (T - G)$，得$I = S_I + S_P + S_G$，其中$S_G$为政府储蓄。居民储蓄、厂商储蓄、政府储蓄三者加总为总储蓄(S)，$S = S_I + S_P + S_G$。如此，在封闭经济下国民储蓄恒等于投资：

$$I = S \tag{1-3}$$

二、开放经济下的国民收入与国际收支

(一)开放经济下的国内生产总值

在开放经济下，扩展为家庭、厂商、政府、国外部门四类主体，本国产品和服务可以销往国外，本国也可以从国外进口产品和服务，用于家庭消费(例如国外高档汽车)、企业投资(例如机器设备)、政府支出(例如购买武器)。本国产品和服务销售至国外(出口，其值设为X)，与在国内销售效果一致，可以增加国民收入。本国从国外购买产品和服务，因为其生产或提供不在国内，所以不构成本国的生产总值。

$$Y = (C - C_F) + (I - I_F) + (G - G_F) + X \tag{1-4}$$

式中，C_F、I_F、G_F为消费、投资、政府支出中从国外进口的部分，三者加总即为总进口(M)，上式整理为$Y = C + I + G + X - (C_F + I_F + G_F)$，得

$$Y = C + I + G + (X - M) \tag{1-5}$$

式(1-5)表明，在一定的时期内，国内生产总值为消费、投资、政府购买支出、净出口($X-M$)的总和。净出口即为贸易余额$TB = X - M$，贸易余额既可能为正(贸易盈余)，也可能为负(贸易赤字)。

(二)开放经济下的国民总收入

国内生产总值(GDP)是指一个国家(或地区)在一定的时期内所生产的最终产品和服务的市场总值，上述已分析封闭经济和开放经济下的GDP核算。GDP是根据地域进行核算的，本国居民在境外从事生产活动所创造的价值不包含在内，而国外居民在本国境内创造的价值则包含在内。如此还可从国民角度进行核算，国民总收入(GNI)是指在一定的时期内一个国家(或地区)生产要素所有者所占有的最终产品和服务的总价值，为一定的时期内该国(或地区)所有常住单位初次收入分配的最终结果。本国国民除了从上述消费、投资、政府支出、净出口四个渠道获取收入，还可以从以下途径取得要素收入(提供劳动、资本、土地等有形资产、专利等特许使用权所取得的收入，包括薪酬、利润、股息、利息、租金、特许使用费、转让费等)：①本国国民受雇国外获得收入，外国国民也可以受雇国内取得收入，两者相减即为本国国民从国外取得的净工资收入(W_F)；②本国政府和国民向外无偿转移财富，外国政府和国民也可能对本国无偿转移财富，两者之差为本国从国外获得的国际净转移支付(TR_F)；③本国向境外直接投资、购买外国债券、对外贷款等，即本国储蓄转移至国外，同

时国外对境内直接投资、购买国内债券、对本国提供贷款等，即国外储蓄转移至本国，两者相减为本国从国外获得的净储蓄(国外净流入，S_F)；④本国储蓄向国外转移，带来利息、红利、租金的流入，国外储蓄流入国内，引起利息、红利、租金的流出，利息、红利、租金的流入减去利息、红利、租金的流出为本国从国外取得的净投资收益 r_F。本国国民受雇国外所得收入+外国政府和国民对本国的无偿转移+国外流入的利息、红利、租金=本国国民从国外获得的要素收入，外国国民受雇国内取得的收入+本国对外国的无偿转移+本国流出的利息、红利、租金=外国国民从本国获得的要素收入，本国国民从国外获得的要素收入-外国国民从本国获得的要素收入=本国从国外获得的净要素收入(NFP)，NFP 既可能为正，也可能为负。

如此，GNI = GDP +本国国民从国外获得的要素收入-外国国民从本国获得的要素收入，即 GNI = GDP + NFP。

$$GNI = GDP + (W_F + TR_F + r_F) = GDP + NFP \tag{1-6}$$

(三)宏观经济分析

1. 经常账户与投资-储蓄

如果一个国家与他国只有贸易往来，不与他国互相取得工资收入、互相无偿转移、互相支付收益，或者三者加总等于 0，那么一个国家从国外取得净要素收入为 0，此时 GDP=GNI，分别从支出法、收入法角度核算为

$$C + I + G + (X - M) = Y = C + S_I + S_P + T^{①} \tag{1-7}$$

整理得
$$X - M = (S_I + S_P + S_G) - I = S - I \tag{1-8}$$

式(1-8)表示，在开放经济条件下储蓄并不必然等于投资，储蓄与投资决定了一个国家的贸易余额，储蓄大于投资产生贸易盈余，储蓄小于投资产生贸易赤字。

如上所述，一个国家与国际社会的联系越来越紧密，除了贸易往来，国民与非国民之间还互相取得工资收入、互相无偿转移、互相支付投资收益。此时，一个国家的储蓄总量包含家庭、企业、政府、国外四个部门的储蓄(国外资金净流入增加了国内可用资金量和储蓄量)，即使总储蓄中要增加国外净流入资金 S_F。根据 GDP=GNI-国外取得的净要素收入 $(W_F + TR_F + r_F)$，则有

$$C + I + G + (X - M) = Y = C + (S_I + S_P + S_F) + T - (W_F + TR_F + r_F) \tag{1-9}$$

$$(X - M) + (W_F + TR_F + r_F) = (S_I + S_P + S_G + S_F) - I \tag{1-10}$$

$(X - M) + (W_F + TR_F + r_F)$ 为经常账户收支 CA，$(S_I + S_P + S_G + S_F)$ 为总储蓄 S，如此

$$CA = S - I \tag{1-11}$$

式(1-11)表明，经常账户收支由本国储蓄-投资决定，储蓄大于投资，经常账户盈余；储蓄小于投资，经常账户赤字。或反过来说，当国内储蓄超过本国投资需求时，可以通过经常账户盈余[式(1-11)左边为正]向境外输出资本(S_F 为负)方式，使储蓄降至投资需求水平。当国内储蓄低于投资需求时，可以通过经常账户赤字[式(1-11)左边为负]或利用国外资本(国外资本净流入，S_F 为正)方式弥补储蓄缺口。式(1-11)可以解释中国经常账户持续顺差及美国经常账户长期逆差的原因，中国经常账户持续顺差在很大程度上是中国高储蓄率导致的(S_I 很

---

① 本来应该加上 NFP，这里 NFP=0。

大),而美国经常账户长期逆差则是因为长期财政赤字及家庭低储蓄率(S_I、S_G较小)所致。

2. 经常账户与总收入-总吸收

$Y = C + I + G + (X - M)$ 中的 Y 为一个国家的总产出,即 GDP。根据式(1-6),GNI=GDP+本国国民从国外获得的要素收入-外国国民从本国获得的要素收入,GNI $= \mathrm{GDP} + (W_F + \mathrm{TR}_F + r_F)$,则

$$\mathrm{GNI} = C + I + G + (X - M) + (W_F + \mathrm{TR}_F + r_F) \tag{1-12}$$

整理得

$$(X - M) + (W_F + \mathrm{TR}_F + r_F) = \mathrm{GNI} - (C + I + G) \tag{1-13}$$

$(X - M) + (W_F + \mathrm{TR}_F + r_F)$ 为经常账户收支 CA,$C + I + G$ 为国内对商品和服务的购买总量,即国内总需求或国内总吸收(A),如此

$$\mathrm{CA} = \mathrm{GNI} - A \tag{1-14}$$

式(1-14)表示,经常账户收支取决于国民总收入与国内总吸收,国民收入大于国内吸收,经常账户实现顺差;国民收入小于国内吸收,则经常账户逆差。要改善经常账户逆差,一方面可以增加国民收入,使收入增量大于吸收增量;另一方面可以减少国内吸收,使吸收减量大于收入减量,或者增加收入的同时减少国内吸收。要缩减经常账户盈余,则采取反向政策。

第四节 国 际 储 备

本节先简介国际储备、借入储备、国际清偿能力的概念内涵,分析国际储备的主要作用,再在此基础上介绍国际储备管理,包括国际储备数量管理与结构管理(币种管理、流动性管理),重点内容为储备管理时需要考虑的相关因素。

一、国际储备概述

上述国际收支平衡表分析表明,综合收支全面反映了一个国家的国际收支状况,综合收支顺差或逆差需要调整储备资产进行冲抵平衡,储备资产是国际收支不平衡的缓冲器,可以减缓国际收支失衡带来的不利冲击。

(一)国际储备的构成

国际储备(international reserve)是指货币当局持有的可随时用来支付国际收支差额、干预外汇市场的资产,具有可得性、流动性、普遍接受性三个特征。①可得性是指当局可以随时、方便地动用该资产;②流动性是指储备资产的变现能力,动用时能迅速转换为支付手段;③普遍接受性是指该类资产为国际社会普遍接受,用于国际偿付时不会被拒收。从国际收支平衡表可以看出,国际储备包含货币性黄金、特别提款权、在 IMF 的储备头寸、外汇储备。

1. 货币性黄金

货币性黄金(monetary gold)是指货币当局作为金融资产所持有的黄金,非货币用途的黄金(货币当局持有的作为商品用途的黄金、私人所持有的黄金)不在此列。金本位制下黄金是

最重要的国际储备,1976 年《牙买加协议》废除了黄金官价,黄金与国际货币制度和各国货币脱钩,不再成为货币制度的基础,也不能直接用于政府间清算,但 IMF 统计和公布成员国国际储备时,仍然将货币性黄金计入。作为国际储备的黄金不能直接用于国际偿付,要先将其出售换取所需外汇后再进行支付。从这个角度看,黄金并不是真正意义上的国际储备,只是潜在的国际储备。

IMF 公布成员国货币性黄金有三种方法:公布数量(以盎司为单位),按每盎司 35 特别提款权公布黄金储备的金额,按年底或年平均市场行情公布黄金储备的市值。

2. 特别提款权

特别提款权(special drawing right,SDR)是指 IMF 创设的、根据缴纳份额无偿分配给成员国政府的、可用以归还 IMF 贷款和成员国政府间偿付的一种账面资产。IMF 分配的、尚未使用的特别提款权贷方余额,政府当局可以用于偿付 IMF 或他国政府,因此构成国际储备的一部分。与其他储备资产相比,特别提款权具有以下特征:①不具有内在价值,是 IMF 人为创设的、纯粹的记账单位;②不像黄金、外汇那样通过贸易或非贸易交易取得,也不像 IMF 储备头寸那样以所缴份额为基础,而是 IMF 按成员国所缴份额无偿分配给成员国;③只能在 IMF 和成员国政府间使用,私人企业不得持有和使用,不能直接用于非官方的贸易或非贸易支付,用途严格限定。

IMF 于 1969 年创设 SDR,1970 年按认缴份额首次分配给成员国,至 2021 年 3 月累计分配 2 041.97 亿单位。创设之初 1 SDR= 1 美元,即 35 SDR=1 盎司黄金,即 SDR 由黄金定值。1974 年 7 月 1 日起 SDR 定值与黄金脱钩,定值标准改为一篮子货币(16 种货币)。1980 年 9 月 18 日起改由美元、英镑、德国马克、日元、法国法郎 5 种货币定值。2005 年 12 月 30 日起由美元、欧元、英镑、日元 4 种货币定值,4 种货币的权重分别为 44%、34%、11%、11%,2010 年权重调整为 41.9%、37.4%、11.3%、9.4%。2015 年 11 月 30 日 IMF 宣布将人民币纳入 SDR 货币篮子,2016 年 10 月 1 日起由美元、欧元、人民币、英镑、日元 5 种货币定值,权重分别为 41.73%、30.93%、10.92%、8.33%、8.09%。自 2022 年 8 月 1 日起,美元、欧元、人民币、日元和英镑在 SDR 中的权重分别为 43.38%、29.31%、12.28%、7.59% 和 7.44%。

SDR 的用途有:以划账形式换取其他可兑换货币,清偿与 IMF 之间的债务,缴纳 IMF 的份额,向 IMF 捐款或贷款,作为本国货币汇率的基础、成员国之间互惠信贷协议货币、IMF 的记账单位,充当成员国储备资产。

3. 在 IMF 的储备头寸

在 IMF 的储备头寸是指成员国在 IMF 普通账户上可以自由提取用以国际偿付的资产,主要为 IMF 所缴份额中的非本币缴纳部分。IMF 类似于股份性质的互助会,成员国加入时需要缴纳一定的份额,其中 25%的份额以黄金、国际货币或 SDR 缴纳,其余 75%的份额以本币缴纳。当成员国国际收支出现困难时,可以以本币作为抵押向 IMF 申请借用可兑换货币,贷款额度分为五档(25%、50%、75%、100%、125%),贷款条件逐档严格。第一档贷款数量等于成员国缴纳的储备资产(又称为"储备档"贷款),因此申请条件最宽松,不需要 IMF 批准,可以随时以本币购买(在规定期限内再购回本币),因此该部分储备头寸可以视为成员国的国际储备。

第一章　国际收支及相关概念

4. 外汇储备

外汇是指一个国家拥有的以外币表示的资产①。外汇储备(foreign exchange reserve)是指货币当局持有的外汇资产,包括货币与存款、证券等。黄金产量有限,SDR 分配规模很小,外汇储备为全球国际储备的主体,2020 年 12 月全球外汇储备价值 126 988 亿美元,远高于货币性黄金和特别提款权规模。2010—2020 年全球外汇储备规模如表 1-3 所示。

表 1-3　2010—2020 年全球外汇储备规模　　　　　　　　　　　　单位:亿美元

2010年	2011年	2012年	2013年	2014年	2015年	2016年	2017年	2018年	2019年	2020年
92 654	102 048	109 509	116 973	116 058	109 320	107 257	114 574	114 362	118 270	126 988

注:为每年年末数据,来源于 IMF 网站。

充当国际储备的货币应该具备以下特征:①可以自由兑换成其他货币;②内在价值相对稳定;③为国际社会普遍接受,广泛充当国际计价、媒介、支付、储藏手段。国际金本位制下英镑代替黄金执行国际货币职能,成为最重要的国际储备。20 世纪 30 年代美元与英镑共同成为国际储备货币。第二次世界大战后至 20 世纪 70 年代初,美元被赋予国际储备的垄断地位,但地位不断削弱,德国马克、日元开始崛起。布雷顿森林体系崩溃后,国际储备货币出现了多元化局面,目前国际储备货币主要由美元、欧元、日元、英镑、人民币等货币主导。

案例分析:中国的国际储备

表 1-4 显示,我国国际储备规模巨大,2015—2020 年储备总量都在 3.2 万亿美元左右,其中外汇储备占绝对比重,在 IMF 的储备头寸、SDR 的数量很少,黄金规模也相对固定(每年都维持在 6000 万盎司左右),在 IMF 的储备头寸、SDR、黄金三者的总和约 1000 亿美元,占国际储备的 3.1%。

表 1-4　2015—2020 年中国国际储备构成　　　　　　　　　　　　单位:亿美元

国际储备	时间					
	2015年	2016年	2017年	2018年	2019年	2020年
1. 外汇储备 foreign currency reserves	33 303.62	30 105.17	31 399.49	30 727.12	31 079.24	32 165.22
2. 在 IMF 的储备头寸 IMF reserve position	45.47	95.97	79.47	84.79	84.44	107.65
3. 特别提款权 special drawing rights	102.84	96.61	109.81	106.9	111.26	114.95
4. 黄金(万盎司) gold	601.91 (5 666)	678.78 (5 924)	764.73 (5 924)	763.31 (5 956)	954.06 (6 264)	1 182.46 (6 264)

---

① 外汇的概念与范围将在第三章详细讲述。

续表

国际储备	时间					
	2015 年	2016 年	2017 年	2018 年	2019 年	2020 年
5. 其他储备资产 other reserve assets	7.27	1.91	5.45	-2.2	0.33	-4.99
总计	34 061.11	30 978.44	32 358.95	31 679.92	32 229.33	33 565.29

注：数据来源于国家外汇管理局网站，目前只公布了 2015 年以来的明细数据。黄金为市价总值，其他储备资产主要指金融衍生产品等。

(二)借入储备

以上货币性黄金、特别提款权、在 IMF 的储备头寸、外汇储备为货币当局持有的可动用资产。当国际收支逆差或汇率剧烈波动时，除了可以使用这些能立即动用的自有储备，还可以通过借入储备来弥补收支逆差或干预外汇市场。

1. 国际市场融资

当国际收支逆差或汇率波动剧烈时，货币当局可以从国际市场融资，向金融商业机构申请贷款、在国际市场发行债券，通过国际市场融资满足储备需求。但在收支逆差、汇率波动剧烈情形下国际市场融资面临以下困难：首先，可得性受限。金融机构发放贷款及国际投资者购买该国债券时，会考虑该国收支困难所带来的信用风险，而可能拒绝贷款申请，所发行的债券可能无人问津。其次，融资成本高。纵使金融机构同意贷款，或投资者有意向购买，也会要求高的风险溢价，且尽可能缩短借款期限，该国可能被迫接受苛刻的融资条件。

2. IMF 的备用信贷

备用信贷是指成员国与 IMF 签订的备用借款协议，协议通常包括借款额度、使用期限、利率、分阶段使用规定、币种等。协议签订后出现收支困难或预计出现困难时，成员国可以按协议规定的条款提用资金，无须再办理其他手续。协议约定的借款额度，成员国不必非得使用，未使用额度只需缴纳 1%左右的管理费即可。显然，备用信贷增加了一个国家的可用资金量，按协议可以随时使用但未使用的额度应该计入借入储备。

3. 政府间互惠信贷和货币互换协议

互惠信贷和货币互换协议是指两国签订的使用对方贷款和使用对方货币的协议。当一个国家的国际收支困难时，可以按协议规定，要求另一方提供优惠贷款或互换两国货币(取得协议国货币)，并在规定期限内偿还。互惠信贷和货币互换协议是双边安排，仅限两国政府之间，只能用以解决两国之间的收支差额，不能用以清算与第三国的收支差额。

4. 本国商业银行的外汇资产

从宽口径来说，本国商业银行的流动性外汇资产也可以纳入借入储备范围，货币当局可以通过强制或诱导性措施取得这些外汇资产的使用权，以便应付极端情况。

(三)国际清偿力

自有储备可以视为现实清偿能力,借入储备可以视为潜在清偿能力,自有储备加借入储备为一个国家的国际清偿力(international liquidity,范围见表 1-5),即货币当局为本国国际收支赤字融通资金的能力。国际清偿力的范围包括货币当局持有的各种国际储备、从国际金融市场融资的能力、该国商业银行持有的外汇资产、其他国家希望持有该国资产的欲望、提高利率吸引资金流入的程度等,从另一个角度看,国际清偿力是指一个国家为了弥补国际收支赤字而无须采取调整措施的能力。国际清偿力的范围大于国际储备,国际储备仅指无条件的国际清偿力,不包括有条件的国际清偿力(借入储备),无条件清偿力加上有条件清偿力即为国际清偿力。

表 1-5 国际清偿力的范围

国际清偿力		
自有储备	借入储备	
	借入储备	诱导储备
货币性黄金 在 IMF 的储备头寸 特别提款权 外汇储备	国际市场融资 备用信贷 互惠信贷 货币互换协议 其他类似安排	本国商业银行账上的外汇资产

二、国际储备的作用

(一)清算国际收支差额,维持对外偿付能力

国际收支逆差时,需要对逆差进行弥补冲抵。如果收支逆差是临时性的,那么可以动用国际储备予以平衡,允许居民购汇对外支付(官方则直接以国际储备对外支付),而不必采取相应的财政货币政策加以调节,以减少对国内经济的冲击。如果收支逆差是长期的、根本性的,且调整成本巨大,那么国际储备可以起到缓冲作用,动用国际储备偿付逆差,让政府渐进地采取财政货币政策或者采取较柔和的调整政策,避免一出现逆差就以政策调整应对或采取剧烈的调整政策,而引发宏观经济和金融市场动荡。

(二)干预外汇市场,维持汇率基本稳定

当本币汇率剧烈波动时,尤其是投机性因素导致本币剧烈波动时,货币当局可以动用国际储备干预外汇市场,以便影响外汇供求或交易者的心理预期,将本币汇率维持在所希望的水平,以便保持汇率基本稳定。当本币贬值或有贬值预期时,货币当局可以抛售所持国际储备,增加外汇供给并购入本币(增加本币需求),使本币汇率上升。当本币升值或有升值预期时,货币当局购入外汇(增加外汇需求)并增加本币供给,使本币不升值或升值较小。但一个国家所持有的储备数量毕竟有限,只能对汇率施加短期性影响,对根本性、长期性因素导致的汇率变动,国际储备的影响有限,只能降低汇率波动幅度或延缓汇率波动发生

的时间。

(三)充当境外举债的保证

国际储备充足可以提高一个国家的资信,有助于吸引国外资金流入,促进本国经济发展,国际市场动荡时可以稳定国外投资者的信心,减少资金外流,维护本国宏观经济与金融市场稳定。当国际金融机构发放贷款或投资者购买境外证券时,事先需要对借债国的偿债能力进行调查,而国际储备多寡是资信调查、风险评估的一个重要指标,债务国所持有的国际储备较多,则可以获得更高的主权信用,更容易获得资金支持及优惠的融资条件,国际储备是向外借款和还本付息的重要保证。

三、外汇储备管理

一个国家所持有的货币性黄金、在 IMF 的储备头寸、特别提款权的数额很小,且规模调整往往不为本国货币当局所左右,占一个国家国际储备资产的比重较小,其绝大部分国际储备为外汇储备。如前所述,为了应付国际收支逆差或维护汇率稳定,需要持有一定规模的外汇储备。但外汇储备不是越多越好,持有储备是有成本的,因此需要确定一个合理的规模,既能够应付不时之需又尽可能降低持有成本,这就涉及外汇储备的数量管理。此外,储备货币有多种,每种货币的价值稳定性和标值资产的收益不尽相同,如此需要将外汇储备在不同货币资产之间进行配置,并考虑对外偿付的便利性,特别是紧急情形下要可随时动用,这就涉及外汇储备的结构管理。

(一)外汇储备的规模管理

特里芬教授 1960 年出版的《黄金与美元危机》一书,认为一个国家国际储备的合理规模为年进口的 20%~50%,外汇管制国可以适当降低规模,但不得低于 20%,非管制国应该适当增加,但一般不超过 50%,对大多数国家来说,持有年进口 30%~40%的储备量较为合理。一个国家确定外汇储备规模时,需要考虑以下因素。

1. 进口规模

外汇储备与年进口量的比例应该保持在 20%~50%,进口量越大,储备规模也应该越大。

2. 国际收支的波动幅度

一般来说,国际收支顺差情形下可以适当减少储备规模,逆差情形下则应该增加储备保有量。除了要考虑顺逆差情形,还要考虑国际收支的波动幅度,国际收支差额波动幅度(特别是逆差波动幅度)越大,储备需求就越大;若收支波动较小,则储备需求可以适当减少。可以用统计方法求得或预测一段时间的平均波动幅度,作为确定储备规模的参考。

3. 汇率制度

外汇储备的一个作用是维持汇率稳定,如果一个国家采用固定汇率制,且不愿意经常性调整汇率水平,就需要持有较大规模的储备量。相反,如果一个国家实行浮动汇率制,那么可以适当降低储备保有量。

4. 持有储备的机会成本

外汇储备大多数以境外存款或国外政府债券形式存放在国外，收益率较低，如果这部分资金用于进口资本品，就可以提高国内经济增长率和投资收益率(进口消费品可以增加居民效用)，后者减去前者为持有储备的机会成本。另外，储备量多意味着国内货币供应量投放多，容易引发通货膨胀，也为持有储备的一种成本。持有储备的机会成本越高，储备规模就应该越小。

5. 金融市场发达与开放程度

在国际收支逆差情形下，发达、开放的金融市场便利货币当局从国际金融市场融资，而且可以提供较多的诱导性储备。此外，利率汇率政策更容易发挥作用，使收支不平衡更快得到调整。金融市场发达、开放程度越高，所需储备量就越少，反之则就越多。

6. 国际货币合作状况

如果与外国货币当局和国际金融机构建立了良好的合作关系，签订较多的互惠信贷和备用信贷协议，或在汇率剧烈波动时其他国家能共同参与干预外汇市场，那么该国可以持有较少的储备量，否则需要保有较多的储备量。

7. 外汇外贸管理程度

当国际收支困难时，货币当局一方面可以控制进口数量，另一方面可以限制资金外流，增加外汇供给(限制私人购汇，实施强制结售汇制度等)，通过外汇外贸管制政策减少外汇使用，强行使收支平衡，发展中国家经常采用此办法。因此外汇外贸管制严格的国家，所需储备量可以少一些(但管制严格就意味着外汇储备不足)，非管制国所需储备量则应该多一些。

IMF通常采用以下指标判定一个国家的外汇储备不足：①国内高利率，高利率阻止资金外流，吸引资金内流；②管控外汇使用，储备不足才会强化进口和资金外流的控制；③把积累储蓄作为经济政策的首要目标；④汇率持续不稳定；⑤新增储备主要为借入性的。

(二)外汇储备的结构管理

除了在量上保持适度规模，还需要将既定的规模储备在不同的储备货币、流动性上进行合理安排，以便使外汇储备既能保值增值，又能应付可能的突发事件，满足日常的对外偿付，这就涉及外汇储备的币种管理和流动性管理。

1. 外汇储备的币种管理

外汇储备的币种管理是指确定各种储备货币在一个国家外汇储备中的比重，主要考虑以下因素。

(1) 币值稳定程度。需要考虑不同储备货币之间的汇率波动幅度及相对通货膨胀率，一种储备货币的汇率升值(预期升值)，意味着另外一种(或几种)储备货币的汇率贬值(预期贬值)，且每种储备货币的升值贬值率不一致。此外，不同储备货币的通胀率也不一样，如此要根据汇率、通胀率的变动及变动趋势，经常性转换储备货币，以便达到收益最大或损失最小。

(2) 收益率。储备货币的名义收益-(通胀率+贬值率),即为储备资产的实际收益率。一方面要根据利率、通胀率、汇率的预期变化趋势,调整币种选择,尽可能选择利率高、通胀率低、汇率预期升值的储备货币,此外还要考虑不同投资方式的收益率差异。同一币种的不同投资方式具有不同的收益率,有的投资方式收益较高,但风险较大,有的投资方式收益较低,但风险较小,因此尽可能选择收益与风险适中的产品工具。收益性要求适当搭配币种和投资方式,以求获得较高收益率或较低风险。

(3) 安全性。安全性是指防止储备资产价值突发性暴跌及被冻结、没收的风险。政治动乱、经济持续恶化可能引发固定汇率制崩溃甚至战争等,会造成该国货币突发性暴跌甚至货币制度崩溃。本国与储备货币发行国外交关系恶化,可能导致存放在储备货币发行国的资产被对方冻结甚至没收。

(4) 偿付便利性。储备货币的币种搭配要考虑主要经贸往来区域、债务偿付货币、计价结算常用币种,如果一个国家在对外经贸往来中大量使用美元作为支付和清算手段,就需要持有较多的美元储备。如果一个国家负有较多的欧元债务,就需要持有与债务相当数量的欧元储备。如果一个国家的本币主要集中于某种储备货币交易,就需要持有较大份额的该种储备货币,以便作为汇率干预之用。

2. 外汇储备的流动性管理

币种管理是将一定规模的外汇储备合理配置在多种储备货币上,主要考虑安全性与收益性。确定了某种储备货币的配置额度后,下一步要考虑如何进行流动性安排,在高流动性资产、中流动性资产、低流动性资产之间进行分配,以便实现流动性和收益性的平衡。

根据流动性高低,储备资产可以分为三个层次:①一级储备,是指流动性非常高的资产,例如活期存款、短期票据、90天之内的国库券等,平均期限为3个月。②二级储备,是指收益率高于一级储备,流动性较高但低于一级储备的资产,例如1~3年的中期国债。③三级储备,是指收益率高但流动性较低的储备资产,例如长期国债和其他高信誉债券。三个层次的储备资产如何安排,并没有公认的比例要求,各国一般根据实际需要合理配置并动态调整。但首先应该持有足够的一级储备满足交易性需求,这部分储备可以随时用于日常偿付和外汇市场干预,然后将剩余资产配置在二级储备和三级储备,以期在保持充足流动性的同时获取尽可能高的收益。

在IMF的储备头寸、特别提款权、货币性黄金也应该考虑进流动性安排中。在IMF的储备头寸可以随时动用,类似一级储备。特别提款权的提用不附带条件,但必须向IMF申请,并由IMF安排相关国家接受特别提款权兑换外汇储备,这需要一定的时日,特别提款权可以视为二级储备。黄金价格波动频繁,只有在价格合适时货币当局才愿意出售以便换取所需外汇,并不是随时适合动用,故黄金可以视为高收益、低流动性的三级储备。

货币当局安排储备资产时,更注重安全性和流动性,收益性放在较次要的位置,主要投资于储备货币发行国的政府债券及AAA级的欧洲债券,很少投资于信誉和安全都低于政府债券的公司债券。

本 章 小 结

本章主要介绍与国际收支相关的内容。第一节分析了国际收支的内涵,介绍记录一个国家国际收支状况的国际收支平衡表,包括记账原理、记账货币、账户设置,国际收支平衡表设置经常账户、资本账户、金融账户、净误差与遗漏四个一级账户及相应的二级、三级账户。国际收支平衡表编制好后,可用以分析一个国家国际收支的总体及结构问题,第二节介绍的贸易差额、经常账户差额、金融账户差额、基本账户差额、综合差额这五个常用口径可以测度一个国家国际收支的失衡状况及结构性问题。贸易收支、经常账户失衡只是一种外在表象,第三节通过介绍封闭与开放经济下的收入核算,从收入核算视角分析贸易收支、经常账户收支与投资-储蓄的关系,经常账户收支与总收入-总吸收的关系,从理论上解释了贸易收支、经常账户失衡的深层原因。国际收支失衡时需要动用国际储备进行冲抵平衡,以便减轻收支失衡带来的不利冲击。第四节主要分析国际储备管理,在简介国际储备、借入储备、国际清偿力的范围及国际储备的作用后,介绍国际储备的数量管理与结构管理(币种管理、流动性管理),主要内容为储备管理的各种影响因素。

思 考 题

1. 分析国际收支的内涵。
2. 国际收支平衡表的账户设置有哪些?
3. 开放经济条件下经常账户收支与宏观经济变量的关系是怎样的?试以相关数据解释我国经常账户持续顺差、美国经常账户长期逆差的原因。
4. 请在国家外汇管理局网站下载我国 2019 年的国际收支平衡表,浏览贸易收支差额、经常账户差额、金融账户差额、综合差额,并分析我国国际收支存在的问题。
5. 分析国际清偿力的构成。
6. 简述国际储备管理及其影响因素。

第二章　国际收支决定理论

【章前导读】

本章介绍的是决定和影响国际收支的因素与机制。本章内容是国际金融的基础理论，主要包括国际收支弹性分析法、乘数分析法、吸收分析法、货币分析法四个理论。第一节为弹性分析法，介绍的是本币贬值改善国际收支所需具备的条件；第二节为乘数分析法，介绍的是自主性支出对国民收入的乘数效应以及国民收入的变动对国际收支的影响；第三节为吸收分析法，从国民收入的产出和支出关系出发分析国际收支失衡问题；第四节为货币分析法，从经济货币层面分析国际收支失衡问题；第五节补充其他国际收支理论。

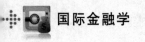

第一节　国际收支弹性分析法

20世纪30年代前后，战争和经济危机导致各国经济动荡，货币贬值，汇率波动频繁。直觉上，本币相对于其他国家的货币贬值能使本国商品在国际市场上拥有价格优势，有助于提高出口，改善本国国际收支。基于上述背景，弹性分析法专门研究了这个问题，结果表明贬值改善国际收支是有条件的。

国际收支弹性分析法着重分析汇率变动所引起的商品价格变化对进出口的影响。马歇尔-勒纳条件是国际收支弹性论的主要结论，毕肯戴克-罗宾逊-梅茨勒条件则放松了马歇尔-勒纳条件关于进出口商品供给弹性无穷大的假设，得到了更为一般化的结论。J曲线效应进一步揭示了即使在满足马歇尔-勒纳条件的情况下，贬值也不能立刻改善一个国家的国际收支，而是该国会先经历一段时间的国际收支恶化，因此J曲线效应又被称为贬值的时滞效应。

一、马歇尔-勒纳条件

马歇尔-勒纳条件主要建立在四个前提假设上：

第一，贸易商品的供给弹性几乎为无穷大。也就是各国供给曲线几乎是水平的，劳动力、原材料等生产要素可以大量供应满足生产的需求。

第二，不考虑资本流动。因为在马歇尔和勒纳所处的时代，国际收支主要由国际贸易构成，所以马歇尔-勒纳条件只分析了汇率变动对进出口的影响。

第三，假设收入、偏好、其他商品价格保持不变，采用局部静态分析法研究汇率变动对进出口的影响。

第四，贬值前，本国的贸易账户处于平衡状态，即出口额等于进口额。

假设 F 表示直接标价法下的汇率，X 表示以本币标价的出口额，M 表示以外币标价的进口额，B 表示以本币标价的贸易账户差额，则

$$B = X - FM \tag{2-1}$$

贸易账户差额是进出口额和汇率的函数。对此函数的变量 F 求导数，可得

$$\frac{dB}{dF} = \frac{dX}{dF} - F\frac{dM}{dF} - M = 1 \times \frac{dX}{dF} - F\frac{dM}{dF} - M \tag{2-2}$$

根据第四个假设，该国在贬值前贸易账户处于均衡状态，可得

$$X - FM = 0 \tag{2-3}$$

即

$$\frac{FM}{X} = 1 \tag{2-4}$$

将式(2-4)代入式(2-2)，可得

$$\frac{dB}{dF} = \frac{FM}{X}\frac{dX}{dF} - F\frac{dM}{dF} - M = M\left(\frac{F}{X}\frac{dX}{dF} - \frac{F}{M}\frac{dM}{dF} - 1\right) \tag{2-5}$$

式(2-5)括号中的第一项 $\frac{F}{X}\frac{dX}{dF}$ 实际上是出口需求对汇率的弹性。根据需求弹性的定义，出口商品的需求弹性表示的是出口商品的价格变动一个百分点，出口商品的需求量会变动

多少个百分点。在计算本国的贸易账户差额时，出口额是以本币标价的。但是本国商品出口到国外，在国外市场销售是以外币标价的。假设某种出口商品的本币标价是 P，出口商品以外币标价的价格就是 P/F。因此出口商品的需求弹性可以用公式表示为

$$\varepsilon_X = -\frac{\mathrm{d}X/X}{\mathrm{d}(P/F)/(P/F)} \tag{2-6}$$

其中 ε_X 表示出口商品的需求弹性。对 $\mathrm{d}(P/F)$ 求全微分，可得

$$\mathrm{d}\left(\frac{P}{F}\right) = \frac{1}{F}\mathrm{d}P - \frac{P}{F^2}\mathrm{d}F \tag{2-7}$$

所以

$$\mathrm{d}(P/F)/(P/F) = \left(\frac{1}{F}\mathrm{d}P - \frac{P}{F^2}\mathrm{d}F\right)\frac{F}{P} = \frac{\mathrm{d}P}{P} - \frac{\mathrm{d}F}{F} \tag{2-8}$$

出口需求弹性公式因此可以简化为

$$\varepsilon_X = -\frac{\mathrm{d}X/X}{\mathrm{d}P/P - \mathrm{d}F/F} \tag{2-9}$$

由于马歇尔-勒纳条件假设商品价格不变，因此 $\mathrm{d}P/P$ 等于零。出口商品的需求弹性可以进一步简化为

$$\varepsilon_X = \frac{\mathrm{d}X/X}{\mathrm{d}F/F} \tag{2-10}$$

同理，可以推导出式(2-5)括号中的第二项是进口商品的需求弹性，将其记为 ε_M：

$$\varepsilon_M = -\frac{\mathrm{d}M/M}{\mathrm{d}F/F} \tag{2-11}$$

将出口需求弹性和进口需求弹性公式代入式(2-5)，可以得到

$$\frac{\mathrm{d}B}{\mathrm{d}F} = M(\varepsilon_X + \varepsilon_M - 1) \tag{2-12}$$

对于这个公式而言，使贸易账户余额大于零的必要条件是 $M(\varepsilon_X + \varepsilon_M - 1) > 0$，即只有使 $\varepsilon_X + \varepsilon_M > 1$ 才能满足。

$\varepsilon_X + \varepsilon_M > 1$ 就是马歇尔-勒纳条件。它的经济含义是，在上述四个假设都满足的条件下，如果一个国家进口商品和出口商品的需求弹性之和大于1，那么该国让本币相对其他国家货币贬值可以改善贸易账户。因此，马歇尔-勒纳条件是指通过本币贬值实现贸易账户净差额增加的必要条件。

从上述推导过程可以看出 ε_X 和 ε_M 虽然是进出口需求弹性，但是汇率的变化只有通过价格的变动才能作用于进出口。所以，进出口需求弹性实质是价格需求弹性的一种表现形式。另外，本币贬值不只影响货物进出口，也影响服务进出口，所以，将贸易账户换成经常账户，马歇尔-勒纳条件依然成立。

二、马歇尔-勒纳条件的应用

假设在贬值前日本的经常账户处于平衡状态，美元与日元的兑换汇率是 1 美元兑换 100 日元，日本进出口商品的数量和价格如表 2-1 所示，此时日本的贸易余额等于零。

日元对美元贬值，1 美元可以兑换 110 日元。贬值后，日本的出口商品数量增加至 110

个单位,进口商品数量下降到 19 个单位。利用马歇尔-勒纳条件计算日元贬值对贸易账户的影响,计算结果如表 2-2 所示。因为两个国家进出口商品需求弹性之和大于 1,所以,贬值使日本贸易账户顺差。

表 2-1 日本净出口初始状态

种类	数量	价格	以美元标价计算的商品价值	以日元标价的商品价值
日本出口的商品	100	100 日元	100 美元	10 000 日元
日本进口的商品	20	5 美元	100 美元	10 000 日元
贸易账户			0 美元	0 日元

贬值前 1 美元=100 日元,经常账户处于平衡状态

表 2-2 日元贬值改善日本贸易账户的情景分析

日元对美元贬值后,1 美元=110 日元,贬值改善日本的贸易账户

种类	数量	价格	外币价值	本币价值
日本出口的商品	110	100 日元	100 美元	11 000 日元
日本进口的商品	19	5 美元	95 美元	10 450 日元
贸易账户			5 美元	550 日元
弹性计算	出口商品弹性 $\eta_x = \dfrac{\Delta X / X}{\Delta e / e}$ $= \dfrac{10/100}{10/100} = 1$		进口商品弹性 $\eta_M = -\dfrac{\Delta M / M}{\Delta e / e}$ $= \dfrac{1/20}{10/100} = 0.5$	

日元对美元贬值,1 美元可以兑换 110 日元。贬值后,日本的出口商品数量增加至 105 个单位,进口商品数量没有发生变化。利用马歇尔-勒纳条件计算日元贬值对贸易账户的影响,计算结果如表 2-3 所示。根据计算,因为两个国家进出口商品需求弹性之和小于 1,所以,贬值不能改善日本的贸易账户。

表 2-3 日元贬值不能改善日本贸易账户的情景分析

日元对美元贬值(1 美元=110 日元)

种类	数量	价格	外币价值	本币价值
日本出口的商品	105	100 日元	95.45 美元	10 500 日元
日本进口的商品	20	5 美元	100 美元	11 000 日元

续表

种 类	数 量	价 格	外币价值	本币价值
经常账户			-4.55 美元	-500 日元
弹性计算	出口商品的需求弹性 $\eta_x = \dfrac{\Delta X/X}{\Delta e/e}$ $=\dfrac{5/100}{10/100}=0.5$		进口商品的需求弹性 $\eta_M = -\dfrac{\Delta M/M}{\Delta e/e}$ $=\dfrac{0/20}{10/100}=0$	

三、毕肯戴克-罗宾逊-梅茨勒条件

马歇尔-勒纳条件假设供给弹性无穷大,这与20世纪30年代大萧条时期的情况是基本吻合的。当一个国家存在大量闲置资源时,商品的价格基本稳定。但是随着第二次世界大战后西方国家的经济迅速恢复并进入快速发展期,马歇尔-勒纳条件的适用性就大大减弱了。随着闲置资源的减少,生产成本增加,供给曲线逐渐向右上方倾斜。国内的商品供给不再是无条件地满足出口需求量的增加。因此在检验货币贬值效果时,需要综合考虑出口商品供给与需求弹性、进口商品供给与需求弹性。

1948年,美国经济学家梅茨勒(L. A. Metzler)在《国际贸易》一文中放弃了进出口商品的供给弹性无穷大的假设。他在毕肯戴克(Bickerdike)和琼·罗宾逊等人(Joan Robinson)的基础上推导出了包含四个价格弹性的毕肯戴克-罗宾逊-梅茨勒条件(推导过程见本章后的二维码)。

$$\frac{\eta_X \eta_M (\varepsilon_X + \varepsilon_M - 1) + \varepsilon_X \varepsilon_M (\eta_X + \eta_M + 1)}{(\varepsilon_X + \eta_X)(\varepsilon_M + \eta_M)} > 0 \qquad (2\text{-}13)$$

以上就是毕肯戴克-罗宾逊-梅茨勒条件。ε_X、ε_M、η_X、η_M 分别表示出口商品的需求弹性、进口商品的需求弹性、出口商品的供给弹性、进口商品的供给弹性。

根据毕肯戴克-罗宾逊-梅茨勒条件,即使进出口商品的需求弹性比较小,不能满足马歇尔-勒纳条件,但只要四个价格弹性的综合计算结果为正值,贬值也可以改善贸易账户余额。

其实对毕肯戴克-罗宾逊-梅茨勒条件进行变形

$$\frac{\varepsilon_X - 1}{\dfrac{\varepsilon_X}{\eta_X}+1} + \frac{\varepsilon_M\left(1+\dfrac{1}{\eta_M}\right)}{\dfrac{\varepsilon_M}{\eta_M}+1} > 0 \qquad (2\text{-}14)$$

不难发现当进出口商品的供给弹性趋于无穷大时,毕肯戴克-罗宾逊-梅茨勒条件可以化简为 $\varepsilon_X + \varepsilon_M - 1 > 0$。也就是说,马歇尔-勒纳条件是毕肯戴克-罗宾逊-梅茨勒条件的特殊形式。

根据中国海关总署的统计,中国从1993年开始对美国贸易顺差,2018年达到最高值3233.2亿美元。日益扩大的贸易顺差是引发中美贸易战的因素之一。美国有一种观点是将其归咎于人民币币值低估,认为只要人民币升值就可以缓解美国贸易逆差。但是2005年人民币汇率改革以后,人民币兑美元的汇率中间价从汇率改革前的1美元兑8.2765元人民币升值到 2021 年 8 月 7 日的 1 美元兑 6.4825 元人民币，升值幅度超过 20%，美国对中国的贸易逆差却不降反升。2015 年，习近平主席访美期间明确指出人民币没有继续贬值的基础，并坚决反对搞货币竞争性贬值[①]。这说明人民币币值低估并不是导致中美贸易差额的决定性因素。至少根据毕肯戴克-罗宾逊-梅茨勒条件和中美两国的实际情况，深入分析两国进出口需求弹性和供给弹性的影响因素，能够更加客观和全面地剖析中美贸易失衡的原因。

四、本币贬值的时滞效应——J 曲线效应

通过表 2-1 至表 2-3 提供的情景分析，不难发现贬值影响一个国家贸易账户余额主要是通过以下两个途径。

第一，价格效应。如果出口商品的本币标价没有发生变化，本币贬值时，以外币支付的出口商品价格就会变便宜。如果进口商品的外币标价没有发生变化，本币贬值时，以本币支付的进口商品价格就会变贵。在进出口数量不变的情况下，价格效应使出口额减少，进口额增加，本国的贸易账户恶化。比如表 2-3，日元贬值后，日本对进口商品的需求量没有发生变化，贬值使日本购买相同数量的进口商品需要承担更高的成本。尽管日本的出口额随着贬值增加了，但是进口额增加得更多，因此日本的贸易账户反而因为日元贬值恶化了。

第二，数量效应。如果国内外消费者对价格变动敏感，那么本币贬值使得出口商品的外币标价下降会刺激出口量，进口商品的本币标价上升会抑制进口量，数量效应将改善本国贸易账户。比如表 2-2，日元贬值后，日本的出口商品数量增加，进口商品数量减少。数量效应使日本贸易账户因为日元贬值得到改善。

但是价格效应和数量效应不一定能立刻发挥作用，具体表现在以下几个方面。

第一，消费者存在反应时滞。消费者的品牌忠诚度、消费偏好并不会随着货币贬值立刻发生改变，因此消费者需要一定的时间来消化贬值的影响。

第二，生产者存在反应时滞。一是本币贬值后，本国企业不能立刻提高产能来适应出口需求的增长。二是在汇率贬值前签订的进口合同往往无法取消，因此在进口量不变的情况下，以本币折算的进口额反而会因为汇率贬值而增加。

第三，不完全竞争因素。企业在国际市场中占有一定的份额非常不容易。如果本国货币贬值，那么国外的竞争者为了维持其国际市场地位和商品的竞争力，可能会采取降价措施保持市场份额，结果可能会抵消本币贬值的价格效应。不完全竞争因素的存在使进出口商品的价格变化往往小于汇率的变化幅度。

综合以上因素，本币贬值对贸易账户的改善是渐进的。在此期间，贬值不仅不能改善贸易账户，反而会使其恶化。这一现象被称为 J 曲线效应(见图 2-1)，它描述了本币贬值后贸易账户差额变化的时间轨迹，由于酷似字母 J 而得名。

根据经济学家马吉(S. P. Magee)的划分，贬值改善贸易收支差额可以分为以下三个阶段。

第一，货币合同阶段(currency-contract period)。受贬值前已经签订的合同约束，贬值不会立刻改变进出口商品的数量和价格。但出口额(进口额)会随着贬值减少(增加)，净出口没有增加反而减少。从图形上反映出来是从 A 点降到 B 点。这个贸易差额恶化的阶段是价格

[①] 中新网，习近平谈人民币汇率：中国反对打货币战。具体网址为 https://www.chinanews.com/gn/2015/09-23/7539861.shtml。

效应在发挥作用。

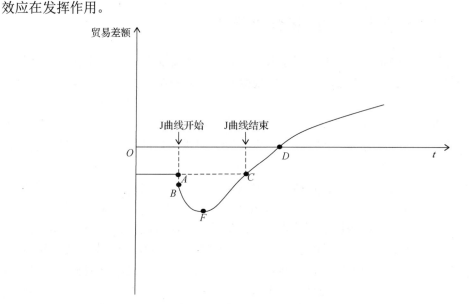

图 2-1　J 曲线效应

第二，传导阶段(pass-through period)。在这个阶段，企业感知到了本币贬值引起了进出口商品的价格变化。但是进出口商品的数量受生产能力、消费偏好的影响还没有发生调整。也就是说，由于数量效应还没有发挥作用抵消价格效应，国际收支还会进一步恶化，也就是贸易差额进一步从 B 点降到 F 点。

第三，数量调整阶段(quantity-adjustment period)。在这个阶段，进出口商品的数量开始随着价格变动进行调整，贬值的积极作用显现，贸易账户逐渐得到改善。当改善程度达到 C 点后，贬值使本国的贸易账户余额好于贬值前的状态。

我国学者在对人民币汇率变动的时滞效应进行实证检验时发现人民币升值并不能即刻改善美国对中国的贸易逆差。从 20 世纪 90 年代开始，美国对中国贸易逆差不断扩大，美国一直认为人民币币值人为低估是造成其贸易逆差的主要原因。但是如图 2-2 所示，自 2005 年人民币汇率制度改革以来，人民币对美元持续升值的同时美国的贸易逆差并没有得到明显改善。

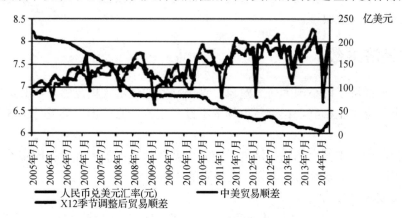

图 2-2　人民币兑美元汇率及中美贸易顺差变动趋势

资料来源：杨珺晖. 汇率制度改革对中美贸易失衡影响的实证研究[J]. 山西财经大学学报，2015(11)：52.

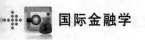

五、国际收支弹性分析法的政策含义及述评

国际收支弹性分析法指出本币贬值对于贸易账户的改善效果与一个国家的经济条件有关。这个结论给 20 世纪初企图通过本币贬值获得贸易利益的国家提供了非常明确的政策建议。

国际收支弹性分析法有其历史局限性,具体表现在:第一,因为当时宏观经济学的完整体系尚未形成,国际收支弹性分析法仅分析汇率变化对进出口的影响,没有进一步考虑贬值对社会总支出和总收入的影响;第二,由于当时的国际收支主要来自国际贸易,国际资本流动规模较小,因此弹性分析法仅考虑贸易收支,不考虑净要素收入和国际间的资本转移;第三,该理论以一个国家的经济状态未达到充分就业为前提,假设供给具有完全的价格弹性,该假设对于分析经济周期高涨阶段的贬值效果是不合适的;第四,该理论只考虑汇率变化导致的价格变化,即只考虑了替代效应,忽略了收入效应对贸易收支的影响。

尽管弹性分析法考虑的因素较少,但其意义重大,因为在国际经济领域里,进出口是构成经常项目的主要内容,而经常项目对一个国家的经济影响重大,所以,进出口历来受到国家经济政策关注。弹性分析法无论是对于制定宏观经济政策还是对于其他国际经济理论的建立都有不可低估的影响。

第二节　国际收支乘数分析法

乘数分析法(multiplier approach)又称为收入分析法(income approach)。20 世纪 30—40 年代,以哈罗德和马克鲁普为代表的经济学家应用凯恩斯乘数理论分析国际收支问题。该理论认为自主性支出的变动通过乘数效应引起国民收入的成倍变动,进而影响进口支出的变动,影响程度取决于一个国家边际进口倾向和进出口需求收入弹性的大小以及一个国家开放程度的高低。

由于乘数分析法假设价格不变,汇率固定,所以该理论不是分析本币贬值对于国际收支改善的问题,而是在非充分就业的假设下,研究一个国家在开放经济下如何通过调整自主性支出使国民收入增加。

一、开放经济乘数

本节以开放经济下的小国为研究对象。这类国家的经济规模足够小,其进出口活动对世界经济总量不会产生影响,在全球市场上不具备定价能力,出口额受外国国民收入水平的影响。

乘数分析法的基本假设包括经济处于非充分就业状态;汇率和价格固定不变而收入可变;不考虑国际间的资本流动,国际收支等同于贸易收支。

根据国民收入恒等式

$$Y = C + I + G + X - M \tag{2-15}$$

其中,消费和进口都是国民收入的函数,国民收入越高,消费和进口越大。

$$C = \bar{C} + cY \tag{2-16}$$

$$M = \bar{M} + mY \tag{2-17}$$

$\bar{C}$ 和 $\bar{M}$ 分别表示自主性消费和自主性进口，即不受国民收入影响的消费和进口。比如人们对衣食住行最基本的需求，国内稀缺必须通过进口满足的药品和能源都可以看成自主性进口。c 和 m 分别表示边际消费倾向和边际进口倾向。边际进口倾向表示国民收入每变动一个单位进口额的变动量，即 $m = \mathrm{d}M/\mathrm{d}Y$。$cY$ 和 mY 分别表示引致性消费和引致性进口，即这部分消费和进口会受到国民收入水平的影响。通常，随着国民收入水平的提高，本国居民对进口商品的消费能力逐渐增强，因此边际进口倾向大于零。而本国的出口水平则取决于外国的国民收入水平和消费能力，因此出口被假设为外生变量，用 $\bar{X}$ 表示。将消费函数和进口函数代入国民收入恒等式，得到

$$Y = \bar{C} + cY + I + G + \bar{X} - \bar{M} - mY \tag{2-18}$$

调整后得到

$$Y = \frac{1}{1-c+m}(\bar{C} + I + G + \bar{X} - \bar{M}) \tag{2-19}$$

在这个公式里自主性消费、自主性进口都与国民收入无关，但是投资、政府支出显然与国民收入有关。为了使这个公式的自变量和因变量有明确的因果关系，考虑到投资 I 主要受利率的影响，政府支出 G 主要受政策的影响，所以暂时假设这两个变量也是外生变量。于是，投资 I 和政府支出 G 也是与国民收入无关的自主性支出。式(2-19)可以进一步写成

$$Y = \frac{1}{1-c+m}(\bar{C} + \bar{I} + \bar{G} + \bar{X} - \bar{M}) \tag{2-20}$$

将上式中的国民收入水平对构成有效需求的各个自主性支出求导

$$\frac{\partial Y}{\partial \bar{C}} = \frac{\partial Y}{\partial \bar{I}} = \frac{\partial Y}{\partial \bar{G}} = \frac{\partial Y}{\partial \bar{X}} = -\frac{\partial Y}{\partial \bar{M}} = \frac{1}{1-c+m} \tag{2-21}$$

对于开放经济下的小国，出口 $\bar{X}$ 主要受外国国民收入影响，本国经济政策对出口影响甚微。自主性进口 $\bar{M}$ 由于与国民收入水平无关，因此不受需求管理政策的影响。根据式(2-21)，如果一国希望采用需求管理政策影响国民收入水平，进而调节国际收支，该国应该通过调整投资或政府支出来实现这一目标。式(2-21)中的 $1/(1-c+m)$ 被称为开放经济乘数是指在开放经济条件下，每单位外生变量的变化所带来的国民收入变动情况。显然，开放经济乘数小于封闭经济乘数。因为在开放经济条件下，自主性的消费、投资、政府支出、出口所带来的总需求增长，其中总有一部分是由进口来满足的，所以国民收入的增加将小于封闭经济条件下的国民收入的增加。

在开放经济乘数中，边际进口倾向是影响乘数大小的重要因素。观察边际进口倾向的导数形式，不难发现边际进口倾向还可以表达为进口需求收入弹性和本国经济开放程度之积，即

$$m = \frac{\mathrm{d}M}{\mathrm{d}Y} = \left(\frac{\mathrm{d}M}{\mathrm{d}Y}\frac{Y}{M}\right)\frac{M}{Y} \tag{2-22}$$

由上式所知，一个国家通过收入变动来调整国际收支的效果取决于本国进口需求收入弹性和开放程度，并与它们正相关。

二、调整国民收入对于贸易余额的影响

本国出口额与进口额的差额被称为贸易账户余额。假设出口受外国国民收入的影响，属于外生变量；进口受本国国民收入的影响。于是，贸易账户余额与本国国民收入水平的关系可以用式(2-23)表示。其中 m 是边际进口倾向。

$$B = \bar{X} - M = \bar{X} - \bar{M} - mY \qquad (2\text{-}23)$$

当本国国民收入发生变化时，贸易账户余额也会随之变动。结合式(2-21)，贸易账户余额的变动量可以表示为

$$\Delta B = -m\Delta Y = -\frac{m}{1-c+m}\Delta \bar{I} = -\frac{m}{1-c+m}\Delta \bar{G} \qquad (2\text{-}24)$$

式(2-24)表明一个国家可以通过需求管理政策来调整贸易账户，包括调节投资和政府支出等需求管理方式。当贸易账户出现赤字时，该国可以采取紧缩性的财政政策和货币政策，如加息减少投资，或减少财政支出，使国民收入减少，从而减少进口支出，改善贸易账户。反之，当贸易账户出现盈余时，该国可以采取扩张性的财政政策与货币政策，使国民收入增加，从而增加进口支出，使贸易账户盈余减少。

投资和政府支出的变动会通过乘数效应引起国民收入的数倍变动，从而影响本国贸易账户的差额。例如，假设某国边际消费倾向是 0.5，进口边际倾向是 0.2，政府支出增加 100 亿美元，对国民收入会产生什么影响？对国际收支会产生什么影响？

因为边际消费倾向是 0.5，根据式(2-18)和式(2-16)，政府支出中有 50 亿美元被用于消费。在消费品包含进口商品的情况下，一部分消费会形成外国的国民收入。根据边际进口倾向，100 亿美元政府开支中有 20 亿美元用于购买进口商品，因此用于消费的政府支出中，有 30 亿美元是用于购买国内商品(50 亿美元-20 亿美元)，即 100 亿美元的政府开支中有 30%用于购买国内商品。消费带来国民收入增加，新增的国民收入中又有 30%被用于购买国内商品。这个过程不断循环，新增国民收入加总的极限值为 142.86 亿美元。

$$\Delta Y = \frac{1}{1-c+m}\Delta G = \frac{1}{1-0.5+0.2} \times 100 = 142.86 \text{ (亿美元)}$$

本国进口额随着本国国民收入的增加而增加，因此净出口下降。在不考虑资本与金融账户的情况下，本国国际收支逆差 28.57 亿美元。

$$\Delta TB = -m \times \Delta Y = -0.2 \times 142.86 = -28.57 \text{ (亿美元)}$$

上述结果说明，通过扩张性的财产政策增加政府支出，刺激了国民收入增长，同时也提高了本国居民对进口商品的需求额，在本国出口额不变的情况下，这个经济政策将导致国际收支逆差。

三、开放经济的相互依存性对于贬值效果的影响

(一)考虑收入效应的哈伯格条件

上文分析了一个国家需求管理政策对于本国贸易余额的影响，本节进一步分析贬值通过收入效应影响出口或自主性进口，进而影响贸易余额的机制。在其他条件不变的情况下，本币贬值会影响外国居民对本国产品的需求和本国居民对进口商品的自主性需求。结合式

(2-18)和式(2-23)看,出口 $\bar{X}$ 和自主性进口 $\bar{M}$ 除了直接影响贸易余额以外,还会通过影响国民收入进一步引起进口发生变动。也就是说在本国国民收入水平不变的情况下,本币贬值通过改变国内外消费者的实际购买能力,影响出口量和自主性进口量的变化,这就是贬值的收入效应。本章第一节介绍的马歇尔-勒纳条件主要分析的是贬值的替代效应。但是本币贬值对贸易余额的影响实际上是贬值的替代效应和贬值的收入效应共同作用的结果。因此,研究者们在马歇尔-勒纳条件的基础上增加了收入效应,即本币贬值使本国出口增加进而使国民收入增长。根据式(2-15),在其他条件不变的情况下,本国出口增加 dX,国民收入也将增加 dX。根据式(2-17),本国进口额将随之增加 mdX,削弱了出口增加对贸易余额的改善作用。因此,考虑了贬值的收入效应后,贬值对于贸易余额的影响应该在式(2-2)的基础上减去因为国民收入增加而增加的进口额,即

$$\frac{dB}{dF} = \frac{dX}{dF} - F\frac{dM}{dF} - M - \frac{mdX}{dF} \quad (2\text{-}25)$$

整理后得到

$$\frac{dB}{dF} = \frac{dX}{dF}(1-m) - F\frac{dM}{dF} - M \quad (2\text{-}26)$$

重复马歇尔-勒纳条件的推导过程,可得

$$\frac{dB}{dF} = M[(1-m)\varepsilon_X + \varepsilon_M - 1] \quad (2\text{-}27)$$

由上式可知,本币贬值改善贸易余额的条件是

$$(1-m)\varepsilon_X + \varepsilon_M - 1 > 0 \quad (2\text{-}28)$$

即

$$\varepsilon_X + \varepsilon_M > 1 + m\varepsilon_X \quad (2\text{-}29)$$

上式表明,考虑本币贬值的收入效应后,本币贬值改善国际收支的必要条件是进出口商品需求弹性之和大于 1 加边际进口倾向与出口需求弹性之积。该条件被称为哈伯格条件。

(二)考虑回应效应的哈伯格条件修正

在经济开放条件下,各国经济是紧密联系的。特别是对于贸易大国,任何一个国家的进出口变化都会给对方带来不可忽视的影响。本币贬值使本国出口增加的同时也意味着外国的进口增加,外国国民收入水平因此下降。本国的出口额将因为外国国民收入水平变动而受到影响,这个现象被称为回应效应。假设只有两个贸易大国,本币贬值使本国出口额增加 dX,则相应的外国的进口额增加 dX,外国的国民收入也因此减少了 dX。根据式(2-17),假设外国的边际进口倾向为 m_f,则外国的进口额随之减少 $m_f dX$。这意味着在回应效应的影响下,本国的出口额将减少 $m_f dX$。于是,本币贬值对本国贸易余额的影响可以在式(2-25)的基础上进一步表达为

$$\frac{dB}{dF} = \frac{dX}{dF} - F\frac{dM}{dF} - M - \frac{mdX}{dF} - m_f\frac{dX}{dF} \quad (2\text{-}30)$$

$$\frac{dB}{dF} = (1 - m - m_f)\frac{dX}{dF} - F\frac{dM}{dF} - M \quad (2\text{-}31)$$

重复马歇尔-勒纳条件的推导过程,可得

$$\frac{dB}{dF} = M[(1-m-m_f)\varepsilon_X + \varepsilon_M - 1] \tag{2-32}$$

由上式可知，本币贬值改善贸易余额的条件是

$$(1-m-m_f)\varepsilon_X + \varepsilon_M - 1 > 0 \tag{2-33}$$

即

$$\varepsilon_X + \varepsilon_M > 1 + (m+m_f)\varepsilon_X \tag{2-34}$$

也就是说，对于经济开放的大国，在收入效应和回应效应都存在的情况下，本币贬值改善本国国际收支的必要条件是，进出口商品需求弹性之和大于本国边际进口倾向与外国边际进口倾向之和与出口需求弹性之积再加1。

四、乘数分析法的政策含义及述评

乘数分析法指出政府可以主动采取需求管理政策调整国际收支，即以紧缩性的财政政策或货币政策缓解国际收支赤字，以扩张性的货币政策或财政政策减少国际收支盈余。

乘数分析法阐述了对外贸易与国民收入之间的关系以及各国经济通过进出口途径相互影响的原理。这个原理不仅对国际收支的研究具有重要意义，对研究一个国家贸易与经济增长的关系以及分析促进经济增长的政策均有意义。可以说，乘数分析法是宏观经济领域中的基础性理论，掌握这个理论对理解宏观经济运行至关重要。乘数分析法建立在凯恩斯乘数原理的基础上，模型中没有考虑货币和价格因素的作用，也没有考虑资本的流动。这表明，国际收支分析研究还可以进一步深入。

第三节 国际收支吸收分析法

1952年，詹姆士·爱德华·米德和西德尼·亚历山大提出了国际收支吸收分析法。该理论建立在凯恩斯有效需求理论的基础上，将消费、投资、对外贸易等经济活动视为互相联系的整体，利用凯恩斯的国民收入恒等式，分析有效需求的变化对国民总收入与总支出的影响，从而调整国际收支。

一、吸收分析法的基本思想

国际收支吸收法将消费、投资、政府支出视为国民收入中被国内吸收的部分，用 A 来表示。国民收入与国内吸收的差额就是国际收支差额。因此，一个国家要想改善国际收支，可以通过提高国民收入 Y，或者是减少国内吸收 A，或者是两项同时进行来实现。

$$A = C + I + G \tag{2-35}$$
$$Y = A + X - M \tag{2-36}$$
$$B = X - M \tag{2-37}$$
$$B = Y - A \tag{2-38}$$

式(2-38)表示国际收支盈余是吸收相对于收入不足的表现，而国际收支赤字则是吸收相对于收入过多的反应。因此，只要国民收入的增量大于国内吸收的增量或国民收入的减量小于国内吸收的减量，国际收支就可以得到改善。

假设国内吸收中的投资和政府支出都是外生于本国国民收入的,消费受国民收入的影响,因此国内吸收还可以表示为

$$A = \bar{C} + \alpha Y + \bar{I} + \bar{G}$$
$$= (\bar{C} + \bar{I} + \bar{G}) + \alpha Y \qquad (2\text{-}39)$$
$$= \bar{A} + \alpha Y$$

其中,$\bar{A}$ 表示自主性吸收,表示即使是国民收入为 0,该国也会产生的必要的消费或投资或政府支出。α 表示边际吸收倾向。由于投资和政府支出被假设为外生于本国国民收入,所以本书中的边际吸收倾向实际上就是边际消费倾向 c。

将式(2-39)代入式(2-38)得到

$$B = -\bar{A} + (1-\alpha)Y \qquad (2\text{-}40)$$

对式(2-40)隐含的变量 F 求导数。F 为直接标价法下的汇率。

$$\frac{dB}{dF} = -\frac{d\bar{A}}{dF} + (1-\alpha)\frac{dY}{dF} \qquad (2\text{-}41)$$

式(2-41)表示本币贬值的效果可以通过以下三个变量来实现:①dY/dF,它代表贬值对收入的直接影响;②α,它代表贬值通过收入变化对吸收的间接影响;③$d\bar{A}/dF$,它代表贬值对吸收的直接影响。不难看出本币贬值改善国际收支的条件是

$$(1-\alpha)\frac{dY}{dF} > \frac{d\bar{A}}{dF} \qquad (2\text{-}42)$$

二、贬值对国民收入水平的影响

贬值主要通过闲置资源效应和贸易条件效应影响国民收入。

闲置资源效应是指当经济没有达到充分就业时,如果满足马歇尔-勒纳条件,那么贬值可以促进出口,增加国民收入。如果不满足马歇尔-勒纳条件,那么贬值会抑制出口,减少国民收入。闲置资源效应表明,只有在本国还有剩余资源的条件下,才有可能生产更多的产品,并通过对外贸易改善国际收支。

贸易条件效应是指由于本币贬值,在进出口商品售价不变的情况下,本国为了换回一单位进口商品需要出口更多的商品。所以本币贬值意味着本国实际收入减少。

(一)闲置资源效应下贬值对国民收入水平的影响

贬值是否能改善国民收入,还要看一个国家的边际吸收倾向 α 是大于 1 还是小于 1。根据式(2-42),如果一个国家满足马歇尔-勒纳条件,并且闲置资源效应起主要作用,那么在该国的边际吸收倾向大于 1 的情况下,贬值会使该国的国民收入下降。因为闲置资源效应虽然提高了国民收入,但是由于该国边际吸收倾向高,使国内吸收的增幅超过了国民收入的增幅,所以最终国民收入是下降的,即

$$\frac{dY}{dF} - \alpha \frac{dY}{dF} < 0 \qquad (2\text{-}43)$$

而如果该国的边际吸收倾向小于 1,那么贬值会使该国的国民收入上升。也就是闲置资源效应提高了国民收入,同时该国的边际吸收倾向低,国内吸收的增幅也小于国民收入的增幅,所以最终国民收入是上升的,即

$$\frac{dY}{dF} - \alpha \frac{dY}{dF} > 0 \qquad (2\text{-}44)$$

(二)贸易条件效应下贬值对国民收入水平的影响

如果一个国家满足马歇尔-勒纳条件,并且贸易条件效应起主要作用,且该国的边际吸收倾向大于 1 的情况下,那么贬值会使该国的国民收入上升。尽管贸易条件效应使本国的国民收入因本币贬值减少,但是国内吸收的降幅比国民收入的降幅更大,所以总体上国民收入是增加的,如式(2-44)所示。

而如果该国的边际吸收倾向小于1,那么贬值会使该国的国民收入下降。也就是贸易条件效应降低了国民收入,同时该国的边际吸收倾向低,国内吸收的降幅小于国民收入的增幅,所以最终国民收入是下降的,如式(2-43)所示。

根据以上分析,国际收支的吸收分析法认为贬值对改善国民收入的效果是不确定的。如表 2-4 所示,在满足马歇尔-勒纳条件的情况下,当一个国家边际吸收倾向大于 1 时,如果本国资源未充分利用,那么资源闲置效应会使本国国民收入随着贬值和出口增加而增长。但是如果本国边际吸收倾向较高,本国吸收的增长幅度大于国民收入的增幅,贬值使本国的国民收入下降,所以综合来看,本国国民收入下降。当一个国家边际吸收倾向小于 1 时,国民收入变化量 $(1-\alpha)dY$ 大于零,贬值改善了国际收支。

表 2-4 吸收分析法下贬值对国民收入的影响

边际吸收倾向	国民收入	
	闲置资源效应	贸易条件效应
大于1	下降	增加
小于1	增加	下降

如果贸易条件效应发挥作用,那么在本国边际吸收倾向大于 1 时,国民收入的变化量 $(1-\alpha)dY$ 会大于零。即,贸易条件效应会使本国进口额随本币贬值增加,恶化国民收入,但是本国边际吸收倾向大于 1,会使本国吸收的下降幅度比国民收入的下降幅度还要大,所以国民收入总体表现为增长。如果本国边际吸收倾向小于 1,那么国民收入的变化量 $(1-\alpha)dY$ 小于零,即本国吸收的下降幅度小于国民收入的下降幅度,贬值会恶化国际收支。

三、贬值对自主吸收的影响

贬值对自主吸收的影响,体现为式(2-42)的右半部分 $d\bar{A}/dF$。首先,假设经济处于充分就业状态,即不存在闲置资源效应,$dY/dF = 0$。本币贬值无法增加国民收入,这时如果贬值能减少自主性吸收,即 $d\bar{A}/dF < 0$,经常账户才可能因本币贬值得到改善;反之,经常账户将会恶化。贬值对自主性吸收的影响一共有五个效应,分别是现金余额效应、国民收入再分配效应、货币幻觉效应、预期效应、劳尔森—梅茨勒效应。

(一)现金余额效应

现金余额效应也称为实际余额效应,是对持有实际货币余额的需求。在货币供给不变的情况下,本币贬值带来国内物价上涨,这将导致两方面的变化:一是物价上涨使本国出口产品竞争力下降，使净出口下降；二是物价上涨使国内吸收的成本上升，实际吸收减少。

现金余额效应使经济个体需要通过出售其他资产增加其现金余额。对整个国家而言，由于国内物价上涨，增加了人们对现金的需求，使利率提高，所以国内实际消费和实际投资因为本币贬值而被抑制。

(二)国民收入再分配效应

国民收入再分配效应是指由贬值引起的一般物价水平的上升会对国民收入的再分配产生影响。

国民收入再分配效应对于自主性吸收的影响是不确定的。本币贬值带来通胀，由此产生国民收入的再分配。一方面，通胀将会使那些固定收入人群的实际收入下降，在总国民收入保持不变的情况下，可变收入的人群将受益。一般而言，固定收入人群的边际吸收倾向比较高，而可变收入人群的边际吸收倾向较低。如果一个国家可变收入人群的占比比较高，那么本币贬值将降低自主性吸收。但另一方面，贬值通常会增加贸易部门的利润规模，贸易部门如果预期贬值有利于提高利润，就会增加投资。同时，贬值带来的通胀将使以获取固定收入为主的工人进行自主性消费的成本上升。根据式(2-39)，本币贬值将增加自主性吸收。

(三)货币幻觉效应

货币幻觉效应是指消费者的货币收入和一般物价水平均出现上涨，消费者只感受到了收入的增加，而忽略了一般物价的上涨，由此增加消费数量，使自主性吸收增加。显然，货币幻觉效应可能在短期内存在，从长期来看，消费者不存在货币幻觉。

(四)预期效应

当贬值引起物价上涨时，经济主体可能会预期物价还会继续上涨，这将增加自主性吸收，从而恶化国际收支。但是通胀加剧的预期也可能会减少投资，从而降低自主性吸收。

(五)劳尔森-梅茨勒效应

劳尔森-梅茨勒认为，如果本国居民对进口商品存在刚需，比如进口药物、国内稀缺的能源等，那么本币贬值后，居民为维持原有的进口商品需求量将支付更高的成本，使居民实际消费水平下降。在国民收入不变的情况下，自主性吸收增加，国际收支恶化。这个贸易条件因素就被称为劳尔森-梅茨勒效应。

四、吸收分析法所倡导的政策及评述

吸收分析法和弹性分析法的结论表明，贬值对贸易余额的影响非常复杂。综合考虑，在国民收入可变的条件下，贬值改善贸易余额的条件有两个：一是要满足马歇尔-勒纳条件；二是贬值引起的国民收入增长大于国内吸收增长。

吸收分析法所倡导的政策是国家可以通过政策搭配改善国际收支。若国内存在闲置资源，则货币贬值的同时可以搭配扩张性财政政策和货币政策改善国际收支逆差，提高收入。若国内已经达到充分就业，则经济处于通货膨胀时，货币贬值应该搭配紧缩性财政货币政策来减少吸收，从而使内部经济与外部经济达到平衡。

吸收分析法是一种宏观分析法，通过国民收入核算恒等式将一个国家国际收支的决定和变动与整个宏观经济状况结合起来进行分析。由于没有考虑本币贬值以后相对价格变动在国际收支调整中的作用，也没有考虑本国与贸易伙伴国的溢出效应，所以吸收分析法在理论或实际政策分析时还必须与其他分析方法一起使用。

第四节 国际收支货币分析法

国际收支货币分析法源于货币学派。不同于前三种国际收支理论只研究贸易账户差额，货币分析法分析的是国际收支的综合差额，也就是将国际资本流动也纳入研究范围。货币分析法认为国际收支失衡是货币需求与货币供给失衡引起的一种货币现象。

在资本可以自由流动的条件下，当本国金融机构提供的货币供给(国内信贷)超过本国货币需求时，超额的货币供给外流，导致该国出现国际收支逆差。反之，如果国内信贷小于对本国的货币需求，那么差额部分需要引入国外资金补充，资金流入导致该国出现国际收支顺差。既然国际收支失衡本质上是一种货币现象，调节国际收支失衡就应该依靠货币政策。

一、国际收支货币分析法的前提假设

第一，在自由贸易、交易费用为零以及存在商品套购机制的情况下，一价定律始终成立(一价定律的详细介绍请见本书第五章)。

$$P = eP^* \qquad(2\text{-}45)$$

其中：P 表示以本币标价的商品价格；P^* 表示以外币标价的商品价格；e 表示直接标价法下的名义汇率。如图 2-3 所示，一价定律线上方表示本币被高估，本国产品不具备价格竞争力，国际收支处于逆差状态。一价定律线下方表示本币被低估，本国产品具有价格竞争力，国际收支处于顺差状态。购买力平价线本身则是国际收支平衡状态。一价定律既是针对单个商品而言的，也是针对可贸易商品而言的。

第二，假设货币需求稳定，且可以表示为

$$M_d = Pf(Y, i) \qquad(2\text{-}46)$$

其中：M_d 表示名义货币需求；P 表示本国的一般价格水平；Y 表示本国的实际国民收入；i 表示本国的利率水平。

根据一价定律理论，本国的名义货币需求函数还可以表示为

$$M_d = eP^* f(Y, i) \qquad(2\text{-}47)$$

第三，假设本国处于充分就业状态。

总供给曲线 AS 垂直于横轴，如图 2-4 所示，这意味着经济处于充分就业状态，国内物价上涨不会带来产出增加。

第四，假设当货币市场均衡时，本国的名义货币需求等于名义货币供给。名义货币供给是国内金融机构提供的银行信贷和中央银行持有的国际储备之和。银行信贷规模通常是数倍于中央银行发行的基础货币，本书为了方便分析，假设货币乘数等于1。因此

$$M_d = M_s = D + R \qquad(2\text{-}48)$$

$$R = M_d - D \qquad(2\text{-}49)$$

其中：MS 表示名义货币供给，D 表示银行信贷，R 表示央行持有的国际储备。

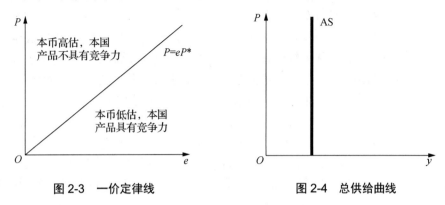

图 2-3　一价定律线　　　　　　　　图 2-4　总供给曲线

二、货币分析法对于货币贬值效果的分析

根据式(2-47)，当本国货币贬值时，汇率水平 e 上升，根据绝对购买力平价说，国内商品价格 $P=eP^*$ 上升，于是名义货币需求量 M_d 随之上升，再结合式(2-49)可知，央行持有的外汇储备随本币贬值增加，国际收支随之改善。因此货币论认为本币贬值引起国内价格水平上升，使居民手中的实际货币余额减少，从而对经济有紧缩作用并且能减少国际收支逆差或者使国际收支顺差。但是要达到以贬值改善国际收支的目的，货币当局不能增加国内信贷规模，或者说信贷规模增幅不能等于甚至是超过名义货币需求量。如果国内信贷 D 与名义货币需求量 M_d 同时增加，并且国内信贷的增幅等于甚至大于名义货币需求量 M_d 的增幅，那么贬值不能改善国际收支，甚至可能恶化国际收支。

三、货币分析法对于固定汇率制度下扩张性货币政策效果的分析

如果一个国家采用的是固定汇率制度，那么该国采取扩张性货币政策会对国际收支产生什么影响？假设初始状态下该国经济处于均衡状态，即外汇市场、商品市场和货币市场均处于均衡状态。如图 2-5 所示，(a)、(b)、(c)三幅图分别表示本国的外汇市场、商品市场和货币市场的供求关系。

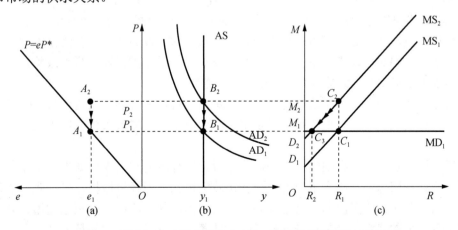

图 2-5　固定汇率下扩张性货币政策对于改善国际收支的效果

(a)图是将图 2-3 以纵轴为对称轴翻转 180°得到的。在均衡状态下汇率水平是 e，外国的物价水平是 P^*，本国的物价水平是 P_1，对应的均衡点是 A_1 点。与此相对应的商品市场和货币市场均衡点分别是 B_1 点和 C_1 点。C 图的横轴表示该国的外汇储备，纵轴表示货币供应量。根据货币分析法，货币需求被假设为是稳定的，因此货币需求曲线是一条水平线，货币供给曲线反映的是国内信贷与国际储备之和，向右上方倾斜。货币市场均衡点 C_1 点对应的国内信贷水平和国际储备分别是 D_1 和 R_1，二者之和是初始均衡状态下的货币供应量 M_1。

如果该国采用扩张性货币政策，那么国内信贷从 D_1 扩张至 D_2，这时国际储备 R_1 保持不变，货币供给曲线从 MS_1 移至 MS_2。国内信贷 D_2 和国际储备 R_1 之和是货币供应量 M_2，M_2 和国际储备 R_1 对应的是货币供给曲线上的 C_2 点。这时货币供应量比货币需求量大，刺激本国总需求上升，图 2-5(b)中的总需求曲线从 AD_1 上移至 AD_2。根据货币分析法假设三，本国已经处于充分就业状态，所以总需求上升并不能使国民收入增加，只会造成物价水平上升，也就是国内物价水平从 P_1 涨到了 P_2。在图 2-5(a)中，新的物价水平 P_2 和固定汇率水平 e 对应的是 A_2 点，由图 2-5(a)可知，这个点上方一价定律线表示本币被高估，本国产品不具有价格竞争力，国际收支处于逆差状态，本币有贬值的压力。由于该国采用的是固定汇率制度，因此该国中央银行需要对此进行干预，即卖出外汇储备。在图 2-5(c)中，中央银行的外汇储备从 R_1 减少到 R_2。最终货币市场重新达到均衡状态 C_3 点，物价水平又回到了 P_1。由此可知，如果一个国家采取的是固定汇率制度，那么扩张性的货币政策对于改善国际收支是没有效果的。因此，根据货币分析法的观点，一个国家实行固定汇率制度就意味着丧失了货币政策自主权。

四、货币分析法的政策含义及评述

在经济开放条件下，央行利用公开市场操作这种货币政策工具调节货币供应量主要有三种模式。一是中央银行采取本币公开市场操作，即中央银行买入(卖出)经济主体持有的国库券。根据资产等于负债的原理，中央银行基础货币增加(减少)的同时，其持有的国内债券资产也增加(减少)。二是中央银行采取外币公开市场操作，即中央银行买入(卖出)经济主体持有的外币资产。中央银行在增加(减少)基础货币的同时，其持有的外币资产也在增加(减少)。三是中央银行采取外汇冲销操作，即买入(或卖出)国内资产的同时，卖出(或买入)外币资产。此时，中央银行的基础货币保持不变。前两种操作模式都会导致货币供给发生变化。扩张性的货币政策如果导致货币供给大于货币需求，那么过剩的资金会流出本国，使国际收支出现逆差。因此，在货币贬值的同时，只要央行不采取扩张性的货币政策，或者货币扩张的幅度小于货币贬值的幅度，贬值就可以改善国际收支。

货币分析法认为一个国家采取货币贬值政策后，可以配合稳健的货币政策暂时性改善国际收支。只要该国不是严重依赖于通货膨胀式的货币供给增长来为政府支出融资，就不会出现长期逆差。

货币分析法对固定汇率制度下扩张性货币政策的分析的结论表明如果一价定律成立，那么中国银行在固定汇率制度下很难应用货币政策进行宏观经济调控。以扩张性货币政策为例，新增的货币供应量给本国货币带来了贬值压力，使得政府不得不通过抛售外汇储备的方式维系汇率的稳定，结果只是消耗了外汇储备，改变了货币供应量的结构，汇率、物价水平、国民收入水平长期看都没有发生变化。因此，货币学派认为在固定汇率下，央行为维持汇率稳定只能牺牲货币政策的独立性。货币分析法只考虑国内信贷的变化而不考虑实际产出过程，这表明，它分析的是经济过程的另一个方面，其结论当然不能与弹性、乘数和吸收分析法相同。

第五节　其他国际收支理论

一、新剑桥学派关于调节国际收支失衡的观点

新剑桥学派又被称为新凯恩斯派，代表人物有琼·罗宾逊、皮罗·斯拉法、尼克拉·卡尔多等。该学派与以萨缪尔森为代表的新古典综合派关于谁才是凯恩斯主义正统继承人的争论，推动了经济增长、收入分配、通货膨胀治理等理论的发展。新剑桥学派对于国际收支问题的研究包含在其经济增长研究中。

在开放经济条件下，按照支出法和收入法，国民收入恒等式可以分别表示为式(2-50)和式(2-51)

$$Y = C + I + G + X \tag{2-50}$$

$$Y = C + S + T + M \tag{2-51}$$

将上述两个公式进行整理后，可以得到

$$X - M = (S - I) + (T - G) \tag{2-52}$$

剑桥学派认为私人部门的金融净资产 $S-I$ 是相对稳定的，因为私人部门的金融资产净获得额受可支配收入的影响，二者保持相对稳定的比率。贸易差额主要是受制于政府财政收支 $T-G$。政府的预算赤字增加，贸易账户就会随之恶化。因此剑桥学派的主张是以保持财政预算稳定或者是削减财政赤字来避免贸易账户失衡。

二、国际收支财政分析法

国际收支财政分析法也主张通过财政政策调节国际收支失衡，但是采用了与新剑桥学派完全不同的分析方法。英国经济学家蒂姆·康登(Tim Congdon)针对英国在20世纪80年代前执行的扩张性财政政策提出质疑，认为庞大的政府财政赤字造成了英国国际收支不平衡。该理论的核心思想是将经常账户逆差分为私人部门的经常账户逆差和公共部门的经常账户逆差，如式(2-53)所示。

$$CA = CA_P + CA_G \tag{2-53}$$

其中：CA 表示经常账户差额；CA_P 表示私人部门的经常账户差额；CA_G 表示公共部门的经常账户差额。

私人部门的行为由市场看不见的手调节，因此私人部门的经常账户逆差不应该由政府干预，而是应该通过市场机制和正确的预期进行自动调整。但是对于公共部门的经常账户逆差，政府应该格外注意。因为

$$CA_G = BD - D_G \tag{2-54}$$

其中：BD 表示预算赤字；D_G 表示公共部门对国内的负债。从式(2-54)来看，改善经常账户

有两个途径：一是减少预算赤字；二是增加公共部门对国内的负债，即公共部门在本国发行以本币计价的债务凭证，以增加内债的方式减少对外债务。所以财政分析法建议一个国家应该采用财政政策或债务管理调节国际收支失衡。

三、国际收支结构论

国际收支结构论与货币论的观点针锋相对。20 世纪 70 年代，国际货币基金组织将货币论作为调节国际收支的理论基础向发生国际收支困难的成员国发放借款，要求借款申请国采取紧缩性货币政策。但是由于货币论的实施前提是充分就业和货币需求稳定，而现实中借款申请国并不能满足上述条件，所以紧缩性的货币政策其实是以抑制国家的经济增长为代价来换取国际收支平衡。

其实无论是货币论还是吸收论，它们都是从需求的角度制定国际收支调节政策。如上所述，货币论以减少名义货币供应量来抑制实际需求。吸收论主张通过紧缩性的财政政策和货币政策减少消费与投资。结构论则认为导致国际收支逆差特别是长期性的国际收支逆差的原因有可能是过度需求，还有可能是供给失衡。供给失衡主要是由经济结构问题引起的，具体表现在以下几个方面。

第一，经济结构老化。这是指一个国家的产品原本在国际市场是有竞争力的，但是由于技术更新换代和市场环境变化等因素，该国产品丧失了竞争力，由此导致出口下降，国际收支逆差。

第二，经济结构单一。单一的生产结构和单一的出口商品使该国出口高度依赖国际市场。无论是维持单一生产结构还是改变这种生产结构所需要的设备都需要从国外进口，无法自己生产。因此该国越是想发展经济，国际收支逆差程度就越高。比如改革开放初期，中国为了发展经济从国外引进先进设备就在一定的程度上造成了国际收支逆差。单一的出口商品使该国的出口额受制于国际市场价格，如果该产品价格需求弹性较小，一旦该产品的价格下跌，该国的出口额就会随之减少，导致国际收支恶化。如果国外市场对本国出口产品的收入需求弹性比较小，那么外国国民收入水平上升的同时对该产品的需求增加幅度不大，出口增幅有限。

第三，进出口商品的弹性结构不合理。本国的出口一般受外国国民收入水平和商品价格的影响。同理，本国的进口一般受本国国民收入水平和商品价格的影响。如果本国进出口商品的弹性结构是：本国的出口商品收入弹性小，需求的价格弹性大；进口商品的需求收入弹性大，需求的价格弹性小，这种进出口弹性结构会导致国际收支逆差。因为本国出口商品的需求收入弹性小，那么外国国民收入增长的同时，本国出口的增长速度就会比较慢。如果本国的进口商品的需求收入弹性大，那么本国国民收入快速增长会导致对进口商品的需求量增加。这时尽管两国的收入水平都在提高，但是本国的进出口收入弹性结构会导致国际收支逆差。如果本国出口商品的需求价格弹性较大，那么出口商品的价格上升时，商品的出口量会相应地减少。同时如果本国进口商品的价格弹性较小，那么进口商品的价格上升时，商品的进口量减少幅度不大，这同样会导致国际收支逆差。

结构论认为经济结构的上述三个特点使国际收支逆差和经济发展缓慢成为一个恶性循环，即发展经济改变经济结构需要进口资本性商品，但是由于国际收支逆差，外汇短缺，所以改变现有的经济结构变得非常困难。只有打破既有的经济结构，国际收支才能得到改善。具体的措施包括经济结构落后的国家积极增加国内储蓄，以便增加对新兴产业的投资，引导劳动力、资金、原材料等生产要素从传统行业流向新兴产业。经济结构先进的国家也应该增加对落后国家的投资，这样才能互惠互利，在改善经济结构落后国家的国际收支的同时，扩大本国的出口和就业。

货币论的支持者认为结构论提出的政策建议是国际货币基金组织很难做到的。因为国际货币基金组织提供的是短期性的资金融通，如果要求其向经济结构落后的国家提供长期资金帮助其进行投资改善经济结构，却不对这些国家的货币政策和财政政策提出必要的规范，这既不利于该国经济的长期发展，也违背了国际货币基金组织的性质和章程。

四、国际收支四阶段生命周期理论

金德尔伯格和林德特在20世纪50年代就提出了国际收支会随着一个国家的经济发展呈现不同特征的思想，萨缪尔森和诺德豪斯在此基础上归纳出了国际收支四阶段生命周期理论。

第一个阶段是年轻的债务国。这时国家还比较贫穷，需要通过借外债来满足进口需求，所以资本与金融账户和经常账户呈现出双逆差状态。

第二个阶段是成熟的债务国。随着国家的发展，出口开始增加，经常账户逆差得到改善，对外债务也随之减少。但是由于前期积累的债务尚未还清，因此资本与金融账户还是处于逆差状态。

第三个阶段是新兴的债权国。随着经常账户顺差不断扩大，国家和居民手中积累了比较充裕的外汇，向国外投资或贷款的总量越来越大，所以第三个阶段一个国家的经常账户顺差和资本与金融账户逆差相比第二个阶段或持续扩大，经常账户顺差被用于进行对外投资。

第四个阶段是成熟的债权国。国家依托全球化布局和产业结构升级，将一部分制造工厂转移至国外，在国内主要发展高新技术产业和服务业，因此对于进口商品的需求会增多，贸易账户有可能处于逆差状态，但是对外投资收益和服务收入可以在一定的程度上弥补贸易逆差。

国际收支四阶段生命周期理论将国际收支不平衡看作一种常态，根据一个国家经济的不同发展阶段归纳国际收支失衡的规律。该理论一方面是帮助国家确定不同经济发展阶段的对外均衡目标，另一方面是为实现长期外部均衡规划了政策路径。但是各国经济发展情况不同，目前也没有数据表明每个国家都会经历相同的国际收支失衡规律。比如中国的国际收支从1998年开始至2018年出现经常账户和资本与金融账户双顺差的情况，这是四阶段生命周期理论无法解释的。

本 章 小 结

本章介绍了四个主要的国际收支理论。这些理论都是针对当时国际金融现实问题凝练出的一般规律，因此我们在应用这些理论分析中国国际收支问题时，也应该注意结合中国实际，准确理解人民币汇率改革对中国国际收支差额的影响，在未来从事相关国际金融活动时自觉维护国家利益。

弹性分析法从微观视角分析了贬值改善国际收支所需要满足的条件。弹性论的主要研究结论包括马歇尔-勒纳条件和J曲线效应。马歇尔-勒纳条件表明只有当进出口商品的需求价格弹性之和大于1时，贬值才能改善国际收支。而J曲线效应表明，本币贬值对于改善国际收支有时滞。随着本币贬值，本国的国际收支会经历先恶化再改善的过程。

乘数分析法和吸收分析法是凯恩斯宏观经济学在国际收支领域的应用。乘数分析法主张国家通过需求管理政策来调整国际收支。以紧缩性的财政政策或货币政策减少国民收入，进而减少进口支出，从而改善国际收支逆差；反之亦然。吸收分析法从国民收入恒等式入手，将国际收支差额看成国民收入与国内吸收的差额。一个国家要想改善国际收支，可以通过提高国民收入或减少国内吸收，或者两项同时进行来实现。贬值能否改善国际收支取决于贬值对国民收入的改善程度是否大于其对国内吸收的影响程度。

货币分析法建立在货币主义学说的基础上，认为国际收支不平衡是一种货币现象。本币贬值会引起本国国内物价水平上升，使名义货币需求超过名义货币供给，引起货币流入本国。只要货币需求变动不被国内信用的扩张所抵消，国际收支就能得到改善。但本币贬值使国内实际货币余额下降，所以对经济具有紧缩作用。但如果一个国家选择的是固定汇率制度，那么为了维持固定汇率，该国就不得不放弃货币政策的自主性。

思　考　题

1. 贬值对自主性吸收的效应有哪些？
2. 请尝试推导马歇尔-勒纳条件中的进口商品需求弹性。
3. J曲线效应表达的主要观点是什么？
4. 乘数分析法的政策含义是什么？
5. 根据吸收分析法，贬值在什么情况下能改善国际收支？
6. 如何理解劳尔森-梅茨勒效应？
7. 货币分析法的主要假设有哪些？
8. 货币分析法的政策含义是什么？

毕肯戴克-罗宾逊-梅茨勒条件推导过程

第三章　外汇与汇率

✎【章前导读】

　　汇率是两个国家(经济体)货币的相对价格，其变动不仅会影响两个国家(经济体)商品的相对价格，继而影响国际收支，还会影响一个国家的收入、就业等宏观变量，它在国际金融学中处于核心地位。本章主要介绍与外汇及外汇市场相关的内容，汇率的概念、标价方法、各种分类以及外汇市场参与者如何进行外汇交易。

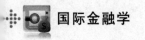

第一节 外汇与外汇市场

本节主要介绍外汇和外汇市场的概念、外汇市场的组织形态及其构成。

一、外汇

(一)外汇的概念

根据《中华人民共和国外汇管理条例》的阐释，外汇(foreign exchange)是指用外国货币来表示的，能够进行国际清偿的资产和支付手段。一种货币能否成为外汇，需要满足三个条件：一是自由兑换性，即该种货币资产拥有和主要国家(经济体)货币兑换的自由。货币可兑换是指任何一个货币持有者都可以按照市场汇率自由地把一种货币兑换成另一种主要储备货币，它包括经常项目下的货币可兑换和资本金融项目下的货币可兑换。例如，国内一个进口商从美国进口一批货物，他可以自由地将人民币兑换成所需要的美元，那么人民币就是在经常项目下可自由兑换。如果国内投资者要去购买美国国债，可以不受限制地将人民币兑换成美元，那么人民币则是在资本项目下可自由兑换。目前，人民币在资本项目下并未完全实现可自由兑换。二是普遍接受性，即这种货币在国际经济活动中被各经济体接受。三是可偿性，意味着该货币资产可以得到偿付。

(二)外汇的范围

根据《中华人民共和国外汇管理条例》的规定，外汇资产包括以下五类。
(1) 外币现钞，包括纸币、铸币。
(2) 外币支付凭证或支付工具，包括票据、银行存款凭证、银行卡等。
(3) 外币有价证券，包括债券、股票等。
(4) 特别提款权。
(5) 其他外汇资产。

(三)常见货币

常见的货币、符号及 ISO 标准代码如表 3-1 所示。

表 3-1 一些国家或地区的货币及符号

国家或地区	货币	符号	ISO 标准代码
中国内地	人民币	¥	CNY
中国香港	港元	HK$	HKD
美国	美元	$	USD
日本	日元	¥	JPY
欧元区	欧元	€	EUR
英国	英镑	£	GBP

(资料来源：国际清算银行，https://www.bis.org/statistics/rpfx19_fx.pdf.)

二、外汇市场概述

(一)外汇市场的含义

外汇市场是从事外汇买卖或兑换的交易场所,或者是各种不同货币彼此进行交换的场所。外汇市场上主要包括两类外汇买卖:一种是本币与外币之间的买卖,我们称为国内外汇市场;另一种是外币与外币之间的买卖,称为国际外汇市场。

世界上有很多种货币,任何两种货币之间都可以进行交换。但实际上,外汇市场上交易的币种非常集中,美元、欧元和日元始终保持中心地位,其中美元占据最大的市场份额。自 20 世纪 90 年代以来,以美元为单边货币的交易额占全部交易额的比重始终超过 80%。

(二)外汇市场的组织形态

外汇市场的组织形态主要有两种:一种是有形的市场,即外汇交易所,其占的比重很低;另一种是无形的市场,这是外汇市场主要的组织形态,表现为电话、电报、计算机终端等远程通讯工具构成的交易网络。全球交易金额排名靠前的交易所有伦敦外汇交易所、纽约外汇交易所、东京外汇交易所、新加坡外汇交易所以及香港外汇交易所。这些交易所所处时区不同,所以交易者可以进行 24 小时全球性不间断的外汇交易,这也是外汇市场的一大特点。

外汇市场交易的案例分析

(三)外汇市场的构成

外汇市场中的主要参与者有四类:中央银行、外汇银行、顾客和外汇经纪人。外汇市场的交易主要分为三个层次。第一个层次是外汇银行和顾客之间进行的外汇交易。这里的外汇银行既可以是专门做外汇交易的银行,也可以是兼做外汇交易的银行,比如国内的四大行。外汇银行起中介作用,从顾客手中买入外汇的价格要低于卖出外汇的价格,低买高卖,赚取买卖差价,类似一个零售市场,这种外汇交易在总外汇交易中占比很小。

第二个层次是不同外汇银行之间进行的交易。外汇银行之间的交易主要是出于两个目的。一方面,为了避免汇率变动的风险,银行借助同业间交易及时将多头(long position)抛出,将空头(short position)补进。比如 A 银行有美元多头头寸,B 银行有美元空头头寸,有头寸就意味着有汇率风险,由于银行不想承担汇率变动的风险,所以持有多头头寸的银行愿意把它卖掉,持有空头头寸的银行愿意补足,这样就产生了外汇交易的需求。另一方面,银行出于投机、套汇、套利等目的从事同业外汇交易。当银行预期美元升值时,出于投机目的,银行会主动积累美元多头头寸。银行同业外汇买卖差价一般低于银行与顾客之间的买卖差价,因为其交易量非常大,相当于一个批发市场。据国际清算银行估计,同业外汇交易占总外汇交易的比重接近 90%。

第三个层次是银行与中央银行之间的外汇交易,主要体现为中央银行干预外汇市场。

案例分析:外汇市场交易机构情况

根据欧洲货币杂志的统计,2019 年十大外汇交易机构所占市场份额如表 3-2 所示。与前两年的数据相比发现，德意志银行外汇交易量增长迅速，所占市场份额由2018年的第八位上升至第二位。传统银行市场份额有所收缩，非银行的外汇交易机构市场占有率持续增长，例如XTX Markets、HCTech等专业外汇电子市场做市商的地位日益提高。

表3-2 2019年十大外汇交易机构所占市场份额

排名	外汇交易机构	市场份额
1	JPMorgan	9.81%
2	Deutsche Bank	8.41%
3	Citi	7.87%
4	XTX Markets	7.22%
5	UBS	6.63%
6	State Street	5.50%
7	HCTech	5.28%
8	HSBC	4.93%
9	Bank of America Merrill Lynch	4.63%
10	Goldman Sachs	4.50%

(资料来源：Euromoney。)

第二节 汇率及其标价方法

本节内容主要包括汇率的概念、汇率的三种标价方法以及根据不同标准对汇率进行分类，另外还包括汇率的相关计算，比如利用买入汇率和卖出汇率进行货币的兑换，已知即期汇率和升贴水计算远期汇率，以及汇率的套算。

一、汇率的概念

汇率是指以一种货币表示的另一种货币的相对价格。比如，2021年10月21日，美元兑人民币的汇率为6.3932，即用人民币表示的美元的相对价格是6.3932。

二、汇率的标价方法

汇率的标价方法有三种：直接标价法、间接标价法和美元标价法。汇率的大小和本币币值的高低具有一定的关系。

(一)直接标价法

直接标价法是指1单位外币等于多少本币，即用本币对1单位外币进行直接标价。通常表示为：单位外币=变数本币。比如在中国外汇市场：

USD 1 = CNY 6.6768(2020年10月)
USD 1 = CNY 6.3932(2021年10月)
(外币)　　　(本币)

可以看出，2021 年相对 2020 年来说，1 美元可以兑换的人民币更少，表明美元贬值，人民币升值。因此，在直接标价法下，汇率数值越大，本币币值越低；汇率数值越小，本币币值越高。

(二)间接标价法

间接标价法与直接标价法相反，是指 1 单位本币等于多少外币，即用外币对 1 单位本币进行标价。通常表示为：单位本币=变数外币。比如，伦敦外汇市场的数据显示：

    GBP 1= USD 1.2832(2020 年 10 月)
    GBP 1= USD 1.3789(2021 年 10 月)
   （本币） （外币）

可以看出，2021 年相对 2020 年来说，1 英镑可以兑换的美元更多，表明英镑相对升值，美元贬值。因此，在间接标价法下，汇率数值越大，本币币值越高；汇率数值越小，本币币值越低。目前大多数货币都采用直接标价法，少数货币比如英镑和欧元采用间接标价法。

(三)美元标价法

所有在外汇市场上交易的货币都对美元报价，并且除了欧元、英镑等极少数货币以外，对一般货币均以美元为单位货币，即 1 美元等于多少该种货币，这种标价方法称为美元标价法。

美元标价法的一个案例分析

图 3-1 是 2020 年 2 月 20 日外汇市场交易的实时行情信息，除了欧元、英镑等前三行以外，其他各行最新价数字均表示 1 美元等于多少该种货币，都是美元标价法。比如第四行美元加元最新价是 1.3234，表示 1 美元等于 1.3234 加元，涨跌幅是 0.0008，说明美元涨幅是 8 个基点。再比如最后一行美元瑞典克朗最新价是 9.7994，表示 1 美元等于 9.7994 瑞典克朗。

名称	最新价	涨跌值	涨跌幅	开盘价	昨收价	最高价	最低价	报价时间
欧元美元	1.0799	-0.0004↓	-0.0407	1.0810	1.0803	1.0815	1.0791	2020-02-20 11:16:13
英镑美元	1.2905	-0.0019↓	-0.1470	1.2922	1.2924	1.2928	1.2901	2020-02-20 11:16:14
纽元美元	0.6355	-0.0026↓	-0.4122	0.6383	0.6381	0.6395	0.6351	2020-02-20 11:16:13
美元加元	1.3234	0.0008↑	0.0612	1.3227	1.3226	1.3240	1.3209	2020-02-20 11:16:13
美元瑞郎	0.9834	-0.0005↓	-0.0488	0.9837	0.9839	0.9841	0.9818	2020-02-20 11:16:13
美元丹麦克朗	6.9158	0.0047↑	0.0676	6.9082	6.9111	6.9207	6.9043	2020-02-20 11:16:11
美元日元	111.4500	0.0500↑	0.0500	111.2400	111.4000	111.4600	111.0900	2020-02-20 11:16:15
美元瑞典克朗	9.7994	0.0071↑	0.0722	9.7847	9.7923	9.8067	9.7670	2020-02-20 11:16:11

图 3-1 外汇市场交易行情

(资料来源：https://www.cngold.org/quote/index_1.html)

三、汇率的种类

根据不同的标准,汇率可以分为不同的种类。

(一)固定汇率和浮动汇率

固定汇率是指汇率基本固定,波动幅度有一定的限制。从第二次世界大战后直到20世纪70年代,布雷顿森林体系期间各国主要采用"双挂钩"的固定汇率制度。

浮动汇率是指汇率主要由外汇市场供求状况决定,可以自由变动。1976年1月,《牙买加协议》的签署标志着国际货币体系进入了一个新的阶段——牙买加体系。自此以后,大部分国家或经济体均采用浮动汇率制度。

(二)单一汇率和复汇率

单一汇率是指一种货币兑其他某种货币只有一个汇率。

复汇率是指一种货币兑其他某种货币有两种或两种以上的汇率。

(三)名义汇率、实际汇率和有效汇率

(1) 名义汇率是指现实生活中(比如财经新闻、银行等)直接公布的、表示两国或两个经济体货币之间相对比价的汇率。

(2) 实际汇率是对名义汇率用两国价格水平调整后的汇率,即以相同货币表示的两国商品价格水平的比较,反映了本国商品相对外国商品的国际竞争力。

实际汇率的计算公式为

$$q = \frac{eP^*}{p}$$

其中:e是直接标价法下的汇率;P^*是外国价格水平;p是本国价格水平。

另外,实际汇率还会受到一些政府政策的影响,比如财政补贴政策和税收减免政策。在计算实际汇率时,还应该把政府采取的政策对有关主体可能产生的影响考虑进去。实际汇率=名义汇率±财政补贴和税收减免。

(3) 有效汇率是指汇率的加权数值。一般情况下,有效汇率都是以贸易比重作为权数,反映的是一个国家的货币汇率在国际贸易中的总体竞争力和总体波动幅度。

A币的有效汇率=∑A国货币兑某国货币的汇率指数×(A国与某国的贸易额/A国的全部对外贸易额)

人民币有效汇率指数(CFETS)的一个案例

2015年年底,中国外汇交易中心正式发布了人民币汇率指数CFETS(见图3-2)。指数基期是2014年12月31日,基期指数是100点。算法说明显示,该指数具体包括中国外汇交易中心挂牌的13个人民币对外汇交易币种,样本货币权重采用考虑转口贸易因素的贸易权重法计算而得。其中,权重最高的货币依次为美元、欧元、日元、港元,权重分别为26.4%、21.39%、14.68%、6.55%。样本货币取价是当日人民币外汇汇率中间价和交易参考价。

图 3-2　CFETS 人民币汇率指数

(资料来源：中国外汇交易中心)

一般来说，可以用有效汇率来观察某种货币对外的总体波动幅度。比如，人民币兑其他主要货币有升有贬，具体表现为：2018 年年末相对 2017 年来说，人民币兑欧元贬值 0.57%，兑日元贬值 6.47%，兑英镑升值 1.19%，兑澳元升值 5.55%，那么人民币整体来看到底是升值还是贬值呢？我们可以用有效汇率来判断人民币币值的整体走势。

(四)买入汇率和卖出汇率

1. 概念

买入汇率(buying rate)，也称为外汇买入价(bid rate)，即银行从同业或客户手中买入外汇时所使用的汇率。

卖出汇率(selling rate)，也称为外汇卖出价(offer rate)，即银行向同业或客户卖出外汇时所使用的汇率。

在直接标价法下，比如中国外汇交易中心报价 USD 1 = CNY 6.4699～6.4732，美元是外汇，6.4699 是外汇银行买入美元的价格，即美元的买入价；6.4732 是外汇银行卖出美元的价格，即美元的卖出价。在间接标价法下，比如伦敦外汇交易中心某日报价 GBP 1 = USD 1.3767～1.3825，美元是外汇。1.3767 是银行卖出美元的价格，即美元的卖出价；1.3825 是银行买入美元的价格，即美元的买入价。

中间汇率是指银行买入汇率和银行卖出汇率的算术平均数，即两者之和再除以 2。中间汇率主要用于新闻报道和经济分析。

买入价和卖出价都是站在银行的角度来说的，买入对象都是外汇，且买入价低于卖出价。银行可以通过低价买入外汇再高价卖出，赚取中间差价。

2. 利用买入价和卖出价进行货币兑换

例 1. 在纽约外汇市场上，若英镑兑美元的即期汇率是 GBP 1 = USD 1.2342～1.2344，请计算：

(1) 英镑兑美元的中间价是多少？
(2) 某投资者想将其持有的 50 万英镑换成美元，则可换得多少美元？

GBP 1 = USD 1.2342～1.2344
(基础货币)(标价货币)(基础货币的买入价)(基础货币的卖出价)

解答：

(1) 英镑兑美元的中间价 = (1.2342+1.2344) ÷ 2 = 1.2343

(2) 可换得 500 000 × 1.2342 = 617 100(美元)

例 2. 在伦敦外汇市场上，若英镑兑美元的即期汇率是 GBP 1 = USD 1.2342～1.2344，某投资者想将其持有的 100 万美元换成英镑，则可换得多少英镑？

GBP 1 = USD 1.2342～1.2344
(基础货币)(标价货币)(标价货币的卖出价)(标价货币的买入价)

解答：

可换得 1 000 000 ÷ 1.2344 = 810 110(英镑)

(五)即期汇率和远期汇率

1. 概念

即期汇率(spot rate)也称为现汇汇率，是指买卖双方成交后，在两个营业日(working day)以内办理交割所使用的汇率。

远期汇率(forward rate)也称为期汇汇率，是指买卖双方成交时，约定在未来某个时间进行交割所使用的汇率。一般而言，期汇的买卖差价要大于现汇的买卖差价。外汇买卖的差价是银行的费用和相应的利润，这也是对货币时间价值的补偿。对于外汇买卖的差价可以从三个方面进行分析。第一，远期交易的交割期是在未来，把将来的获利价值换算到现值，是时间上的补偿。第二，从风险角度来看，远期交易的信用风险较大，这个差价也是作为风险的补偿。第三，从费用角度来看，银行需要对远期交易的头寸进行风险管理，管理费用较高，差价也是对费用的补偿。

2. 远期汇率的报价方式

(1) 直接报价是指直接将各种不同交割期限外汇的买入价与卖出价表示出来，比如日本、瑞士常用这种报价方式。

(2) 远期差价又称掉期率(swap rate)报价，即报出期汇汇率偏离即期汇率的值或点数。在实务中，银行报出的远期差价用点数表述，每个点是万分之一，即 0.0001。

远期差价有升水和贴水两种，在直接标价法下，升水(premium)表示外汇在远期升值，贴水(discount)表示外汇在远期贬值。

3. 计算示例

例 1. 已知瑞士苏黎世外汇市场中，即期汇率 USD 1 = CHF 1.2707

(1) 如果三个月美元远期升水 10 个点，那么远期汇率是多少？
$$1.2707+0.0010=1.2717$$

(2) 如果三个月美元远期贴水 10 个点，那么远期汇率是多少？
$$1.2707-0.0010=1.2697$$

(3) 如果三个月瑞士法郎远期贴水 8 个点，那么远期汇率是多少？
$$1.2707+0.0008=1.2715$$

(4) 如果三个月瑞士法郎远期升水 8 个点，那么远期汇率是多少？

$$1.2707-0.0008=1.2699$$

通过上面的例子可以发现，已知即期汇率和升贴水点数，计算远期汇率的规则是：在直接标价法下，若是基础货币升水(即标价货币贴水)，则远期汇率等于即期汇率加上升水额；若是基础货币贴水(即标价货币升水)，则远期汇率等于即期汇率减去贴水额。

例 2. 已知美元兑瑞士法郎的即期汇率是 USD 1 = CHF 1.2704～1.2709，若 3 个月的掉期率为 13/6，则美元兑瑞士法郎远期汇率为多少？

```
USD 1 = CHF 1.2704～1.2709
         -    13       6
       = 1.2691～1.2703
```

若 3 个月的掉期率为 9/12，则远期汇率为

```
USD 1 = CHF 1.2704～1.2709
         +    9       12
       = 1.2713～1.2721
```

在已知即期汇率和掉期率的条件下，计算远期汇率的规则是：左低右高往上加，左高右低往下减。

(六)基本汇率和套算汇率

1. 基本概念

一种货币与美元之间的汇率是最常用的，因此可以称为基本汇率(basic rate)。该种货币与其他国家或地区货币之间的汇率需要通过基本汇率进行计算，由此得出的汇率就是套算汇率(cross rate)。

2. 基本计算

例 1. 已知 USD 1 = CHF 1.2707，USD 1 = DKK 6.0349，计算瑞士法郎与丹麦克朗的汇率。

解答：CHF 1 = DKK (6.0349/1.2707) = DKK 4.7493

例 2. 已知 USD 1 = CHF 1.2707，GBP 1 = USD 1.8181，计算英镑与瑞士法郎的汇率。

解答：GBP1 = CHF (1.2707×1.8181) = CHF 2.3103

3. 扩展计算

在计算套算汇率时，如果牵扯到买入价和卖出价，那么应该如何计算呢？

例 1.　USD 1 = CNY 6.2700～6.2710

USD 1 = HKD 7.8000～7.8010

HKD1 = CNY　？　～　？

解答：USD 1 = CNY 6.2700～6.2710

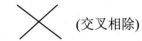(交叉相除)

USD 1 = HKD 7.8000～7.8010

港币兑人民币的买入价　HKD 1 = CNY (6.2700÷7.8010)
港币兑人民币的卖出价　HKD 1 = CNY (6.2710÷7.8000)
港币兑人民币的买入价和卖出价分别是：HKD 1 = CNY 0.8037～0.8040。

例 2.　　USD 1 = CNY 6.2700～6.2710
　　　　　　GBP 1 = USD 1.3800～1.3810
　　　　　　GBP 1 = CNY　　？　　～　　？

GBP 1 = USD 1.3800 = CNY (1.3800×6.2700)
GBP 1 = USD 1.3810 = CNY (1.3810×6.2710)
英镑兑人民币的买入价和卖出价分别是：GBP 1 = CNY 8.6526～8.6603。

在计算套算汇率时，如果已知的基本汇率涉及买入价和卖出价，那么其计算规则为：标价方法相同，交叉相除；标价方法不同，同向相乘。

第三节　外 汇 交 易

本节主要讲授套汇交易、套利交易和远期外汇交易。

一、套汇交易

套汇交易是指利用同一时刻不同外汇市场上的汇率差异，通过买进和卖出外汇而赚取利润的行为，具体包括直接套汇和间接套汇。

(一)直接套汇

直接套汇是指套汇者直接利用两个外汇市场之间同种货币的汇率差异，同时在两地低买高卖同一种货币，以便套取利润。直接套汇涉及两个市场和一种货币，只要两个市场存在汇率差异，就存在套汇的机会。

例. 假设投资者有 100 万美元，若同一时间纽约与法兰克福外汇市场上美元兑欧元的汇率分别如下。

纽约市场：USD 1 = EUR 0.8610～0.8620
法兰克福市场：USD 1 = EUR 0.8510～0.8520

请问存在套汇机会吗？如果存在，请问应该如何套汇？

解答：第一步，判断美元在哪个市场更贵。通过比较发现：

纽约市场：美元贵，欧元便宜；
法兰克福：欧元贵，美元便宜。

第二步，进行外汇买卖。在纽约市场卖出美元 100 万，买入欧元 86.1 万，电汇至法兰克福；然后在法兰克福市场卖出欧元 86.1 万，可以买入美元 101.0563 万，电汇至纽约。两笔外汇买卖相抵，可以获得利润 10 563 美元。套汇结束。

(二)间接套汇(三角套汇)

间接套汇又称为三角套汇，涉及三个外汇市场、三种货币的汇率，因此三角套汇相对于直接套汇而言更为复杂。下面分两种情况进行三角套汇的计算。

1. 各市场只有中间汇率

例1. 若某个时间，东京、中国香港、新加坡三个外汇市场中日元、港元和新加坡元的汇率分别如下。

东京：JPY 1 = HKD 0.0723

中国香港：SGD 1 = HKD 5.5617

新加坡：SGD 1 = JPY 79.9489

请问存在套汇机会吗？套汇者应该如何套汇？

解答：

第一步，统一标价方法，并把被表示货币的单位统一成1。

东京：JPY 1 = HKD 0.0723

中国香港：HKD 1= SGD 0.1798

新加坡：SGD 1 = JPY 79.9489

第二步，将三个汇率相乘，如果不等于1，就说明有套汇机会。

0.0723×0.1798×79.9489=1.0393

第三步，根据乘积大于1还是小于1，来判断买卖方向。

套汇者如果同时在东京卖日元买港元，在中国香港卖港元买新加坡元，在新加坡卖新加坡元买日元，那么套汇者最初的 1 日元就可以收回 1.0393 日元，每 1 日元的套汇利润为 0.0393 日元。

2. 各市场均有买入价和卖出价

套汇步骤如下。

(1) 先判断是否存在套汇机会——从任意两个市场三种货币之间的关系套算出与第三个市场相同的两种货币的交叉汇率，比较此交叉汇率与第三个市场汇率是否有差异，如果有差异，并且可以弥补套汇成本，就可以进行套汇。

(2) 确定套汇以何种货币为初始投放以及资金流向。

例2. 若某个时间，伦敦、纽约、法兰克福外汇市场上美元、英镑、欧元三种货币的汇率分别如下。

伦敦市场：USD 1 = EUR 0.9260～0.9294

纽约市场：GBP 1 = USD 1.2921～1.2935

法兰克福：GBP 1 = EUR 1.1940～1.1948

请问是否存在套汇机会？若投资者有 100 万美元，则应该如何进行三角套汇？

解答：

第一步，从纽约、法兰克福两个市场套算出美元兑欧元的汇率(交叉相除)。

USD 1= EUR 0.9230～0.9247

将此套算汇率与伦敦市场美元兑欧元的汇率比较，发现存在汇率差：伦敦市场美元贵，欧元便宜；纽约、法兰克福市场美元便宜，欧元贵。

第二步，确定以 100 万美元作初始投放，以伦敦市场为起点，循伦敦→法兰克福→纽约→伦敦的方向，由美元→欧元→英镑→美元循环套汇，步骤如下。

在伦敦市场	卖出美元	-USD 1 000 000
电汇法兰克福	买入欧元	+EUR 926 000
在法兰克福市场	卖出欧元	-EUR 926 000
电汇至纽约	买入英镑	+GBP 775 025(926 000÷1.1948)
在纽约市场	卖出英镑	-GBP 775 025
电汇至伦敦	买入美元	+USD 1 001 410(775 025×1.2921)
套汇收益(未扣除套汇费用)		+USD 1410

二、套利交易

(一)套利交易的概念

套利交易是指两个经济体短期利率存在差异时，资金会从低利率经济体流向高利率经济体，从而赚取利息差额的交易。

(二)套利交易举例

例1. 假如美国金融市场上一年期利率为6%，英国金融市场上一年期利率为4%。英国投资者的资金总额为10万英镑，假设不存在交易成本，英镑兑美元汇率不变(GBP 1 = USD 1.5)，该投资者如何进行套利？套利净收益是多少？

解答：由于美国金融市场利率较高，因此英国投资者会把英镑兑换成美元，投资到美国金融市场，一年后再换回英镑。套利净收益为

100 000×1.5×(6%-4%)÷1.5=2 000(英镑)

例2. 如果一年后美元贬值，GBP 1 = USD 1.6，其他条件不变，那么该投资者一年后的投资净收益是多少？

该投资者一年后的投资本息为

100 000×1.5×(1+6%)÷1.6=99 375(英镑)

扣除投资机会成本后，净收益为

99 375-100 000×(1+4%)=-4625(英镑)

在美元贬值的情况下，投资者不但没有获利，反而亏损了4625英镑。

例3. 如果一年后美元升值，GBP 1 = USD 1.4，其他条件不变，那么该投资者一年后的投资净收益是多少？

该投资者一年后的投资本息为

100 000×1.5×(1+6%)÷1.4=113 571(英镑)

扣除投资机会成本后，净利润为

113 571-100 000×(1+4%)=9 571(英镑)

在美元升值的情况下，投资者获益9 571英镑，其中7 571英镑为美元升值带来的汇率差价收益，2 000英镑为利差收益。

为了防止资金在投入期间的汇率变动风险，投资者可以将套利交易和远期交易结合起来。即英国投资者在买入美元现汇存入美国银行的同时，卖出一年期美元期汇，不论美元汇率如何变动，投资者都可以确保赚取一定的利息收益。

三、远期外汇交易

(一)远期外汇交易的概念

远期外汇交易也叫作期汇交易,是指买卖双方成交后不立即办理交割,而是按照签订的远期合同,在未来约定的日期办理交割的外汇交易。

(二)远期外汇交易的功能

远期外汇交易的作用主要有两个。一是为了套期保值,避免汇率波动风险;二是为了投机以便赚取利润。

(1) 套期保值是指卖出或买入金额等于一笔外币资产或负债的外汇,使这笔外币资产或负债以本币表示的价值避免遭受汇率变动的影响。比如英国进口商从美国进口一批货物,价值 1000 万美元,若当时汇率 GBP 1 = USD 2,则折算为 500 万英镑。如果半年后英镑兑美元汇率发生变化,比如 GBP 1 = USD 1.8,那么英国进口商需要支付 556 万英镑,该进口商的成本上升,因此对其不利。英国进口商为了确定自己的进口成本,避免汇率波动风险,他与美国出口商签订货物买卖合同的同时,向银行按约定的远期汇率买进半年期美元,这样他就把半年后的进口成本确定下来了。

(2) 投机是指投机者根据自身对汇率波动的预期,有意持有外汇的多头或空头,利用汇率变动从中赚取利润。若投机者预期某种货币的汇率将要下降,则预先出售该种货币,称为抛出或做空头,等以后价格下降再以低价买入抵补空头。相反,若预期某种货币汇率将要上升,则预先买进该种货币,称为做多头,等今后价格上升后再卖出。经过这样低买高卖,投机者可以赚取利润。

套期保值和投机交易的区别主要在于:第一,投机交易没有实际的商业或金融业务为基础,其交易目的纯粹是为了赚取利润;第二,投机交易在买进卖出时,并非真有实际数额的资金;第三,投机交易在远期外汇市场上起着一种平衡作用。

本 章 小 结

本章首先介绍了外汇的概念及外汇市场的组织形态、结构等。其次主要介绍了汇率的概念、标价方法及分类。汇率的标价方法主要有三种,分别为直接标价法、间接标价法和美元标价法。在直接标价法下,汇率数值越大,本币币值越低;汇率数值越小,本币币值越高。再次介绍了汇率的相关计算,比如远期汇率的计算、汇率的套算。已知即期汇率和掉期率的情况下,求远期汇率的规则是:左低右高往上加,左高右低往下减。在计算套算汇率时,如果已知的基本汇率涉及买入价和卖出价,那么其计算规则为:标价方法相同,交叉相除;标价方法不同,同向相乘。最后介绍了外汇市场的交易,主要包括套汇交易、套利交易和远期交易。

思 考 题

1. 什么是外汇？货币资产成为外汇需要具备几个条件？
2. 外汇市场的参与者主要有哪些？共有几个层次的交易？
3. 什么是汇率？标价方法有几类？
4. 什么是实际汇率和有效汇率？它们的意义有哪些？

第四章　金本位制度下的汇率决定理论

【章前导读】

以黄金作为本位货币的金本位制度在货币制度史上占据了重要地位,在金本位制度下确定的汇率形成机制为各国的经济增长提供了稳定的环境,扩大了各国的贸易规模,有利于金融借贷的发展。因此,在回顾货币制度从银本位制度开始到目前所实施的纸币本位制度的发展过程的基础上,本章将重点介绍金本位制度下的汇率决定问题。本章的内容对于认识货币制度发展历史具有重要意义,同时也为后面章节中对纸币本位制度下汇率决定问题的学习做好了知识铺垫。

第一节 货币制度发展阶段与汇率决定

货币制度的发展经历了从金属货币制度向信用货币制度过渡的历史。其中，金属货币制度包括银本位制度、金银复本位制度与金本位制度。其中，金银复本位制度可以分为金银平行本位制度与金银双本位制度。金本位制度又可以细分为金币本位制度、金块本位制度与金汇兑本位制度。货币制度的发展阶段如图4-1所示。

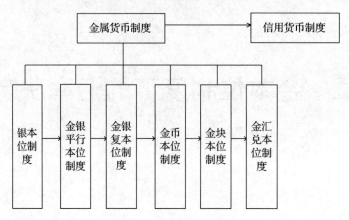

图 4-1 货币制度的发展阶段

一、银本位制度

银本位制度是指以白银作为本位货币材料的货币制度。这个货币制度具备以下特点：①白银铸币作为本位货币，可以自由铸造、自由流通与自由熔化。②白银铸币具有无限法偿的能力，其名义价值与实际所含的白银价值一致。③以铜、镍、铁等贱金属铸成辅币，作为零星交易或找零之用，也可以自由兑换白银。④白银可以自由输出和输入。

银本位制度有两种类型，即银两本位制度与银币本位制度。银两本位制度以白银重量"两"为价格标准，市场流通的货币形态为银块。银币本位制度是指国家规定以白银为货币金属，市场流通的货币形态为银币。按照规定，流通中的银币需要具备一定的形状、重量和成色。银币可以自由铸造与熔化，银行券可以自由兑换银币。

在货币史上，白银比黄金更早地充当商品的价值尺度，在中世纪以及之前的历史中，就已经有很多国家将白银作为本位货币。在我国货币制度史上，银本位制度占据了重要地位。自汉代以来，白银即逐渐成为货币金属，到明代正式实现货币化，确立银两本位制度。在清朝宣统二年(1910年)4月，政府颁布币制条例，银币本位制度开始正式实行。至1935年国民政府实施所谓的币制改革，银本位制度被废除。

白银作为货币有如下缺点：①价格不稳定。在19世纪后期，世界白银产量大幅增加，导致白银价格出现大幅波动，且呈长期下跌趋势。②白银价值较小，不适合巨额支付。因为白银自身的缺点，所以各国先后放弃了银本位制度。

二、金银复本位制度

金银复本位制度是指黄金和白银两种货币金属同时充当本位货币材料的货币制度。在这种货币制度下，金币和银币同时作为本位币，都可以自由铸造，具有同等法偿能力。两种金属都可以自由输出输入以及自由兑换。这个制度是资本主义原始积累时期典型的货币制度，例如英国在1717年至1816年，美国在1792年至1900年均实行这种制度。

金银复本位制度的优点包括：①币材来源充足。流通的货币既可以是白银，也可以是黄金。②支付灵活方便。大额交易可以使用价值较高的黄金，而白银可以满足小额交易的需求。③便于本币与其他货币之间兑换比率的稳定。既能与发达资本主义国家之间进行金币贸易，又能与殖民地国家进行银币交易。

但是，由于金币和银币同时作为法定货币，而二者所含的实际价值量不相同，因此存在着金币和银币在流通中的比价问题，由此产生了两种类型的复本位制度：金银平行本位制度与金银双本位制度。金银平行本位制度是指国家规定金银两种货币按它们所含的实际价值流通，二者的兑换比率随金银市价的涨落而变动。金银双本位制度是指国家用法律规定金银两种货币的兑换比率，金币和银币按法定比价同时流通，是金银复本位制度的主要形式。在金银平行本位制度下，市场上各种商品存在金银双重价格，商品价格必随市场金银比价的波动而波动，导致市场价格混乱。在金银双本位制度下则又产生了价值规律的自发作用与金银法定比价之间的矛盾，出现了"劣币驱逐良币"的现象。因此，金银复本位制度是一种不稳定的货币制度。

早在16世纪，英国学者托马斯·格雷欣(Thomas Gresham，1519～1579)就已经发现了"劣币驱逐良币"的现象，因此这个现象被称为"格雷欣法则"。在16世纪时，格雷欣发现在铸造贵金属钱币时经常会掺入劣质金属，导致钱币中的贵金属含量出现差别，其中贵金属含量高的钱币被称为良币，贵金属含量低的被称为劣币。由于良币具备较高的价值，因此会逐渐被人们熔化或收藏，退出流通领域；而劣币则充斥市场，成为流通的主要手段[①]。这个现象在步入金银双本位制度后依然存在。在金银双本位制度下，虽然政府规定了金币与银币的法定比价，但是由于黄金和白银的供给变化很大，由此导致二者的市场比价也必将随供给变化而起伏，偏离其法定价格，由此引发套利行为。例如1792年美国《铸币法案》中规定的"金—银"比价为1:15，即人们持有1盎司黄金即可向铸币厂兑换15盎司白银。但是由于白银开采量的上升导致世界上的黄金相对于白银更加昂贵，"金—银"比价为1:16，即在世界市场中1盎司黄金可以兑换16盎司白银。由此，套利者会首先用15盎司白银向铸币厂兑换1盎司黄金，然后将1盎司黄金出口，在国外市场上兑换16盎司白银。不考虑交易成本，套利者净赚1盎司白银。在套利者的操作下，套利者会从美国输出黄金，输入白银，直至黄金被完全输出到国外为止。此时白银的市场价值低于法定价格，成为劣币流通并充斥市场，而黄金的市场价值高于法定价格，成为良币被输出至退出流通领域，因此出现了"劣币驱逐良币"的现象。

实践证明，在金银复本位制度下，法定本位货币虽然包括金币和银币两种，但是在实

---

① 朱雄兵. 三百年沉浮：国际货币秩序的变迁[M]. 北京：经济管理出版社，2011.

际流通中起主要作用的往往总是一种货币,即市场价值低于法定价值的劣币。银贱则银充斥市场,金贱则金充斥市场,金银两种货币在流通中交替执行货币职能。随着19世纪70年代世界银价暴跌时的"劣币驱逐良币"现象的出现,资本主义国家开始实行跛行本位制。在该制度下,虽然金币与银币在法律上拥有同样的地位,但是银币事实上被禁止自由铸造,从而使多国的货币制度从金银复本位制度向金本位制度转变。

三、金本位制度

1819年,英国议会宣布流通中的银行券不再与白银抵押、兑换,而只能和黄金兑换,并允许金币、金块的自由输出,由此英国正式进入了金本位制度时代。19世纪90年代,世界各主要贸易国基本上都进入了金本位制度,即金币本位制度。

金币本位制度是典型的金本位制度,黄金为法定的本位货币金属,可以自由铸造、输出及兑换,具有无限法偿能力;而银币则退居于辅币地位,其铸造与法偿能力都受到了限制。

金币本位制度的优点包括:①金铸币可以自由铸造,保证了货币的储藏手段职能的正常发挥。②价值符号(辅币、银行券)可以自由兑换成金铸币,且其发行量受制于黄金的数量,使之不会发生贬值现象,保证了物价的稳定。③黄金可以自由输出、输入,保证了外汇行市的相对稳定。④在黄金可以自由输出及输入、价值符号与黄金之间保持固定兑换比价的基础上,国际收支不平衡得以自动调节。基于以上优点,在金币本位制度存在的40多年里,给资本主义各国经济增长提供了稳定的国内与国际环境,促进了生产和流通的发展,促进了信用制度的发展,促进了国际贸易和资本输出的发展,因此这段时间被称为"黄金时代"。

但是,金币本位制度本身有两个缺陷:①各国的货币供给依赖于黄金储备量,这使各国的货币政策都受到了黄金储量的限制而难以得到有效实施。②金币的制作成本过高,且不便于携带及分割,难以满足货币充当支付手段的要求。同时,在1914年第一次世界大战爆发前夕,各国为了提高政府财政能力及防止黄金流出至敌国,开始限制黄金出口量,金本位制度赖以生存的基础被削弱。由此导致在第一次世界大战爆发后,只有美国仍然采取金本位制度,而在其他国家金本位制度基本上停止运行,导致国际金本位制度陷入崩溃的境地。

第一次世界大战结束后,各国致力于恢复金本位制度,但是由于在战争期间各国为筹集战争经费消耗了大量的黄金储备,且通货膨胀问题严重,由此导致金本位制度难以恢复。因此,各国转而寻求建立了金块本位制度和金汇兑本位制度。金块本位制度是一种由可以有限兑换金块的银行券代表黄金流通的货币制度。在这个制度下,政府限制了金币的铸造与流通,此时市场上流通的是中央银行以金块作准备发行的银行券,银行券可以兑换为金块,但规定的兑换限额较大。金块仍然可以自由地输出输入。金汇兑本位制度是一种由国内不能兑换黄金而只能兑换外汇的银行券代替金铸币流通的货币制度。本国居民持有纸币不能直接兑换黄金,只能先通过兑换外汇,进而兑换黄金。第二次世界大战后确立的以美元为中心的"布雷顿森林体系"即属于金汇兑本位制度,各国首先将本国货币兑换为美元,然后以固定比价兑换为黄金。金块本位制度与金汇兑本位制度的共同点即为国内不流通金币,政府对货币流通的控制力加强。

四、信用货币制度

信用货币制度又被称为不兑现的信用货币制度或不兑现本位制度,是一种没有金属本位货币的货币制度。本位币不规定含金量,不再兑换黄金或白银,不需要金银和外汇作为发行准备。同时,以国家信用作为后盾,由国家法律规定强制其流通,人们在观念上普遍接受,且以其作为交易媒介及价值符号。

信用货币制度的特点包括:①由中央银行发行的纸币为本位币,政府发行的铸币为辅币。中国的主币为由中国人民银行发行的人民币,本位币单位为"元",辅币单位为"角""分"。②实行不可兑换制度。本位币不与任何金属保持等值关系,纸币不能兑换金银。③货币供给信用化。不兑现的纸币由国家法律规定强制流通,发行权集中于中央银行或发钞银行,成为无限法偿货币和最后支付手段。④实行自由本位制度。纸币的发行可以自由变动,不受一个国家所拥有的黄金数量的限制。⑤纸币由银行通过信用渠道投入流通。随着金融发展程度的提高,现金流通的数量和范围越来越小,而非现金流通成为货币流通的主体。⑥黄金非货币化。黄金不再发挥价值尺度、流通手段和支付手段的职能,仅部分充当储藏手段。

案例分析:关于人民币价值基础的讨论

第二节 金本位制度下的汇率决定问题

本节主要分析在金本位制度下的汇率决定问题,并将金本位制度区分为金币本位制度、金块本位制度与金汇兑本位制度。

一、金币本位制度下的汇率决定

在金币本位制度下,各国均以黄金作为本位币币材,且都以法律形式规定 1 单位金铸币所包含的黄金重量与成色。因此,两种货币之间的比价就由各自的含金量来决定。这种以两种货币含金量之比得到的汇价被称为铸币平价(mint parity)。例如,1925—1931 年,英国规定 1 英镑金币含 7.3224 克纯金,美国规定 1 美元金币含 1.504 656 克纯金。因此,英镑与美元之间的含金量之比为 4.8665(7.3224÷1.504 656)。这个计算得出的含金量之比即决定了英镑与美元的比价为 1 英镑=4.8665 美元。在金币本位制度下,铸币平价成为决定两种货币汇率的基础。

在学习铸币平价的概念后,需要明确这个概念与实际汇率之间的区别和联系。首先,铸币平价不同于外汇市场中的市场汇率。铸币平价为法律规定的比价,不会轻易变动;而市场汇率则由外汇市场的供求来决定,因此会经常出现波动。其次,铸币平价与市场汇率之间也有联系,铸币平价决定了市场汇率波动的基准,市场汇率将围绕铸币平价上下波动。当一个国家的国际收支出现顺差时,外汇供给大于需求,市场汇率将波动至铸币平价之下(直接标价法下)(图 4-2 中的 D 点)。当一个国家国际收支为逆差时,外汇供给小于需求,市场汇率波动至铸币平价之上(图 4-2 中的 C 点)。但是,汇率的波动是有限度的,在黄金可以自由输出和输入的条件下,汇率的波动幅度将受限于黄金输送点(gold point)。

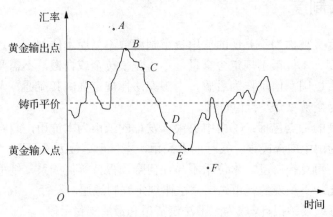

图 4-2 金币本位制度下汇率的波动

黄金输送点包括黄金输出点和黄金输入点,其中黄金输出点等于铸币平价加上黄金运费,代表汇率波动的上限;而黄金输入点等于铸币平价减去黄金运费,代表汇率波动的下限。汇率在黄金输出点与输入点之间上下波动,当汇率高于黄金输出点或低于黄金输入点时,将引起黄金在国际间的流动,从而将汇率稳定在黄金输送点所规定的范围之内。

黄金输送点示例

二、金块本位制度与金汇兑本位制度下的汇率决定

金块本位制度与金汇兑本位制度的共同特征为纸币代替金币在国内流通,政府对货币流通的控制加强。在这两类货币制度下,政府会规定纸币所代表的含金量(即 1 单位纸币可以兑换的黄金数量),因此货币汇率由纸币代表的含金量之比来决定,即法定平价(par of exchange)。实际汇率同样由外汇市场中的供给与需求决定,供求变动会带来货币汇率围绕法定平价上下波动。但是与金币本位制度不同的是,此时的波动将不再受制于黄金输送点。这是由于政府掌控了大部分金块,导致黄金的自由输送受到了限制,黄金输送点存在的必要前提不复存在。因此,此时的汇率波动幅度由政府来维护,在设立外汇平准基金的基础上,政府通过买卖外汇来调节市场上的外汇供给量,从而保证汇率的相对稳定。

本 章 小 结

本章首先回顾了从金属货币制度到纸币本位制度的货币制度发展历史。其中,在银本位制度下,由白银作为本位货币,但是由于白银具备价格不稳定与相对价值较小的缺点,导致了这个制度的崩溃。在金银复本位制度下,黄金和白银两种金属同时充当本位货币。但是金币和银币在流通过程中存在的比价问题使金银复本位制度是一种不稳定的货币制度。在金银平行本位制度下,金银的双重价格导致市场价格混乱;在金银双本位制度下则又出现了"劣币驱逐良币"的现象。金本位制分为金币本位制度、金块本位制度和金汇兑本位制度。在金币本位制度下,黄金为法定的本位货币金属,可以自由铸造、输出及兑换,

具有无限法偿能力；而在金块本位制度和金汇兑本位制度下，黄金退出流通领域，转而由纸币代行流通职能。最后，在信用货币制度下，由纸币作为本位货币，流通的纸币不再与金属挂钩，其发行以国家信用作为后盾，由国家法律规定强制其流通，纸币充当了交易媒介、价值尺度、记账单位与储藏手段的货币职能。

其次，本章重点讲解了金本位制度下的汇率决定问题。在金币本位制度下，黄金作为法定的本位货币金属，各国都对规定 1 单位金铸币所包含的黄金重量与成色加以明确规定并写入法律。因此，两种货币之间的比价就由各自的含金量来决定，即铸币平价。汇率的波动以铸币平价为中心，以黄金输送点为上下限。因此，汇率相对稳定，促进了国际贸易和国际借贷的发展。但是在金块本位制度和金汇兑本位制度下，黄金退出流通领域，由政府掌控不再自由输出输入，黄金输送点不再存在，汇率波动幅度由政府来维护。

思 考 题

1. 试简述在金银复本位制度下，当金银的法定比价与市场比价出现差异时的套利过程。
2. 简述"格雷欣法则"的基本内容。
3. 黄金输送点存在的前提条件是什么？为什么？
4. 相较于金属货币制度，信用货币制度有何优点？又有何缺点？

第五章 纸币流通条件下的汇率决定理论(上)

【章前导读】

不同于金本位制度,在纸币本位制度下,货币本身没有含金量,也不代表一定的含金量,因此两种货币之间的兑换比例(即汇率)不能再像金本位制度下依据其含金量或其所代表的含金量之比来确定。深入地探究纸币本位制度下汇率决定问题对更好地理解开放经济的运行逻辑至关重要。该章主要分析纸币本位制度下一些早期重要的汇率决定理论,例如购买力平价理论和利率平价理论等。这些理论在汇率决定问题的研究中具有重要影响。

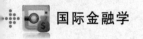

第一节 一价定律与购买力平价理论

购买力平价理论最早可以追溯至 16 世纪,而最早对该理论进行系统研究并总结的则是瑞典学者古斯塔夫·卡塞尔(Gustav Cassel, 1866—1945)。他于 1916 年在《目前的外汇状况》一文中提出了该理论,并在 1922 年出版的《1914 年以后的货币与外汇》一书中,对购买力平价理论给出了进一步的阐述。该理论之所以产生是因为第一次世界大战爆发,导致欧洲各国相继走上了通货膨胀的道路。第一次世界大战后,各国纷纷发行不可兑现纸币,使通货膨胀更为严重,加剧了外汇汇率的波动,影响了国际间的业务核算。在此背景下,卡塞尔对汇率决定问题进行了研究,提出了购买力平价理论。第二次世界大战后,以美元为中心的固定汇率制度的建立,使购买力平价理论曾一度被人们所忽视。但从 20 世纪 70 年代初,随着以美元为中心的固定汇率制度的瓦解,市场汇率又开始变得极不稳定,这使以货币购买力平价作为汇率决定依据的购买力平价理论重新成为国际经济学家们关注的焦点。购买力平价理论的基本思想是:一个国家对外币产生需求并对外币支付一定的价格,是因为外币在其发行地对商品具有购买力。因此,汇率由两种货币之间的购买力之比决定。由于货币购买力是商品物价水平的倒数,因此本节从商品市场角度来分析汇率与物价水平之间的关系,阐述绝对购买力平价理论和相对购买力平价理论的基本内容。

一、开放经济下的一价定律

在分析同种商品在不同国家之间的价格联系前,我们先分析同种商品在国内不同区域之间的价格联系。

假设在甲、乙两市分别销售由同一个空调厂家所生产的同型号空调,在甲市该空调的售价为 1000 元,在乙市该空调的售价为 1300 元。甲、乙两市空调价差为 300 元,若空调在甲、乙两市的运输过程中,交易费用为 100 元,则在考虑交易费用的条件下,存在 200 元的套利空间。套利者可以从甲市购入空调运到乙市销售,这会造成甲市对空调的需求增加,甲市空调价格将会上涨;而乙市则由于空调的供给增加而造成价格下跌。这样一直持续到甲、乙两市的空调价差等于交易费用 100 元时,套利过程才会停止。若不考虑交易费用,即假设交易费用为 0 元,上述套利过程会持续到甲、乙两市的空调价格相等为止。再考虑另外一个例子,假设甲、乙两市分别销售同一个房地产开发商开发的同户型商品房,在甲市销售的该商品房每平方米 6000 元,在乙市销售的该商品房每平方米 8000 元,两市该商品房价差每平方米 2000 元,那么是否可以通过上述简单的套利方式消除两市的价差呢?由于不可能把甲市的商品房运到乙市进行销售,因此甲、乙两市的商品房无法通过上述的套利方式消除其价差。

在上面两个例子中,空调属于可贸易商品,而商品房属于不可贸易商品。对于可贸易商品,在交易成本为零的情况下,同种可贸易商品可以通过套利方式消除其在两地的价格差异,即同种可贸易商品在不同区域销售价格相等。我们将可贸易商品在不同区域的这种价格关系称为"一价定律"。所谓一价定律,是指在交易费用为零的情况下,同一种商品在不同国家或地区之间自由贸易时,因为商品套购机制而使同一种商品用同一种货币衡量时价格相等。而对于不可贸易商品,由于交易成本无限高,所以其在不同区域的价格差异不能通过套利活动消除。

接下来我们分析某同类型可贸易商品在不同国家之间的价格联系。假设在中国和美国分别销售某同类型可贸易商品，在中国这种商品的售价为 1000 元人民币，在美国这种商品的售价为 100 美元，现在假设 USD/CNY=7.0000，则在美国销售的该商品价格换算成人民币为 700 元，因此用同一种货币(例如人民币)衡量时，该商品在中国的售价比在美国的售价高 300 元。与在国内不同区域之间可贸易商品存在价差时的套利活动不一样，在国际间进行商品的套利活动时除了涉及商品的买卖，还会涉及不同货币之间的买卖。例如在上面的例子中，套利者从美国购入该商品并运输到中国进行销售，所得人民币货款再在外汇市场上兑换成美元，从而完成套利活动。另一个需要考虑的问题是，上述套利活动是否真正发生，还取决于进行套利活动时所发生的交易成本。在国际间从事可贸易商品的套利活动时，需要考虑到运输成本、关税成本、汇率波动风险等，当这些交易成本超过可贸易商品价差时，套利活动将很难发生。

假设第 i 种可贸易商品在本国的价格为 p_i，在外国的价格为 p_i^*，本币兑换外币的汇率(直接标价法)为 e，若套利过程中所发生的交易成本为零，则有

$$p_i = e p_i^* \tag{5-1}$$

式(5-1)为开放经济下的一价定律。即在开放经济下，若不考虑交易成本，则同种可贸易商品在不同国家之间用同一种货币衡量时价格应该是一致的。

二、购买力平价理论的基本形式

购买力平价理论是一个有着悠久历史的汇率决定理论，主要存在绝对购买力平价和相对购买力平价两种基本的形式。

(一)绝对购买力平价

绝对购买力平价成立的假设前提如下。

(1) 假设交易成本为零，一价定律成立。

(2) 假设对于任一种可贸易商品 i，其在本国商品中所占权重 α_i 与在外国商品中所占权重 α_i^* 相等。

根据上述假设条件，则有

$$\sum_{i=1}^{n} \alpha_i p_i = \sum_{i=1}^{n} e \alpha_i^* p_i^*, \quad 即 \sum_{i=1}^{n} \alpha_i p_i = e \sum_{i=1}^{n} \alpha_i^* p_i^*$$

令 $P = \sum_{i=1}^{n} \alpha_i p_i$，$P$ 表示本国的物价水平；$P^* = \sum_{i=1}^{n} \alpha_i^* p_i^*$，$P^*$ 表示外国的物价水平，则有

$$P = e P^* \tag{5-2}$$

式(5-2)表示的是开放经济下对于所有可贸易商品在不考虑交易成本的条件下，其价格用同种货币衡量(例如本币)是一致的，即一价定律成立。

根据式(5-2)，则有

$$e = \frac{1/P^*}{1/P} \tag{5-3}$$

$$e = \frac{P}{P^*} \tag{5-4}$$

式(5-3)是绝对购买力平价的基本形式。绝对购买力平价理论表明：两国货币之所以能够互相兑换，是因为它们各自在国内具有购买力，因此，汇率等于这两种货币的各自国内购买力之比。式(5-4)是绝对购买力平价的变形形式，其阐明了汇率与两国物价之间的联系。

(二)相对购买力平价

在绝对购买力平价理论中，要求可贸易商品在不同的国家之间一价定律这个前提条件成立，而在现实中，交易成本始终存在，这导致绝对购买力平价理论要求的一价定律这个前提条件始终难以满足。另外，各国物价水平数据的直接获取也是一个比较困难的问题，这进一步限制了绝对购买力平价理论在现实中的应用。相较于物价水平数据获取的困难，通货膨胀率这类数据在现实中更容易获取，因此，相对购买力平价理论放松了一价定律必须成立这个严苛的假设，并且采用不同国家之间通货膨胀率的比较来分析汇率的决定问题，从而拓展了购买力平价理论的应用范围。

相对购买力平价理论认为在套利过程中由于交易成本的存在，一价定律在现实中不成立。当考虑到交易成本这个因素后，相对购买力平价理论假设同种可贸易商品的价格在不同国家之间用同种货币衡量时会存在稳定的偏离，即

$$P = \theta e P^* \tag{5-5}$$

其中，θ 代表交易成本。

令 e_0 表示第 t_0 期的汇率，e_1 表示第 t_1 期的汇率，Δe 表示从第 t_0 期到第 t_1 期的汇率变化率，则有

$$e_1 = e_0(1 + \Delta e) \tag{5-6}$$

令 ΔP 表示本国从第 t_0 期到第 t_1 期的通货膨胀率，ΔP^* 表示外国从第 t_0 期到第 t_1 期的通货膨胀率，P_0 和 P_1 分别表示本国第 t_0 期和第 t_1 期的物价水平，P_0^* 和 P_1^* 分别表示外国第 t_0 期和第 t_1 期的物价水平，则有

$$P_1 = P_0(1 + \Delta P) \tag{5-7}$$
$$P_1^* = P_0^*(1 + \Delta P^*) \tag{5-8}$$

根据式(5-5)，则有

$$P_1 = \theta e_1 P_1^* \tag{5-9}$$
$$P_0 = \theta e_0 P_0^* \tag{5-10}$$

联立式(5-6)~式(5-9)，则有

$$P_0(1 + \Delta P) = \theta e_0(1 + \Delta e) P_0^*(1 + \Delta P^*) \tag{5-11}$$

联立式(5-10)和式(5-11)，则有

$$\Delta e = \Delta P - \Delta P^* - \Delta e \Delta P^* \tag{5-12}$$

由于 Δe 和 ΔP^* 都是一个非常小的数，所以 $\Delta e \Delta P^*$ 是一个可以忽略不计的更小的数，因此式(5-12)可以表示为

$$\Delta e \approx \Delta P - \Delta P^* \tag{5-13}$$

式(5-13)是相对购买力平价理论模型的基本形式。相对购买力平价理论表明，两国之间通货膨胀率较高的国家的货币会贬值，通货膨胀率较低的国家的货币会升值，汇率变动率

应与两国相对通货膨胀率变动相一致。

从式(5-9)和式(5-10)可以得到相对购买力平价的另外一种变形,即

$$\frac{e_1}{e_0} = \frac{P_1/P_0}{P_1^*/P_0^*} = \frac{1+\Delta P}{1+\Delta P^*} \tag{5-14}$$

$$e_1 = \frac{1+\Delta P}{1+\Delta P^*} e_0 \tag{5-15}$$

根据式(5-15),若第 t_0 期汇率 e_0 为基期的均衡汇率,则可以获得第 t_1 期的均衡汇率 e_1。

假设瑞士国内预期通货膨胀率为 4%,美国国内预期通货膨胀率为 3%,则美元兑瑞士法郎的汇率变动率可以通过式(5-13)求得:$\Delta e \approx 4\% - 3\% = 1\%$。如果期初美元兑瑞士法郎即期汇率 e_0 为 1.1536,那么期末即期汇率 e_1 通过式(5-14)可以求得。

$$e_1 = \frac{1+\Delta P}{1+\Delta P^*} e_0 = \frac{1+4\%}{1+3\%} \times 1.1536 = 1.1648$$

关于购买力平价理论,有以下两点需要说明。

(1) 购买力平价理论的基础是货币数量论。19 世纪初,英国学者李嘉图指出,外汇汇率取决于货币对内价值,在纸币本位制度下,取决于货币流通数量。20 世纪初,瑞典学者卡塞尔依据各国发行不同数量的不可兑现纸币,由此产生不同程度通货膨胀这个事实,进一步得出货币价格取决于货币数量的结论。购买力平价理论认为,在社会可供商品总量已定的条件下,流通领域中货币供给数量的增减,会导致商品价格同比升降,而这又使货币购买力也会跟着减少或增加,因此,货币流通数量决定了商品价格,从而决定了货币购买力。而汇率由两种货币各自购买力之比决定,所以说汇率完全是一种货币现象。

(2) 购买力平价成立时实际汇率保持不变。实际汇率是指用本国商品数量来直接标价外国商品的相对价格,即 $q = eP^*/P$。购买力平价理论认为汇率完全是一种货币现象,货币数量引起的商品物价变动会带来名义汇率的相反方向同幅度调整,因此,在剔除货币因素后,由名义汇率所得到的实际汇率保持不变。

三、购买力平价理论的检验与评价

(一)购买力平价理论的应用与检验

购买力平价理论提出后,在理论界与实务界引起了广泛的关注。购买力平价分为绝对购买力平价和相对购买力平价。绝对购买力平价假设一价定律成立,其值取决于两国商品和劳务的相对价格水平,常用于评估某个时点的汇率水平的合理性。相对购买力平价放松了对一价定律的假设,汇率变化率取决于两国商品与劳务通货膨胀率的比较,常用于评估一段时间内汇率变化方向与调整幅度的合理性。

在检验绝对购买力平价时,价格数据的可比性和可得性是一个非常关键的问题。处理价格数据的一种方式是采用单一商品的价格数据,例如英国的《经济学人》杂志根据麦当劳的汉堡价格数据编制并公布的巨无霸价格指数。根据巨无霸价格指数,如果一个国家物价采用市场名义汇率折算后的价格高于他国价格,那么相对于绝对购买力平价理论确定的汇率水平,则认为该国货币高估;反之,则认为该国货币低估。另一种方式是采用一揽子商品和服务产品所统计的综合价格数据,比较典型的数据是世界银行设立在宾夕法尼亚大

学的国际比较项目所公布的跨国价格比较数据。在国际比较项目所公布的价格数据中，研究者们发现，人均 GDP 高的国家其价格采用市场名义汇率折算后的相对价格高于人均 GDP 低的国家的价格，这意味着一个国家的发展程度越高，其物价也随之越高。换言之，一个国家的物价采用市场名义汇率折算后的相对价格(即实际汇率)与其经济发展程度之间存在稳定的正向关系，而不是如同绝对购买力平价理论所揭示的各国价格水平用同一种货币衡量时保持一致，这个现象被称为"宾大效应"。"宾大效应"是对绝对购买力平价理论的拓展，反映的是不同国家相对价格水平之间的一种静态关系。从动态的角度来看，随着一个国家发展水平的提高，其物价水平相对其他国家也随之提高，因此经济水平增长更快的国家其实际汇率也较其他国家相应升值，这个动态效应被称为"巴拉萨-萨缪尔森效应"。"巴拉萨-萨缪尔森效应"是对"宾大效应"形成原因的一种最有影响的理论解释。"巴拉萨-萨缪尔森效应"假设一个国家的商品分为可贸易商品和不可贸易商品，不同国家可贸易商品之间绝对购买力平价成立。另外，它还假设一个国家的劳动力在国内可以自由流动，但不能跨国流动，这个假设保证了一个国家在可贸易商品领域和不可贸易商品领域内其工资水平不存在差异。另外，经济发展水平高的国家其在贸易商品领域的劳动生产率比经济发展水平较低的国家要高，但在不可贸易商品领域它们的劳动生产率差异不大，例如不同国家的理发的劳动生产率基本上一致。根据上面的假设可以得出不同国家在可贸易商品上的相对价格保持一致，但由于产品价格等于工资水平与劳动生产率之比，因此不同国家在工资水平上存在差异，劳动生产率越高的国家其工资水平越高。又由于一个国家的国内不可贸易商品领域工资与可贸易商品领域工资一致，因此在不同国家不可贸易商品领域的劳动生产率相差不大的假设下，经济发展程度高的国家则其不可贸易商品价格用汇率折算后相对价格更高。在一个国家的商品价格由可贸易商品与不可贸易商品的价格加权计算得出的条件下，根据前述推断可知，不同国家可贸易商品相对价格保持一致，而不可贸易商品相对价格存在差异，这使一个国家的经济发展水平越高，其相对物价水平也随之越高，从而得出"巴拉萨-萨缪尔森效应"下经济水平增长更快的国家其实际汇率也较其他国家相应升值的结论。

在检验相对购买力平价时，物价指数的选择也是一个非常关键的问题。常用的物价指数有消费者价格指数、生产者价格指数和 GDP 平减指数等，不同指数的选择会得出不同的汇率变化结果。另外，相对购买力平价实际上还隐含地假设了基期的名义汇率是处于均衡汇率状态，但基期如何选择也是一个比较复杂的问题。在对相对购买力平价理论进行检验时，既然汇率完全是一种货币现象，那么一种比较简单可行的检验方法是看实际汇率是否独立于名义汇率而始终保持不变。在 20 世纪 70 年代浮动汇率制实行以来，在大多数时间里，实际汇率与名义汇率之间具有较显著的相关性，实际汇率变动幅度很大，这使相对购买力平价理论在实证检验中往往难以得到证实。

(二)对购买力平价理论的评价

购买力平价理论正确地阐述了通货膨胀率与汇率变化之间的内在联系。从长期看，两国之间的汇率不可能较大地偏离购买力平价，所以说购买力平价理论在解释汇率长期趋势上是有说服力的。但是，该理论也存在以下不足：①设定的条件脱离现实。购买力平价理论只有在商品价格能够灵活调整、货币保持中性时才能成立，而这些条件的设定在很大程度上脱离了各国的经济现实。②价格指数问题。价格指数的合理选择是购买力平价理论所关注的中心问题。尽管物价水平是确定汇率的基础,但是价格指数的选择在购买力平价理论中一直未能得到很好的解决。③对影响汇率的决定因素考虑过于单一。影响汇率变化的因素有很多,除了通货膨胀以外,国际收支、国民收入、资本流动与心理预期等均会对汇率变化产生影响,而购买力平价理论则认为影响汇率变化的唯一因素是通货膨胀。④忽视了汇率与物价之间的相互影响。购买力平价理论认为,物价决定汇率。但在实际中它们之间的作用是相互的、双向的,即物价在影响汇率变动的同时,汇率变动对物价水平的变动也起着一定的反作用。

国际比较项目与"宾大效应"案例

第二节 利率平价理论

在开放经济条件下,各国之间的联系除了贸易联系以外,还存在着密切的金融联系。国际资金流动的快速发展,使外汇市场与各国其他金融市场之间的联系更为紧密,汇率与利率之间的关系也随之发生了深刻的变化。本节从国际金融市场角度,分析汇率与利率水平之间的关系,阐述套补的利率平价理论和非套补的利率平价理论的基本内容。

一、利率平价理论产生的背景

随着社会化大生产与经济全球化的发展,国际资本流动规模越来越大,汇率变动日益频繁。购买力平价理论已经无法解释上述现象,利率平价理论应运而生。1923 年,凯恩斯提出了古典利率平价理论,并在《货币改革论》一书中,从国际金融市场角度剖析了汇率与利率之间的关系,指出汇率变动与两国相对利差之间的关系。相对于购买力平价理论从商品市场角度进行汇率决定的研究,利率平价理论首次开创了从国际金融市场角度进行汇率决定的研究,这个研究视角的转变具有里程碑式的意义。

二、利率平价理论的主要内容

利率平价理论假设资本完全自由流动,而且资本流动不存在任何交易成本。在此基础上,两国之间相同期限的利率只要存在差异,投资者即可运用套利行为赚取价差。两国货币之间的汇率将因为此种套利行为产生波动,直到套利空间消失为止。

利率平价理论包括套补的利率平价(covered interest-rate parity,CIP)和非套补的利率平价(uncovered interest-rate parity,UIP)。

(一)套补的利率平价

为了方便说明问题,假设世界上只有两个国家:甲国和乙国。甲国投资者 A 手握 1 单位甲国货币资金,可以自由地投资于甲国金融市场和乙国金融市场,资金在甲国和乙国之间流动时不存在任何障碍和交易成本。

若投资者 A 将 1 单位甲国货币资金投资于甲国金融市场,设投资期为 1 年,年利率为 i,则投资者 A 在本国的投资收益 π 为

$$\pi = 1 + 1 \times i = 1 + i \tag{5-16}$$

若投资者 A 将 1 单位甲国货币资金投资于乙国金融市场，则投资者 A 需要先在外汇市场上将 1 单位甲国货币兑换成乙国货币，然后再投资于乙国金融市场，投资到期后再根据到期时外汇市场上的汇率换成甲国货币。若投资到期以到期时外汇市场上的即期汇率将投资收益兑换成甲国货币，则投资者 A 会因为到期时即期汇率的不确定而面临汇率风险。为了规避汇率风险，投资者可以在准备投资于乙国金融市场时与银行签订一笔投资到期将乙国货币兑换成甲国货币的远期外汇合约，以此规避外汇风险。设当前外汇市场上 1 单位乙国货币可以兑换 e 单位甲国货币，外汇市场上 1 年期远期汇率是 1 单位乙国货币可以兑换 f 单位甲国货币，乙国金融市场一年期利率为 i^*，则投资者 A 在乙国的投资收益 π^* 以甲国货币衡量为

$$\pi^* = \frac{1}{e} \times (1 + i^*) \times f \tag{5-17}$$

现在，假设投资者 A 在决策时以收益最大化为目标，则投资者 A 在投资时是投资于甲国金融市场还是投资于乙国金融市场，取决于投资收益 π 和 π^* 的大小。若 $1+i > \frac{1}{e} \times (1+i^*) \times f$，则投资于甲国金融市场。若 $1+i < \frac{1}{e} \times (1+i^*) \times f$，则投资于乙国金融市场。若 $1+i = \frac{1}{e} \times (1+i^*) \times f$，则投资于甲国金融市场还是投资于乙国金融市场对投资者 A 而言是无差异的。

在金融市场上，像投资者 A 这样的个体有很多。若当前市场上 $1+i < \frac{1}{e} \times (1+i^*) \times f$，表明甲乙两国金融市场用同种货币衡量时存在套利空间，投资于乙国金融市场对投资者而言更有利，则投资者会纷纷与银行签订卖出乙国货币的远期外汇合约，并在即期外汇市场上将甲国货币兑换成乙国货币并投资于乙国金融市场，这会导致即期汇率 e 上升，远期汇率 f 下降，直至投资于甲国金融市场与投资于乙国金融市场上的收益相等时，套利活动才会停止。因此，投资者利用远期外汇合约在甲乙两国金融市场上进行无风险套利，当套利空间不存在时，则有

$$1 + i = \frac{1}{e} \times (1 + i^*) \times f \tag{5-18}$$

式(5-18)通过变形有

$$\frac{f - e}{e} = \frac{i - i^*}{1 + i^*} \tag{5-19}$$

令 $\rho = \frac{f-e}{e}$，ρ 被称为升(贴)水率，化简式(5-19)为

$$\rho + \rho i^* = i - i^* \tag{5-20}$$

由于升(贴)水率 ρ 和利率 i^* 均为非常小的数，所以 ρi^* 是一个更小的趋于 0 的数，因此有

$$\rho \approx i - i^* \tag{5-21}$$

式(5-19)被称为套补利率平价的精确公式，式(5-21)被称为套补利率平价的近似公式。套

补利率平价理论表明,在套补利率平价成立时,利率较高的国家其货币远期会贬值,利率较低的国家其货币远期会升值。货币的远期升(贴)水率与本国和外国的利差基本保持一致。

根据以上分析,套补的利率平价理论是指在资本可以自由流动且交易费用为零的条件下,套利者通过在远期外汇市场上事先签订与套利方向相反的远期外汇合同,确定在到期日交割时所使用的远期汇率,在套利机制的作用下,外汇的远期升(贴)水率近似等于本国利率与外国利率之差。根据套补的利率平价理论,从资本流动或套利角度来看,本币利率上升时,会吸引国外资金流向本国,使外汇市场上外汇供给增加,本币即期升值。因此,在即期,本币利率与本币汇率同方向变化。但在远期,随着投资到期,资金会在远期市场上流向外国,这使远期外汇市场上对远期外汇需求增加,本币远期贬值。因此,在远期,本币利率与本币汇率反方向变化。

(二)非套补的利率平价

在上面分析中,假设投资者通过远期外汇交易进行两国金融市场间的套利交易,在这个套利活动中,投资者不承担套利风险。在现实生活中,还存在另外一种套利交易,即投资者在承担一定的套利风险的条件下,通过对未来汇率变动的预期,分析在两国金融市场上投资收益的差异,从而进行两国金融市场间的套利交易。

投资者对待风险的态度有三种:①风险厌恶态度,即对于相同期望收益的金融资产,投资者更偏好风险低的金融资产;②风险中立态度,即对于相同期望收益的金融资产,投资者无差异地对待具有不同风险的金融资产;③风险偏好态度,即对于相同期望收益的金融资产,投资者更偏好风险高的金融资产。在接下来的分析中,假设投资者持风险中立态度,即投资者对收益相同但风险不同的资产不进行区别对待。并假设投资者不进行远期外汇交易以便规避汇率波动风险,并预期一年后的市场汇率是 Ee_f,则投资者将 1 单位甲国货币投资于乙国金融市场一年所得预期投资收益为 $\frac{1}{e} \times (1+i^*) \times Ee_f$,投资于甲国金融市场一年所得收益为 $(1+i)$。若甲乙两国金融市场投资收益存在差异,则投资者会持续进行套利直至甲国金融市场投资收益与乙国金融市场预期投资收益相等为止。即有

$$\frac{1}{e} \times (1+i^*) \times Ee_f = 1+i \tag{5-22}$$

对式(5-22)进行整理,得

$$\frac{Ee_f - e}{e} = \frac{i - i^*}{1 + i^*} \tag{5-23}$$

令 $E\rho = \frac{Ee_f - e}{e}$,$E\rho$ 是投资者预期的未来汇率变化率,由于 $E\rho$ 与 i^* 均为非常小的数,所以 $E\rho$ 与 i^* 之积是一个更小的趋于 0 的数,因此有

$$E\rho \approx i - i^* \tag{5-24}$$

式(5-23)被称为非套补的利率平价的精确公式,式(5-24)被称为非套补的利率平价的近似公式。非套补的利率平价理论表明,当非套补的利率平价成立时,若本国利率高于外国利率,则市场预期本币在远期会贬值;若本国利率低于外国利率,则市场预期本币在远期会升值。预期的未来汇率变动率与两国货币利率之差基本保持一致。再比如,在非套补的

利率平价已经成立的情况下,如果本国政府提高利率,那么当市场预期未来的即期汇率不变时,本币的即期汇率将升值。由此表明,当市场上存在着本币将贬值的预期时,就可以相应提高本国利率以便抵消这个贬值预期对外汇市场的压力,维持汇率的稳定。

(三)套补的利率平价与非套补的利率平价的统一

套补的利率平价的成立是以投资者签订远期外汇合约规避汇率波动风险,从事无风险套利活动而实现的,即投资者是风险厌恶者。非套补的利率平价的成立是以投资者对未来汇率变动的预期,从事有风险的套利活动而实现的,即投资者是风险中立者。除了上述两类不同性质的套利活动以外,现实中还存在另一类交易者(即投机者),他们作为套利者的交易对手,加强了远期汇率与预期汇率之间的联系,对远期汇率的决定具有关键性的作用。

在外汇市场上,投机者基于其与交易对手签订的远期汇率 f 和市场对未来预期汇率 Ee_f 的偏差,进行投机获利。如果当前外汇市场上,$f < Ee_f$,那么投机者认为相对于市场预期汇率,当前的远期汇率高估了本币的价值。因此,投机者会进入远期外汇市场签订买入外汇卖出本币的远期合约。若远期合约到期时,市场汇率变动到与预期汇率相等,则投机者执行远期合约购入外汇,然后按照预期汇率卖出外汇换成本币,从而获得投机收益。投机者的投机活动会导致远期外汇市场上对远期外汇需求的增加,使远期汇率上升,直至远期汇率与市场预期汇率相等为止。由此可见,投机者的存在,使远期汇率完全由市场预期汇率决定,套补的利率平价与非套补的利率平价同时成立。即有

$$f = Ee_f, \quad E\rho = \rho \approx i - i^* \tag{5-25}$$

将套补的利率平价与非套补的利率平价结合起来,式(5-25)还揭示了一个重要命题:远期汇率是未来即期汇率的无偏预测。在外汇市场上人们对未来即期汇率的预期值是一个主观指标,这个值难以直接观察到,而远期汇率则是一个客观指标。因此,人们可以将远期汇率作为相同期限的未来市场即期汇率预期值的替代物。尽管随着时间的推移,市场即期汇率会与之前对该时点给出的远期汇率有所偏离,但是这种偏离是随机的,即未来市场即期汇率可能会向上或向下偏离该远期汇率,但偏离的概率是一样的。另外,式(5-25)的成立还隐含一个前提条件:投机者为风险中立者。如果投机者是风险厌恶者,那么远期汇率将是未来即期汇率的有偏预测,此时,f 与 Ee_f 的差值可以看成是对风险补贴的衡量。

三、对利率平价理论的评价

利率平价理论从国际金融市场角度剖析了汇率与利率之间的关系,这个视角有助于正确认识汇率的形成机制。在国际资金流动非常频繁的现实背景下,利率平价理论成立的前提条件能够得到较好的实现,具有坚实的分析基础。套补的利率平价理论从金融市场中无风险套利角度研究了远期汇率的决定问题,指出远期汇率取决于两国货币之间的相对收益。非套补的利率平价理论进一步将研究对象从远期汇率拓展到未来预期汇率,许多新汇率理论都在一定程度上沿用了它的研究方法或直接以它作为研究的起点。另外,利率平价理论把对汇率决定的研究从实物部门转向货币部门,突破了传统汇率的研究范畴。同时,该理论对于外汇市场的实践操作、远期汇率的趋势预测以及汇率政策的制定和调整等,都具有重要的理论意义与现实意义。

但在实际中由于受外汇交易的成本、税收、外汇管制等因素的影响,所以利率平价理论也存在不足之处。

第一,利率平价理论对交易成本欠缺考虑。国际资金在流动过程中往往存在交易成本。如果交易成本过高,就会影响套利收益,进而影响汇率与利率之间的关系。在考虑交易成本的条件下,抛补套利活动在利率平价达到之前就会停止。

第二,利率平价理论实现的前提条件是需要一个高度发达完善的外汇市场,发展中国家往往不具备这个条件。该理论设定的套利活动只能在资金自由流出流入、对外汇交易不加限制、金融高度发达的国家才能实现,如果货币当局对资金流出流入加以限制,该理论就不能实现了。

第三,远期外汇市场上的资金供给弹性并非无限大。当套利资金供给弹性并非无限大时,即使国内外利差比较大,也不一定会引发资金大规模的套利活动,从而使远期外汇的升水率、贴水率与两国利率差大致相等。

第四,利率平价理论隐含地假设各国之间证券可以完全替代,但这在实际中难以成立。在现实中,各国证券资产由于风险程度不一样且收益率也存在差异,使这些不同证券资产之间并不能完全替代。因此,利率平价条件难以成立。

第三节　国际收支说

利率平价理论从金融市场角度剖析了汇率与利率之间的关系,但在汇率决定的分析中忽略了国际收支的作用。国际收支说是从国际收支对汇率影响的角度分析汇率决定的一种理论。这个理论建立在宏观经济学的基础上,其理论渊源最早可以追溯至14世纪。最早对该理论进行系统阐述的是英国学者葛逊(G.L.Goschen),他于1861年在《外汇理论》一书中首次系统论述了汇率与国际收支的关系,该理论被称为国际借贷说。国际借贷说是国际收支说的早期形式,是金本位制度时期解释外汇汇率变动的主要理论。第二次世界大战后,一些学者开始采用凯恩斯主义的国际收支均衡分析法来研究汇率的决定,进而形成了国际收支说的现代形式。本节从国际收支角度,分析汇率与国际收支之间的关系,阐述早期的国际借贷说和现代国际收支说的基本内容。

一、国际收支说的早期形式:国际借贷说

国际借贷说本质上阐述的是汇率是由外汇供求关系决定的这种思想。该理论认为,各国之间发生的借贷关系,引发了外汇的收入与支出,进而造成了外汇的供给与需求变化。因此,国际借贷关系是汇率发生变动的主要原因。所谓国际借贷关系,是指由于国际间商品的输出输入、旅游收付、利润与捐赠的收付、股票和债券的买卖、资本流动等所引起的国际间债务债权关系。在国际借贷关系中,只有进入支付阶段的借贷(流动借贷),才会影响当前的外汇供求关系。而还未进入支付阶段的借贷(固定借贷),则不会影响外汇供求关系。当一个国家的外汇收入(流动债权)大于外汇支出(流动债务)时,外汇的供给大于需求,外汇汇率下降;当一个国家的外汇收入(流动债权)小于外汇支出(流动债务)时,外汇的供给小于需求,外汇汇率上升;当一个国家的外汇收支相等(流动借贷平衡)时,汇率处于均衡状态。由于国际借贷说所指的国际流动借贷和狭义的国际收支意义相同,所以该理论又称为国际

收支说或外汇供需说。

国际借贷说实际上是关于汇率的供给决定论,但该理论并未具体地论述有哪些因素会影响到外汇的供求,以及如何影响,从而极大限制了该理论的应用价值。国际借贷说的这个不足在现代国际收支说中得到了弥补。

二、国际收支说的基本原理

在外汇市场上,国际收支的失衡会导致外汇的供求不平衡。汇率作为外汇市场上的价格,当外汇处于供求不平衡时,若国家对外汇市场不进行任何干预,则外汇的供求失衡会导致汇率的变化,并通过汇率的变化,进一步调整外汇市场上外汇的供求关系,从而使外汇供求重新处于平衡,汇率便处于均衡状态。

在假设汇率完全自由浮动且政府不会对外汇市场进行任何干预的条件下,本节通过对国际收支影响因素的分析,剖析这些影响因素的变化对国际收支的影响,进而导致的汇率变化。国际收支(BP)由经常账户收支(CA)和资本与金融账户收支(KA)构成。当外汇市场上外汇供求处于平衡时,国际收支处于平衡状态。即有

$$BP = CA + KA = 0 \tag{5-26}$$

在不考虑净要素收支时,经常账户收支表现为贸易账户收支。在贸易账户中,进口主要受本国居民收入(Y)和实际汇率$\left(\dfrac{eP^*}{P}\right)$的影响,出口主要受外国国民收入($Y^*$)和实际汇率$\left(\dfrac{eP^*}{P}\right)$的影响。因此,经常账户收支可以表示为本国居民收入(Y)、外国国民收入(Y^*)和实际汇率$\left(\dfrac{eP^*}{P}\right)$的函数,即有

$$CA = f(Y, Y^*, P, P^*, e) \tag{5-27}$$

在资金不完全流动时,资本与金融账户收支主要受本国利率(i)、外国利率(i^*)和预期的汇率变动率$\left(\dfrac{Ee_f - e}{e}\right)$的影响。因此,资本与金融账户收支可以表示为本国利率(i)、外国利率(i^*)和预期的汇率变动率$\left(\dfrac{Ee_f - e}{e}\right)$的函数,即有

$$KA = \phi(i, i^*, e, Ee_f) \tag{5-28}$$

综合式(5-26)、式(5-27)和式(5-28),则有

$$BP = f(Y, Y^*, P, P^*, e) + \phi(i, i^*, e, Ee_f) = 0 \tag{5-29}$$

式(5-29)中,假设除了汇率e是内生变量以外,其他影响因素均为外生变量,在这些外生变量的共同作用下,通过汇率的调节以平衡国际收支。因此,在国际收支平衡时,汇率e可以表示为这些外生变量的函数。即有

$$e = h(Y, Y^*, P, P^*, i, i^*, Ee_f) \tag{5-30}$$

假设开始时国际收支处于平衡状态,下面简要分析当国际收支的某个影响因素发生变化时对国际收支的影响,进而导致汇率的变化,并通过汇率的变化平衡国际收支。

第一，国民收入的变化。当本国国民收入增加时，会通过边际进口倾向带来进口支出的增加，这会造成国际收支出现逆差，外汇市场上外汇需求大于外汇供给，汇率上升，本币贬值。当外国国民收入增加时，会通过国外部门的边际进口倾向带来本国的出口增加，这会造成国际收支出现顺差，外汇市场上外汇需求小于外汇供给，汇率下跌，本币升值。

第二，物价水平的变化。本国物价水平的上升会带来实际汇率的下降，本国产品相比外国产品变得更昂贵，这会带来出口的减少和进口的增加，造成国际收支出现逆差，外汇市场上外汇需求大于外汇供给，汇率上升，本币贬值。外国物价水平的上升会带来实际汇率的下降，本国产品相对外国产品变得更便宜，这会带来出口的增加和进口的下降，造成国际收支出现顺差，外汇市场上外汇需求小于外汇供给，汇率下降，本币升值。

第三，利率的变化。本国利率的上升会吸引国外资金流入本国，这会造成国际收支出现顺差，外汇市场上外汇需求小于外汇供给，汇率下降，本币升值。外国利率的上升会吸引本国资金流向外国，这会造成国际收支出现逆差，外汇市场上外汇需求大于外汇供给，汇率上升，本币贬值。

第四，预期汇率的变化。如果预期未来外汇会升值，那么本国资金会选择在即期外汇市场上兑换成外汇流向外国，这会造成国际收支出现逆差，外汇市场上外汇需求大于外汇供给，汇率上升，本币贬值。如果预期未来外汇会贬值，那么外国资金会选择在即期外汇市场上兑换成本币流向本国，这会造成国际收支出现顺差，外汇市场上外汇需求小于外汇供给，汇率下降，本币升值。

以上各变量对汇率的影响分析是在其他条件不变的情况下得出的，但在现实经济生活中，这些变量之间也存在着复杂的关系，因此它们对汇率的影响也是难以简单确定的。

三、对国际收支说的简单评价

国际收支说在供求关系分析的基础上，从国际收支的角度，对汇率进行均衡分析，具有一定的现实意义。然而，该理论仅阐明了汇率和其他经济变量之间的联系，并没有得出汇率与这些经济变量之间明确的因果关系结论。因此，该理论仍然不能被视为完整的汇率决定理论。国际收支说具有浓厚的凯恩斯主义色彩，它从宏观经济角度对汇率进行了研究，是现代汇率决定理论的一个重要分支。

在货币经济发育不充分的时候，国际收支说能够得到较好的运用，这是因为国际收支说要求外汇的供求流量与实体经济发展大体上相一致。第二次世界大战后，各国为了发展经济，对经常项下的资本流动放开了管制，但对资本项下的国际资金流动加强了管制。此时，国际收支说被广泛应用于均衡汇率水平的分析，特别是在一个国家的国际收支是否出现"根本性不平衡"以至于是否需要调整平价的判断上。随着世界各国经济的恢复以及国际资金流动管制的放松，外汇市场上汇率波动日益频繁，外汇汇率越来越表现出与其他资产市场上资产价格变动相类似的特征，这使简单地运用普通商品市场上价格与供求之间的关系来对外汇市场进行分析并不合适，难以再简单依据实体经济基础的情况加以解释。国际收支说的这个不足带来了新的汇率理论，这就是下一章中要介绍的汇率的资产市场说。

本 章 小 结

同种商品在不同区域存在价格差异时,会存在套利空间。而套利行为是否发生,则取决于商品性质及套利时所发生的交易成本。根据商品性质,商品分为不可贸易商品和可贸易商品。当不考虑交易成本时,可贸易商品在不同区域的价格差异可以通过套利方式消除,此时,同种商品在不同区域的价格是一致的,这就是所谓的一价定律。绝对购买力平价表明,汇率可以表示为不同货币购买力之比,因此绝对购买力平价理论搭建了汇率与商品价格之间的联系。绝对购买力平价的成立是以一价定律成立为前提条件的,而这样严苛的条件在现实中往往难以满足,从而削弱了绝对购买力平价的应用。相对购买力平价放松了一价定律必须成立的假设前提,同时通货膨胀率的数据也较物价数据易于获取,因此,相对购买力平价理论比绝对购买力平价理论应用更为广泛。

在一个无摩擦的国际金融市场上,不同国家金融市场上的利率差异引起的套利空间能够通过国际资金流动和汇率的变化迅速消除。因此,利率平价理论搭建了汇率与不同国家金融市场上利率之间的联系。利率平价理论分为套补的利率平价理论和非套补的利率平价理论。套补的利率平价建立了利率与远期汇率之间的关系,非套补的利率平价建立了利率与未来预期汇率之间的关系,而投机者的活动将使这两种利率平价统一起来,对远期汇率的决定起到了关键性的作用。汇率变化会导致国际收支余额的变化,而国际收支的不平衡又会引起外汇市场上外汇供求的不平衡,从而导致汇率的变化。国际收支说从流量理论的角度,建立了汇率与国际收支之间的关系,并根据对国际收支影响因素的进一步分析,阐述了这些影响因素如何通过国际收支而导致汇率变化。

思 考 题

1. 何谓开放经济下的一价定律?它的成立条件是什么?
2. 简述绝对购买力平价理论的主要内容。
3. 简述相对购买力平价理论的主要内容。
4. 从资本流动角度,简述利率变动与即期货币汇率变动之间的关系。
5. 从国际收支说角度,分析国际收支的影响因素对汇率变化的影响。

第六章　纸币流通条件下的汇率决定理论(下)

【章前导读】

本章将外汇视为一种资产，将汇率视为资产的价格，并在多个市场相互影响中去探讨汇率的决定理论。与前面章节的汇率决定理论相比，资产市场说对汇率变化的解释能力又向前推进了一步，其分析框架从局部均衡的分析演变为一般均衡的分析。本章主要分析汇率的弹性价格货币分析法、汇率的黏性价格货币分析法、汇率的资产组合分析法等。

第一节 汇率的弹性价格货币分析法

汇率的弹性价格货币分析法简称为汇率的货币模型。该模型的研究起始于 20 世纪 70 年代初,是在国际资本流动获得高度发展的背景下产生的一项重要的汇率决定理论。该理论的重要贡献者包括美国芝加哥大学与英国伦敦经济学院的哈里·约翰逊(Herry Johnson)和他的学生雅各布·弗兰克尔(Jacob Frenkel),以及 1999 年诺贝尔经济学奖获得者蒙代尔(Mundell)。在货币模型中,假设本国债券和外国债券可以完全替代,这样本国债券市场和外国债券市场就可以视为一个统一的债券市场。根据瓦尔拉斯定律,当资产市场由货币市场和债券市场构成时,若货币市场处于平衡状态,则债券市场也会自动达到平衡,因此,对汇率决定的资产市场分析只需要集中于对货币市场的分析。当两国货币市场分别达到平衡时,即货币供需处于平衡状态时,两国物价水平也随之被确定。而根据购买力平价理论,汇率等于两国物价水平的相对比值,这样汇率也相应被决定了。遵循这个思路,货币模型展开了对汇率决定理论问题的研究。本节从商品价格可以灵活调整以及是否考虑汇率预期的角度,介绍汇率的弹性价格货币分析法以及嵌入汇率预期后的货币模型的基本内容。

一、弹性价格货币分析法的基本模型

弹性价格货币分析法有以下三个基本的假设。

(1) 垂直的总供给曲线。灵活调整的商品价格能够迅速调节总供给与总需求的失衡,使经济始终保持在充分就业状态,因此,总供给曲线始终是垂直的。

(2) 稳定的货币需求。实际货币需求是实际国民收入与利率的函数。垂直的总供给曲线假设,使实际国民收入总对应于充分就业状态下的国民收入。另外,在投资者无差异地对待本国资产和外国资产所具有的风险及不考虑交易成本的条件下,套补的利率平价的成立使本国利率水平与外国利率水平之间保持稳定的关系。因此,实际货币需求在短期内可以视为不变。

(3) 购买力平价总是成立的。国内外物价水平的灵活变化使购买力平价总是成立的。弹性价格货币分析法体现了货币主义关于"货币中性论"的基本思想。它认为商品价格和资产价格存在完全弹性,价格的灵活变动能够使各个市场迅速调整至平衡。货币供给量的变化不会影响到实际产出,利率和实际国民收入均与货币供给无关,货币供给只会引起价格水平的灵活调整,不会带来较低的利率并进一步影响到产出。

弹性价格货币分析法的基础是稳定的货币需求函数和购买力平价理论。最典型的货币需求函数形式是卡甘(Cagan)货币需求函数

$$\frac{M_d}{P} = L(Y,i) = Y^\alpha e^{-\beta i} \quad \text{(注:此处 } e \text{ 指自然常数)} \tag{6-1}$$

式(6-1)中,α 代表货币需求的收入弹性($\alpha > 0$),β 代表货币需求的利率准弹性($\beta > 0$),M_d 代表本国名义货币需求,P 代表本国物价水平,Y 代表本国实际国民收入,i 代表本国货币市场利率。对式(6-1)两边取对数,则货币需求函数变为

$$\ln M_d - \ln P = \alpha \ln Y - \beta i \tag{6-2}$$

第六章　纸币流通条件下的汇率决定理论（下）

在本国货币市场处于平衡状态时，名义货币供给 M_s 与名义货币需求 M_d 相等。根据式(6-2)，在本国货币市场处于平衡状态时，货币供求平衡方程式为

$$\ln P = \ln M_s - \alpha \ln Y + \beta i \tag{6-3}$$

同理，在外国货币市场处于平衡状态时，货币供求平衡方程式为

$$\ln P^* = \ln M_s^* - \alpha \ln Y^* + \beta i^* \tag{6-4}$$

接下来再看弹性价格货币模型的另一个重要假设，即购买力平价始终成立。则有

$$e = \frac{P}{P^*} \quad \text{（注：此处 } e \text{ 指直接标价法下的汇率）} \tag{6-5}$$

对式(6-5)两边取对数，则有

$$\ln e = \ln P - \ln P^* \tag{6-6}$$

结合式(6-3)、式(6-4)和式(6-6)，则有

$$\ln e = (\ln M_s - \ln M_s^*) + \alpha(\ln Y^* - \ln Y) + \beta(i - i^*) \tag{6-7}$$

现在，我们假设初始时商品市场、货币市场和外汇市场都处于平衡状态，根据式(6-7)，分析名义货币供应量、实际国民收入和利率分别发生变化时对汇率的影响。

第一，名义货币供应量的变化。当本国名义货币供应量 M_s 增加时，由于实际货币需求保持不变，在价格没有变化时，会导致居民所持有的货币余额大于居民对货币的需求。因此，居民会增加支出，在产出不变的条件下，这会导致物价上涨，直至实际货币供给和实际货币需求相等为止。此时，物价的上涨导致单位货币的购买力下降，本国货币贬值。

第二，实际国民收入的变化。当本国实际国民收入 Y 增加时，居民对货币的实际需求也相应增加。当名义货币供应量不变时，在现有价格水平下，居民所持有的实际货币余额小于居民对货币的实际需求。因此，居民会减少支出，这会导致物价的下降，直至实际货币供给与实际货币需求相等为止。此时，物价的下降导致单位货币的购买力上升，本国货币升值。

第三，利率的变化。当本国利率 i 增加时，居民对货币的实际需求下降。当名义货币供应量不变时，在现有价格水平下，居民所持有的实际货币余额大于居民对货币的实际需求。因此，居民会增加支出，这会导致物价的上升，直至实际货币供给与实际货币需求相等为止。此时，物价的上升导致单位货币的购买力下降，本国货币贬值。

二、嵌入汇率预期后的货币模型

资产市场说认为预期因素对于即期汇率水平的确定有着重要影响。接下来借助于货币模型这个资产市场说中最简单的分析方法对该问题作具体介绍。

在货币模型中，由于假设本币资产与外币资产可以完成替代，因此，非套补的利率平价成立。根据利率平价理论，非套补的利率平价表达式为

$$\frac{E_t e_{t+1}}{e_t} = \frac{1+i}{1+i^*} \tag{6-8}$$

对式(6-8)两边取对数，则有

$$\ln E_t e_{t+1} - \ln e_t = \ln(1+i) - \ln(1+i^*) \tag{6-9}$$

当 i 和 i^* 分别是一个较小的数时，则有

$$\ln(1+i) \approx i \quad (6\text{-}10)$$

$$\ln(1+i^*) \approx i^* \quad (6\text{-}11)$$

联立式(6-9)、式(6-10)和式(6-11)，则有

$$\ln E_t e_{t+1} - \ln e_t = i - i^* \quad (6\text{-}12)$$

在式(6-7)中，我们将 $(\ln M_s - \ln M_s^*) + \alpha(\ln Y^* - \ln Y)$ 简写为 Z_t，Z_t 为第 t 期的经济基本面状况(例如第 t 期的货币供给、国民收入水平)。由此，将式(6-12)代入式(6-7)中，整理后可得

$$\ln e_t = \frac{1}{1+\beta}[Z_t + \beta \ln E_t e_{t+1}] \quad (6\text{-}13)$$

式(6-13)表示即期汇率水平是即期经济的基本面状态(例如即期的货币供给、国民收入水平，用 Z_t 表示)以及对下一期预期汇率水平(用 $E_t e_{t+1}$ 表示)的函数，所以投资者对下一期汇率水平的预期会直接影响到即期汇率水平的形成。

三、对货币模型的检验与评价

建立在购买力平价理论基础上的货币模型，在现代汇率决定理论体系中占有较重要的地位。货币模型的理论价值主要表现在以下方面。

第一，货币模型突破了传统汇率理论在国际收支范围内分析汇率变动效应的局限，是一个有着诸多创新的汇率决定理论，对以后的汇率研究有着较重要的价值。

第二，相比于购买力平价理论仅从商品市场角度研究汇率的决定问题，货币模型对购买力平价理论进行了拓展，它将汇率视为一种资产价格，并从资产市场角度分析货币供应量、国民收入和利率等变量如何影响货币需求进而引发汇率变化的内在机制，从而使这个理论与购买力平价相比在现实生活中应用更广泛。

第三，货币模型将对汇率决定的货币因素放在了更加突出的位置。相比于以往汇率决定理论强调实体经济因素对汇率决定的影响，货币模型更加突出地强调了货币因素对汇率决定的影响。汇率与货币本身的价值以及影响这种价值的诸多因素有着直接的和密切的联系。忽视货币因素，就不可能正确解释汇率的决定与变动。

第四，货币模型是一般平衡模型。该模型是包含了商品市场平衡、货币市场平衡和外汇市场平衡在内的一般平衡模型。与传统汇率决定理论局部平衡模型相比，货币模型有效提高了理论涵盖的广度与深度，有助于分析说明汇率的长期变动趋势。

货币模型的不足之处主要体现在以下几方面。

第一，购买力平价理论是货币模型的理论基石，若购买力平价本身在现实中难以成立，则货币模型的可信性同样会存在问题。

第二，在货币市场平衡的分析中，货币模型假设货币需求是稳定的，这在实证研究中存在争议。

第三，货币模型对价格水平充分弹性的假设，受到众多学者的批评。大量实证研究结果显示，商品价格的调整一般比较缓慢，短期内往往显示出黏性。

第二节 黏性价格货币分析法

弹性价格货币模型得出的汇率稳定性结论,无法解释汇率短期内易变性的特征。为此,美国学者多恩布什(Dornbucsh)于 20 世纪 70 年代提出了汇率的黏性价格货币分析法(简称"超调模型")。超调模型继承了弹性价格货币模型的长期特征,然而在短期内,它认为市场调整速度存在不同,资产市场调整速度快于商品市场,从而使汇率出现超调现象,这就是汇率短期内容易波动的原因。本节从商品价格在短期内变化存在黏性但长期内可以充分调整的角度,介绍汇率的黏性价格货币分析法的基本内容。

一、超调模型的基本假设

超调模型在分析前提下存在以下基本假设。

第一,稳定的货币需求。

第二,购买力平价在短期内不成立,但在长期内购买力平价成立。商品市场价格存在黏性而非弹性,所谓黏性价格是指短期内商品价格黏住不动,但随着时间的推移,价格水平会逐渐发生变化直到达到其新的长期平衡值。然而在外汇市场上,资金的完全流动使汇率的调整可以在极短的时间内完成。因此,在短期内汇率发生变动但物价并没有同步变动,使实际汇率在短期内发生变动,购买力平价短期内不成立。但在长期内,随着物价水平充分调整,实际汇率恢复到初始水平,购买力平价成立。

第三,在短期内,总供给曲线不垂直,但在长期内,总供给曲线恢复为垂直形态。在短期内,当货币供给变化时,相对于汇率的迅速调整,物价变化存在黏性,导致实际汇率发生变化,总供给曲线不是垂直的,实际国民收入会偏离对应的充分就业状态。但在长期内,随着商品价格的充分调整,实际汇率重新恢复到初始水平,总供给曲线也随之恢复为充分就业对应的垂直形态,经济重新处于充分就业状态。总供给曲线的不同形状如图 6-1 所示。

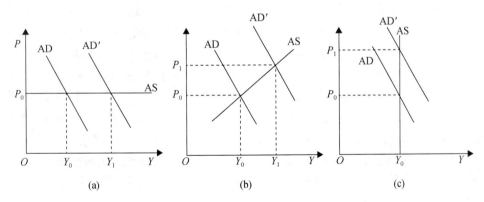

图 6-1 总供给曲线的不同形状

第四,若本国是一个小国,外国是一个大国,那么可以将外国利率和外国价格水平都视为给定,并且本国对外国经济的影响可以忽略不计。资产是完全可以流动的,即本国与外国的金融资产能实现完全替代,非套补的利率平价成立。

二、超调模型中的平衡调整过程

我们假设在其他条件不变的情况下，本国货币供应量一次性增加时，分析超调模型关于经济平衡的调整过程。

(一)经济的长期平衡

在超调模型中，我们假设本国是一个小国，外国是一个大国，并且资本可以自由流动。因此，在长期本国的利率水平由外国决定，即在不考虑交易成本的前提下，本国利率水平等于外国利率水平。关于实际国民收入，尽管超调模型假设价格的调整具有黏性，短期的价格调整滞后可能会导致实际国民收入超过充分就业时对应的收入水平，但是在长期，价格可以根据商品供求状况进行充分调整，实际国民收入会重新恢复到与充分就业对应的水平。因此，在本国货币供应量一次性增加后，在长期，本国的利率水平和实际国民收入保持不变，根据上节的货币模型，价格水平此时相对本国货币供应量的增加而同比例地增加，导致本币贬值。实际上，本国货币供应量一次性增加后，依据货币模型所得的汇率水平是超调模型中在长期内价格充分调整后的汇率水平 $\bar{e}$，此时经济处于长期平衡状态，即商品市场、货币市场和外汇市场同时处于平衡状态。

(二)经济的短期平衡

在资本完全流动时，无论在短期还是长期，利率平价始终成立。在商品价格黏性假设下，当经济不平衡时，资本市场恢复平衡的调节速度快于商品市场。因此，在短期内当市场受到来自货币供应量改变的外在冲击时，由于物价水平的调节滞后，使购买力平价在短期不成立。基于资本市场恢复平衡的调节速度快于商品市场，因此汇率的决定主要受资本市场的影响。根据非套补利率平价，即期的汇率变化主要受本国与外国利差及对下一期汇率预期的影响，可以结合非套补利率平价理论分析货币供应量一次性增加对即期汇率的影响。

假设初始时经济处于平衡状态，当本国货币供应量一次性增加(例如货币供应量从 M_{s0} 增加到 M_{s1})时，在现有的物价水平 P_0 上，实际货币供应量增加超过了实际货币需求，货币市场处于失衡状态。在商品价格黏性假设下，货币市场的供给失衡短期内难以通过物价水平的灵活变化进行调节。因此，在本国货币供应量一次性增加而物价水平以及实际国民收入难以迅速变化时，需要本国利率水平的快速下降(例如利率水平从 i_0 降到 i_1)以便提高居民对实际货币的需求，从而维持货币市场的平衡。在外国利率 i^* 保持不变时，本国利率的下降会导致资本从本国流向外国，即期汇率上升，本币贬值。另外，根据非套补利率平价理论，即期汇率的变化受制于本国与外国的利差及对下一期汇率的预期。在理性预期下，居民对下一期的预期汇率 $E_t e_{t+1}$ 与经济处于长期平衡时的汇率水平 $\bar{e}$ 保持一致(即 $E_t e_{t+1} = \bar{e}$)。因此，根据非套补利率平价，有

$$\ln \bar{e} - \ln e_1 = i_1 - i^* \tag{6-14}$$

根据式(6-14)，在长期平衡时的汇率 $\bar{e}$ 和外国利率 i^* 不变时，短期内本国利率 i_1 的下降会导致即期汇率 e_1 上升超过长期平衡时的汇率水平 $\bar{e}$，本币即期贬值程度超过其长期贬值

程度。

在本国货币供应量一次性增加时，需要指出的是短期内本国利率水平的下降会刺激投资，导致投资支出上升。同时，在现有价格水平上，本币贬值会带来实际汇率的上升，在"马歇尔-勒纳条件"满足时，这会导致本国的净出口增加，也会进一步引起本国实际国民收入的增加并超过充分就业时对应的收入水平。

(三)经济由短期向长期平衡的调整

在本国货币供应量一次性增加后，随着时间的不断变化，价格会逐渐调整。由于本国货币供应量一次性的增加所引起的本国利率水平的下降以及实际汇率的上升，使本国产出超过了充分就业状态下对应的产出水平，这将带来本国物价水平的逐步上升。下面利用非套补利率平价理论分析本国经济由短期向长期平衡的调整过程。

本国货币供应量一次性增加后，随着物价水平的逐步上升，实际货币供应量开始随之下降，并使之前平衡的货币市场再次处于失衡状态。为了恢复货币市场的平衡，这又会带来本国利率水平的上升。根据非套补利率平价理论，本国利率水平的上升，在未来预期汇率不变时，即期汇率下降，本币升值。此时本币的逐步升值，是在原先本币过度贬值的基础上实现的。随着本国利率水平的逐步上升以及即期汇率的逐步下降(实际汇率也逐步下降)，本国私人部门投资和净出口也随之下降，本国产出也相对短期产出开始下降，并逐步调整到充分就业状态下对应的产出水平。

上述过程会持续到物价水平调整充分，商品市场重新恢复到与充分就业相对应的供求平衡状态，经济达到长期平衡为止。在经济达到长期平衡时，本国货币汇率等于长期平衡时的汇率$\bar{e}$，购买力平价成立，产出与利率均恢复到货币供应量增加前的状态。

在超调模型中，随着本国货币供应量的一次性增加，经济在短期、长期以及短期向长期的过渡过程中，汇率的变化以及经济随时间的调整过程可用图6-2表示。

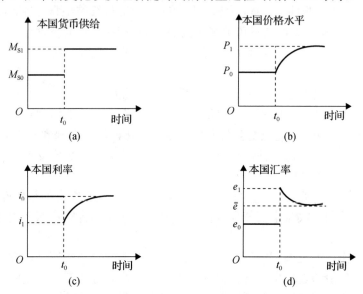

图6-2 超调模型中本国货币供给一次性增加的影响

由图6-2可知，在t_0时当货币供给一次性从M_{s0}增加到M_{s1}以后，由于商品市场价格黏性的存在，使资产市场的调整速度远快于商品市场的调整速度，从而导致本币汇率在 t_0 时由 e_0 瞬时贬值到 e_1，贬值程度超过其长期贬值程度对应的汇率水平 $\bar{e}$。

根据上述分析，黏性价格货币分析法认为商品价格的调整具有滞后性，商品市场的供求不平衡不能通过商品价格的及时调整予以迅速消除，因此购买力平价在短期并不能成立。但黏性价格货币分析法同时认为，从长期来看，商品价格可以得到充分调整，并使商品市场从不平衡状态重新恢复到平衡状态，购买力平价在长期内成立。基于上面的观点，当市场面临外来的货币冲击时，资产市场反应迅速，但商品市场会反应滞后，这会造成汇率在短期内的调整幅度超过长期平衡水平，这个现象被称为汇率超调。

三、对超调模型的评价与检验

超调模型在汇率决定理论中具有重要地位，表现在以下几方面。

第一，超调模型以货币模型为基础，采用更切合现实的商品价格短期内具有黏性这个假设前提，对开放条件下的宏观经济进行了较为系统的描述。

第二，超调模型首次从连续时间维度分析了货币供应量变化对汇率的冲击及经济的调整过程。不同于以往的汇率决定理论仅从时点的角度分析汇率的决定问题，超调模型从连续时间维度出发，根据货币供应量一次性变化的冲击，从短期、长期以及短期向长期过渡的角度，分析了汇率的动态变化及经济的调整过程，这种从连续时间维度分析汇率动态调整问题的方法，为后续的研究者提供了思想启迪，并促使了汇率理论的一个重要分支的产生，即汇率动态学。

第三，超调模型具有明确的政策意义。超调模型指出，在资金完全自由流动且汇率自由浮动的情况下，货币供给量扩张(或紧缩)对经济体的冲击，会导致汇率出现过度波动进而造成对实体经济的影响。因此，政府有必要对资金的自由流动和汇率的自由浮动进行干预。此外，超调模型表明在长期内，货币扩张(或紧缩)效应的最终结果将是导致物价和汇率同比例上升(或下降)，然而在短期内货币扩张(或紧缩)却对利率、贸易条件和总需求有着实际的影响。因此，当政府采取扩张或紧缩性货币政策来调节宏观经济时，需要警惕汇率是否会超调，避免造成不必要的经济波动。

但超调模型的缺陷也是非常明显的，表现在以下几方面。

第一，超调模型忽略了国际收支对汇率影响的分析。在超调模型中，汇率超调会使实际汇率在短期内发生变化，这会导致经常账户发生变化，从而影响到一个国家的资产总量，并对货币需求产生影响，进而使汇率发生相应变化。然而，国际收支这个影响因素并没有在超调模型中得到深入分析。

第二，超调模型与货币模型一样，它假设国内外资产具有完全的替代性。然而事实上，由于风险程度的不同、收益率的差异以及交易成本的存在，各国资产之间往往不具有完全的替代性。

第三，超调模型很难得到实证的验证。超调模型考虑的经济变量比较多，模型构建复杂，在模型的实证检验过程中，选择何种适当的计量检验方法存在一定的困难。另外，在现实生活中，造成汇率过度波动的影响因素有很多，既有货币性的也有来自实体经济部门的，到底哪种因素是主要因素也难以确定。

第三节 资产组合分析法

汇率决定的资产组合分析法简称为资产组合平衡模型,形成于20世纪70年代,是由美国经济学家布朗森(W.H.Branson)、多恩布什(R.Dornbusch)及弗兰克尔(F.A.Frenkel)等创立并发展起来的,是汇率决定的货币分析法的进一步拓展。与货币分析法不同的是,资产组合分析法放松了货币模型对于资产替代性的假设,认为本币资产与外币资产因为风险性质不同以及居民风险偏好差异而使它们不可完全替代,非套补的利率平价不成立,居民根据资产组合管理,将资产总量按比例分配于各种可供选择的资产。当资产组合达到平衡时,汇率被相应决定。这个理论的特点主要体现在两个方面:①它假设本币资产与外币资产之间不可完全替代,非套补的利率平价不成立。②它将居民持有的资产总量以及影响资产总量变化的因素引入模型的分析中,并认为居民根据资产组合管理,将资产总量按比例分配于各种可供选择的资产。本节从国内外资产不可完全替代的角度,介绍汇率决定的资产组合分析法的基本内容。

一、资产组合分析法的基本模型

(一)分析前提

为了分析的方便,有如下的一些假设。

(1) 本国是一个小国,本国居民不持有外国货币,外国居民不持有本国资产,资本流动使外国债券在本国市场上增加或减少。

(2) 本国居民持有的资产分为三种:本国货币(记为M)、本国政府发行的以本币为面值的本国债券(记为B)、外国政府发行的以外币为面值的外国债券(记为F)。同时,假设外国债券的供给在短期内保持不变。

(3) 本币资产与外币资产之间不可完全替代,非套补的利率平价不成立。

(4) 假设预期未来汇率保持不变,并且不考虑短期内本国债券与外国债券的利息收入。

(二)资产组合平衡模型的基本形式

在上述假设条件下,本国居民在某个时点上持有的资产总量W(即财富总量)用本币表示成下式

$$W = M + B + eF \tag{6-15}$$

从式(6-15)可以发现,影响一个国家的居民持有的资产总量变动的原因主要有:①各种资产供给量的变动(例如本国货币M、本国债券B和外国债券F的变动)。②汇率e的变动。在短期内,在外国债券供给量既定(即经常账户不发生变动时)的情况下,汇率的变动会带来外国债券资产的本币价值的变动,从而造成资产总量价值的变动。长期内,汇率变化会引起经常账户的变化,从而导致外国债券的供给量发生变化,进而导致资产总量的变动。

对于所持有的资产总量,居民又会如何在本国货币、本国债券和外国债券之间按比例分配呢?这显然取决于各类资产的预期收益率的高低。本国货币的预期收益率为零,本国债券的预期收益率就是国内利率(i),外国债券的预期收益率是国外利率(i^*)加上预期本币贬

值率(π_e)。各种资产的持有比例应该与各自的预期收益率成正比,与其他替代性资产的收益率成反比。因此,居民所持有的资产组合中各种资产的比例分配将随国内外各种资产的预期收益率的变动而发生调整。这可以用以下模型来表示

$$M = \alpha(i, i^*, \pi_e)W, \quad \frac{\partial \alpha}{\partial i} < 0, \quad \frac{\partial \alpha}{\partial i^*} < 0 \tag{6-16}$$

$$B = \beta(i, i^*, \pi_e)W, \quad \frac{\partial \beta}{\partial i} > 0, \quad \frac{\partial \beta}{\partial i^*} < 0 \tag{6-17}$$

$$F = \gamma(i, i^*, \pi_e)W, \quad \frac{\partial \gamma}{\partial i} < 0, \quad \frac{\partial \gamma}{\partial i^*} > 0 \tag{6-18}$$

$$\alpha + \beta + \gamma = 1 \tag{6-19}$$

上述模型中,α、β、γ 分别表示在资产组合中居民愿意以本国货币、本国债券和外国债券等形式所持有的资产比例。在各种资产供给量或预期收益率发生变动时,居民实际所持有的资产比例将会与其愿意持有的资产比例出现供求失衡。这样,居民就会对现有的资产组合进行调整,以期恢复资产市场资产供求平衡。在进行资产调整的过程中,本国资产与外国资产的替换会引起外汇供求的变化,从而导致汇率发生变化。汇率的变动将会使居民重新估价资产总量,进而起到平衡资产供求的作用。平衡汇率则正是使居民愿意持有的国内外资产组合等于现有资产存量组合的汇率水平。

(三)资产组合平衡模型的图形分析

下面假设在各种资产初始供给量给定的条件下,利用图形来对资产组合平衡模型中的各市场平衡曲线进行分析。在图形中,横轴为本国利率水平,纵轴为本国汇率(直接标价法)。

1. 本国货币市场的平衡情况

如图 6-3 所示,MM 曲线表示本国货币市场处于平衡状态时本国利率与汇率的组合。MM 曲线的斜率为正,因为在货币供给既定的情况下,随着汇率的上升(即本币贬值),外汇资产的增值使资产总量随之增加,而资产总量的增加又导致对货币的需求进一步增加,为了使货币市场处于平衡状态,需要本国利率的上升以便减少对货币的需求,从而使货币市场维持在平衡状态。因此,MM 曲线的斜率为正。

另外,需要指出的是本国货币供给增加,会使 MM 曲线向左平移。因为在汇率不变时,本国货币供给增加,会使原来处于供求平衡状态的货币市场变成供大于求的失衡状态。为了使货币市场重新处于平衡状态,需要本国降低利率以便增加对货币的进一步需求。

2. 本国债券市场的平衡情况

如图 6-4 所示,BB 曲线表示本国债券市场处于平衡状态时本国利率与汇率的组合。BB 曲线的斜率为负,因为在本国债券供给既定的情况下,随着汇率的上升,外汇资产的增值使资产总量随之增加,而资产总量的增加又导致对本国债券的需求进一步增加,为了使本国债券市场处于平衡状态,需要本国利率的下降以便减少对本国债券的需求,从而使本国债券市场维持在平衡状态。因此,BB 曲线的斜率为负。

另外,需要指出的是本国债券供给增加,会使 BB 曲线向右平移。因为在汇率不变时,本国债券供给增加,会使原来处于供求平衡状态的本国债券市场变成供大于求的失衡状态,为了使本国债券市场重新处于平衡状态,需要本国利率的上升以便增加对本国债券的进一

步需求。

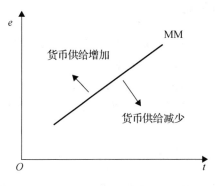

图6-3　本国货币市场平衡时本国利率与汇率的组合

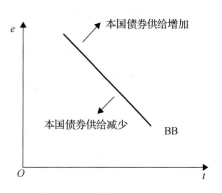

图6-4　本国债券市场平衡时本国利率与汇率的组合

3. 外国债券市场的平衡情况

如图6-5所示，FF曲线表示外国债券市场处于平衡状态时本国利率与汇率的组合。FF曲线的斜率为负，因为在外国债券供给既定的情况下，随着汇率的上升，外汇资产的增值使资产总量随之增加，而资产总量的增加又导致对本国货币、本国债券和外国债券的需求按一定的比例进一步增加。需要注意的是，上述资产总量的增加是因为汇率上升导致的外汇资产增值而引起的，即尽管外国债券供给没有发生变化，但是其价值总量却随着汇率上升增加了，然而增加的外汇资产总量并没有被增加的外汇需求进行平衡，从而导致外国债券市场处于供给大于需求的失衡状态。为了使外国债券市场处于平衡状态，需要本国利率的下降以便增加对外国债券的进一步需求。因此，FF曲线的斜率为负。关于BB曲线与FF曲线，假设BB曲线比FF曲线更为陡峭，因为假设本国债券市场对本国利率的变化更为敏感，同样的汇率变动在本国债券市场上只需要较小的利率调整便能维持平衡。

另外，需要指出的是外国债券供给增加，会使FF曲线向左平移。因为在汇率不变时，外国债券供给增加，会使原来处于供求平衡状态的外国债券市场变成供大于求的失衡状态，为了使外国债券市场重新处于平衡状态，需要本国利率的下降以便增加对外国债券的进一步需求。

当本国货币市场、本国债券市场和外国债券市场同时处于平衡状态时，经济处于短期平衡状态。如图6-6所示，MM曲线、BB曲线和FF曲线相交于A点，此时A点对应经济的短期平衡状态。

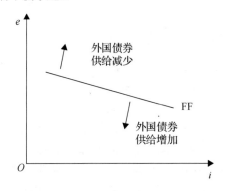

图6-5　外国债券市场平衡时本国利率与汇率的组合

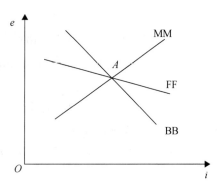

图6-6　资产市场的短期平衡

二、资产供给变动与资产市场的短期调整

接下来在资产组合分析法的基本框架下分析在短期内资产供给量的变动对利率与汇率的影响。资产供给量的变动分为绝对量变动和相对量变动。资产供给绝对量变动是指某一种(或某几种)资产的供给量增加(或减少)而其他资产供给量不变,资产总量相应增加(或减少)。资产供给相对量变动是指在资产总量保持不变的前提下,其中一种资产供给量的减少会导致另外一种资产供给量的增加。

(一)资产供给相对量变动且资产总额不变动时的经济效应

在资产供给相对量变动中,假设中央银行以公开市场业务操作形式增加货币供给。中央银行进行公开市场业务操作的对象既可以是本国债券市场,也可以是外国债券市场。当中央银行在本国债券市场上进行公开市场业务操作购买本国债券时,意味着本国债券供给的减少。当中央银行在外国债券市场上进行公开市场业务操作时,假设中央银行只购买本国居民持有的外国债券,这意味着面向本国居民的外国债券供给的减少。下面分别对上述两种情形进行分析。

1. 在本国债券市场上进行公开市场业务操作时的经济效应

在本国债券市场上进行公开市场业务操作时,其经济效应如图6-7所示。其中,A点为经济对应的短期初始平衡状态。在中央银行进行公开市场业务操作后,其结果是本国债券供给减少,货币供给增加,外国债券供给不变,资产总量不变。此时,A点对应的经济状态是本国债券市场和货币市场同时处于失衡状态。在货币市场中,货币供给的增加导致货币供给大于货币需求,为了维持货币市场的平衡,需要本国利率的下降以便增加对货币的进一步需求,这使MM曲线向左平移至$M'M'$。在本国债券市场上,本国债券供给的减少导致本国债券供给小于债券需求,为了维持本国债券市场的平衡,需要本国利率的下降以便减少对本国债券的进一步需求,这使BB曲线向左平移至$B'B'$。中央银行进行公开市场业务操作后,外国债券供给没有发生变化,资产总量也没有发生变化,因此外国债券市场处于供求平衡状态,FF曲线保持不变。当经济重新处于平衡状态时,意味着$M'M'$曲线、$B'B'$曲线和FF曲线相交于同一点,此时B点对应经济的短期平衡状态。根据上述分析,在中央银行进行公开市场操作后经济重新恢复到平衡状态时,汇率上升(即本币贬值),本国利率水平下降。

2. 在外国债券市场上进行公开市场业务操作时的经济效应

在外国债券市场上进行公开市场业务操作时,其经济效应如图6-8所示。其中,A点为经济对应的短期初始平衡状态。在中央银行进行公开市场业务操作后,其结果是本国债券供给不变,货币供给增加,外国债券供给减少,资产总量不变。此时,A点对应的经济状态是货币市场和外国债券市场同时处于失衡状态。在货币市场中,货币供给的增加导致货币供给大于货币需求,为了维持货币市场的平衡,需要本国利率的下降以便增加对货币的进一步需求,这使MM曲线向左平移至$M'M'$。在外国债券市场上,外国债券供给的减少导致外国债券供给小于债券需求,为了维持外国债券市场的平衡,需要本国利率的上升以便

减少对外国债券的进一步需求,这使 FF 曲线向右平移至 F'F'。中央银行进行公开市场业务操作后,本国债券供给没有发生变化,资产总量也没有发生变化,因此本国债券市场处于供求平衡状态,BB 曲线保持不变。当经济重新处于平衡状态时,意味着 M'M' 曲线、BB 曲线和 F'F' 曲线相交于同一点,此时 B 点对应经济的短期平衡状态。根据上述分析,在中央银行进行公开市场操作后经济重新恢复到平衡状态时,汇率上升(即本币贬值),本国利率水平下降。

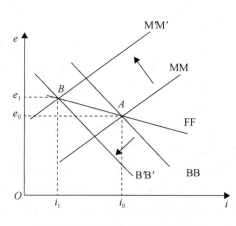

图 6-7　在本国债券市场进行公开市场业务操作的经济效应　　图 6-8　在外国债券市场进行公开市场业务操作的经济效应

根据中央银行上述两种干预方式的结果可知,对于相同的货币供给量,中央银行在本国债券市场上进行公开市场业务操作对本国利率水平影响更大,在外国债券市场上进行公开市场业务操作对本国汇率影响更大。因此,在本国债券与外国债券不可完全替代时,本国债券与外国债券的组成结构不同会对本国利率水平和汇率造成不同影响,这是不同于货币分析法的。

(二)资产供给绝对量变动的经济效应

1. 中央银行融通财政赤字引起的货币供给量增加的经济效应

在中央银行融通财政赤字后,对资产结构及总量的影响结果是:货币供给量增加,本国债券供给量不变,外国债券供给量不变,资产总量增加。资产总量增加后,其经济效应如图 6-9 所示,投资者会倾向于对新增的资产量按原有比例持有资产,这会造成对货币、本国债券和外国债券需求的进一步增加。因此,在资产总量增加后,原先处于平衡状态的经济开始处于失衡状态。首先来看货币市场,在资产总量增加后,对货币的需求也相应增加,由于资产总量的增加是源于货币供给量的增加,这部分增加的货币供给量大于对货币需求的增加量,因此货币市场由平衡状态转为失衡状态,为了维持货币市场的平衡,需要本国利率水平的降低以便增加对货币的进一步需求,这使 MM 曲线向左平移至 M'M'。接下来再看本国债券市场,在资产总量增加后,对本国债券的需求也进一步增加,但本国债券的供给量不变,为了维持本国债券市场的平衡,需要本国利率水平的下降以便减少对本国债券的进一步需求,这使 BB 曲线向左平移至 B'B'。最后来看外国债券市场,在资产总量增加后，对外国债券的需求也进一步增加，但外国债券的供给量不变，为了维持外国债券市场的平衡，需要本国利率水平的上升以便减少对外国债券的进一步需求，这使 FF 曲线向右平移至 $F'F'$。当经济重新处于平衡状态时，$M'M'$ 曲线、$B'B'$ 曲线和 $F'F'$ 曲线相交于同一点，此时 B 点就是经济的短期平衡点。根据上述分析，在中央银行融通财政赤字后经济重新恢复到平衡状态时，汇率上升(即本币贬值)，本国利率水平下降。

2. 经常账户盈余引起的外国债券供给量增加的经济效应

当经常账户盈余导致外国债券供给量增加时，对资产结构及总量的影响结果是：货币供给量不变，本国债券供给量不变，外国债券供给量增加，资产总量增加。资产总量增加后，其经济效应如图 6-10 所示，投资者会倾向于对新增的资产量按原有比例持有资产，这会造成对货币、本国债券和外国债券需求的进一步增加。因此，在资产总量增加后，原先处于平衡状态的经济开始处于失衡状态。首先来看货币市场，在资产总量增加后，对货币的需求也相应增加，由于货币供给量没有发生变化，因此货币市场由平衡状态转为失衡状态，为了维持货币市场的平衡，需要本国利率水平的上升以便减少对货币的进一步需求，这使 MM 曲线向右平移至 $M'M'$。其次再看本国债券市场，在资产总量增加后，对本国债券的需求也进一步增加，但本国债券的供给量不变，为了维持本国债券市场的平衡，需要本国利率水平的下降以便减少对本国债券的进一步需求，这使 BB 曲线向左平移至 $B'B'$。最后来看外国债券市场，在资产总量增加后，对外国债券的需求也相应增加，由于资产总量的增加是源于外国债券供给量的增加，这部分增加的外国债券供给量大于对外国债券需求的增加量，因此外国债券市场由平衡状态转为失衡状态，为了维持外国债券市场的平衡，需要本国利率水平的降低以便增加对外国债券的进一步需求，这使 FF 曲线向左平移至 $F'F'$。当经济重新处于平衡状态时，$M'M'$ 曲线、$B'B'$ 曲线和 $F'F'$ 曲线相交于同一点，此时 B 点就是经济的短期平衡点。值得注意的是，经济从失衡状态向平衡状态的调整过程中，主要是通过本国货币升值来降低资产总量，进而降低对本国货币与本国债券的超额需求，以便消除外国债券的超额供给带来的影响。

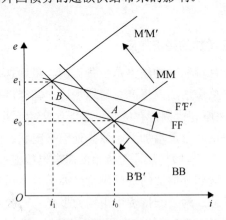

图 6-9 融通财政赤字带来的货币供给增加的经济效应

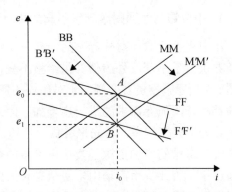

图 6-10 经常账户盈余导致的外国债券供给增加的经济效应

从图 6-10 来看，A 点与 B 点横坐标相同，则意味着 $M'M'$ 曲线、$B'B'$ 曲线和 $F'F'$ 曲线这三条曲线的交点对应的利率水平与原利率水平相等，汇率下降(本币升值)。上述讨论只涉及短期效应，外部冲击引起的汇率和利率变化必然会对实际部门或商品市场发生影响，而这种影响又会反过来进一步改变汇率和利率。这意味着我们需要进一步进行资产市场的长期分析。

三、资产市场的长期平衡

在开放经济中，通常把长期平衡定义为经常项目平衡。当经常项目差额为零时，就可以视为达到了长期平衡状态，此时，资本项目的差额也为零。

资产市场长期平衡的实现是由短期平衡演化而来的，这里主要以货币供给增加为例，说明短期平衡向长期平衡调整的过程。假设在初始时间，一个国家的中央银行通过购买本国债券来扩大货币供给。在商品价格存在黏性的条件下，货币供给的增加在短期内会导致利率下降，从而使汇率出现超调现象，本币贬值的幅度超过货币供给量增加的幅度。在短期内，本币贬值导致本国商品竞争力增强，在"马歇尔-勒纳条件"满足的条件下，本国出口增加进口减少，使贸易收支出现顺差，进而引起外国债券的增加。外国债券的供给量增加又会引起本币升值，而本币升值又会进一步削弱本国商品的竞争力。不仅如此，随着时间的推移，货币供给的扩大还会逐渐影响到商品价格水平，推动商品价格水平的上升，从而进一步削弱本国商品的竞争力。经过一定长的时间后，本国商品价格水平达到新的平衡值，本币汇率也会相应恢复到与扩大的货币供给量相匹配的长期平衡值。

四、对资产组合分析法的评价

在汇率决定理论的发展过程中，资产组合分析法的地位极为重要，此后新出现的许多汇率决定理论，大多数都是在资产组合分析法基础上进行的拓展和深化。

(1) 资产组合分析法的理论价值主要体现在以下几个方面。

第一，资产组合分析法将存量分析与流量分析进行了很好地结合。传统的外汇供求汇率理论是一种流量分析。如果市场平衡状态下仍然存在流量(例如存在贸易差额)，那么平衡状态实际上是不能持续的，因为流量会引起存量的变动。货币主义汇率理论进行的是存量分析，特别是多恩布什模型已经注意到货币存量和汇率变动对商品市场流量的影响。但是，它没有进一步考察商品市场流量对资产总量的进一步影响，因此其分析也是不完全的。资产组合分析法首先通过资产市场存量分析说明短期汇率决定，然后讨论了汇率变动对商品市场流量的影响，最后考察了流量引起的资产总量调整对汇率的影响。这种流量分析与存量分析的结合标志着汇率理论在分析方法上的进一步完善。

第二，资产组合分析法是一般平衡分析的汇率决定模型。该模型将资产区分为本国货币资产、本国债券资产和外国债券资产，并因为资产风险不同和居民风险偏好差异而假设本国资产和外国资产之间不可完全替代。该模型既考虑了资产存量因素，也在长期内综合分析了经常账户这个流量因素变动造成资产总量变动而对经济带来的影响，是一个一般平衡分析的汇率模型。

第三，资产组合分析法具有特殊的政策分析价值。运用这个模型，可以比较清楚地说明各种货币政策措施可能产生的效应，对于一个国家的政府和中央银行选择恰当的政策措施具有明显的指导意义。

(2) 资产组合分析法的不足主要体现在以下几个方面。

第一，资产组合分析法非常复杂，实证检验困难。资产组合分析法建立在很多假设、前提之上，并且某些变量的数据在统计上很难获取，这些都造成了资产组合分析法实证分析的困难。

第二，资产组合分析法对流量因素的分析不够深入。资产组合分析法尽管对经常账户这个流量因素进行了考虑，但并没有做出进一步分析。资产组合分析法认为在长期内，汇率变化会导致经常账户变动，经常账户变动又会造成资产总量变动，资产总量变动又会进一步地导致资产市场供求失衡，进而引发经济的调整。此过程直至经常账户达到平衡，经济处于长期平衡为止，调整才会结束。但在这个过程中，影响经常账户的现实因素有很多，然而该模型并没有对其进行更进一步的分析。

第三，资产组合分析法严苛的假设前提制约了它的实际运用效果。资产组合分析法存在很多假设条件，例如不存在外汇管制、金融市场高度发达、资本具有高度流动性等，这些假设条件不符合世界大多数国家的实际情况。它在解释发展中国家的汇率决定方面的表现甚至不如某些传统的汇率理论。某些传统汇率理论更强调实际部门对汇率的影响，这更接近于许多发展中国家的现实。它所强调的资产调整只对发达国家和少数新兴的发展中国家具有现实意义。

第四节 其他汇率决定理论

自20世纪70年代"布雷顿森林体系"解体以来，浮动汇率制逐渐替代固定汇率制而成为世界汇率制度的主流。汇率变动非常频繁，早期的汇率决定理论越来越难以有效地解释汇率的这种多变性，一些新的汇率决定理论纷纷被提出，例如有效市场假说与理性预期理论、新闻模型与理性投机泡沫模型、汇率决定的混沌分析方法等理论，分别从不同的视角揭示了汇率的决定。

一、有效市场假说与理性预期理论

(一)有效市场假说

有效市场概念最初由法玛(Fama)提出，关于有效市场，他这样描述道：对未来证券价值进行预测的是大量理性的、彼此竞争的利润最大化者；市场参与者在市场上能够自由地获得当时重要的信息。有效市场假说以发育完全的资本市场为前提条件，若市场价格没有反映可以公开得到的所有信息，就必然存在着尚未被利用的套利机会，从而使大规模的套利过程发生，并消除市场上的套利机会，投资者得到正常收益。因此，在有效市场上，无资金流动障碍，交易成本忽略不计，投机需求利率弹性无穷大，套利过程根据市场信息可以瞬时完成。根据有效市场假说，对一个有效的外汇市场而言，汇率应该能够反映所有相关的市场信息，投资者在该市场中不可能赚得超额利润，均衡汇率应该是在反映所有信息得到的条件下形成的汇率。市场信息对汇率变化起着调节作用，汇率变动是随机的，并且这种变动不可能从过去的汇率中预测。

(二)理性预期理论

在利用有效市场假说对外汇市场进行分析时，会涉及对未来汇率变化的预期。由于每个投资者所掌握信息量的差异以及对于市场信息对汇率影响程度认知的不同，所以会导致投资者对未来汇率预期的不一致。

所谓理性预期，是指投资者的主观预期在事实上与可以得到的以所有信息为条件的期望值是一致的。换言之，在外汇市场中，不管投资者采用何种方法来对未来汇率进行预测，如果投资者的主观预期与以一组可以公开得到的所有信息为条件的汇率期望值一致，那么这种汇率预期就是理性预期。在市场有效、无偏性和理性预期的假设条件下，根据理性预期理论，市场汇率是按照随机游走的方式变化的。随机游走是指在一个价格序列中，随后的价格变动是对前面价格的一个随机偏离，现在的价格与过去的价格无关。

二、新闻模型与理性投机泡沫模型

(一)新闻模型

新闻模型是在资产市场宏观结构模型的基础上结合理性预期假说建立起来的，最早于1979年由穆萨(Mussa)提出。该理论将能够引起投资者对汇率的预期值进行修改的非预期的新信息统称为"新闻"，并进而分析"新闻"对汇率变化的影响，从而说明浮动汇率制下汇率频繁变动或不稳定的原因。

根据有效市场假说，如果外汇市场有效，那么汇率将是所有可能公开得到的信息的反映，或者说远期汇率可以视为将来即期汇率的无偏估计。在这种情况下，远期汇率与未来即期汇率之间的差额就是预测误差，而这种预测误差来自未预期信息对汇率的影响。根据前述观点，汇率的变动主要是由未预期信息引起的，这些未预期到的信息称为"新闻"。因此，"新闻"是指那些不可预期的事件，包括经济统计数据的发表、政治事件、谣言等。值得注意的是，新信息和"新闻"之间存在着较大的差别。新信息能否成为"新闻"，需要先经过一个剔除过程。外汇市场对信息的反映取决于这些新信息是比预期的"更好"还是"更坏"。新信息中可能既包括未预期信息，又包括投资者已预期到的信息。由于已预期信息已经反映在现有市场汇率之中，所以汇率只根据未预期信息而发生变化。例如，当政府发布货币供给、国际收支差额等统计数据后，汇率的变化并非取决于这些统计数据本身的大小，而是取决于该统计数据和投资者预期之间的差额。因此，只有从总信息中减去已预期信息，剩下的净信息才是"新闻"。汇率的新闻模型反映了汇率作为资产价格的本质特点，即"新闻"的不可预见性引起了汇率的不可预期性和多变性，对汇率变动具有一定的解释力。

(二)理性投机泡沫模型

新闻模型根据未预期到的基本经济因素的变化来解释汇率的易变性，然而，外汇市场上汇率经常会在基本经济因素没有发生很大变化的情况下出现大幅涨跌，这种现象无法用诸如汇率超调理论或新闻模型来解释。因此，一些学者在基于理性预期假设下对这种汇率现象进行了进一步分析，提出了理性投机泡沫模型。理性投机泡沫模型的基本思想是当期初汇率与由基本经济因素所决定的汇率水平存在偏离时，则产生泡沫的源头。基于理性预期，市场参与者预期汇率未来会进一步偏离均衡汇率水平，投资者之所以继续买入被高估的货币，是期望该货币能够进一步升值以便带来收益，并且能够赶在被高估的货币的价值最终回落到由基本经济因素所决定的均衡汇率水平之前将其卖出。在市场投机因素推动下，泡沫随着汇率快速偏离均衡值而膨胀，投机者会不断在每期结束前评估泡沫破灭的概率，汇率偏离均衡值越远，泡沫破灭概率会越大。为了补偿泡沫增加而导致的破灭风险，汇率必须以更快的速度远离均衡值，这又进一步加速了泡沫的膨胀。由此可见，理性投机泡沫理论的核心观点是：一个初期的汇率偏离在理性预期条件下会引发汇率理性投机泡沫的产生并进一步加速其膨胀。

三、汇率决定的混沌分析方法

混沌理论是一种关于系统如何从有序状态突然变为无序状态的演化理论，是关于确定性系统中内在"随机过程"出现的形成途径、机制的描述。混沌理论表明，不可预测的貌似随机的行为可以由确定性的运动来产生。从直观上来说，混沌现象是系统变量变化的不规则性、对初始条件的敏感性和系统长期变化的分形特征。在混沌体系中，表面上随机或高度不规则的信号可以由一个完全确定的过程来产生。另外，对初始条件敏感意味着难以预知系统的确切解，仅能预测短期的结果，或者更一般地，能够预测系统的长期总体变化。根据混沌理论，一些学者认为也可以把汇率变化视为一个混沌过程，他们假设市场参与者具有异质性，并通过建立汇率决定的混沌模型来模拟汇率运动，从而开辟了一种新的汇率决定的混沌理论分析方法。

在汇率决定的混沌模型中，假设经济主体掌握的信息有限且不一致。同时，还假设市场参与者具有异质性，存在两类投机者，即技术分析者和基本面分析者。技术分析者利用过去的时间序列汇率数据来预测将来汇率，而基本面分析者则利用与基本面相关的经济数据，采用宏观经济模型来计算均衡汇率，并认为当市场汇率偏离均衡汇率时，市场内在的力量会促使偏离的汇率向均衡汇率回归。这样所预期的未来汇率变化受两类因素的影响，一个是来自技术方面分析者的因素，该因素会导致汇率围绕均衡汇率上下波动，是导致汇率不稳定的因素来源；另一个是来自基本面分析者的因素，该因素决定未来均衡汇率的形成，是导致汇率稳定的因素。在市场参与者异质预期假设下，汇率决定的混沌模型表明，外汇市场上技术分析者和基本面分析者相互作用，使汇率有可能呈现混沌的运动状态。

汇率决定的混沌分析方法为很多原有汇率理论无法解释的汇率现象给出了一种比较合理的解释。例如，关于混沌系统对初始条件具有敏感性的特征，可以用来解释现实中汇率预测的困难；混沌系统所具有的内在随机性波动特征，可以用来解释在没有"新闻"发生时而汇率却明显波动的异象。

现实经济是复杂多变的，现有的汇率决定理论尚不能完美地进行诠释，还有很多待解的谜团期待新的汇率决定理论被提出来进行解释。在新的经济发展形势下，对汇率如何决定这个理论问题的研究，还有很漫长的一段路需要走。尽管理论与现实还存在较大的差距，但是随着对汇率决定理论研究的不断向前推进，未来在汇率决定理论研究上新的突破将会对汇率问题给出更加全面和深刻的阐释。

本章小结

在汇率可以自由浮动的外汇市场上，汇率变动频繁，甚至在国际资本流动没有发生明显的大规模跨国移动时，汇率却出现了剧烈的波动，这个现象使外汇市场体现出了更多类似于股票市场等资产市场上价格变化的特征，这提示我们可以将汇率视为一种资产价格来进行研究。由于早期的汇率决定理论例如购买力平价理论、利率平价理论和国际收支说均难以解释上述外汇市场上汇率变化的这个现象，因此汇率决定的资产市场说应运而生。

在汇率决定的资产市场说中，资产种类可以分为本国货币资产、本国金融资产(主要是本国债券)和外国金融资产(主要是外国债券)，并假设本国居民不持有外国货币，外国居民不持有本国资产，这样，本国居民持有的资产主要是本国货币资产、本国债券资产和外国债券资产。资产市场说根据投资者是否考虑资产风险又可以分为货币分析法和资产组合分析法。不同于资产组合分析法中投资者对资产风险的考虑，货币分析法中投资者无差异地对待本国资产和外国资产所具有的风险，因此，在货币分析法中利率平价理论成立。同时，根据商品价格是否可以灵活调整，货币分析法又分为弹性价格货币分析法和黏性价格货币分析法。与早期的汇率决定理论相比，资产市场说对汇率变化的解释力又向前推进了一步，但资产市场说在构建模型时仅考虑了基本面经济因素以及预期汇率的因素，但还有很多其他的因素例如人的情绪、非预期的因素、政治因素等都会对汇率的变化产生影响，而这些在资产市场说中并没有得到很好的考虑。因此，在本章的后续及附录部分对现代一些较有影响的新的汇率决定理论也进行了介绍。

思 考 题

1. 简述汇率决定的资产市场分析的基本思想。
2. 简述弹性价格货币分析的基本内容。
3. 简述黏性价格货币分析的基本内容。
4. 从资产组合分析法角度，简述资产供给相对量变动与资产市场的短期调整过程。
5. 简述有效市场假说的基本内容。

汇率决定理论的最新成果简述

第七章 开放经济下内外均衡的分析框架

✒【章前导读】

内部均衡和外部均衡问题是国际金融学的重要理论内容，内外均衡也是各国政府追求的最终目标。内外均衡的分析框架是分析内外均衡一系列问题的基础。本章分为两小节，主要介绍内外均衡的分析框架。第一节回顾封闭条件下的 IS-LM 模型；第二节重点推导开放条件下的 IS 曲线及 BP 曲线，构建分析内外均衡问题的框架 IS-LM-BP 三线模型。

第一节　封闭条件下的 IS-LM 模型

一、封闭经济下的 IS 曲线

在封闭经济下，对一个国家的产品的总需求包括私人消费 C、私人投资 I、政府支出 G 三个部分。简单商品市场均衡的条件是：国民收入等于对本国产品的总需求，即

$$Y = Y_D = C + I + G \tag{7-1}$$

根据凯恩斯宏观经济理论，有

消费 C 与收入之间的关系为 $C = \bar{C} + aY$，其中 a 为边际消费倾向。

投资 I 和利率之间的关系为 $I = I_0 - bi$，其中 b 为投资对利率的敏感性。

把消费 C 和投资 I 代入式(7-1)，经过整理得到

$$Y = \alpha \bar{A} - \alpha b i \tag{7-2}$$

其中：$\bar{A} = \bar{C} + I_0 + \bar{G}$；$\alpha = 1/(1-a)$。

式(7-2)就是封闭经济条件下 IS 曲线的表达式，它表示商品市场均衡时国民收入和利率之间的负向关系。封闭经济条件下的 IS 曲线如图 7-1 所示。

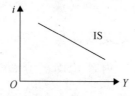

图 7-1　封闭经济下的 IS 曲线

二、封闭经济下的 LM 曲线

LM 曲线是货币市场的均衡线，表示货币市场均衡时国民收入和利率之间的关系。货币市场均衡的条件为货币供给等于货币需求，即

$$\frac{M_S}{P} = M_D(i,Y) = kY - hi \tag{7-3}$$

其中，k 和 h 均大于 0。

式(7-3)中，M_S 是名义货币供给，P 为价格水平，$\dfrac{M_S}{P}$ 是经过价格调整的实际货币供给；$M_D(i,Y)$ 表示实际货币需求。一般来说，货币需求包括交易性需求、预防性需求及投机性需求。交易性货币需求主要跟收入呈正相关，即收入越高，交易性货币需求越多；投机性货币需求主要跟利率呈负相关。根据式(7-3)，整理如下

$$Y = \frac{1}{k}\left(hi + \frac{M_S}{P}\right) \tag{7-4}$$

式(7-4)是货币市场均衡线 LM 曲线的表达式。对于 LM 曲线，需要注意以下两点。

第一，LM 曲线的斜率为正。即国民收入和利率之间呈正相关，如图 7-2 所示。原因在于，当货币供给不变时，利率提高，投机性货币需求下降，为了维持货币市场的需求等于

供给，必须增加国民收入来提高交易性的货币需求，从而使总的货币需求不变。

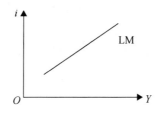

图7-2　开放经济下的LM曲线

第二，影响LM曲线移动的因素。主要有两个。

(1) 名义货币供给 M_s。当物价水平不变时，如果政府采取扩张性货币政策，增加货币供给，实际货币供给就会增加，货币市场供给大于需求，为了继续维持货币市场的均衡，在利率水平不变的情况下，必须提高收入以便增加交易性的货币需求，也就是LM曲线会往右平移。

(2) 物价水平 P。类似地，如果名义货币供给不变，而物价水平下降，就会带来实际货币供给的增加，同理，LM曲线会往右平移。

第二节　开放条件下的IS-LM-BP模型

一、开放经济下的IS曲线

在开放经济下，对一个国家的产品的总需求包括私人消费 C、私人投资 I、政府支出 G 和商品的净出口 ($T=X-M$) 四个部分。简单商品市场均衡的条件是：国民收入等于对本国产品的总需求。

$$Y = Y_D = C + I + G + T \tag{7-5}$$

根据凯恩斯宏观经济理论，有

消费 C 与收入之间的关系为 $C = \bar{C} + aY$，其中 a 为边际消费倾向。

投资 I 和利率之间的关系为 $I = I_0 - bi$，其中 b 为投资对利率的敏感性。

净出口 T 与收入之间的关系为 $T = X - M = X - (M_0 + mY) = \bar{T} - mY$，其中 m 为边际进口倾向。

把消费 C、投资 I 和净出口 T 代入式(7-5)，经过整理得到

$$Y = \alpha(\bar{A} + \bar{T}) - \alpha bi \tag{7-6}$$

其中，$\bar{A} = \bar{C} + I_0 + \bar{G}$，$\alpha = \dfrac{1}{1+m-a}$。

式(7-6)就是开放经济条件下IS曲线的表达式，它表示商品市场均衡时国民收入和利率之间的关系。开发经济条件下IS曲线如图7-3所示。关于IS曲线，需要注意以下三点内容。

第一，IS曲线的斜率为负。即利率与国民收入呈负相关，原因在于：当利率下降时，投资需求增加，因此总需求相应增加，为了维持商品市场的均衡，必须提高国民收入。

第二，影响IS曲线平移的因素。主要有以下两个。

(1) 如果政府支出 G 增加，就意味着总需求 Y_D 会增加，为了继续满足商品市场均衡条

件，需要增加国民收入，即 IS 曲线会往右平移。

(2) 如果实际汇率 q 贬值，即本国产品更有价格竞争力，那么出口需求增加，总需求 Y_D 也会增加，同样地，IS 曲线会往右平移。从另一个角度来看，实际汇率贬值后，本国产品竞争力更强，本国出口增加，本国自主性贸易余额变大，IS 曲线也会往右平移。

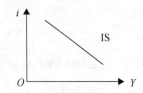

图 7-3 开放经济下的 IS 曲线

第三，与封闭经济下的 IS 相比，开放经济下的 IS 曲线的斜率和初始位置都发生了变化。

$$\frac{1}{1+m-a} < \frac{1}{1-a}$$

上述关系一方面说明了开放经济下的 IS 曲线更为陡峭，另一方面也意味着开放经济下的乘数效应更小。这也说明了在开放经济下，政府支出增加，对国民收入的扩张效果比封闭经济下要小。原因在于：在开放经济中，支出增加带来收入扩张，一部分增加的国民收入用于进口外国的商品和劳务，外国的国民收入随之增加，也可以看成溢出效应。

二、开放经济下的 LM 曲线

开放经济下的 LM 曲线与封闭条件下的基本一样，此处不再重复。需要特别注意开放经济下不同汇率制度与 LM 曲线的关系。

(1) 在固定汇率制度下，一个国家的国际收支的状态会影响货币供给，从而影响 LM 曲线的移动。

当一个国家的国际收支为逆差状态时，意味着其外汇的收入小于外汇支出，反映在外汇市场上则是外汇供给小于外汇需求，外汇的价格(汇率)就会有上升的压力，即本币有贬值压力。为了稳定汇率，不让本币贬值，中央银行会在外汇市场进行干预，把本国的外汇储备抛出到外汇市场中，补足外汇供给的缺口，该国外汇储备会下降。外汇储备是一个国家基础货币供给的一部分，外汇储备的下降带来该国货币供给的下降，LM 曲线会向左平移。

(2) 在浮动汇率制度下，国际收支的状态不会导致 LM 曲线的移动。

假如一个国家当年国际收支逆差，外汇市场上的外汇供给小于外汇需求，外汇的价格(汇率)就会上升，即本币贬值。因为在浮动汇率制度下，中央银行不会动用外汇储备去干预外汇市场，因此其外汇储备不变，货币供给不变，LM 曲线不会移动。

三、开放经济下的 BP 曲线

(一)BP 曲线的推导

BP 曲线是国际收支平衡线，表示国际收支的差额为 0。根据第一章的知识，国际收支差额主要包括两部分：经常账户差额和非储备性质的金融账户差额。用公式表示如下

第七章 开放经济下内外均衡的分析框架

$$BP = CA + K = 0 \quad (7\text{-}7)$$

经常账户是国际收支平衡表中最基本、最重要的账户，反映一个国家与他国之间实际资源的转移，主要体现为贸易余额，即净出口。用公式表示如下

$$CA = T = X - M = X - (M_0 + mY) \quad (7\text{-}8)$$

其中，M_0 为自主性进口，m 为边际进口倾向。收入增多，进口增加，经常账户差额变小，收入与经常账户差额呈负相关。

金融账户主要体现经济体对外资产和负债的增减变化，与资本在国际间的流动密切相关。在不考虑其他因素的情况下，资本会从低利率国家流向高利率国家，资本的流入流出与利率之间的关系用公式表示如下

$$K = a_3 + b_3 i \quad (7\text{-}9)$$

其中，K 是短期资本流动差额(资本流入量-流出量)。它是利率的函数，当利率高时，资本流入大于流出，资本金融账户为顺差。

根据式(7-7)、式(7-8)和式(7-9)，整理得到

$$X - (M_0 + mY) + a_3 + b_3 i = 0$$

$$i = \frac{-a_3 - X + M_0}{b_3} + \frac{m}{b_3} Y \quad (7\text{-}10)$$

式(7-10)是国际收支平衡线 BP 曲线的数学表达式，表示国际收支平衡时收入和利率之间的关系。

同样地，可以借助图 7-4 的四象限法推导 BP 曲线。

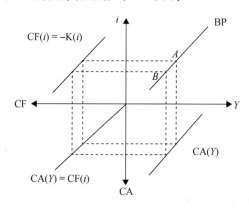

图 7-4　BP 曲线推导的四象限法

首先，在第四象限中，横坐标是收入 Y，纵坐标是经常账户差额 CA，二者的关系见式(7-8)。收入增多，进口增加，经常账户差额变小，二者呈负相关，如第四象限的 CA(Y)曲线所示。

其次，在第二象限中，横坐标是资本净流出 CF，纵坐标是利率 i。资本净流入与利率之间的关系为式(7-9)，二者呈正相关。由于资本净流出与资本净流入存在反向关系，所以资本净流出与利率呈负相关，即式(7-11)。具体图形是第二象限中的 CF(i)曲线。

$$CF(i) = -K(i) = -a_3 - b_3 i \quad (7\text{-}11)$$

再次，第三象限中曲线为 45°直线，表示经常账户余额与资本净流出量相等，即国际收支差额为零，国际收支平衡。通过该条线，把经常账户差额与资本金融账户差额联结

起来。

最后，根据第二象限、第三象限、第四象限中各变量之间的关系，在第一象限中找到两个收入和利率的组合点 A 点和 B 点，连接 AB 两点形成直线，就是国际收支平衡线 BP 曲线。这就是推导 BP 曲线的四象限法。

(二) BP 曲线的斜率

BP 曲线的斜率一般为正。这是因为随着收入的增加，进口也增加了，从而导致经常账户出现赤字，为了维持国际收支平衡，一个国家必须相应提高利率来吸引资本流入，为经常账户赤字提供融资，从而使国际收支保持平衡。利率和收入呈正相关。

同样地，从式(7-10)中得到，BP 曲线的斜率为 m/b_3，其与边际进口倾向 m 呈正相关，与资本流动对利率的敏感性 b_3 呈负相关。而资本流动存在三种情况，分别是资本完全流动、资本不完全流动和资本完全不流动，资本流动情况对利率的敏感性 b_3 差异很大。因此，资本流动情况不同，BP 曲线的倾斜程度也有差异，具体如下。

(1) 资本完全流动时的斜率。资本完全流动时，各国金融市场一体化程度高，资本流动不存在任何成本和障碍。因此，本国利率与世界利率必然相等，否则微小的利率差异会引起资本的大规模迅速流动而使利差趋于零。因此，资本完全流动时，对于任何水平的经常账户差额都可以通过资本流动使国际收支趋于平衡。资本流动对利率的敏感性极大，即敏感性 $b_3 \to \infty$，斜率 $m/b_3 \to 0$，BP 曲线为一条水平线，如图 7-5 所示。

(2) 资本完全不流动时的斜率。当资本完全不流动时，国际收支就等同于经常账户差额，资本流动对利率变化无任何反应，即敏感性 $b_3 \to 0$，斜率 $m/b_3 \to \infty$，因此 BP 曲线是一条垂直于横轴的线，如图 7-6 所示。

(3) 资本不完全流动时的斜率。资本不完全流动时，BP 曲线的斜率为正。此时，各国金融市场的一体化程度较低，资本流动会受到信息、交易成本等因素的限制，这时本国利率与世界利率的差异只会带来一定数量的资本的持续流动。随着收入的增加，进口也增加了，从而导致经常账户出现赤字，为了维持国际收支平衡，一个国家必须相应提高利率来吸引资本流入，为经常账户赤字提供融资，从而使国际收支保持平衡。从斜率表达式来看，资本不完全流动，即敏感性 $b_3 > 0$，斜率 $m/b_3 > 0$，因此 BP 曲线是一条斜向上的线，如图 7-7 所示。进一步分析发现，资本流动程度越高，为吸引一定数量的资本流入而需要提高的本国利率水平也就越低，即 BP 曲线越平缓。

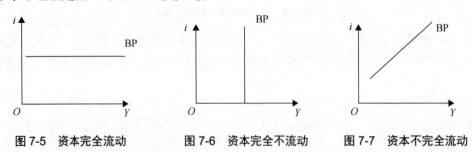

图 7-5 资本完全流动　　图 7-6 资本完全不流动　　图 7-7 资本不完全流动

(三) BP 曲线的移动

本币贬值，实际汇率贬值，本国产品更有价格竞争力，外国对本国产品的需求增加，因此本国出口增加，进口减少。如图 7-8 所示，在产出 Y 不变的情况下，经常账户差额 CA 变大，因此 CA 曲线右移至 CA_1。要想维持国际收支平衡，资本净流出也应该相应增加，从第三象限的 CF 曲线可以看出，较多的资金净流出对应的利率水平更低，因此映射到第一象限，在原来产出 Y 不变的情况下，利率下降，因此 BP 曲线右移至 BP_1。

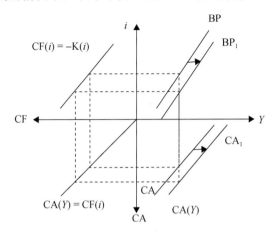

图 7-8　BP 曲线的移动

本 章 小 结

IS 曲线是商品市场均衡线，表示商品市场均衡时收入和利率之间的负向关系。与封闭经济下的 IS 曲线相比，开放经济下的 IS 曲线更为陡峭，政府支出增加对国民收入的乘数作用更小。LM 曲线是货币市场均衡线，表示货币市场均衡时收入和利率之间的正向关系。汇率制度不同，国际收支的状态与 LM 曲线是否移动关系不同。在固定汇率制度下，一个国家的国际收支的状态会影响货币供给，从而影响 LM 曲线的移动。在浮动汇率制度下，国际收支的状态不会导致 LM 曲线的移动。BP 曲线是国际收支平衡线，表示国际收支平衡时收入和利率之间的关系。它的倾斜程度与边际进口倾向 m 呈正相关，与资本流动对利率的敏感性 b_3 呈负相关，因此资本流动情况不同，BP 曲线的倾斜程度也不同。IS-LM-BP 三线模型构成开放经济下内外均衡的分析框架。

思 考 题

1. 封闭经济下的 IS 曲线与开放经济下的 IS 曲线的区别有哪些？
2. 哪些因素会影响 LM 曲线的移动？
3. 在不同汇率制度下，国际收支的状态与 LM 曲线移动的关系如何？
4. BP 曲线表示的含义是什么？资本流动情况不同，BP 曲线有哪三种形态？
5. 什么是内外部均衡？如何理解经济体的内外部均衡？

第八章 开放经济下内外均衡的调节机制

【章前导读】

在开放经济下，经济均衡是指内外部同时均衡，即商品市场、货币市场和国际收支均平衡。IS 曲线、LM 曲线和 BP 曲线三者的交点是内外部均衡点。一般而言，内外部经济可能失衡，经济体如何从失衡状态调节到均衡状态是本章主要学习的内容。由于汇率制度和资本流动情况不同，因此经济的调节机制也有一定的差异。本章利用 IS-LM-BP 三线模型进一步分析不同情况下内外均衡的调节机制。

第一节 固定汇率制度下内外均衡的调节机制

一、内外均衡的含义

内部均衡一般是指国民经济处于无通货膨胀的充分就业状态。外部均衡是指与一个国家的宏观经济相适应的合理的国际收支结构。在开放经济下，经济的均衡是指内外部同时均衡，也就是商品市场、货币市场和国际收支都要平衡，即商品市场均衡线 IS 曲线、货币市场均衡线 LM 曲线和国际收支平衡线 BP 曲线三者相交交点就是内外部均衡点。

二、固定汇率制度下内外均衡调节的一般机制

在固定汇率制度下，内外均衡的调节分为两个阶段，即政府干预阶段和市场的自发调节阶段，其中自发调节阶段包括三个调节机制，如图 8-1 所示。

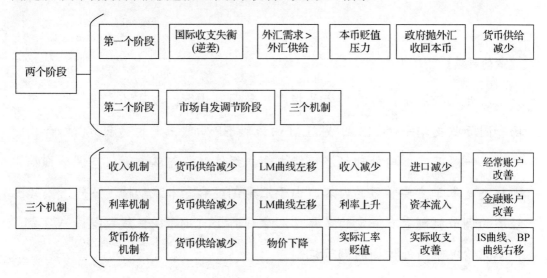

图 8-1 固定汇率制度下内外均衡调节过程

(一)政府干预阶段

如果一个国家的国际收支失衡，那么以国际收支逆差为起点进行分析，即该国在外汇市场上表现为外汇需求超过外汇供给，外汇价格(汇率)有上升的趋势，即本币有贬值压力。因为该国为固定汇率制度，所以货币当局为了维持汇率稳定，不得不进行外汇市场干预，即抛出外汇储备，收回本币，从而导致本国储备资产减少，货币供给减少，LM 曲线左移。之后进入市场自发调节阶段。

(二)市场自发调节阶段

该阶段主要存在三种机制，分别是收入机制、利率机制和货币价格机制。
收入机制表现为在 LM 曲线左移过程中，收入减少，从而导致进口下降，经常账户改善。
利率机制表现为在 LM 曲线左移过程中，利率上升，从而带来资本流入，资本金融账

户改善。

货币价格机制表现为，货币供应量的下降使价格水平下降，本币实际汇率贬值导致经常账户收支改善，IS 曲线和 BP 曲线均向右发生移动。

最终，IS 曲线、LM 曲线和 BP 曲线相交于同一点，内外均衡同时实现。由于资本流动情况不同，在市场自发调节阶段发挥作用的机制也有所不同，因此下文分三种情况(资本完全不流动、资本完全流动和资本不完全流动)具体讨论经济的内外均衡调节机制。

三、固定汇率制度下，资本完全不流动时内外均衡调节机制

在固定汇率制度下，当资本完全不流动时，内外均衡的调节主要分为两个阶段：政府干预阶段和市场自发调节阶段。

(一)政府干预阶段

如图 8-2 所示，经济的初始点位于 A 点，即 IS 曲线与 LM 的交点，也是商品市场和货币市场的均衡点。在 A 点，经济体内部均衡，但国际收支并不均衡。通过分析，发现 A 点在 BP 曲线的右边，对应的国民收入超过国际收支平衡时所要求的国民收入，因此该点为国际收支逆差。根据之前的知识，国际收支逆差，该国货币有贬值压力，中央银行需要动用外汇储备去干预外汇市场，因此带来外汇储备的减少，进一步引起货币供给的下降，在物价水平不变的情况下，LM 曲线会往左移动至 LM_1。

(二)市场自发调节阶段

(1) 收入机制。LM 曲线的移动会带来两个结果：一是利率上升，二是收入减少。由于资本完全不流动，利率的上升并不能吸引资本的流动，不能改善国际收支，因此没有利率机制。而收入的减少会带来进口减少，经常账户得以改善，国际收支从 A 点的逆差恢复到 B 点的均衡。也就是最终 IS 曲线、LM_1 曲线和 BP 曲线三条线相交于 B 点，即内外部暂时达到均衡。这个自动调节的过程，我们称之为收入机制。

(2) 货币价格机制。在图 8-3 中，经济的最初状态是 IS_1 曲线与 LM 曲线相交于 A 点，此时国际收支逆差，中央银行的干预使外汇储备下降，货币供给减少。一段时间后，物价水平 P 会随之下降，进而实际汇率 $q = ep/p$ 会上升，即实际汇率贬值，本国产品更有竞争力，因此出口增加，经常账户得以改善，IS_1 曲线和 BP_1 曲线会向右移动，分别右移至 IS_2 和 BP_2，最终三条线相交于 B 点，即内外部均衡点。通过上面的分析发现，在固定汇率制度下，货币价格机制发挥调节作用时是通过价格水平的变动从而引起实际汇率的变动来实现的。

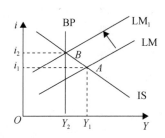
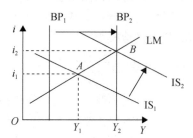

图 8-2　经济自动调节的收入机制　　图 8-3　经济自动调节的货币价格机制

综上所述，在固定汇率制度下，资本完全不流动时，经济体由内外部失衡到内外部均衡的调节过程中，收入机制和货币价格机制发挥作用，使 IS_2 曲线、LM 曲线和 BP_2 曲线最终相交于 B 点，内外均衡同时实现。由于资本完全不流动，因此利率的变化无法带来资本的流动，无法调节国际收支，因此没有利率机制。

四、固定汇率制度下，资本完全流动时内外均衡调节机制

(一)政府干预

如图 8-4 所示，经济的最初状态是 IS 曲线和 LM_1 曲线相交于 A 点，此时经济内部均衡，国际收支逆差。在逆差状态下，中央银行的干预使外汇储备下降，货币供给减少。

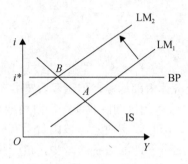

图 8-4　资本完全流动时经济自动调节的利率机制

(二)市场自发调节阶段

当物价水平不变时，LM_1 曲线会往左上方移动。在移动的过程中，本国的利率逐渐上升，资本流入，国际收支得到改善，此调节过程称为利率机制。最终三条线相交于 B 点，即内外部均衡点。

由于金融市场上利率及资本流动的调整是极其迅速的，因此在对经常账户进行调整的收入机制和货币价格机制还未来得及发挥效力时，利率机制已经推动国际收支恢复平衡。因此，在资本完全流动时，只有利率机制发挥作用。

五、固定汇率制度下，资本不完全流动时内外均衡调节机制

(一)政府干预

在图 8-5 中，经济的初始状态为 IS_1 曲线和 LM_1 曲线相交于 A 点，此时内部均衡而国际收支处于逆差状态。因此，中央银行会动用外汇储备干预外汇市场，导致外汇储备的下降，进而名义货币供给减少。

(二)市场自发调节阶段

随着名义货币供给的减少，我们分两种情况讨论。

第一，短期物价水平不变，实际货币供给减少，LM_1 曲线向左上方移动至 LM_2。带来的结果是利率上升，收入减少。伴随收入的减少，进口会减少，经常账户得以改善，这是

经济自动调节的收入机制在发挥作用。而伴随利率的上升，会吸引资本的流入，资本金融账户会得以改善，这是经济自动调节的利率机制在发挥作用。由于资本不完全流动，所以此利率机制在整个自动调节过程中只发挥部分作用。

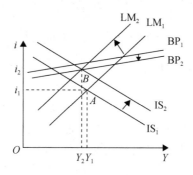

图 8-5　资本不完全流动时开放经济的调节过程

第二，如果时间较长，那么物价水平由于名义货币供给的增加而上升，此时实际汇率则会下降，即实际汇率贬值，带来的结果是 IS_1 和 BP_1 曲线都会往右移动至 IS_2 和 BP_2，这是货币价格机制在发挥作用。最后 IS_2、LM_2 和 BP_2 三条线相交于 B 点，此处为内外部均衡点。

综合来看，在固定汇率制度下，资本不完全流动时，经济的自动平衡机制包括三种，即收入机制、利率机制和货币价格机制，三者共同推动经济恢复平衡。

第二节　浮动汇率制度下内外均衡的调节机制

本节主要分析在浮动汇率制度下内外均衡的自动调节机制。在该种汇率制度下，国际收支的失衡会引起汇率的变化，政府无须去外汇市场进行干预，因此调节过程只有市场自发调节这个阶段。

一、浮动汇率制度的含义

浮动汇率是指两国货币之间的汇率由外汇市场供求决定，可以自由变动。自 20 世纪 70 年代初牙买加体系建立后，世界上大多数国家或经济体开始采用浮动汇率制度。

二、浮动汇率制度下内外均衡调节的一般机制

在浮动汇率制度下，由于汇率可以自由浮动，当本国国际收支出现失衡时，比如逆差，本币贬值，政府无须为了维持汇率稳定而去外汇市场进行干预，因此 LM 曲线不会移动，外汇储备不变，该国国内货币供给不变。内外均衡的调节机制主要包括货币价格机制和利率机制，无收入机制。具体调节过程如图 8-6 所示。

货币价格机制表现为，当逆差使本币贬值后，若两国物价水平不变，则此时实际汇率会贬值，本国产品更有竞争力，因此出口增加，经常账户得到改善，IS 曲线和 BP 曲线往右移动。

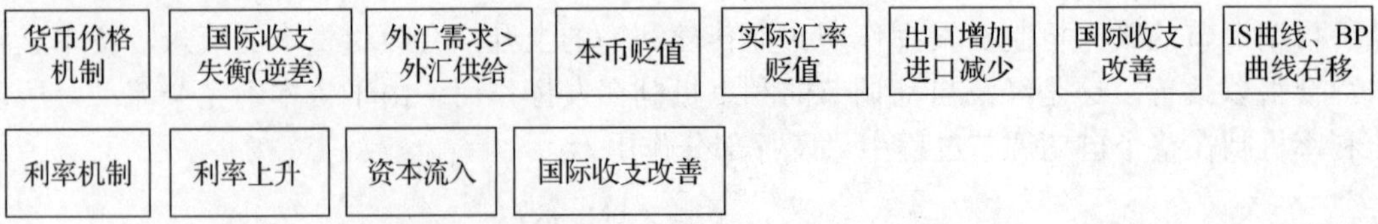

| 货币价格机制 | 国际收支失衡(逆差) | 外汇需求>外汇供给 | 本币贬值 | 实际汇率贬值 | 出口增加进口减少 | 国际收支改善 | IS曲线、BP曲线右移 |

| 利率机制 | 利率上升 | 资本流入 | 国际收支改善 |

图 8-6　浮动汇率制度下内外均衡自动调节过程

利率机制表现为，伴随着 IS 曲线的右移，利率不断上升，吸引资金的不断流入，国际收支状况得以改善。

最终，IS 曲线、LM 曲线和 BP 曲线相交于同一点，内外均衡同时实现。由于资本流动情况不同，发挥作用的机制也有所不同，因此下文分三种情况(资本完全不流动、资本完全流动和资本不完全流动)具体讨论经济内外均衡调节机制。

三、浮动汇率制度下，资本完全不流动时内外均衡调节机制

如图 8-7 所示，经济的最初状态是 IS_1 曲线和 LM 曲线相交于 A 点，该点是内部均衡点，但国际收支是逆差状态。因此外汇市场上外汇的供给小于需求，外汇价格(汇率)会上升，即名义汇率贬值。当两国物价水平不变时，实际汇率也会贬值，该国产品更有竞争力，因此出口增加，经常账户得到改善，IS_1 曲线和 BP_1 曲线往右移动。最终 IS_2 曲线、LM 曲线和 BP_2 曲线相交于 B 点，也就是内外均衡点。在上述经济由失衡到均衡的调整过程中，货币价格机制发挥作用。

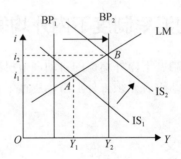

图 8-7　资本完全不流动时经济自动调节机制

但浮动汇率制度下的货币价格机制发挥调节作用是通过名义汇率水平的变动从而引起实际汇率的变动来实现的。而在固定汇率制度下，货币价格机制发挥调节作用是通过物价水平的变动从而引起实际汇率的变化来实现的。两者虽然都是货币价格机制，但是实现的机制不同，需要特别留意。

四、浮动汇率制度下，资本完全流动时内外均衡调节机制

如图 8-8 所示，经济的最初状态依然是 A 点，此时内部经济平衡而国际收支逆差，本国货币贬值，因此出口增加，IS_1 曲线右移。移动过程中利率不断上升，吸引资本的流入，国际收支得以改善。当资本完全流动时，利率机制发挥调节作用。

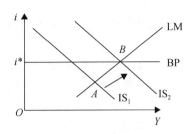

图 8-8　资本完全流动时经济自动调节机制

五、浮动汇率制度下，资本不完全流动时内外均衡调节机制

如图 8-9 所示，经济的最初状态依然是 A 点，此时内部均衡而国际收支处于逆差状态，本币贬值，实际汇率贬值，因此出口增加，IS_1 曲线和 BP_1 曲线分别右移至 IS_2 和 BP_2。在移动过程中，利率上升，吸引资本的流入，资本金融账户得以改善。最终的结果是 IS_2 曲线、LM 曲线和 BP_2 相交于 B 点，重新达到内外部均衡。在浮动汇率制度下，当资本不完全流动时，开放经济的自动调节机制主要包括货币价格机制和利率机制。

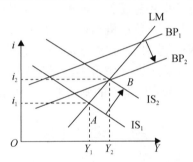

图 8-9　资本不完全流动时经济自动调节机制

内外均衡的一个案例：全球失衡与再平衡下的中国政策应对[①]

我国在全方位对外开放过程中，需要正确看待并妥善应对全球失衡问题。一方面，应该正确认识全球失衡的长期性，将着眼点从流量失衡转向存量失衡；另一方面，统筹好国内国外两个大局，有序推进对内改革与对外开放。在深化国内改革的过程中，要重点做好国民经济的结构性调整，有效调节内部失衡。在全方位对外开放的过程中，应该牢牢把握开放主动权，稳步有序推进，重点防范外部风险冲击。

1. 把握结构性失衡特征，从流量视角转向存量视角审视全球失衡问题

全球失衡的结构性因素决定了全球失衡的必然性与长期性。但受到周期性因素和政策性因素影响，全球失衡在流量上波动较大。尤其近年来部分发达国家不从自身经济结构出发，而是通过转移矛盾的方式倡导贸易保护主义和单边主义，采取以邻为壑的政策，使全球失衡问题在流量上短期看似有所缓解，在一定的程度上掩盖了全球失衡的本质问题，长期来看只会让世界经济矛盾愈演愈烈。与之相对比的是，中国积极对内推进结构性改革，

---

① 董志勇，李成明. 全球失衡与再平衡：特征、动因与应对[J]. 国外社会科学，2020(6)：105—116.

在主要经常账户顺差国中,无论是绝对规模、相对GDP规模还是盈余趋势,中国都是对全球再平衡贡献最大的国家。

2. 稳步推进高质量发展,以结构性改革为重点推动国内经济社会再平衡

当前是百年未有之大变局,中国能否有效应对内外失衡,在新全球化中确立自身位置,最终取决于国内经济的基本面。由于外部失衡与内部失衡是全球失衡的一体两面,所以应对失衡问题,结构性改革是核心,必然要重点推进国内经济结构性改革,实现国内经济的再平衡,这既有助于更好地应对外部风险,也能为全球层面失衡做出贡献。

本 章 小 结

本章主要学习了不同汇率制度下,资本流动情况不同时,开放经济的自动调节机制。在固定汇率制度下,开放经济的调节过程主要包括政府干预和市场自发调节两个阶段。在市场自发调节阶段,共存在三个自动调节机制,分别是收入机制、利率机制和货币价格机制。在浮动汇率制度下,由于汇率可以自由浮动,当本国国际收支出现失衡时,比如逆差,本币贬值,政府无须为了维持汇率稳定而去外汇市场进行干预,因此只有市场自发调节阶段。该阶段的调节机制主要包括货币价格机制和利率机制,无收入机制。两种汇率制度下都有货币价格机制,但其实现途径不同。在固定汇率制度下,货币价格机制是通过物价水平的变动从而引起实际汇率的变化来发挥作用的。而在浮动汇率制度下,货币价格机制是通过名义汇率水平的变动从而引起实际汇率的变动来发挥作用的。

思 考 题

1. 在固定汇率制度下,资本完全不流动时的自动调节机制有哪些?
2. 在固定汇率制度下,资本部分流动时的自动调节机制有哪些?
3. 在浮动汇率制度下,资本部分流动时的自动调节机制有哪些?
4. 在浮动汇率制度下,资本完全流动时的自动调节机制有哪些?
5. 在固定汇率和浮动汇率制度下,货币价格机制的区别是什么?

第九章 开放经济下的政策目标与工具

【章前导读】

在开放经济下,政府需要在确立内部经济发展目标的同时设置与国内经济发展条件相适应的合理外部均衡目标。因此,在本章的学习过程中,在明确内部均衡目标含义的基础上,将首先介绍外部均衡目标及其标准问题。其次,将厘清内部均衡与外部均衡之间的冲突如何产生,以及如何化解目标冲突,并以此为基础介绍在蒙代尔模型、斯旺模型以及合理搭配原则下政策搭配调节内外均衡的基本原理。

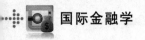

第一节　内外均衡冲突概述

一般而言，在封闭经济下，一个国家实施宏观经济政策的主要目的为实现内部均衡，具体的经济目标包括经济增长、充分就业与物价稳定。政策调控的主要目标在于协调三个经济目标之间的冲突，实现三者的合理组合。其中，经济增长是一个长期目标，同时由于20世纪80年代以来，越来越多的国家开始强调市场机制对经济的调节作用，因此在部分国家的政策目标中经济增长目标逐渐淡化。充分就业为短期目标，由于保障就业对于稳定社会具有重要意义，因此实现充分就业是各国宏观经济政策所要追求的一个重要目标。物价稳定也属于短期目标，同时也是宏观经济政策追求的主要目标之一，《中华人民共和国中国人民银行法》规定，中央银行的货币政策目标就是保持物价水平稳定，并以此促进经济增长。因此，暂不考虑经济增长问题时，内部均衡的含义为：国民经济处于充分就业且物价稳定的状态。

在开放经济下，伴随着商品和要素在国际间的流动，一个国家的经济与他国经济之间存在相互依存性，而这一依存性就使宏观经济政策目标从单纯关注内部均衡目标过渡到同时关注内部均衡与外部均衡问题，并致力于协调二者之间的矛盾。衡量经济开放性的主要工具为国际收支，因此外部均衡主要表现为国际收支的均衡，但是并不要求经常账户与资本和金融账户余额一定为0，而是指与一个国家的宏观经济相适应的合理的国际收支结构。

一、内部均衡目标与外部均衡目标

(一)内部均衡目标

1. 经济增长

经济增长通常由经济增长率指标来衡量，即一个国家在一定的时期内国内生产总值(GDP)的增长率。宏观经济政策的目标为保证适度的经济增长率，即真实经济增长率应该与潜在增长率相匹配。当真实经济增长率过高，偏离潜在增长率时，将引起通货膨胀问题。当真实经济增长率低于潜在增长率时，将出现严重失业问题。

2. 物价稳定

物价稳定是指保持物价总水平相对稳定，不发生大幅度波动。当物价出现大幅波动时，将导致财富与收入的再分配、降低资源配置效率、扰乱金融体系正常秩序等问题，因此保障物价的稳定对于经济稳定发展具有重要意义。应该注意的是，物价稳定并不是指价格水平固定不变，而是允许出现一定程度的波动，可接受的波动范围为上下2%。一般采用价格指数来反映价格水平的变化程度，包括消费者物价指数、生产者价格指数以及国民生产总值平减指数。

3. 充分就业

根据凯恩斯所述，充分就业是指在某个工资水平之下，所有愿意接受工作的人都获得了就业机会。一个国家的充分就业水平通常由失业率来衡量。充分就业并不是指失业率为0，而是允许存在摩擦性失业、季节性失业和自愿失业等。因此，一个国家的宏观经济政策允许存在一定的失业率，在这个失业率水平下，劳动力市场处于均衡状态，此时的失业率被称为自然失业率。但是，过高的失业率是社会动荡的直接根源，而且直接影响经济增长。根据奥肯定律，失业率每高于自然失业率1%，实际国内生产总值便低于潜在国内生产总值2%。所以，降低失业率是宏观经济政策的重要目标。

三种内部平衡目标之间是存在矛盾的。当真实经济增长率超过潜在经济增长率时，将引发通货膨胀，破坏物价稳定，而降低通货膨胀、稳定物价可能又会导致牺牲经济增长。因此，在封闭经济下，政策调控的主要目标就在于实现三个目标的合理组合。

(二)外部均衡目标

外部均衡目标即为实现国际收支均衡，而宏观经济在封闭条件下的主要目标与国际收支均衡目标相互影响，因此国际收支均衡是指国内经济处于均衡状态下的国际收支平衡，即国内经济处于充分就业和物价稳定下的国际收支平衡。

国际货币基金组织(IMF)对国际收支均衡提出了几个标准：①经常项目差额可以由正常的资本流量弥补，而无须通过过度调整内部经济来实现。②在考虑到暂时性因素(例如码头罢工、歉收)、生产能力不正常使用或失业、贸易条件持久的外生变化、对贸易和资本流动的过度限制或刺激等影响因素后，经常项目差额等于正常的资本净流量。③经常项目均衡需要满足可维持性(sustainability)和适度性(optimality)两个准则。可维持性是经常项目均衡的基本标准，适度性则是最高标准。

1. 可维持性

可维持性指经常项目逆差的可维持性，即在一段时期内，经常账户余额为赤字时，资金流入形成的债务在将来某个时期能够偿还。此时经济面临着跨时期的预算约束。如果到期债务无法得到偿还，那么一个国家将面临债务危机问题，即资本与金融账户为经常账户的融资不是无限制的。

> **参考资料：跨时期消费选择问题**
>
> 跨时期最优选择问题假设消费者都是理性的，会以实现一生的效用最大化为目标来安排自己当前和未来的消费行为。在跨时期消费选择计划中，理性消费者的消费水平并不局限于当前收入水平，而是可以通过借贷来进行提前消费，或者将当前收入中的一部分用于储蓄来推迟消费。
>
> **一、基本假设**
>
> (1) 消费者只面临两个时期：时期1和时期2。假设时期1为工作时期(现在)，时期2为退休时期(未来)。时期1的收入为工资收入 Y_1，时期2的收入为固定的养老金收入 Y_2。
>
> (2) 时期1和时期2的消费水平分别为 C_1 和 C_2。
>
> (3) 消费者可以在时期1和时期2之间进行借贷与储蓄，但在时期2结束时刚好用完其全部收入。在提前消费情形下，时期2产生的收入可以全部偿还第一期借款；在推迟消费情形下，时期1的储蓄全部在时期2被消费。

二、跨时期预算约束线

消费者的跨时期选择行为的三种情况如下。

(1) 在时期1，工作所得的工资收入全部用于消费，即 $C_1=Y_1$。因此，在时期2，养老金收入 Y_2 用于满足时期2的消费，即 $C_2=Y_2$。如图9-1中 a 点所示，在极限值点 $a(Y_1,Y_2)$，消费者的储蓄水平 S 和借款水平 B 均为0。

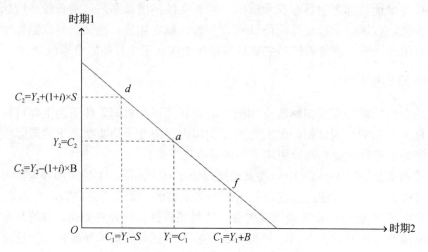

图9-1　跨时期预算约束线

(2) 在时期1，消费者未将所有工资收入全部用于消费，而是将其中的一部分用于储蓄，此时的储蓄金额为 $S>0$。假设储蓄利率水平为 i，如图9-1中 d 点所示，$C_1=Y_1-S$，$C_2=Y_2+(1+i)\times S$。

(3) 在时期1，消费者不仅将工资收入全部用于消费，而且还借款进行消费，此时借款额为 $B>0$。假设借款利率水平为 i，如图9-1中 f 点所示，$C_1=Y_1+B$，$C_2=Y_2-(1+i)\times B$。

综合上述三种情形，取储蓄 S 和借款 B 的不同值，可得不同时期消费水平的各种组合点(图中的 a、d 和 f)，并得到跨时期消费预算约束线。

三、预算约束方程

$$C_2 = -(1+i)C_1 + [(1+i)Y_1 + Y_2] \\ = Y_2 - (1+i)(C_1 - Y_1) \tag{9-1}$$

(1) 第一期。

假设一个国家在开始时没有产生任何国外资产及负债，同时本国总需求完全由国内消费构成。本国国内收入不足以支撑本国消费，但是由于存在国际借贷，收入缺口可由国际借贷来弥补。

$$B_1 = C_1 - Y_1 > 0 \tag{9-2}$$

由国民收入与经常账户的关系可得，第一期经常账户出现差额

$$CA_1 = Y_1 - C_1 < 0 \tag{9-3}$$

由国民收入与净国际投资头寸的关系可得，由于第一期该国仅产生海外负债而没有海外资产，所以第一期净国际投资头寸(NIIP)为

$$NIIP_1 = B_1 = Y_1 - C_1 < 0 \tag{9-4}$$

第九章　开放经济下的政策目标与工具

由经常账户与国际投资头寸的相关关系可得

$$CA_1 = NIIP_1 - NIIP_0$$
$$= B_1 - NIIP_0 \qquad (9\text{-}5)$$

由于期初未产生任何海外资产或负债，所以 $NIIP_0 = 0$，因此第一期该国产生经常账户赤字，形成海外负债。

$$B_1 = Y_1 - C_1 = CA_1 \qquad (9\text{-}6)$$

(2) 第二期。

第一期产生的国际借贷需要由第二期产生的国民收入来偿还，因此第二期的国内消费应该为当期国民收入减去国际借贷本息和后的剩余值。

$$C_2 = Y_2 - (1+i)(C_1 - Y_1) \qquad (9\text{-}7)$$

本期国际收支产生盈余

$$CA_2 = Y_2 - C_2 > 0 \qquad (9\text{-}8)$$

本期净国际投资头寸为式(9-9)。其中，$Y_2 - C_2$ 为经常账户盈余形成的海外资产，$(1+i)B_1$ 为对外债务本息和。

$$NIIP_2 = Y_2 - C_2 + (1+i)B_1, \quad B_1 < 0 \qquad (9\text{-}9)$$

因此，经常账户与国际投资头寸的关系可以表示为式(9-10)。

$$CA_2 = NIIP_2 - NIIP_1$$
$$= Y_2 - C_2 + (1+i)B_1 - B_1 \qquad (9\text{-}10)$$
$$= iB_1 + Y_2 - C_2$$

综合第一期与第二期经常账户收支情况，可得：第一期经常账户赤字必须以第二期经常账户盈余来弥补。

$$CA_2 = iB_1 + Y_2 - C_2$$
$$= iB_1 + Y_2 - [Y_2 - (1+i)(C_1 - Y_1)] \qquad (9\text{-}11)$$
$$= -B_1 = -CA_1$$
$$CA_1 + CA_2 = 0 \qquad (9\text{-}12)$$

如图 9-2(a)所示，当一个国家在第一期出现经常账户赤字时，第二期必须实现经常账户盈余。同时，如图 9-2(b)所示，当一个国家在第一期实现经常账户盈余时，第二期可追求经常账户赤字。

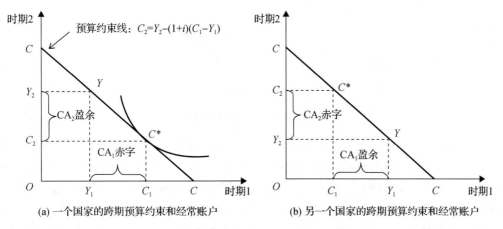

(a) 一个国家的跨期预算约束和经常账户　　　(b) 另一个国家的跨期预算约束和经常账户

图 9-2　跨期预算约束和经常账户

上述结论可以推广到多期，就 T 期来说，一定有
$$CA_1 + CA_2 + \cdots + CA_T = 0 \tag{9-13}$$

从分析可知，在跨时期预算约束的要求下，一定时期内的经常账户赤字必须通过以后的经常账户盈余加以弥补。因此，在利用国外资金弥补经常账户赤字时，必须考虑到今后能否实现相应的经常账户盈余来偿还债务，否则一个国家的经常账户赤字就是不可维持的。长期的经常账户赤字不仅使一个国家无法实现外部均衡目标，对该国的宏观经济运行造成冲击，更可能导致债务危机甚至金融危机的出现。因此，各国在进行宏观经济调控时需要重点关注长期的经常账户赤字问题。

2. 适度性

适度性指经常项目所包含的一个国家消费和储蓄的社会福利最大化。同样假设本国总需求完全由国内消费构成，不考虑投资与政府支出。即使在同一个国家内部不同个体之间对于消费的时间偏好也是不同的。当一个国家有大量偏好即期消费的个体时，其市场利率就会偏高；当一个国家有大量偏好推迟消费的个体时，其市场利率会偏低。在封闭经济下，各国在消费时间偏好上的差异会导致其国内形成差异化利率水平。

但是在开放经济下，资本在国际间的流动最终会使两国利率差异消失。消费时间偏好不同的国家会形成差异化的利率水平，进而导致资本在两国之间进行流动。其中，偏好即期消费国家的市场利率水平高于偏好推迟消费的国家，因此资本将从偏好推迟消费的国家流入偏好即期消费的国家。此时，对于偏好即期消费的国家来说，追求经常账户赤字满足适度性的要求；而偏好推迟消费的国家则刚好相反，应该追求经常账户盈余，以此实现两国消费和储蓄的社会福利最大化。

图 9-3 分析的是一个两国模型，反映出两国对于消费时间的不同偏好及由此导致的两国国内利率差异。

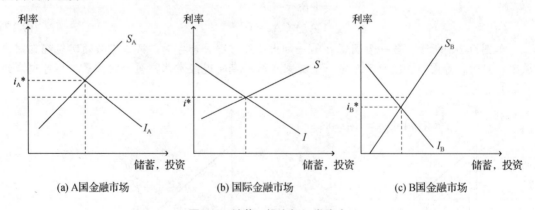

图 9-3　储蓄、投资与经常账户

图 9-3(a)反映了封闭经济下 A 国金融市场的情况，图 9-3(c)则是封闭经济下 B 国金融市场的情况。A 国的储蓄与投资确定的均衡利率水平为 i_A^*，B 国的均衡利率水平为 i_B^*。比较两国的均衡利率水平可得 $i_A^* > i_B^*$，这显示出 A 国整体上更偏好于即期消费，而 B 国整体上更偏好于推迟消费。图 9-3(b)为开放经济下的国际金融市场状况，此时国际金融市场中确定的均衡利率水平为 i^*。在这个利率水平下，A 国出现了储蓄不足的情况，而 B 国则出现了

超额储蓄的情况。在开放经济下,两国利率差异会带来资本在两国间的流动,此时资本会从利率较低的B国流入利率较高的A国,这就导致了A国经常账户逆差与B国经常账户顺差。因此,为了实现一个国家消费与储蓄的社会福利最大化,偏好即期消费的国家应该追求经常账户逆差,而偏好推迟消费的国家应该追求经常账户顺差。

二、内部均衡与外部均衡的关系

作为开放经济的主要政策目标,内部均衡目标与外部均衡目标之间的关系表现为相互协调与相互冲突。当一个国家采取宏观经济政策调节措施实现某个平衡目标时,这个措施可能会同时带来另一个均衡问题的改善,被称为内外均衡的协调;也可能会干扰或破坏另一个均衡问题,被称为内外均衡的冲突。

(一)固定汇率制度下的内外均衡冲突问题

关于内外均衡冲突问题,英国经济学家詹姆斯·米德(James Meade)于1951年最早开始了研究,被称为"米德冲突"。米德对固定汇率制下的内外均衡冲突问题进行了分析,在其著作《国际收支》中指出:在汇率固定不变时,汇率政策不可灵活运用,政府只能主要运用需求管理政策来调节内外均衡,从而导致内外均衡难以兼顾的情形。

在表9-1中,组合2、3表现为内外均衡之间的协调,组合1、4则表现为内外均衡之间的冲突。以组合2为例,在内部经济状况表现为经济衰退与失业增加时,将带来国内产出不足以满足国内需求的后果。此时通过增加进口,可以部分满足国内需求,改善由经济衰退导致的社会福利下降问题。同时,进口增加也能够缩小国际收支顺差,实现外部经济均衡。因此,内外均衡是一致与协调的。以组合4为例,在内部经济状况表现为经济过热与通货膨胀时,国内产出超过国内需求,通过出口增加可以化解产能过剩。但是,出口增加将进一步导致国际收支顺差的扩大。因此,在实现内部均衡目标的同时,牺牲了外部均衡目标,二者之间是存在冲突的。所以,米德冲突是指在固定汇率制度下,失业增加与国际收支逆差,通货膨胀与国际收支顺差这两种特定的经济状态组合,如表9-2所示。

表9-1 固定汇率制度下内部均衡与外部均衡的协调及矛盾

组合	内部经济状况	外部经济状况
1	经济衰退/失业增加	国际收支逆差
2	经济衰退/失业增加	国际收支顺差
3	经济过热/通货膨胀	国际收支逆差
4	经济过热/通货膨胀	国际收支顺差

表9-2 固定汇率制度下的政策协调与冲突

	失业增加	通货膨胀
国际收支逆差	扩张性的需求管理政策解决失业问题,紧缩性政策解决国际收支逆差问题。政策冲突	紧缩性的需求管理政策解决通货膨胀问题,紧缩性政策解决国际收支逆差问题。政策一致

续表

	失业增加	通货膨胀
国际收支顺差	扩张性的需求管理政策解决失业问题，扩张性政策解决国际收支顺差问题。政策一致	紧缩性的需求管理政策解决通货膨胀问题，扩张性政策解决国际收支顺差问题。政策冲突

(二)浮动汇率制度下的内外均衡冲突问题

浮动汇率制度的支持者认为，外部均衡可以通过汇率的自由浮动来调节，而财政与货币政策则专注于解决内部均衡问题。因此，不存在内外均衡的冲突问题。但是，汇率只能通过价格因素影响国际收支，而国际收支失衡可能是众多因素共同作用的结果，这就造成汇率调整的乏力。同时，即使是浮动汇率制度，政府也不可能接受任何程度的汇率水平，因此汇率对国际收支的调节离不开国内政策的支持。因此，在浮动汇率制度下，内外均衡冲突问题同样存在，甚至会由于汇率的剧烈波动而出现冲突和干扰加剧的现象。例如，在实行扩张性的财政与货币政策刺激经济增长、充分就业的同时，将带来本国国民收入上升与进口的增加，国际收支逆差规模扩大。而持续性的逆差又会导致本币贬值，会进一步通过工资机制对国内物价水平产生影响。所以，在浮动汇率制度下，国内需求调节政策的实施会通过一系列渠道影响汇率，而汇率反过来也会对内部均衡产生影响。

三、开放经济下内外均衡冲突的根源

由前文的分析可知，无论是在固定汇率制度下还是浮动汇率制度下，都存在内外均衡冲突的问题，而冲突的根源就在于经济的开放性。在开放经济下，一个国家既要保证实现包括经济增长、充分就业与物价稳定在内的内部均衡目标，又要同时保证在国际经济交往的过程中实现国际收支平衡。但是在很多情况下，国际收支平衡目标与内部均衡目标之间是存在冲突的：①国际收支平衡与经济增长存在冲突。当经济增长带来国民收入上升时，将带来进口的上升进而导致国际收支逆差问题。但在国际收支逆差改善的过程中，又将压缩国内有效需求，造成经济衰退。②国际收支平衡与物价稳定存在冲突。一个国家内部发生通货膨胀时，该国实行的紧缩性需求管理政策在抑制物价上涨的同时，也会促进出口增长，带来国际收支顺差。当一个国家发生通货紧缩时，扩展性需求管理政策又会在导致物价上涨的同时导致国际收支逆差。③国际收支平衡与充分就业存在冲突。由于商品出口是总需求的组成部分，所以为了促进充分就业目标的实现，一个国家将推动出口增加，由此带来国际收支顺差。由于上述冲突的存在，当一个国家宏观经济偏离内外均衡区间时，政府运用政策工具在调节某个均衡目标时可能会导致另一个均衡目标的恶化，这就导致了内外均衡的冲突。

第二节 调节内外均衡冲突的政策工具与原则

本节首先梳理了在开放经济下调节总需求、总供给以及提供融资的政策工具，然后就政策搭配原则作出论述。

第九章　开放经济下的政策目标与工具

一、开放经济下的政策工具

按照作用机制的不同，开放经济下的政策工具可以分为需求增减型政策、需求转换型政策、供给调节政策与资金融通政策。

(一)需求增减型政策

需求增减型政策主要包括财政政策与货币政策，主要用于调节社会需求的总水平。财政政策通过调整政府支出和税收来影响社会总需求水平。货币政策则通过调节货币供应量与利率水平来管理社会总需求，包括公开市场操作、改变法定准备金率以及再贴现三个政策工具。以经济衰退为例，当实行扩张性的财政与货币政策时，将刺激国内总需求上升，改善失业状况，由此调节内部均衡。同时，国民收入的上升又会通过边际进口倾向带来进口增加，由此影响外部均衡。

(二)需求转换型政策

需求转换型政策主要包括汇率政策与直接管制政策，主要用于调节社会需求中本国和外国商品及劳务的结构比例。汇率政策主要通过确定汇率制度与汇率水平来影响宏观经济，而汇率政策对外部均衡的调节效果，主要取决于支出转换效应能否得到有效发挥。当汇率变动时，如果能够引起两国商品之间的相对价格变化，进而引起需求的结构调整，将产生支出转换效应，从而使汇率对经济运行发挥影响。一方面，汇率政策通过改变汇率水平影响进出口数额与国际资金流动，从而调节国际收支；另一方面，作为社会总需求的组成部分，进出口水平的变动也会影响一个国家经济的内部均衡。

关于汇率政策需要说明的是：第一，汇率政策的核心为调节汇率水平，而汇率水平的调节方式与汇率制度密切相关。在固定汇率制度下，政府实施汇率政策的目的是为调整汇率平价。在浮动汇率制度下，由于汇率是根据外汇市场的供求灵活变动的，因此汇率政策需要通过干预外汇市场来调节汇率水平。第二，汇率政策往往难以独立发挥作用，通常需要需求增减型政策的辅助才能实现对汇率水平的管理。第三，汇率政策预期效力的发挥受到进出口商品需求弹性、社会总供给结构、边际吸收倾向等诸多因素的制约。

直接管制政策就其性质来说属于支出转换型政策，是指政府利用强制性手段来改变各种商品的可获得性从而达到支出转换的目的。根据管制对象不同，直接管制政策的形式包括价格管制、金融管制、对外贸易管制、外汇市场管制等。直接管制政策的实施能够起到立竿见影的作用，但是也会不可避免地导致市场产生扭曲与资源配置的低效率，同时可能引发其他国家的报复。

(三)供给调节政策

供给调节政策又称为结构政策，是指通过影响生产率、资产形成及劳动投入等促进经济增长的三个决定因素，激发经济活力，通过总供给改变而平衡供求总量的供给调节准则及方针。供给调节政策包括产业政策、科技政策与制度创新政策。①产业政策的核心旨在优化本国产业结构，使其变动适应国内外市场的情况，在保障国内经济发展水平的同时减少结构性的国际收支失衡。②科技政策的主要目标在于提高本国科技水平的国际竞争力，主要包括推动科技进步、完善科技管理水平及加强科技人才培养三方面。③制度创新政策主要表现为企业制度改革，通过体制改革提高企业在国际经济中的竞争力。供给调节政策的特点是具有长期性，在短期内政策效果很难显现。但是供给调节政策也是有必要的，因为它可以从根本上提高一个国家的经济与科技实力，从而达到调节内外均衡的目标。

(四)资金融通政策

资金融通政策是指一个国家的政府在短期内利用资金融通方式弥补国际收支逆差，以便实现经济稳定的一种政策，包括对官方储备和国际信贷的应用。资金融通政策能够调节因为临时性、短期冲击导致的国际收支失衡问题，但是对于长期的根本性失衡，资金融通政策难以发挥作用，需要与调节社会总需求政策进行配合来调整。因此，资金融通政策与调节社会总需求政策之间具有一定的互补性与替代性。同时，资金融通政策的运用需要具备一定的条件，即一个国家拥有充足的外汇储备可以用于清算国际收支差额与干预外汇市场调节汇率水平。

二、开放经济下的宏观经济政策搭配原则

在前文关于米德冲突的分析中我们指出，不同于封闭经济，开放经济的政策目标同时包括内部均衡与外部均衡两部分，在失业增加与国际收支逆差、通货膨胀与国际收支顺差这两种特定的经济状态组合下，仅运用控制社会总需求的政策进行调控难以实现内外均衡的协调，甚至可能导致内外均衡之间的冲突加剧。因此，在开放经济下需要进行合理的政策搭配从而使各政策能够在实现内外均衡上发挥最大效力。关于开放经济下的政策搭配问题，荷兰经济学家丁伯根(J. Tinbergen)提出的关于政策协调的丁伯根原则与加拿大经济学家蒙代尔(R. Mundell)提出的关于政策指派的有效市场分类原则等理论开启了对开放经济下政策调控理论的研究，并产生了深远的影响。除此之外，合理搭配原则也在近年来兴起，为开放经济下的政策搭配与协调提供了更多思路。

(一)丁伯根原则：宏观经济政策的协调

丁伯根最早提出了将宏观经济政策目标和政策工具联系在一起的正式模型，指出要实现 n 种独立的政策目标，至少需要相互独立的 n 个有效的政策工具，即所谓不能"一石二鸟"。这个政策协调原则被称为丁伯根原则(Tinbergen's Rule)。下面将在一个简单的线性框架下分析这个原则的基本观点。

假设只存在两个经济目标 T_1 和 T_2，以及两种工具 I_1 和 I_2，政策调控追求的经济目标最佳水平为 T_1^* 和 T_2^*。令政策目标是政策工具的线性函数，即有

$$\begin{cases} T_1 = a_1 I_1 + a_2 I_2 \\ T_2 = b_1 I_1 + b_2 I_2 \end{cases} \tag{9-14}$$

第九章　开放经济下的政策目标与工具

为了达到最佳目标水平 T_1^* 和 T_2^*，I_1 和 I_2 应该为

$$\begin{cases} I_1 = \dfrac{b_2 T_1^* - a_2 T_2^*}{a_1 b_2 - a_2 b_1} \\ I_2 = \dfrac{a_1 T_2^* - b_1 T_1^*}{a_1 b_2 - a_2 b_1} \end{cases} \quad (9\text{-}15)$$

从数学角度来讲，只要 $a_1 b_2 - a_2 b_1 \neq 0$，即 $a_1 / b_1 \neq a_2 / b_2$，两个政策工具线性无关，就可以求解出达到最佳目标水平 T_1^* 和 T_2^* 时所需要的两种政策工具。当 $a_1 / b_1 = a_2 / b_2$ 时，说明两种工具对两个政策目标有着相同的影响。即为了实现两个目标，决策者只有一个独立的工具是不够的，只有在掌控两种政策工具，且每种政策工具对政策目标的影响是独立的时候，才能通过政策工具的配合实现两个理想的经济目标。这个结论推广为 n 个目标时可以表述为决策者有 n 个目标时，只要有至少 n 个线性无关的政策工具，就可以实现这 n 个目标。

丁伯根原则的政策含义为：由于支出增减政策仅仅是单一政策工具(假设财政政策、货币政策影响产出的效果一致)，因此难以运用支出增减政策来同时实现内外均衡目标，必须寻找新的政策工具并进行合理配合。丁伯根原则对于经济政策理论具有深远意义，但是也存在三个局限：一是假设各种政策工具可以被决策者集中控制，从而通过各种工具的紧密配合实现政策目标在现实中较难实现；二是认为财政政策与货币政策作用相同，将二者同等对待，没有明确指出不同政策工具的作用与实施效果是不同的；三是没有明确指出某个目标的实现应该用何种工具来调节。这些缺陷导致丁伯根原则不完全与现实情况符合或者不能满足实际调控的需要。

(二)有效市场分类原则：宏观经济政策的指派

鉴于丁伯根原则存在的缺陷，20 世纪 60 年代，蒙代尔提出的有效市场分类原则在一定的程度上弥补了丁伯根原则的不足。蒙代尔对于政策调控研究的出发点在于财政政策与货币政策在调控对象及作用机制上不尽相同。

第一，财政政策与货币政策在调节总需求的过程中，虽然对国民收入的影响一致，但是却会对利率水平产生不同影响。以扩张性政策为例，扩张性的财政政策在提高国民收入水平的同时也将推动利率水平上升。扩张性的货币政策虽然也会提高国民收入，但是却会带来利率水平下降。两种政策的不同作用机制造成了它们在开放经济下产生不同效力，这一点在宏观经济调控中得以运用，而不应该将两类政策简单地视为同一政策。

第二，除了通过边际进口倾向影响进口需求以外，财政政策与货币政策对外部均衡的调节还有特定作用机制。首先，财政政策的调节作用可以通过"双赤字"问题来体现。"双赤字"问题即为财政赤字与经常账户赤字并存的现象，由扩张性财政政策的实施所导致。因此，实行紧缩性财政政策一方面可以解决财政赤字问题，另一方面也有助于缩小经常账户赤字。其次，货币政策的调节作用可以通过国际收支货币分析法来体现。这个理论认为，国际收支中的资金流动是对货币供求的调整。在货币需求稳定的条件下，中央银行的货币供给会直接影响资本与金融账户进而影响整体国际收支情况。鉴于财政政策与货币政策的调控对象和调控机制存在上

参考资料："双赤字"问题：财政赤字与经常账户赤字并存

述区别，因此不能将两类政策视为一类政策。

在许多情况下，不同的政策工具实际上掌握在不同的决策者手中。例如货币政策的制定者为中央银行，而财政政策的制定者则是财政部。因此货币政策和财政政策分属两类政策。如果决策者不能紧密协调这些政策而是进行独立决策，那么将无法达到最佳的政策目标。但是，如果每一个工具被合理地指派给一个目标，并且在该目标偏离其最佳水平时按规则进行调控，那么在分散决策的情况下仍有可能得到最佳调控目标。为说明每一个工具应该如何指派给相应的目标，蒙代尔提出有效市场分类原则：每个目标应该指派给对这个目标的最大影响力，因此在影响政策目标上有相对优势的工具。根据这个原则，蒙代尔指出，应该以货币政策实现外部均衡目标，以财政政策实现内部均衡目标，原因是货币政策除了可以对国内社会总需求产生扩张或紧缩效应外，还会通过影响利率水平进而对国际资本流动产生调节效应。

(三)合理搭配原则

合理搭配原则认为，除了支出增减型政策与支出转换型政策以外，供给调节政策与资金融通政策同样能够发挥调节作用，并可以与支出增减型政策和支出转换型政策形成多种搭配组合，共同调节宏观经济内外部失衡。其中，供给调节政策主要从供给侧角度对宏观经济发挥调节作用；资金融通政策则通过运用官方储备与国际信贷来发挥调节作用。在加入供给调节和资金融通政策后，政策搭配组合可以扩展为：①支出转换型政策与支出增减型政策搭配；②支出型政策与融资型政策搭配；③支出增减型政策与供给型政策搭配。

在选择政策搭配组合时，需要参照以下几个标准：第一，国际收支失衡的性质；第二，国际收支失衡时国内宏观经济结构与状况；第三，内外平衡之间的关系；第四，对于发展中国家来说，是否有利于经济持续稳定增长；第五，所采用的政策组合能否以最小成本实现调节目标。

具体来说，国际收支失衡主要分为以下几种类型。在分析失衡类型的同时也能说明在各种类型下国际收支失衡的原因。

(1) 结构性失衡。结构性失衡源于一个国家内部生产结构及相应要素配置未能及时调整，导致不能适应国际市场变化，在国际贸易中丧失比较优势，引起本国国际收支不平衡。

(2) 周期性失衡。经济周期的变化影响一个国家的总需求、进出口贸易和对外投资情况，进而引发国际收支失衡情况。

(3) 收入性失衡。伴随经济的持续快速增长，将会带来国内物价上涨，通货膨胀率上升，经济增长的潜力受到抑制，导致国内总供给增长趋于下降。同时国民收入的持续增加又会导致进口需求的膨胀，从而可能导致收入性失衡。

(4) 货币性失衡。在一定的汇率水平下，当一个国家的物价与成本高于其他国家时将带来本国出口减少而进口增加，进而导致经常项目顺差缩小或逆差扩大。反之，当一个国家的物价与成本低于其他国家时将带来本国出口增加而进口减少，从而使经常项目顺差扩大或逆差缩小。一般来说，国内物价水平变化被认为是国内货币供给量变化所引起的。这种由货币政策导致的相对价值变化而引起的国际收支失衡，称为货币性失衡。一般地，一个国家通货膨胀将导致经常项目顺差减少或逆差扩大，一个国家通货紧缩将导致经常项目顺差扩大或逆差减少。

(5) 偶发性失衡。一些偶发性的因素也会导致一个国家的国际收支失衡,例如政局动荡、战争、债务危机、金融危机等。危机和战争的爆发导致一个国家投资环境的改变,进而引起巨额的资金流动,影响国际收支平衡。

根据合理搭配原则,在不同的国际收支失衡类型下,应该采取不同的政策组合。以国民收入增长过快而导致的收入性失衡为例,可选的政策搭配方法包括:方法一,单纯采用支出增减型政策调节,通过实施紧缩性的财政政策或货币政策减缓经济增长速度,减少国民收入来纠正收入性失衡。但是在这个方法下,国际收支失衡问题虽然能够得到改善,但是却会带来国内经济萎缩,失业率上升。即如果采用这个方法来调节内外均衡,国际收支失衡问题的改善将以国内经济衰退为代价。因此,不符合有利于经济持续稳定增长和以最小成本实现调节目标两个原则。方法二,采用支出增减型政策与资金融通政策搭配进行调节。在这个方法下,为了纠正国际收支逆差问题,可以动用一个国家的官方储备或通过国际借贷来缓解逆差,此时对国内支出增减型政策的实施力度要求较低,不会导致国内经济大幅度衰退。但是在这个方法下,要求一个国家拥有大量可供支配的官方储备或适度的债务规模,因此在实施这个政策组合时需要考虑一个国家的宏观经济结构与状况。方法三,采用支出增减型政策与支出转换型政策搭配进行调节。在这个政策搭配下,要求一个国家通过货币贬值来改善国际收支失衡问题,而对支出增减型政策的实施力度要求较低。但是,支出转换政策的实施效果取决于一个国家汇率变动的弹性大小。在弹性较小时,货币贬值幅度可能难以达到调节国际收支失衡的要求,同时也可能会引起外汇市场混乱与未来通货膨胀问题的发生。

因此,基于以上分析,合理的政策搭配是实现内外均衡目标的重要原则。某一个政策组合并不适用于所有国家的情形,需要在充分考虑各国宏观经济发展状况、结构、发展目标等要素的基础上确定合理的政策组合。

第三节 调节内外均衡冲突的政策搭配原理

本节将分别介绍适用于分析浮动汇率制度下内外均衡调节问题的斯旺原理,以及适用于分析固定汇率制度下内外均衡调节问题的蒙代尔原理。

一、调节内外均衡冲突的斯旺原理

澳大利亚经济学家斯旺提出用支出转换型政策与支出增减型政策搭配来解决内外均衡的冲突问题,这个政策搭配原理适用于浮动汇率制度下内外均衡调节问题。斯旺以国内总支出水平变动来衡量支出增减型政策效力,其中支出增减型政策包括财政政策与货币政策;以实际汇率变动衡量支出转换型政策效力,其中支出转换型政策即为汇率政策。

在斯旺模型下,本国的总供给水平是一定的,总需求由国内支出(消费、投资、政府支出)和净出口($X-M$)组成。内部均衡表现为本国的总需求等于总供给;外部均衡则表现为本国的净出口为0,经常账户达到平衡(此时不考虑资金在国际间的流动)。在这个模型下,财政政策与货币政策被看作一种政策,即二者政策效果相同。同时,只考虑政策实施对收入的影响而不考虑对利率的影响。

该模型分析的基本思路为：支出增减型政策和支出转换型政策的调节对象不同，影响经济的内在机制存在差异，而且在交叉作用于某些经济领域时发挥效力的时间和力度区别很大，产生的负面效应不一样。所以，两种政策工具应该合理搭配。而搭配的关键就在于，在鉴别政策效力时，应该按照效力最大、代价最小的原则来分配政策工具的作用目标。具体地，就是要根据内部均衡曲线和外部均衡曲线的相对位置来决定支出转换型政策和支出增减型政策的搭配方式。

首先分析内部均衡线 II'。在图 9-4(a)中，横轴为国内经济的总支出水平，以 A 表示，其中 $A=C+I+G$；纵轴表示实际汇率，在直接标价法下，实际汇率上升意味着本币贬值。II' 曲线上的任何一点代表内部均衡下的政策组合。II' 曲线向下倾斜，原因为：当本币升值时，实际汇率下降，导致本国出口减少、进口增加，国内总需求下降。在国内总供给水平不变时，需要增加国内支出来提升总需求，实现内部均衡。当政策组合点位于 II' 曲线右方时，表明在一定的实际汇率水平下国内支出超过维持内部均衡所需的支出水平，所以国内经济面临通货膨胀压力。当政策组合点位于 II' 曲线左方时，国内经济出现失业问题。

其次分析外部均衡线 EE'。在图 9-4(b)中，横轴同样为国内支出，纵轴为实际汇率，EE' 曲线上的任何一点代表外部均衡下的政策组合。EE' 曲线向上倾斜，原因在于：实际汇率上升，本币贬值时，促进本国出口增加、进口减少，国内总需求上升，经常账户处于顺差状态。此时需要国内支出上升来抵消经常项目顺差。当政策组合点位于 EE' 曲线右方时，国内支出超过维持外部均衡所需支出，导致国际收支出现逆差。当政策组合点位于 EE' 曲线左方时，国际收支处于顺差状态。

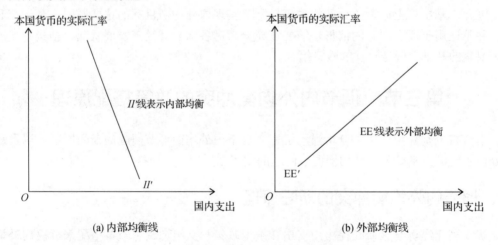

图 9-4　斯旺模型内部均衡线与外部均衡线

在得到内部与外部均衡线后，可以得到图 9-5。由图中可以看出，II' 曲线的斜率要大于 EE' 曲线的斜率，是因为斯旺假设，支出增减型政策在解决内部均衡问题方面具备更大的效力，而支出转换型政策能够更有效地解决外部均衡问题。图中的 Q 点代表内部与外部均衡同时实现。其他区域中反映的经济状态如表 9-3 所示。当内外经济处于失衡状态时，对政策搭配的分析需要分两种情况。首先，当经济失衡点位于图 9-5 中 A 点时，内部经济处于通货膨胀状态，外部经济出现逆差，此时实行紧缩性的支出增减型政策(例如削减国内支出)。一方面可以消除通货膨胀，使内部经济达到均衡；另一方面国内支出的减少也能够提高经常账户差额，消除逆差，使外部经济达到均衡。所以，当开放经济的失衡点位于与 Q 点平行或垂直的位置时，单纯依靠支出增减型政策或支出转换型政策可以同时达到经济的内外部均衡。其次，当经济失衡点位于图 9-5 中 B 点时，国内经济出现通货膨胀问题，国际收支表现为逆差，应该采用支出增减型政策减少国内支出，降低通货膨胀压力，B 点向 C 点移动。同时，本币贬值，实际汇率上升可以促进出口，缓解国际收支逆差问题，此时 C 点逐渐向 D 点移动。通过紧缩性支出增减型政策和实际汇率上升政策的反复使用，最终会接近 Q 点，实现内外均衡。

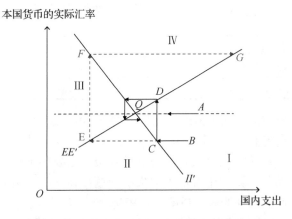

图 9-5　支出增减型政策与支出转换型政策的搭配

表 9-3　斯旺模型中的经济失衡状态

区域	内部经济状态	外部经济状态
Ⅰ	通货膨胀	逆差
Ⅱ	失业	逆差
Ⅲ	失业	顺差
Ⅳ	通货膨胀	顺差
线段 IQ	均衡	顺差
线段 QI'	均衡	逆差
线段 EQ	通货膨胀	均衡
线段 QE'	失业	均衡

但是在错误的政策搭配下，经济会偏离内外均衡。仍以图 9-5 中的 B 点为例，如果采用支出增减型政策来解决国际收支逆差问题，那么通过减少国内支出能够提高经常账户差额，B 点逐步向 E 点移动，此时国际收支逆差问题得以缓解，但是在 E 点位置国内经济处于失业状态。同时，采用本币贬值、实际汇率上升政策能够促进出口，刺激本国需求，解决失业问题，此时 E 点逐渐向 F 点移动。由于 F 点对应着国际收支顺差问题，所以为了缩

小顺差，需要提高国内支出，使 F 点进一步向 G 点移动。但是在 G 点，相比于初始时的 B 点，国内通货膨胀问题与国际收支顺差问题都更严重。因此，以支出增减型政策解决外部均衡问题而以支出转换型政策解决内部均衡问题时，不仅无法实现内外均衡，还会使失衡问题更严重。

在斯旺模型下，政策搭配的几种情况如表 9-4 所示。

表 9-4 支出增减型政策与支出转换型政策的搭配

区间	经济状况	支出增减型政策	支出转换型政策
I	通货膨胀/国际收支逆差	紧缩	贬值
II	失业/国际收支逆差	扩张	贬值
III	失业/国际收支顺差	扩张	升值
IV	通货膨胀/国际收支顺差	紧缩	升值

我们可以对斯旺模型下的政策搭配问题作出如下小结。

(1) 斯旺模型提出使用支出转换型政策与支出增减型政策搭配来解决内外均衡的冲突问题。其中支出增减型政策包括财政政策与货币政策，主要用于解决内部失衡问题；支出转换型政策为汇率政策，主要用于解决外部失衡问题。在两类政策的正确搭配下能够同时实现内外均衡目标，而在错误的政策搭配下，经济会进一步偏离内外均衡目标。

(2) 斯旺模型从理论上阐述了政策搭配的优越性及其基本原则，具有较高的理论价值。但是，它也存在不足：第一，该模型下不考虑资本流动对汇率和国内总支出的影响，将国际收支账户等同于经常账户的分析是不全面的；第二，在固定汇率制度下，当汇率政策失效时，斯旺模型无法解决内外冲突问题。

二、调节内外均衡冲突的蒙代尔原理

蒙代尔提出运用财政政策与货币政策进行搭配来调节内外均衡，这个政策搭配原理适用于固定汇率制度下内外均衡的调节问题。蒙代尔以财政预算作为财政政策的代表，以货币供给作为货币政策的代表，外部均衡被视为总差额的平衡。蒙代尔提出，应该采用财政政策来调节内部均衡，用货币政策调节外部均衡。这主要是由于财政政策对国内经济的影响力更强，而货币政策对外部均衡的影响力更强。

首先分析内部均衡线 IB。在图 9-6(a) 中，横轴为财政政策，纵轴为货币政策，IB 曲线上的任何一点代表内部均衡下的政策组合。IB 曲线向下倾斜，是由于财政扩张所导致的内部失衡需要通过货币供给量的减少来抵消。当政策组合点位于 IB 曲线右方时，超额预算支出导致国内总需求过快增长，超过充分就业时的水平，国内经济出现通货膨胀问题。当政策组合点位于 IB 曲线左方时，国内经济出现衰退与失业问题。

其次分析外部均衡线 EB。在图 9-6(b) 中，横轴同样为财政政策，纵轴为货币政策，EB 曲线上的任何一点代表外部均衡下的政策组合。EB 曲线同样向下倾斜，是因为货币紧缩所导致的国际收支顺差需要通过财政支出的增加来抵消。当政策组合点位于 EB 曲线上方时，超额货币供给会导致进口增加以及资金流出，从而导致国际收支出现逆差；当政策组合点位于 EB 曲线下方时，国际收支处于顺差状态。

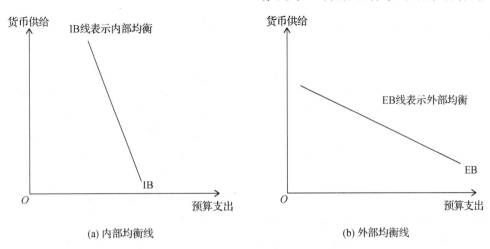

图 9-6　蒙代尔模型内部均衡线与外部均衡线

在得到内部均衡线与外部均衡线后,可以得到图 9-7。由图中可以看出,IB 曲线的斜率要大于 EB 曲线的斜率,这是因为蒙代尔假设,相对而言财政政策对国民收入、就业等国内经济变量影响较大,而货币政策对国际收支影响较大。同时,图中的 Q 点代表内部均衡与外部均衡同时实现。在上述假设下,蒙代尔认为,当国内宏观经济和国际收支都处于失衡状态时,以图中区间 I 的 A 点所示,此时失业与国际收支逆差问题并存,应该采用扩张性的财政政策来解决失业问题,通过增加政府支出来刺激经济,使 A 点向 B 点移动。同时,应该采用紧缩性货币政策来提高利率,吸引外国资本流入,缩小国际收支逆差,使 B 点向 C 点移动。通过扩张性财政政策和紧缩性货币政策的反复使用,最终 A 点会接近 Q 点,实现内外均衡。

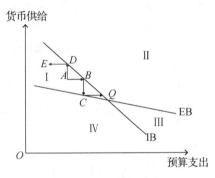

图 9-7　财政政策与货币政策的搭配

但是,如果采取了错误的政策指派,以货币政策来解决内部失衡问题,以财政政策来解决外部失衡问题,那么将无法实现内外均衡。还以区间 I 的 A 点为例,以扩张性货币政策解决失业问题时,货币供给量增加将会通过降低利率、促进投资的路径刺激国内经济,缓解失业问题,使 A 点向 D 点移动。同时,以紧缩性财政政策解决国际收支逆差问题时,一方面财政紧缩会导致利率下降,资金流出导致资本与金融项目出现逆差;另一方面,国民收入的下降又会通过减少进口缩小经常账户逆差。因此,财政政策对国际收支逆差的调节效果是不确定的。同时,紧缩性财政政策会使 D 点进一步向 E 点移动,远离均衡点 Q。

上述政策搭配原理同样可以推广到其他三个区间，由此可得如表9-5所示的几种经济状况下的政策搭配。

表9-5 财政政策与货币政策的搭配

区 间	经济状况	财政政策	货币政策
Ⅰ	失业/国际收支逆差	扩张	紧缩
Ⅱ	通货膨胀/国际收支逆差	紧缩	紧缩
Ⅲ	通货膨胀/国际收支顺差	紧缩	扩张
Ⅳ	失业/国际收支顺差	扩张	扩张

我们可以对财政政策与货币政策搭配问题作出以下小结。

(1) 根据有效市场分类原则，蒙代尔明确提出了为特定政策工具指派特定政策目标的问题，这为开放经济的宏观调控政策开辟了新的思路。

(2) 他主张为每个工具合理指派政策目标，并在目标偏离其最优轨迹时，按照"以货币政策实现外部均衡、以财政政策实现内部均衡"的规则进行调控。

(3) 这个主张不仅解决了固定汇率制度下因为政策工具不足而产生的米德冲突问题，而且即使财政政策和货币政策相互独立，分散决策也可以做到政策之间的合理搭配与协调。

在上述分析中，蒙代尔认为只要将财政政策和货币政策分别指派给正确的均衡目标，那么内外均衡就能够实现。这个"隔离式"的政策指派方式虽然能够解决政策影响力冲突的问题，但是也导致两类政策丧失了相互协调、相互约束和相互抑制的机会，因此属于"跛行"的政策组合。以欧债危机为例，欧元区内财政政策和货币政策二元体制不平衡是危机爆发的深层原因。在欧元区内，由欧洲中央银行统一制定与执行货币政策，因此货币政策是一体化的；而财政政策由各国分别制定，并未实现一体化。因此导致部分重债国财政纪律松懈，易于搭乘"欧元区"便车来透支财政收入，同时也使货币政策的约束缺乏微观基础。政策组合上的参差不齐也最终诱使债务风险累积与爆发，同时也导致在危机爆发后的救助不力问题。因此，为了根治债务风险，除了加快欧元区一体化进程，同步推进货币一体化和财政一体化等路径以外，从政策搭配的角度来说，应该对"隔离式"的政策搭配作出改进，只有将财政政策和货币政策共同指派给内部均衡和外部均衡，才有可能真正实现有效的政策搭配。

本 章 小 结

本章主要描述了开放经济下的政策目标与调节内外均衡的政策搭配。开放经济下内部均衡的含义为，国民经济处于充分就业且物价稳定的状态；外部均衡则主要表现为国际收支的均衡，即指与一个国家宏观经济相适应的合理的国际收支结构。内部均衡与外部均衡目标之间的关系可以表现为相互协调或相互冲突。其中，在固定汇率制度下的内外均衡冲突被称为"米德冲突"，在浮动汇率制度下也会因为汇率的波动而导致内外均衡冲突加剧。因此，需要合理搭配宏观经济政策工具来调节内外均衡目标之间的冲突。"丁伯根原则"指出：要实现 n 种独立的政策目标，至少需要相互独立的 n 个有效的政策工具，即不能"一石二鸟"。斯旺模型就是对这个原则的具体应用。而"有效市场分类原则"则指出：每个目标应该指派给对这个目标的相对最大的影响力,因此在影响政策目标上有相对优势的工具。因此应该以货币政策实现外部均衡目标,以财政政策实现内部均衡目标。蒙代尔模型则是对这个原则的具体应用。

思 考 题

1. 开放经济下的宏观经济内部均衡与外部均衡目标包括哪些内容?请你简述目标之间的关系。
2. 试简述外部均衡目标可维持性与适度性原则的含义。
3. 试简述"丁伯根原则"的主要内容与政策含义。
4. 试简述有效市场分类原则的主要内容与政策含义。
5. 在蒙代尔模型下,当内部经济出现失业,而外部经济处于国际收支逆差时,画图分析应该采取怎样的政策搭配实现内外均衡。
6. 在斯旺模型下,当内部经济出现通货膨胀,而外部经济处于国际收支逆差时,画图分析应该采取怎样的政策搭配实现内外均衡。

传统蒙代尔模型与斯旺模型存在的问题及改进

第十章 开放经济条件下财政政策与货币政策的有效性

【章前导读】

开放条件下的财政政策和货币政策的有效性,是基于 IS-LM-BP 模型框架来研究政策对国民收入的影响,是开放条件下内外均衡问题的一个重要组成部分。本章主要分析在开放条件下,短期和中长期内的财政政策和货币政策效果,并分析三元悖论及三元悖论"折中化"等最新的理论成果。

第一节　短期内的蒙代尔-弗莱明模型

本节分别在固定汇率制度和浮动汇率制度下,分析在短期内财政政策和货币政策的有效性。在每一种汇率制度下,又分为资本完全流动、资本完全不流动和资本不完全流动等三种资本流动状况进行介绍。

一、政策有效性的含义与问题的提出

(一)财政政策和货币政策有效性的含义

财政政策与货币政策作用的对象较多。根据封闭条件下的 IS-LM 模型,两种政策既作用于国民收入,也作用于利率。在现实生活中,财政政策和货币政策发挥作用的对象更多。本节对政策有效性的判断标准为国民收入是否发生了变动。如果政策的变化使国民收入发生了变动,那么即使其他因素没有发生变化,本章也认为该政策有效。如果政策的变化导致其他因素发生变化,但是国民收入没有发生变动,本章就认为该政策无效。

(二)封闭条件下财政政策与货币政策的有效性

封闭条件下的分析框架是 IS-LM 模型。根据宏观经济学理论,IS 曲线是反映商品市场供求均衡的曲线,其倾斜程度由投资需求对利率的弹性来决定,该弹性越大,IS 曲线越水平。扩张性的财政政策以及使国际收支改善的因素,都将导致 IS 曲线向右平移。紧缩性的财政政策以及使国际收支恶化的因素,将使 IS 曲线向左平移。LM 曲线反映货币市场的均衡状况,该曲线的倾斜程度由货币需求对利率的弹性来决定,该弹性越大,LM 曲线越水平;该弹性越小,LM 曲线越陡峭。扩张性的货币政策导致 LM 曲线向右平移,而紧缩性的货币政策使该曲线向左平移。

从图 10-1 中可以发现,扩张性的财政政策使国民收入增加和利率上升,扩张性的货币政策导致国民收入增加和利率下降。反过来,紧缩性的财政政策和紧缩性的货币政策将使国民收入减少。因此可以认为,封闭条件下的财政政策和货币政策都是有效的。

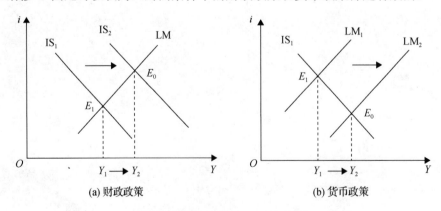

图 10-1　封闭条件下财政政策与货币政策的有效性

二、短期内的蒙代尔-弗莱明模型的前提条件

短期内蒙代尔-弗莱明模型的分析框架是 IS-LM-BP 模型。蒙代尔-弗莱明模型是国际金融学中一个重要的分析模型,其分析对象是一个开放的小国经济,该模型的分析存在以下前提条件。

第一,总供给曲线是水平线。这意味着物价水平不发生变动,也意味着在固定汇率制度下,自发调节阶段的价格机制(实际汇率机制)不发生作用。

第二,不考虑汇率发生变动的预期,汇率的变化主要取决于国际收支的变化。由于价格水平不变,所以可以将名义汇率和实际汇率视为无差异。

第三,交易者是风险中性者。

三、固定汇率制度下财政政策和货币政策的有效性

开放条件且在固定汇率制度下的分析框架为 IS-LM-BP 模型,开放条件下的稳定状态(内外同时均衡)是 BP、LM 和 IS 曲线要相交于同一点。这里的分析需要使用固定汇率制度下的调节机制等理论。

(一)资本完全流动条件下财政政策和货币政策的有效性

1. 财政政策的有效性

以扩张性财政政策为例,其经济效应如图 10-2 所示。扩张性财政政策的实施,推动 IS 曲线向右平移,与 LM 曲线产生新的交点 A 点。两条曲线的交点在横轴上的投影表明,国民收入增加了,财政政策初期有效。该交点处于 BP 曲线的上方,表示国际收支从平衡状态转为顺差状态。在固定汇率制度下当国际收支为顺差时,货币当局为了稳定外汇市场和汇率,向外汇市场购买外汇,导致政府持有的储备资产增加,流通在外的货币供应量上升。货币供应量的上升使 LM 曲线向右移动,利率下降,在资本完全流动的条件下,资本迅速地流出(此时第二个阶段的自发调节机制中,利率机制完全发挥作用。在收入机制和价格机制来不及发挥作用的情况下,利率机制的作用就使内外均衡同时实现。根据假设,价格机制或者实际货币汇率机制在本节不发挥作用)。最终,三条线同时相交于 E 点,内外均衡同时实现,国民收入进行了第二次增加。此时,财政政策非常有效。

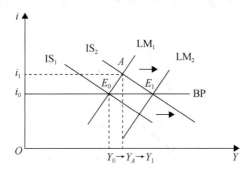

图 10-2　固定汇率制度下资本完全流动条件下财政政策的有效性

2. 货币政策的有效性

以扩张性货币政策为例，其经济效应如图 10-3 所示。扩张性货币政策的实施，使 LM 曲线向右平移，与 IS 曲线的新交点 A 点表明国民收入增加，货币政策初步有效。新交点处于 BP 曲线的下方，表明此时国际收支处于逆差状态。在固定汇率制度且在国际收支逆差条件下，货币当局为了稳定外汇市场和汇率，向外汇市场抛售外汇，导致政府持有的外汇储备减少，流通在外的货币供应量下降。货币供应量下降，使 LM 曲线向左进行平移，一直平移到原来的出发点使国际收支恢复平衡为止(在自发调节阶段，利率机制迅速地发挥作用，在收入机制来不及发挥作用的情况下，内外均衡已经实现。价格机制不发挥作用)。因此，货币政策最终无效。

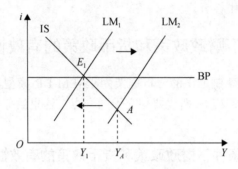

图 10-3　固定汇率制度下资本完全流动条件下货币政策的有效性

(二)资本完全不流动条件下财政政策和货币政策的有效性

1. 财政政策的有效性

以扩张性财政政策为例，其经济效应如图 10-4 所示。扩张性财政政策的实施，使 IS 曲线右平移，与 LM 曲线产生新的交点 A 点，国民收入增加，财政政策初步有效。新交点处于 BP 曲线的右侧，表明国际收支处于逆差状态。在固定汇率制度下，货币当局为了平抑国际收支逆差状态下的外汇市场和稳定汇率，向市场出售外汇，政府持有的外汇储备减少，导致社会货币供应量下降。货币供应量的下降，使 LM 曲线向左平移。LM 曲线必须持续向左平移直到逆差消失为止。在这里需要注意两点：第一，由于资本完全不流动，所以在自发调节阶段的利率机制不发生作用；第二，由于之前假设总供给曲线是水平线，物价水平不发生变动，所以在自发调节阶段的价格机制也不发挥作用。可见在这种情况下，财政政策无效。

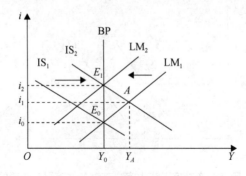

图 10-4　固定汇率制度下资本完全不流动条件下财政政策的有效性

2. 货币政策的有效性

以扩张性货币政策为例,其经济效应如图10-5所示。扩张性货币政策的实施,使LM曲线向右平移,与IS曲线的交点A点处于BP曲线的右侧,表明国际收支处于逆差状态。在固定汇率制度下,政府为了稳定汇率和外汇市场,向市场抛售外汇储备,导致社会货币供应量的收缩。这种操作直到国际收支的逆差被消灭为止。注意,此时利率机制和价格机制(实际货币汇率机制)均不发挥作用。此时,LM曲线又回到原来的出发点E点,三条线相交于同一点E点。在这种情况下,货币政策无效。

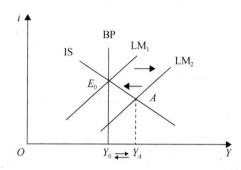

图10-5 固定汇率制度下资本完全不流动条件下货币政策的有效性

(三)资本不完全流动条件下财政政策和货币政策的有效性

资本不完全流动条件下,BP曲线为向右上方倾斜的曲线。由于LM曲线也是向右上方倾斜的曲线,因此必须对LM曲线和BP曲线的斜率进行比较。开放条件下的稳定状态(内外同时均衡)仍然是BP、LM和IS曲线要相交于同一点。

1. 财政政策的有效性

此时的分析需要分三种情况。一是LM曲线比BP曲线更加陡峭(注意比较两条曲线的弹性)。在这种情况下,扩张性的财政政策将导致IS曲线和LM曲线的交点处于BP曲线的上方,国际收支呈现顺差状态。二是LM曲线与BP曲线的斜率相同。这将导致两条曲线重合(如果这两条曲线只保持平行状态而永不重合,就意味着经济总是处于非均衡状态。因此这两条曲线在斜率相同的情况下必须重合)。在这种情况下,国际收支始终处于平衡状态。三是LM曲线比BP曲线更加水平。此时扩张性的财政政策导致IS曲线和LM曲线的新交点处于BP曲线的下方,国际收支为逆差状态。上述三种情况所导致的差异,主要表现在国际收支的状态不同。国际收支状态的不同,通过固定汇率制度下的调节机制,其对财政政策效应的影响也将不同。这里同时需要注意的是,LM曲线和BP曲线斜率的不同,也意味着决定这两条曲线斜率的相关弹性存在差异。由于假设价格不变,所以以下部分的分析均不考虑价格机制(实际货币汇率机制)的影响。

(1) LM曲线比BP曲线更加陡峭的情形。这种情形意味着,资本流动对利率的弹性,比货币需求对利率的弹性要大。从图10-6(a)中可以看出,在经济内外均衡的基础上,扩张性财政政策导致内外失衡,国际收支处于顺差状态。在固定汇率制度下,货币当局为了稳定汇率和外汇市场,向外汇市场买入外汇使外汇储备和货币供应量均增加。货币供应量的增加导致LM曲线向右平移,这个平移要持续到国际收支顺差消失为止,此时三条曲线相交于同一点，内外均衡同时实现。在这个过程中，国民收入增加 2 次。此时的财政政策效果较好。

(2) LM 曲线与 BP 曲线斜率相同的情形。这种情形意味着，资本流动对利率的弹性，与货币需求对利率的弹性相同。需要注意的是，如果 LM 曲线和 BP 曲线斜率相同且不重合，就意味着均衡永远无法实现。从图 10-6(b)中可以看出，扩张性的财政政策使 IS 曲线向右平移，由于 LM 曲线和 BP 曲线始终重合，故国际收支始终处于平衡状态。此时的情形和封闭条件下财政政策的效果一样。显然在这种情况下，财政政策依然有效。当然，此时的财政政策效果比第一种情形下的效果要弱一些。

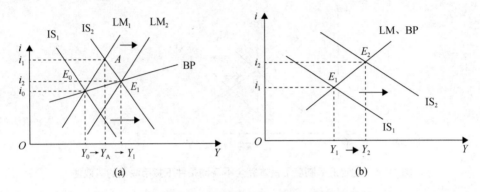

图 10-6　资本不完全流动条件下财政政策的有效性

(3) LM 曲线比 BP 曲线更加水平的情形。这种情形意味着，资本流动对利率的弹性，比货币需求对利率的弹性要小。从图 10-7 中可以看出，扩张性的财政政策使 IS 曲线向右平移，和 LM 曲线的交点 A 点落在 BP 曲线的下方。这表明国际收支处于逆差状态。在固定汇率制度下，货币当局为了维持汇率和外汇市场稳定，向外汇市场卖出外汇储备，使外汇储备减少和货币供应量下降。货币供应量的下降，推动 LM 曲线向左移动，并持续移动到使国际收支的逆差消失为止。此时，三条曲线相交于同一点 E 点，内外均衡同时实现。在这种情形下，财政政策仍然有效，但其有效性比前述两种情形均要弱。

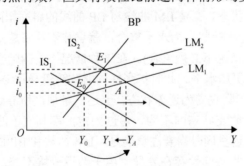

图 10-7　固定汇率制度下资本不完全流动条件下财政政策的有效性

2. 货币政策的有效性

与财政政策效应描述不同的是，此时只需要划分为两种情形。第一种情形是，LM 线和 BP 线相交，此时不需要比较两条曲线的陡峭或水平状况。从图 10-8 中可以看到，在内外均衡的基础上(三线交于一点)，扩张性的货币政策使 LM 曲线向右平移，右移后的 LM 曲线和

第十章　开放经济条件下财政政策与货币政策的有效性

IS 曲线的交点 A 点落在 BP 曲线下方，这意味着国际收支处于逆差状态。在固定汇率制度下，货币当局为了维持汇率和外汇市场的稳定，向市场卖出外汇，导致政府持有的外汇储备减少，同时导致货币供应量也相应下降。货币供应量的下降促使 LM 曲线向左平移，并且持续移动到使国际收支逆差消失为止，LM 曲线回到它原来的出发点。此时，国民收入维持不变，货币政策无效。第二种情形为，LM 线和 BP 线重合，此时货币政策有效(请读者自行完成做图)。

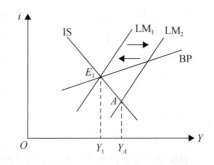

图 10-8　固定汇率制度下资本不完全流动条件下货币政策的有效性

四、浮动汇率制度下财政政策和货币政策的有效性

浮动汇率制度和固定汇率制度相比，在调节机制上有本质差异。在浮动汇率制度下，由于政府不需要干预外汇市场，可以保持外汇储备不变，因此货币供应量也保持不变。在政府不主动实施货币政策的情况下，LM 曲线保持不变。浮动汇率制度下调节机制的核心是汇率的变动。这就要求国际收支对汇率的变动要敏感。例如，"马歇尔-勒纳条件"要得到满足(需要注意的是，该条件只是汇率贬值改善国际收支的必要条件而非充分条件)，边际吸收倾向小于 1(使贬值产生的国际收支改善不被收入效应抵消)等。这里需要掌握一个预备知识，即货币贬值要能够推动 BP 曲线和 IS 曲线向右平移等。该部分的描述仍然将资本流动区分为完全流动、完全不流动和不完全流动三种状况。

(一)资本完全流动条件下财政政策和货币政策的有效性

首先需要注意的是，在资本完全流动的条件下，BP 曲线是水平线。

1. 财政政策的有效性

从图 10-9 中可以看出，扩张性财政政策的实施，推动 IS 曲线向右平移，与 LM 曲线产生新的交点 A 点。该焦点位于 BP 曲线的上方，意味着国际收支处于顺差状态。在国际收支顺差和浮动汇率制度下，使本币升值。在满足马歇尔-勒纳等条件的情况下，本国国际收支恶化，从而抵消之前的国际收支顺差，国际收支恢复平衡。在图形上表现为 IS 曲线和 BP 曲线均向左移动(BP 曲线是水平线，其向左平移在图形上不能观察到)，IS 曲线退回到原来的出发点，国民收入维持不变。此时，财政政策无效。

2. 货币政策的有效性

从图 10-10 中可以看出，在内外均衡的基础上，扩张性货币政策的实施，使 LM 曲线向右平移，与 IS 曲线形成的新交点 A 点落在 BP 曲线的下方。这时国民收入有所增加，且国际收支处于逆差状态。在国际收支逆差的情况下，外汇市场对外汇的需求增加，本币贬值。在满足马歇尔-勒纳等条件的情况下，本国国际收支改善，推动 IS 曲线和 BP 曲线均向右平移(BP 曲线是水平线，其向右平移在图形上不能观察到)，最后 IS 曲线、LM 曲线和 BP 曲线相交于同一点 E 点，新的均衡产生，国民收入再次增加。此时货币政策非常有效。

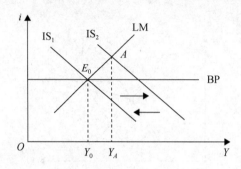

图 10-9　浮动汇率制度下资本完全流动条件下财政政策的有效性

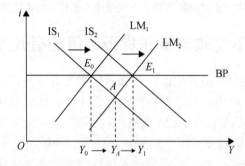

图 10-10　浮动汇率制度下资本完全流动条件下货币政策的有效性

(二)资本完全不流动条件下财政政策和货币政策的有效性

在资本完全不流动的条件下，BP 曲线是垂直线。

1. 财政政策的有效性

从图 10-11 中可以发现，扩张性财政政策的实施，使 IS 曲线向右平移，与 LM 曲线的新交点 A 点落在 BP 曲线右侧，此时国际收支处于逆差状态。从横轴上观察，国民收入有所增加。在国际收支逆差的情况下，外汇市场对外汇的需求增加，本币贬值。在满足马歇尔-勒纳等条件的情况下，本国国际收支改善，推动 IS 曲线和 BP 曲线均向右平移，最后 IS 曲线、LM 曲线和 BP 曲线相交于同一点 E 点，新的均衡产生，国民收入再次增加。此时，财政政策非常有效。

2. 货币政策的有效性

从图 10-12 中可以看出，在内外均衡的基础上，实施扩张性的货币政策，使 LM 曲线向右平移，与 IS 曲线的交点 A 点处于 BP 曲线的右侧。这时国民收入有所增加，且国际收支处于逆差状态。在国际收支逆差的情况下，外汇市场对外汇的需求增加，外汇汇率升值，本币贬值。在满足马歇尔-勒纳等条件的情况下，本国国际收支改善，推动 IS 曲线和 BP 曲线均向右平移，最后 IS 曲线、LM 曲线和 BP 曲线相交于同一点 E 点，新的均衡产生，国民收入再次增加。此时，货币政策非常有效。

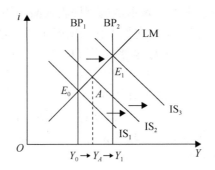

图 10-11　浮动汇率制度下资本完全不流动条件下财政政策的有效性

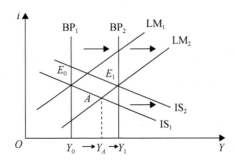

图 10-12　浮动汇率制度下资本完全不流动条件下货币政策的有效性

(三)资本不完全流动条件下财政政策和货币政策的有效性

在资本不完全流动条件下，BP 曲线为向右上方倾斜的曲线。由于 LM 曲线也是向右上方倾斜的曲线，因此必须对 LM 曲线和 BP 曲线的斜率进行比较。开放条件下的稳定状态(内外同时均衡)仍然是 BP 曲线、LM 曲线和 IS 曲线要相交于同一点。

1. 财政政策的有效性

此时的分析需要分三种情况。一是 LM 曲线比 BP 曲线更加陡峭。在这种情况下，扩张性的财政政策将导致和 LM 曲线的交点处于 BP 曲线的上方，形成国际收支的顺差。二是 LM 曲线与 BP 曲线的斜率相同，导致两条曲线重合(如果这两条曲线只保持平行状态而永不重合，就意味着经济总是处于非均衡状态。因此这两条线在斜率相同的情况下必须重合)。在这种情况下，国际收支始终处于平衡状态。三是 LM 曲线比 BP 曲线更加水平。此时扩张性的财政政策导致 IS 曲线和 LM 曲线的新交点处于 BP 曲线的下方，国际收支为逆差状态。上述三种情况所导致的差异，主要表现在国际收支的状态不同。将这三种情况进行区分是有必要的。

(1) LM 曲线比 BP 曲线更加陡峭的情形。这种情形意味着，资本流动对利率的弹性，比货币需求对利率的弹性要大。从图 10-13(a)中可以看出，扩张性财政政策的实施，使 IS 曲线向右平移，与 LM 曲线相交于 A 点，表明国民收入增加，同时国际收支由平衡转为顺差。在浮动汇率制度下，国际收支的顺差使外汇汇率贬值，本币升值。在满足马歇尔-勒纳等条件的情况下，本国国际收支恶化，推动 IS 曲线和 BP 曲线均向左平移，最后 IS 曲线、LM 曲线和 BP 曲线相交于同一点 E 点，新的均衡产生。可以看出，国民收入在初次增加的基础上有所下降(IS 曲线和 BP 曲线左移形成的国民收入减少的程度，之所以比初次收入的增加要低，是因为后面的收入变动是初次收入变动所带来的引致变动)，最终国民收入增加，财政政策有效。另外，由于假设汇率标定使用直接标价法，所以 e_0 比 e_1 从数值上看要小。

(2) LM 曲线与 BP 曲线斜率相同的情形。这种情形意味着，资本流动对利率的弹性与货币需求对利率的弹性相同。从图 10-13(b)中可以看出，LM 曲线和 BP 曲线重合，国际收支总是处于平衡状态，此时的状况与处于封闭状态下的情况相同。扩张性财政政策的实施，使 IS 曲线向右平移，国民收入增加，财政政策有效。这种情形下财政政策的有效性，要高于第一种情况下财政政策的有效性。

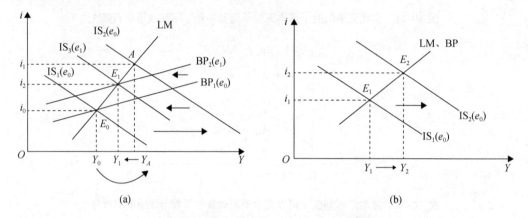

图 10-13　浮动汇率制度下资本不完全流动条件下财政政策的有效性

(3) LM 曲线比 BP 曲线更加水平的情形。这种情形意味着，资本流动对利率的弹性比货币需求对利率的弹性要小。从图 10-14 中可以看出，扩张性财政政策的实施，使 IS 曲线向右平移，与 LM 曲线产生新的交点 A 点，国民收入增加，国际收支从平衡转为逆差。在浮动汇率制度下，外汇汇率上升，本币贬值。在满足马歇尔-勒纳等条件的情况下，本国国际收支改善，推动 IS 曲线再次向右平移，BP 曲线也向右平移，最后三条曲线相交于同一点 E 点，形成新的内外均衡，国民收入再次增加(LM 曲线不发生移动)。此时财政政策非常有效，其政策的有效性要超过前两种情况。

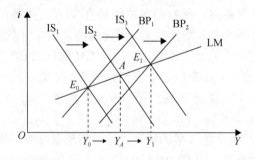

图 10-14　浮动汇率制度下资本不完全流动条件下财政政策的有效性

第十章 开放经济条件下财政政策与货币政策的有效性

2. 货币政策的有效性

与财政政策分析不同的是,此时只需要划分为两种情形。第一种情形是,LM 线和 BP 线相交,此时不需要比较两条曲线的陡峭或水平状况。从图 10-15 中可以看到,在内外均衡的基础上(三线交于 E_0 点),扩张性货币政策的实施使 LM 曲线向右平移,它和 IS 曲线的交点 A 点处于 BP 曲线下方,意味着国际收支是逆差状态。在浮动汇率制度下,外汇汇率上升,本币贬值。在满足马歇尔-勒纳等条件的情况下,本国国际收支改善,推动 IS 曲线再次向右平移,BP 曲线也向右平移,最后三条线相交于同一点 E 点,形成新的内外均衡,国民收入再次增加。第二种情形为,LM 线和 BP 线重合,此时货币政策有效(请读者自行完成做图)。

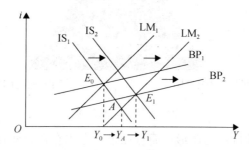

图 10-15 浮动汇率制度下资本不完全流动条件下货币政策的有效性

第二节 三元悖论及三元悖论"折中化"

本节以第一节资本完全流动情况下,财政政策和货币政策的有效性为基础,提炼出三元悖论的含义。并结合有关研究在经典的三元悖论原理的基础上,介绍三元悖论理论的最新发展,即三元悖论的"折中化"理论。三元悖论"折中化"理论对我国改革开放过程中,如何更好地兼顾内外均衡具有一定的指导意义。

一、经典的三元悖论

根据第一节的内容,当资本在完全流动的情况下,固定汇率制度下的财政政策有效(改变国民收入)而货币政策无效(国民收入不变),浮动汇率制度下的财政政策无效(国民收入不变)而货币政策有效(国民收入发生变化)。如果将固定汇率制度视为稳定的汇率制度,将货币政策有效视为货币政策具有独立性,将货币政策无效视为货币政策不具有独立性,那么上述结论可以表述为:在开放条件下,一个国家在资本的完全流动、货币政策的独立性和稳定的汇率之间只能同时实现其中的两个目标,而无法同时实现三个目标。这是一个三元悖论,如图 10-16 所示。例如,一个国家如果既要实现稳定的汇率,又要保持资本的完全流动,就无法同时保证货币政策的独立性。如果一个国家既要实现资本的完全流动,又要保持货币政策的独立性,就无法同时实现稳定的汇率目标。

由于这个结论根据蒙代尔-弗莱明模型得到,所以可以将其称为"蒙代尔三元悖论"。1999 年在克鲁格曼对该结论进行宣传后,这个结论得以普及并流传开来,因此该结论也可以称为"克鲁格曼三角"。该理论最早甚至可以追溯到 1953 年英国经济学家米德提出的米德冲突。该结论在现实生活中能够找到对应的例证。例如,在"布雷顿森林体系"时期,汇率的稳定性和货币政策的独立性在一定的程度上得到了保证，但是对于资本流动却有比较严格的管制。在这个时期，三个目标不能同时实现。进入牙买加体系后，浮动汇率制度合法化，货币政策的独立性和资本的流动在一定的程度上实现，但是汇率的稳定性目标却打了较大折扣。

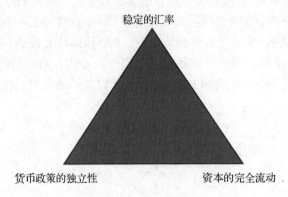

图 10-16　三元悖论

该理论只考虑了几种特殊的情形，而且在推导上也存在一些技术等方面的问题，一些实证分析也质疑该理论的提出。于是经济学家们在经典的三元悖论的基础上提出了三元悖论的"折中化"理论，对该理论进行修正、完善和发展。

二、三元悖论的不足

三元悖论是基于 IS-LM-BP 模型推导出来的，该理论存在诸多不足。第一，根据 IS-LM-BP 模型，在资本完全不流动的条件下，无论财政政策还是货币政策，其表现均无效（可见图 10-4 和图 10-5）。这个结论与三元悖论的含义是相冲突的。第二，IS-LM-BP 模型中的 BP 曲线，是在假设用贸易收支代表经常账户收支，且经常账户收支和资本项目收支所涉及的解释变量都是简单形式的情况下得到的。这就使这些解释变量及其相应的国际收支与现实经济运行有比较大的差距。事实上单从几何上看，在现有 IS-LM-BP 模型下，也可以作出与三元悖论结论不一致的几何图形来。第三，一些实证检验不支持三元悖论的结论。基于上述理由，国内外研究者也正在对三元悖论进行改进。例如，国际上有学者提出二元悖论和三元悖论的"折中化"理论。其中，三元悖论"折中化"是一种主要的改进方向。

三、三元悖论的改进与新发展：三元悖论的"折中化"

(一)问题的提出

三元悖论提出后，许多学者对此提出疑问。有学者认为，并没有令人信服的证据说明，为什么不可以在货币政策独立性和汇率稳定两个目标的抉择中各放弃一半，从而实现一半的汇率稳定和一半的货币政策独立性。近年来，有研究者提出二元悖论的概念，将货币政策独立性与资本自由流动相对立。例如，埃莱娜·索伊认为，货币政策独立性与汇率制度无关，而是与资本流动性相关，如果资本流动受到管制，那么货币政策的独立性是可能实现的。二元悖论可以说在一定的程度上否定了三元悖论。三元悖论的"折中化"是对三元

第十章 开放经济条件下财政政策与货币政策的有效性

悖论进行修正的另一个主要理论。

(二)三元悖论"折中化"的含义

三元悖论"折中化"可以表述为：在开放条件下，一个国家在稳定的汇率、资本的完全流动和货币政策的独立性之间只能同时实现其中的两个目标，而无法同时实现三个目标，但是三个目标之间的相容性逐步增强。三元悖论"折中化"的本质仍然是开放条件下的内外冲突。

(三)三元悖论"折中化"的理由

三元悖论"折中化"的理由，除了一些文献陈述的观点以外，还可以从技术角度进行探讨。第一，在推导三元悖论的过程中，一个关键变量是 BP 曲线。BP 曲线的基本原理是，经常账户收支与资本净流出额相等。在解释经常账户和资本净流出额的影响因素时，三元悖论只注意到本国国民收入和利率的影响，国外收入水平、通货膨胀率、名义汇率的变化和关于经济活动的预期等因素均被忽略。这导致 BP 曲线描述出来的情况是不准确和不全面的，因此三元悖论的结论也失去了一定的准确性。换句话说，三元悖论不是一个精确的理论。

第二，假设 BP 曲线是一条直线，随着资本自由流动程度下降，同样在浮动汇率制度下，货币政策独立性不仅没有增强，甚至下降了。如图 10-17 所示，(a)图描述资本处于完全流动的状态下，扩张性货币政策的实施导致 LM 曲线右移，国际收支产生逆差。在浮动汇率制度下，本币贬值并使国际收支改善，IS 曲线和 BP 曲线向右平移，货币政策效应表现为：$Y_1 - Y_0$。(b)图描述资本处于部分自由流动状态下，实施同样的扩张性货币政策，导致产出扩张为：$Y_1 - Y_0$。但是，此时 BP 曲线是一条斜率为正的斜线，其移动后导致的产出扩张会小于 BP 曲线为水平线时的距离。如果 BP 曲线为水平线，那么货币扩张的效果为：$Y_2 - Y_0$。显然，BP 曲线为水平线时的货币扩张效果会更好。这说明，在汇率制度没有变化的情况下，资本自由流动程度的适度降低并没有带来货币政策独立性相应增强。对此"折中化"现象的一种可能解释是，浮动汇率制度在国内外经济活动中发挥了"防火墙"功能。例如，即使国外发生较严重的通货膨胀，由于汇率的浮动，国外通货膨胀传递到国内时会受到较大的抑制，国内货币政策仍然可以根据国内自身情况进行调整和干预。当然，对此现象的解释必须具备的条件是资本仍然具有一定程度的自由流动。如果资本完全不能流动或经济体完全封闭，就不会出现这种"折中化"的现象。

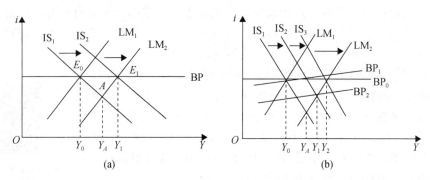

图 10-17　浮动汇率制度下资本完全流动与资本部分流动货币政策效应比较

第三，三元悖论"折中化"现象还可以表现为，在资本开放程度不变的情况下，汇率灵活性增强，并不必然伴随货币政策独立性的上升。范小云等认为，汇率制度与货币政策独立性之间存在门限效应，汇率制度稳定性与货币政策独立性之间存在倒 U 型关系。该研究表明，当汇率浮动超过一定的限度后，货币政策独立性反而减弱了。一种可能的解释是，随着汇率弹性的增强并达到一个阈值后，市场主体对过于频繁波动的汇率产生混乱的预期，加之缺乏规避风险手段等原因，经济主体为了规避风险对交易行为变得更加谨慎，此时货币政策的刺激效果就会比汇率稳定时的效果要弱。

基于上述理由可以认为，三元悖论的"折中化"现象有其存在的内在逻辑。根据三元悖论"折中化"理论，在资本流动情况不变的条件下，汇率灵活性与货币政策独立性之间可以更好地相容，汇率灵活性方面的约束与经典的三元悖论相比更加宽松，即在不降低货币政策独立性的同时可以适度提高汇率的灵活性。同时，由于三个目标之间的约束仍然存在，所以实施完全浮动的汇率制度必须以降低货币政策独立性等为代价。

(四)三元悖论"折中化"的启示

(1) 维持汇率的阶段性稳定不会削弱货币政策的独立性。根据三元悖论"折中化"理论，三个目标之间的相容性在增强，汇率的稳定并不必然以降低货币政策独立性为代价。当前经济处于"L"型阶段，悲观情绪较浓，预期混乱，保持汇率的稳定特别重要。当然，我国汇率灵活性离市场的要求还有较大差距，提高汇率灵活性是汇率改革的努力方向。本文认为需要把握好两点。一是要强调增强汇率的灵活性并不意味着我国必然要实施完全浮动的汇率制度，或者在短期内实施完全浮动的汇率制度。这是因为，三元悖论"折中化"理论认为，货币政策的独立性并不一定在完全浮动的汇率制度下取得，况且完全浮动的汇率制度也存在其他弊端。二是增强汇率的灵活性可以根据经济条件分阶段进行，在每个阶段保持汇率的相对稳定是一个合理且现实的选择。

(2) 当前阶段在保持汇率大体稳定的情况下要引导资本有序流动。我国现在已经从过去的"双顺差"演变为贸易顺差与资本项目(储备资产单列)逆差并存的情况，在某些阶段资本流动的逆差甚至大于贸易顺差。这导致我国外汇储备在近期内出现较大幅度的下降。资本的流出，一方面是因为企业对外投资增加，另一方面是国内企业或机构对外偿付债务，还有些是属于资本外逃。为了避免资本流出的现象继续恶化，可以实施的政策要么是增强汇率灵活性，要么是对资本流动进行管制。本文认为在三元悖论"折中化"假设下，当汇率灵活性的增强有一个限度时，当前对资本流动进行一定的管制是有必要的，对资本流动的必要管制是为了引导资本的有序流动，特别是引导资本的有序流出。本文同时认为，维持一定的储备资产可以在一定的条件下改善三元悖论的约束。

(3) 要在资本开放程度、汇率灵活性和货币政策独立性之间找到一个平衡点。根据三元悖论的"折中化"理论，三个目标之间的相容性增强。这意味着在固定汇率和完全浮动的汇率制度之间，通过不断探索和试错，我国的汇率制度可以找到一个阶段性的平衡点。这也意味着，在增强汇率灵活性的过程中，如果条件不具备，就不必勉强地在短期内实施完全浮动的汇率制度。

三元悖论"折中化"的
一个案例分析

第三节 中长期内宏观经济政策的有效性

中长期内财政政策和货币政策的有效性,在分析框架上发生了变化,从短期内的 IS-LM-BP 模型,演化为中长期内的 SRAS-LRAS-AD 模型。本节分别分析在固定汇率和浮动汇率制度下,财政政策和货币政策在中长期内的有效性。本节假设经济体系高度开放,资本处于完全流动状态。

一、中长期内的 SRAS-LRAS-AD 模型

中长期内宏观政策有效性的分析框架由短期内的 IS-LM-BP 模型演变成为中长期内的 SRAS-LRAS-AD 模型,该模型的主要作用是描述中长期内宏观上总供求形成均衡状态的过程。对于 SRAS-LRAS-AD 模型中总需求 AD 变化的原因,可以借助之前的 IS-LM-BP 模型来解释(含总需求曲线的移动)。需要注意的是,在借助 IS-LM-BP 模型解释 AD 变化时,为了使问题简化,本教材假设资本处于充分流动状态,对于资本非充分流动状态下的情形没有进行描述。

(一)短期总供给曲线 SRAS

影响长期总供给曲线 LRAS 和短期总供给曲线 SRAS 的因素较多,这里为了方便起见,以劳动力市场的均衡来进行说明。在劳动力市场中,实际工资水平(W/P)是影响劳动力供给和需求的重要变量。在短期内,假设劳动力的供给者存在货币幻觉(例如对物价的变动不敏感),商品市场的价格上升最先被厂商捕捉到。在这样的情况下,由于短期内实际工资水平维持不变,厂商会要求扩大生产规模来赚取更多的利润,对劳动力的需求增加(劳动力需求曲线向右平移),均衡的劳动力增加,从而提高产出水平,因此短期总供给曲线是一条向右上方倾斜的曲线,如图 10-18 所示。

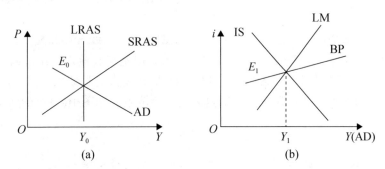

图 10-18 SRAS-LRAS-AD 模型和 IS-LM-BP 模型

(二)长期总供给曲线 LRAS

长期内,劳动者的货币幻觉消失,观察到物价的变化,出于维持不变的生活水准等原因,劳动者要求提高货币工资,而且货币工资提高的幅度不得低于物价上升的幅度。在这样的情况下,实际工资(W/P)回到原来的水平,劳动力市场的均衡恢复到最初的均衡状态。

这种变化表现为，一方面物价上升，另一方面实际产出并没有变化，相当于短期总供给曲线 SRAS 向左发生平移，使长期内的总供给曲线 LRAS 表现为一条垂直线，如图 10-18 所示。

当然，也还有其他理论可以用来解释长期总供给曲线是一条垂直线的原因。例如理性预期理论。由于理性预期的存在，所以劳动者即使在短期内也不会存在货币幻觉，物价的上升被货币工资的上涨所抵消，实际工资水平维持不变。厂商基于理性预期的角度，发现实际工资会维持不变，因此不会因为物价上升而扩大对劳动力的需求。这样劳动力市场在物价上升的情况下仍然维持原来的均衡，实际产出不发生变化，长期内的总供给曲线 LRAS 表现为一条垂直线。

(三) 总需求曲线 AD 的变动

本节以 IS-LM-BP 模型(见图 10-18)来解释总需求曲线 AD 的变动。为了简化问题，本节假设经济体系高度开放，资本处于完全流动状态。总需求曲线是一条向右下方倾斜的曲线，其原理在这里不再分析。

二、固定汇率制度下财政政策与货币政策的有效性

(一) 固定汇率制度下财政政策的有效性

以扩张性财政政策为例，其经济效应如图 10-19(a)所示。扩张性财政政策的实施推动 IS 曲线向右平移，与 LM 曲线产生新的交点 A 点。该交点在横轴上的投影表明，总需求从 AD_1 增加到 AD_2。该交点处于 BP 曲线的上方，表示国际收支从平衡状态转为顺差。在固定汇率制度下当国际收支为顺差时，货币当局为了稳定外汇市场和汇率，向外汇市场购买外汇，导致政府持有的储备资产增加，流通在外的货币供应量也上升。货币供应量的上升使 LM 曲线向右移动，利率下降，在资本完全流动的条件下，资本迅速地流出(第二个阶段的自发调节机制中，在收入机制和价格机制来不及发挥作用的情况下，利率机制的作用就使内外均衡同时实现)。最终，三条线相交于 E_2 点，内外均衡同时实现，总需求从 AD_2 向右平移到 AD_3。

随着总需求的增加，AD 曲线向右移动，与短期总供给曲线 SRAS 相交，表现出随着物价的上升实际产出也增加，短期内的财政政策有效。但是在长期内，由于诸如货币幻觉的消失和存在理性预期等原因，SRAS 曲线向左平移(形成垂直的长期供给曲线)，最终使实际产出维持在初期的水平，财政政策在长期内无效。经济效应如图 10-19(b)所示。

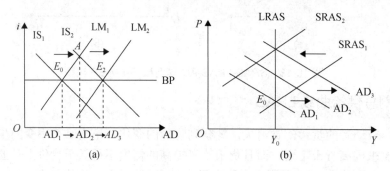

图 10-19 固定汇率制度下 AD 移动和长期内财政政策的有效性

(二)固定汇率制度下货币政策的有效性

以扩张性货币政策为例,其经济效应如图10-20(a)所示。扩张性货币政策的实施使LM曲线向右平移,与IS曲线的新交点表明AD增加。新交点A点处于BP曲线的下方,说明此时国际收支处于逆差状态。在固定汇率制度且在国际收支逆差条件下,货币当局为了稳定外汇市场和汇率,向外汇市场抛售外汇,导致政府持有的外汇储备减少,流通在外的货币供应量也下降。货币供应量下降,使LM曲线向左进行平移,一直平移到原来的出发点使国际收支恢复平衡为止。因此,总需求曲线也向左平移并回到原来的出发点。在图10-20(b)中可见总需求曲线首先从AD_1向右平移到AD_2,然后从AD_2向左平移到AD_1。AD曲线的这种移动,最终使物价水平没有发生变化,劳动力市场均衡没有被打破,短期总供给曲线SRAS没有发生移动,长期内货币政策无效。

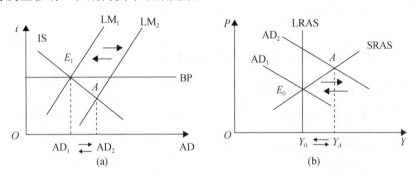

图10-20 固定汇率制度下AD移动和长期内货币政策的有效性

三、浮动汇率制度下财政政策与货币政策的有效性

(一)浮动汇率制度下财政政策的有效性

以扩张性财政政策为例。从图10-21(a)中可以看出,扩张性财政政策的实施,使IS曲线向右平移,与LM曲线产生的新交点E点处于BP曲线的上方,意味着国际收支处于顺差状态。在国际收支顺差和浮动汇率制度下,外汇汇率贬值,本币升值。在满足马歇尔-勒纳等条件的情况下,本国国际收支恶化,从而抵消之前的国际收支顺差,国际收支恢复平衡。在图形上表现为IS曲线和BP曲线均向左移动(BP曲线是水平线,其向左平移在图形上不能观察到),IS曲线退回到原来的出发点,总需求维持不变。在图10-21(b)中,可以发现总需求曲线从AD_1向右平移到AD_2,最后又向左平移到AD_1。AD曲线的这种移动,最终使物价水平没有发生变化,劳动力市场的均衡没有被打破,短期总供给曲线SRAS没有发生移动,长期内的财政政策无效。

(二)浮动汇率制度下货币政策的有效性

这里以扩张性货币政策为例。从图10-22(a)中可以看出,在内外均衡的基础上,实施扩张性的货币政策,LM曲线向右平移,与IS曲线的交点A点处于BP曲线的下方。这时总需求有所增加,且国际收支处于逆差状态。在国际收支逆差的情况下,外汇市场对外汇的需求增加,外汇汇率升值,本币贬值。在满足马歇尔-勒纳等条件的情况下,本国国际收支改善，推动 IS 曲线和 BP 曲线均向右平移(BP 曲线是水平线，其向右平移在图形上不能观察到)，最后 IS 曲线、LM 曲线和 BP 曲线相交于同一点 E 点，新的均衡产生，总需求再次增加。从图 10-22(b)中可以看出，总需求曲线首先从 AD_1 右平移到 AD_2，然后从 AD_2 右平移到 AD_3。

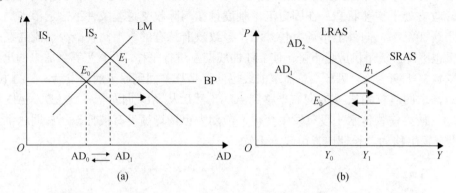

图 10-21　浮动汇率制度下 AD 移动和长期内财政政策的有效性

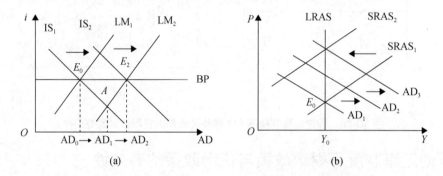

图 10-22　固定汇率制度下 AD 移动和长期内货币政策的有效性

随着总需求的增加，AD 曲线向右移动，与短期总供给曲线 SRAS 相交，表现出随着物价的上升实际产出也增加，短期内的财政政策有效。但是在长期内，由于诸如货币幻觉的消失和存在理性预期等原因，SRAS 曲线向左平移(形成垂直的长期供给曲线)，最终使实际产出维持在初期的水平，货币政策在长期内无效。

本 章 小 结

本章主要描述短期内和中长期内财政政策及货币政策的有效性，这种政策的有效性反映的是财政政策和货币政策对国民收入的影响。为了描述这种短期内的影响和作用，本章分别在固定汇率和浮动汇率制度下，将资本流动分为完全流动、完全不流动和不完全流动三种情况来进行相关分析。短期内的分析表明，稳定的汇率、完全的资本流动和独立的货币政策之间存在相互冲突的情况，这就是三元悖论。这种三个目标之间冲突的情况实际上是开放条件下内外均衡冲突的反映。近年来的研究认为，三元悖论成立的条件和理由需要修正，三个目标之间的相容性在增强。三元悖论的"折中化"是对三元悖论进行修正的一种主要表现。在中长期内，由于劳动者货币幻觉的消失，以及存在理性预期等因素，致使财政政策和货币政策对国民收入的影响较小，甚至无效。

第十章　开放经济条件下财政政策与货币政策的有效性

思 考 题

1. 三元悖论的含义是什么？三元悖论的本质是什么？
2. 三元悖论"折中化"的含义是什么？其依据是什么？三元悖论"折中化"对我国汇率形成机制的改革有何启发？
3. 在固定汇率制度下讨论财政政策有效性时，为什么需要对 LM 曲线和 BP 曲线根据曲线斜率不同分三种情况进行分析？
4. 在进行短期分析时，假设短期总供给曲线不发生变化。这种假设会对固定汇率制度下的分析带来什么影响？
5. 长期内总供给曲线为什么是垂直线？
6. 长期内哪些因素会导致政策失效？

第十一章 开放经济下政策的国际传导机制与国际政策协调

【章前导读】

国际收支是国际金融学中最基本的理论问题,是国际金融学的理论基础,也是经济生活中最受关注的概念和主题。随着时代的变迁,国际收支的内涵和外延不断发生变化。本章从国际收支的概念、国际收支平衡表的账户设置与编制、国际收支的常用口径和中国的国际收支变化情况等方面展开分析。

在前文的分析中，一直假设一个国家的开放经济政策仅能对本国国内需求和国际收支产生作用，而对外国经济没有影响，即前文分析的仅仅是小国经济。但是在现实情况中，一个国家在采取宏观经济政策追求内外均衡目标时，会通过一系列传导机制对他国经济产生冲击。因此，本章首先将分别分析在开放经济下，一个国家的政策国际传导的宏观机制和微观机制。其中宏观机制分析主要采用开放经济下的两国蒙代尔-弗莱明模型，分析一个国家的财政政策和货币政策在不同汇率制度下如何通过各种传导机制对外国经济产生影响，从而理解开放经济的相互依存性；微观机制分析则主要介绍奥布斯特费尔德和罗格夫构建的汇率决定的动态一般均衡模型，分析一个国家的货币政策的溢出效应与传导机制。在分析国际政策协调机制与效应的基础上，就开放经济下国际政策的国际协调理论及实践展开论述。

第一节　开放经济下政策的国际传导机制

本节首先就政策在国际间的传导机制展开分析，分别介绍各国宏观经济政策通过收入机制、利率机制和相对价格机制对他国产生的溢出效应以及获得的反馈效应，并对两国蒙代尔-弗莱明模型进行介绍。

一、政策的国际传导机制分析

在前文的分析中，假设一个国家的经济政策和经济变量的改变，不会影响到外国的经济变量，这实际上描述的是小型开放经济的情况。如果研究的对象是大国经济，那么当它的政策和经济变量发生变动时，就会对外国的经济变量造成影响，这种影响还可能进一步反馈到本国。因此，在开放经济下各国经济是相互依存的。当一个国家的经济面临突然冲击时，这个冲击在开放经济之间的传递存在三种传导机制。

1. 收入传导机制

收入传导机制主要是指本国国民收入的变动会通过本国边际进口倾向与乘数效应带来另一个国家国民收入的变动，即收入变动的溢出效应。同时，另一个国家国民收入的变动又会通过该国边际进口情况与乘数效应导致本国国民收入变动，即收入变动的反馈效应。一个国家经济中的边际进口倾向越高，另外一个国家的出口乘数越大，冲击通过这个机制向他国经济进行传递的效果就越显著。具体传导机制如图 11-1 所示。

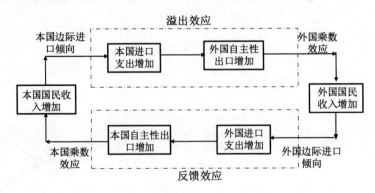

图 11-1　开放经济下的收入传导机制

第十一章 开放经济下政策的国际传导机制与国际政策协调

2. 利率传导机制

利率传导机制的传导主要通过国际资金流动来进行。当一个国家的利率发生变动时，将带来资金在国际间的流动，进而导致相应变量(外汇储备或汇率)的变动，从而影响另一个国家的利率水平，即利率变动的溢出效应。反过来，另一个国家利率的变动又会通过资金的流动带来本国相应利率的变动，从而影响本国经济，即利率变动的反馈效应。具体传导机制如图11-2所示。

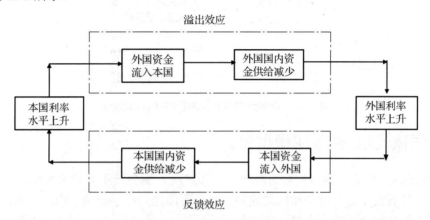

图 11-2　开放经济下的利率传导机制

3. 相对价格传导机制

在不同的汇率制度下，相对价格的传导机制有所不同。在固定汇率制度下，当一个国家国内的价格变动时，将带来相对价格水平的变化。在浮动汇率制度下，名义汇率的变动带来相对价格水平的变动。相对价格水平的变动即为实际汇率的变动，由此带来两国商品国际竞争力的变化，从而对他国经济产生冲击。具体传导机制如图11-3所示。

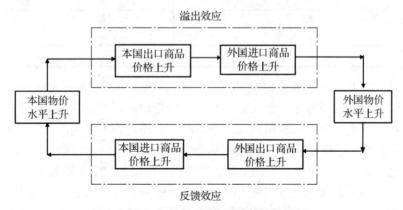

(a) 固定汇率制度下的相对价格传导机制

图 11-3　开放经济下的相对价格传导机制

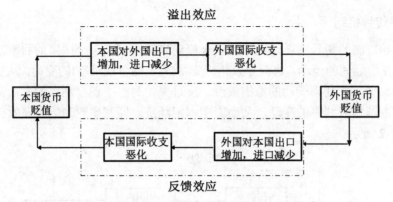

(b) 浮动汇率制度下的相对价格传导机制

图 11-3 开放经济下的相对价格传导机制(续)

二、两国蒙代尔-弗莱明模型简介

两国蒙代尔-弗莱明模型的分析对象为大国经济，主要分析开放经济的相互依存性问题。在分析时假设只存在两个相同规模的国家，两国之间相互影响。因此，本国利率水平与国民收入的变动会影响到世界利率与外国国民收入。同时，仍然假设总供给曲线是水平的、购买力平价不成立以及投资者风险中立。因此，当资本完全流动时，原有模型如表 11-1 所示。

表 11-1 两国蒙代尔-弗莱明模型

	本国市场平衡条件	外国市场平衡条件
商品市场	$Y=A(\bar{G},i,Y)+T\left(\dfrac{eP^*}{P},Y,Y^*\right)$	$Y^*=A^*(\bar{G}^*,i^*,Y^*)+T^*\left(\dfrac{P}{eP^*},Y^*,Y\right)$
货币市场	$\dfrac{M_s}{P}=L(i,Y)$	$\dfrac{M_s^*}{P^*}=L^*(i^*,Y^*)$
外汇市场	$i=i^*$	$i^*=i$

在表 11-1 中，凡带有星号的均表示外国变量。两国的商品市场平衡条件即两国的 IS 曲线，此时外国国民收入不再是一个常数，而是可以变动的，因此外国国民收入会影响各国的经常账户收支。当一个国家的国民收入变动时，会通过收入机制的传导对另一个国家的经常账户产生影响，进而影响另一个国家的国民收入。其中，一个国家的国民收入增加时，会通过边际进口倾向带来该国进口的上升、外国出口的增加，由此带来外国经常账户顺差。相反，一个国家的国民收入下降时将带来该国进口的减少、外国出口的减少，由此导致外国经常账户逆差。因此，一个国家的国民收入的变动将直接影响外国经常账户余额与国民收入。

两国的货币市场平衡条件即两国的 LM 曲线。两国各自的货币市场根据货币供求状况确定了各自的利率水平。两国的外汇市场均衡条件即为两国的 BP 曲线。根据假设，不存在汇率变动的预期，因此在非套补利率平价成立的情形下，两国利率水平相等，此时的 BP 曲

第十一章 开放经济下政策的国际传导机制与国际政策协调

线为平行于横轴的直线,资本在国际间完全流动[①]。在两国利率水平相等时,两国的国际收支不会受到资本流动的冲击,两国外汇市场处于均衡状态。

两国蒙代尔-弗莱明模型如图11-4所示。

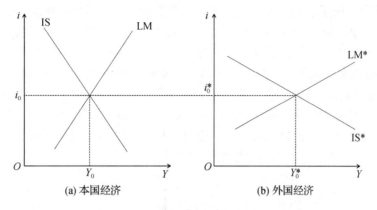

图 11-4 两国蒙代尔-弗莱明模型

由图11-4可知,由于本国的IS曲线与LM曲线的斜率大于外国的IS^*曲线与LM^*曲线的斜率,说明本国的货币政策与财政政策效果更强[②],因此我们在分析时仅考虑本国相关变量变动时的溢出效应,而不考虑反馈效应。

第二节 固定汇率制度下政策的国际传导效应

本节主要讲解在固定汇率制度下一个国家的财政政策与货币政策的国际传导机制,并对政策的溢出效应作出评价。

一、货币政策的国际传导

当本国采取扩张性的货币政策时,首先会引起LM_0曲线右移至LM_1,本国利率下降,本国国民收入上升。这个政策效应会通过如下机制进行国际传导:第一,收入传导机制。本国国民收入的增加会通过边际进口倾向带来本国进口的上升及外国出口的增加,促使外

---

① 根据非套补的利率平价,$E_\rho = \dfrac{E_{ef} - e}{e} = i - i^*$,当不存在汇率变动预期时,即$E_{ef} = e$,两国利率水平相等。

② 根据IS曲线的公式$i = -\dfrac{1-a+m}{b} \times Y + \dfrac{1}{b} \times (\overline{A} + \overline{T})$可得,本国IS曲线与外国$IS^*$曲线的斜率分别为:$k = \left|\dfrac{1-a+m}{b}\right|$,$k^* = \left|\dfrac{1-a^*+m^*}{b^*}\right|$。由于$k>k^*$,所以可得$b<b^*$,即外国国内投资对利率的变动更加敏感,外国财政政策效果较差。根据LM曲线的公式$i = \dfrac{1}{h} \times \left(kY - \dfrac{M_s}{P}\right)$可得,本国LM曲线与外国$LM^*$曲线的斜率分别为:$a = \dfrac{k}{h}$,$a^* = \dfrac{k^*}{h^*}$。由于$a>a^*$,所以$h<h^*$,即外国国内的货币需求对利率变动更加敏感,外国货币政策效果较差。

国商品市场曲线 IS_0^* 右移至 IS_1^*，带来外国利率水平及国民收入的上升。第二，利率传导机制。比较 LM_0 曲线移动与 IS_0^* 曲线移动后的两国利率水平可以发现，外国利率水平 i^* 大于本国利率水平 i，在利率传导机制的作用下，将导致资本从本国流出，本国国际收支出现逆差，本币有贬值压力。在固定汇率制度下，本国中央银行需要干预外汇市场，通过减少本币供给来阻止本币贬值，带来 LM_1 曲线向左移动至 LM_2。本国资本的流出对应着外国资本的流入，外币有升值压力。同样在固定汇率制度下，外国中央银行也有义务干预外汇市场保持汇率稳定，通过增加外币供给来抑制外币升值，带来 LM_0^* 曲线右移至 LM_1^*。第三，相对价格传导机制。伴随着本国货币供给量的减少，本国物价水平相应下降，从而提高实际汇率促进本国出口，而出口的增加推动 IS_0 曲线右移至 IS_1。外国货币供给量的增加会带来外国物价水平的相应上升，由此导致外国出口商品价格相对更高，因此外国出口会下降，进而带来 IS_1^* 曲线左移至 IS_2^*。具体过程如图 11-5 所示。

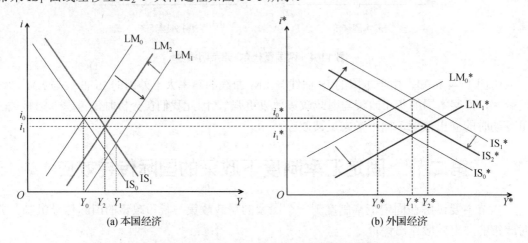

图 11-5　固定汇率制度下的货币政策国际传导效应

由以上分析可以总结，在固定汇率制度下，本国实行的扩张性货币政策会带来以下影响。

第一，伴随着 LM 曲线与 LM^* 曲线的移动，世界货币存量高于期初水平。

第二，两国国民收入水平均上升。首先，本国国民收入上升，说明相比于一个国家的前提条件，两国模型下的扩张性货币政策有效。此时货币政策之所以能发挥效力，是因为它可以通过影响国内利率水平来影响外国利率水平，进而带来资本在国际间的流动。资本的流动使本币与外币的币值都会出现波动。因此在同时实行固定汇率制度的条件下，两国同时负有干预外汇市场、保证汇率稳定的义务。而两国同时干预外汇市场的行为使本国中央银行只需要调整部分本币供给量就可以实现汇率稳定的目标，所以未完全抵消扩张性货币政策的政策效果。其次，外国国民收入上升，说明本国实行扩张性的货币政策能够产生正向的溢出效应。这个正向的溢出效应通过收入传导机制与利率传导机制发挥作用。本国收入的增加通过本国进口的上升带来外国国民收入的增加；而本国利率水平的下降通过资金流动使外国货币供给增加、利率下降，通过促进外国的投资带来外国国民收入的增加。但是，这个正向的溢出效应会因为相对价格传导机制而被部分抵消，在相对价格传导机制的作用下，由于价格变动所致使的实际汇率变动导致本国出口和外国进口的增加，从而导致外国国民收入的部分下降。

第三，两国利率水平相等时确定的世界利率水平低于货币扩张前的利率水平。

二、财政政策的国际传导

假设本国实行扩张性的财政政策,这将推动 IS_0 曲线向右移动至 IS_1,带来本国国民收入的上升及本国利率水平的提高。这个政策效应会通过如下机制进行国际传导:第一,收入传导机制。本国国民收入的上升会通过边际进口倾向带来进口的增加,外国出口水平相应增加,从而带来 IS_0^* 曲线向右移动至 IS_1^*。外国国民收入与利率水平相应上升。此处要说明的是,IS_0^* 移动的幅度要小于 IS_0[①]。第二,利率传导机制。比较两国利率水平后发现,本国利率水平高于外国利率水平,这将通过利率传导机制带来外国资本的流入,给本币造成升值压力。在固定汇率制度下,本国中央银行通过增加本币供给来抑制本币升值趋势,由此带来本国货币供给量的上升,LM_0 曲线向右移动至 LM_1。同时,外国出现大量资本流出的现象,导致外币有贬值压力,外国中央银行会通过减少外币供给来抑制贬值趋势,因此 LM_0^* 曲线向左移动至 LM_1^*。第三,相对价格传导机制。本国货币供给量的增加带来本国物价水平的上升,由此导致实际汇率下降和本国出口的减少,IS_1 曲线左移至 IS_2。而外国货币供给量的减少则会带来外国物价水平的下降和外国出口的增加,IS_1^* 曲线进一步右移至 IS_2^*。具体过程如图 11-6 所示。

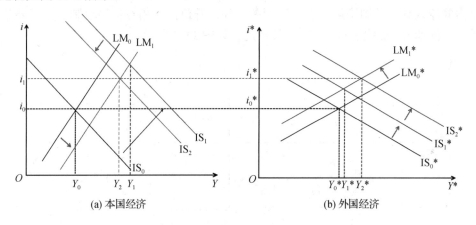

图 11-6 固定汇率制度下的财政政策国际传导效应

由以上分析可以总结,在固定汇率制度下,本国实行的扩张性财政政策会带来以下影响。

第一,世界货币存量不变。本国扩张性的财政政策通过利率传导机制带来本国货币供给量的增加,外国货币供给量的减少。因此世界货币存量不变。

第二,本国国民收入与外国国民收入均上升,说明本国扩张性的财政政策会产生正向的溢出效应,此时的财政政策是有效的。

第三,世界利率水平高于财政政策实施前的利率水平,而利率水平的上升会对本国投资产生一定的挤出效应,从而使在相比于一个国家的前提条件下,两国模型下的财政政策

---

① IS_0^* 移动的幅度要小于 IS_0 说明,通过收入传导机制的传导所带来的外国国民收入的增加幅度小于本国财政扩张造成的收入增加。原因在于:此时外国国民收入的上升源于本国国民收入上升所带来的进口增加,但是由于边际进口倾向小于1,所以进口增加的幅度小于本国收入增加的幅度。

对本国国民收入的扩张效应略低[①]。

第三节 浮动汇率制度下政策的国际传导效应

本节主要讲解在浮动汇率制度下一个国家的财政政策与货币政策的国际传导机制,并对政策的溢出效应作出评价。

一、货币政策的国际传导机制

当本国采取扩张性的货币政策时,首先会引起 LM_0 曲线右移至 LM_1,本国利率水平下降,本国国民收入水平上升。这个政策效应会通过如下机制进行国际传导:第一,收入传导机制。本国国民收入的增加带来本国进口的增加及外国出口的增加,促使外国商品市场曲线 IS_0^* 右移至 IS_1^*,带来外国利率水平及国民收入水平的上升。第二,利率传导机制与相对价格传导机制。由于外国利率水平 i^* 大于本国利率水平 i,所以在利率传导机制的作用下,资本将从本国流出,流入外国。本国国际收支出现逆差,在浮动汇率制度下汇率自由浮动,本币贬值,在相对价格传导机制作用下促进本国出口,促使本国商品市场曲线 IS_0 右移至 IS_1。外国资本的流入导致外国国际收支出现顺差,外币升值,在相对价格机制作用下导致外国出口减少,推动 IS_1^* 曲线左移至 IS_2^*。具体过程如图 11-7 所示。

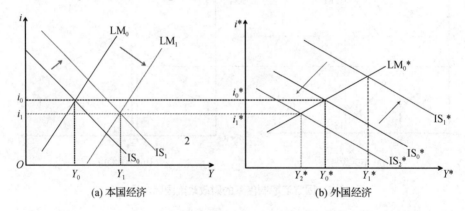

图 11-7 浮动汇率制度下的货币政策国际传导效应

由以上分析可以总结,在浮动汇率制度下,本国实行的扩张性货币政策会带来以下影响。

第一,伴随着本国扩张性货币政策的实施,世界利率水平低于期初水平。

第二,本国国民收入水平上升。首先,本国国民收入水平上升,说明货币政策在浮动汇率制度下能发挥效力。但是两个国家的模型下的本国货币扩张对本国产出的扩张效应略低于一个国家的条件下,这是因为扩张性货币政策导致了世界利率水平的下降,本国货币需要贬值的幅度下降,因此本国出口的增加幅度下降,对国民收入的扩张效应减小。图 11-8 所示为浮动汇率制度下货币政策在一个国家和两个国家模型下的效力对比。在两个国家的

---

① 在一个国家的条件下,利率水平不会因为实行扩张性的财政政策而上升,因此不存在挤出效应。

第十一章 开放经济下政策的国际传导机制与国际政策协调

条件下，本国货币政策扩张带来利率水平从 i_0 下降至 i_1，此时确定的国际收支曲线为 BP_1，经济均衡点为 B 点，均衡国民收入为 Y_1，本币贬值水平为 Δq_1。在一个国家的条件下，本国货币政策扩张并未带来利率水平下降，利率稳定在初始利率水平 i_0，因此确定的国际收支曲线为 BP_0，经济均衡点为 C 点，此时的国民收入水平为 Y_2，本币贬值水平为 Δq_2。

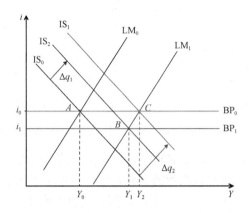

图 11-8　一个国家与两个国家模型在浮动汇率制度下货币政策效力的对比分析

比较两种情形下的本币贬值水平，在两个国家的模型下，由于利率水平变动，本币贬值幅度更小（$\Delta q_1 < \Delta q_2$）。比较国民收入，在两个国家的模型下货币扩张带来的国民收入增长幅度小于一个国家的条件下的情形（$Y_1 < Y_2$）。

第三，外国国民收入水平下降，说明本国实行扩张性的货币政策产生了负的溢出效应。这个负的溢出效应通过利率传导机制与相对价格传导机制发挥作用。本国收入的增加虽然通过增加进口带来外国国民收入的增加，但是在利率传导机制的作用下，本国利率水平下降小于外国利率水平下降导致的资本流入外国，使本币贬值、外币升值。同时，在相对价格传导机制的作用下，导致外国实际汇率下跌，恶化外国经常账户，最终使外国国民收入小于初始状态。因此，在浮动汇率制度下本国实行扩张性的货币政策是一种典型的"以邻为壑"政策，本国产出扩张的一部分是以外国产出的相应下降为代价而实现的。

二、财政政策的国际传导机制

本国实行的扩张性财政政策首先推动 IS_0 曲线向右移动至 IS_1，带来本国国民收入水平的上升及本国利率水平的提高。这个政策的效应会通过如下机制进行国际传导：第一，收入传导机制。本国国民收入水平的上升会推动外国出口水平相应上升，IS_0^* 曲线向右移动至 IS_1^*。外国国民收入水平与利率水平相应上升。此处要说明的是，IS_0^* 移动的幅度要小于 IS_0。第二，利率传导机制。由于 IS_0^* 移动的幅度要小于 IS_0，所以本国利率高于外国利率，通过利率传导机制带来资本的流入，本币升值。外国资本流出，外币贬值。第三，相对价格传导机制。本币升值带来本国实际汇率下跌，本国出口减少，IS_1 曲线左移至 IS_2。而外币贬值带来外国实际汇率上涨，外国出口增加，IS_1^* 曲线进一步右移至 IS_2^*。具体过程如图 11-9 所示。

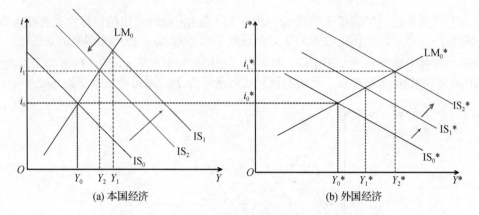

图 11-9　浮动汇率制度下的财政政策国际传导效应

由以上分析可以总结，在浮动汇率制度下本国实行的扩张性财政政策会带来以下影响。

第一，伴随着本国扩张性财政政策的实施，世界利率水平高于期初水平。

第二，本国国民收入水平上升。首先，本国国民收入水平上升，说明在两个国家的模型下，浮动汇率制度下的财政政策能发挥效力。即相比于一个国家的条件下，本国的财政扩张效应不会完全被本币升值所抵消，这是由于两个国家的模型下实行的财政扩张会通过影响国内利率进而导致世界利率水平改变。图 11-10 所示为浮动汇率制度下财政政策在一个国家和两个国家模型下的效力对比。本国财政政策扩张推动 IS_0 曲线右移至 IS_1 曲线。同时，由于本币升值导致 IS_1 曲线向左移动。在两个国家的条件下，由于财政扩张会导致利率水平由 i_0 上升至 i_1，此时确定的国际收支曲线为 BP_1，因此 IS_1 曲线仅会左移至 IS_2 曲线，新的均衡点为 B 点，确定的国民收入水平为 Y_1，高于初始水平 Y_0。而在一个国家的条件下，由于财政扩张并未带来利率的变动，所以 IS_1 曲线会左移回至 IS_0 曲线，均衡点仍为 A 点，国民收入水平仍为 Y_0，未能上升。因此，在两个国家的条件下，本国财政扩张的效应并未被本币升值所完全抵消。

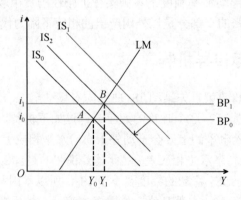

图 11-10　一个国家与两个国家模型在浮动汇率制度下财政政策效力的对比分析

第三，外国国民收入上升，说明本国财政扩张政策对外国经济有正的溢出效应。这个溢出效应通过收入传导机制、利率传导机制与相对价格传导机制发挥作用，即本国国民收入增加通过本国进口增加带来外国国民收入增加，本国更高的利率水平通过本币升值使外国出口增加，从而进一步提高外国的国民收入水平。

第十一章 开放经济下政策的国际传导机制与国际政策协调

在本节中，我们通过两个国家蒙代尔-弗莱明模型分析了各国经济之间的相互依存性，同时也分析了财政政策与货币政策在不同汇率制度下对本国产出及外国产出的影响。具体效力可总结为表11-2。

表11-2 两个国家的模型下财政政策和货币政策的效力

政策类型	相关变量	固定汇率制度	浮动汇率制度
财政政策	世界利率水平	上升	上升
	本国产出	上升	上升
	外国产出	上升	上升
货币政策	世界利率水平	下降	下降
	本国产出	上升	上升
	外国产出	上升	下降

第四节 开放经济下政策国际传导的微观机制

本章前三节内容主要利用开放经济下的两个国家的蒙代尔-弗莱明模型来分析一个国家的财政政策和货币政策在国际间的传导机制与溢出效应。蒙代尔-弗莱明模型的分析结构简单，且政策含义明确，因此被视为分析国际金融问题的经典理论。但是，这个模型的最大问题在于对宏观经济问题的分析缺乏微观基础。正如卢卡斯批判所指出的，宏观经济与微观经济存在着内在联系，宏观经济变量变动时会影响包括消费者、厂商在内的微观经济个体的决策，从而导致宏观变量之间的关系发生改变。当宏观政策分析缺乏微观基础时，分析结果就会因此产生偏差。鉴于传统的蒙代尔-弗莱明模型存在这个缺陷，进入20世纪70年代，旨在为宏观经济分析提供微观基础的新古典主义兴起，大量研究开始在考虑微观个体效用函数的基础上对宏观经济问题展开研究。特别是进入20世纪90年代后，奥布斯特弗尔德(Obstfeld)和罗格夫(Rogoff)两位经济学家在其1995年发表的著名论文《再论汇率动态变化》(*Exchange Rate Dynamics Redux*)中，创造性地将微观经济基础、商品价格黏性、垄断竞争等要素引入分析框架，构建了汇率决定的动态一般均衡模型。这个研究框架已经成为开放经济宏观经济学的主流研究模式，后续研究在这个框架基础上作出了进一步的改进。本节将对奥布斯特弗尔德和罗格夫建立的模型(以下简称"标准模型")作简单介绍，阐明一个国家的货币政策变动如何通过商品贸易渠道影响他国经济。

一、基本假设

标准模型具备如下几点假设，后续分析均在以下假设基础上展开。

第一，模型中仅存在两个国家：本国和外国。两个国家的商品具备完全相同的替代弹性，即个体对本国和外国商品具备完全相同的消费偏好。因此，国内国外商品能够完全对称地融入个体的常替代弹性效用函数中。

第二，商品名义价格在短期内存在黏性。因此在名义价格提前一期设定好后，当外部冲击发生时当期名义价格将保持不变，在下一期时才会根据需求情况作出充分调整。

第三，在国际贸易中不存在市场分割问题，对于可贸易商品来说一价定律始终成立。假设本国可贸易商品的本币价格水平为 $p(z)$，外国同一可贸易商品的外币价格水平为 $p^*(z)$（其中 z 为对单一厂商生产的唯一商品作指数化处理的结果），e 为名义汇率水平。因此，在一价定律成立时，有如下等式(11-1)成立：

$$p(z) = ep^*(z) \tag{11-1}$$

第四，厂商采用生产者货币定价方式（Producer Currency Pricing，PCP）来定价。其中，本国厂商用本国货币定价，外国居民为购买本国产品所支付的价格会因为名义汇率变动而即时变化。

第五，世界资本市场是完全的，两国个体都能够利用无风险债券来获得融资。

二、标准模型简介

如前所述，标准模型是一个动态的、完全预期的、垄断竞争的跨期两国模型。本国和外国都拥有大量单个的垄断厂商，各厂商只生产一种商品且不同于其他厂商，所有厂商具备相同偏好。所有厂商生产的产品总量位于[0, 1]区间内，其中本国厂商生产的产品量位于区间[0, n]，外国厂商生产的产品量位于区间[n, 1]。本国个体的跨期效用函数与个体消费指数、个体持有的实际货币余额以及产出相关，具体函数形式如式(11-2)所示：

$$U_t = \sum_{s=t}^{\infty} \beta^{s-t}\left[\log C_s + \frac{\chi}{1-\varepsilon}\left(\frac{M_s}{P_s}\right)^{1-\varepsilon} - \frac{\kappa}{2}y_s(z)^2\right], \quad 0 < \beta < 1, \quad \varepsilon > 0 \tag{11-2}$$

式(11-2)中的 C_t 代表 t 期的个体常替代弹性消费指数，P_t 代表 t 期的本国价格指数，M_t 为 t 期个体持有的名义货币余额，M_t/P_t 为剔除价格因素后的个体实际货币持有余额；$y_t(z)$ 为 t 期的个体产出。其中，C_t 的具体形式为 $C_t = \left[\int_0^1 C_t(z)^{\frac{\theta-1}{\theta}} dz\right]^{\frac{\theta}{\theta-1}}$，$\theta > 1$，代表不同商品间的替代弹性。$P_t$ 的具体形式为 $P = \left[\int_0^1 p(z)^{1-\theta} dz\right]^{\frac{1}{1-\theta}}$。同时依据假设，在一价定律成立的条件下，本国价格指数可进一步扩展为 $P = \left\{\int_0^n p(z)^{1-\theta} dz + \int_n^1 \left[ep^*(z)\right]^{1-\theta} dz\right\}^{\frac{1}{1-\theta}}$。

本国个体可以在世界资本市场上利用债券进行借贷。以 r_t 来代表从 t 期到 $t+1$ 期的债券实际利率，F_t 表示个体进入到 $t+1$ 期时所持有的债券数量。本国个体 z 的预算约束条件如式(11-3)所示：

$$P_t F_t + M_t = P_t(1+r_{t-1})F_{t-1} + M_{t-1} + p_t(z)y_t(z) - P_t C_t - P_t T_t \tag{11-3}$$

接下来分析外国情况。由于外国个体与本国个体在消费、实际货币余额持有、生产过程中的劳动付出等方面具备相同的偏好，因此外国个体的效用与约束与本国个体对称。基于这个分析，外国个体的跨期效用函数以及预算约束与本国个体类似。外国价格指数 P^* 可以表示为 $P^* = \left[\int_0^1 p^*(z)^{1-\theta} dz\right]^{\frac{1}{1-\theta}}$；同时，由于商品 0 到 n 为本国生产，商品 n 到 1 为外国生产，所以外国价格指数 P^* 的表达式可以进一步扩展为式 $P^* = \left\{\int_0^n \left[p(z)/e\right]^{1-\theta} e dz + \int_n^1 p^*(z)^{1-\theta} dz\right\}^{\frac{1}{1-\theta}}$。

三、标准模型分析结论与政策含义

第一，即使在长期内，货币也是非中性的。由货币政策实施引起的货币供给量变化将会导致一个国家的实际产出水平发生变化。这是由于在短期内，当本国的经常账户出现盈余时，国内个体的外国净资产出现长期上升，在新的均衡状态下，国内个体的相对消费会保持较高的水平，而国内个体外国净资产的上升带来的财富效应使国内产出下降，因此造成了本国经常账户盈余的减少，贸易条件改善。

第二，汇率变动不存在多恩布什(Dornbusch)所指出的超调问题。虽然外部冲击(例如货币政策变动)对一个国家个体在不同时期的绝对消费水平造成了不同的影响，但是由于个体对本国和外国商品具备完全相同的消费偏好，因此两国的相对消费水平并未发生改变。当货币供给量出现一次性变动时，本币汇率的瞬时调整幅度与长期调整幅度相同，两国的相对价格并未发生变化。

第三，一个国家实行扩张性的货币政策能够同时带来本国和外国个体福利水平的上升。这是由于一个国家实行扩张性的货币政策会带来本国消费需求上升，商品价格存在黏性，垄断厂商将根据需求水平来增加产出，本国消费水平提高。同时，由于个体对本国和外国产品具备完全相同的偏好，货币供给量的增加将带来个体对所有产品需求的增加，使垄断竞争下的均衡产出水平提高，外国消费水平也将提高，因此本国货币政策的变动将对外国产生正的溢出效应。

四、标准模型缺陷分析

第一，标准模型将名义刚性作为外生变量引入分析框架，假设商品价格存在黏性，且所有厂商都在前一期确定好价格，而在冲击发生时到下一期再对价格作出调整。这个假设存在两方面缺陷：一是名义刚性除了包含商品价格黏性以外，还存在名义工资黏性。而标准模型未能考虑工资黏性的情形。二是所有厂商都实行相同的定价方法可能导致在厂商同时调整价格时，商品市场价格出现剧烈波动。这个现象是偏离现实情况的。

第二，标准模型假设对于单个可贸易商品来说，一价定律始终成立。对于商品指数来说，购买力平价始终成立。但是在现实中，在国际贸易中存在的各种贸易壁垒使市场分割变得更为简单，这就便于厂商采用"因市定价"(pricing to market，PCM)策略。因此，将因市定价方法引入分析框架可能更接近现实情况。

第三，标准模型假设国内商品与国外商品具备完全相同的替代弹性，因此一个国家货币政策的实施对本国和外国都将产生相同的福利效应。但是当两国商品的替代弹性不同时，货币政策的实施效果对于本国和外国来说存在差异。2001年，经济学家科西蒂(Corsetti)和佩什蒂(Pesenti)对标准模型的扩展研究假设两国产品的有限替代性，发现当国内商品的替代性高于两国之间商品的替代性时，货币扩张有利于改善外国福利状况，但是却会损害本国福利状况。

第四，标准模型主要侧重于分析未预期到的外部冲击对经济和福利水平的影响，但是模型本身并没有将不确定性纳入讨论范畴。例如，模型中加入了完全资本市场假设，而未能考虑不完全资本市场下两国个体不完全风险分担的情况。

第五，标准模型将商品价格黏性引入经常账户来进行跨期研究，并依据福利分析对未预期的货币政策冲击的政策效果予以评估，实质上分析的是一个国家的货币政策实施通过商品贸易渠道对他国经济产生的影响(何国华和彭意，2014)[①]。但是已有研究认为，除了商品贸易渠道以外，一个国家的货币政策实施还可以通过利率、资本市场、汇率和外汇储备等渠道对他国产生溢出效应(展凯等，2021)[②]。

第五节　开放经济下国际政策协调的基本原理

本节首先论述国际政策协调的含义、方式、框架及层次。在此基础上，分别介绍货币政策、财政政策、贸易政策和金融监管政策国际协调的理论及相关实践。

一、国际政策协调理论概述

(一)国际政策协调的含义

国际政策协调(international policy coordination)是指各个国家、地区和国际经济组织，就财政、货币、汇率等宏观经济政策展开磋商、协调，通过适当调整现行经济政策或联合干预市场等手段，以便缓解各种突发事件和经济危机带来的冲击，从而实现维护与促进各国经济和社会的共同繁荣稳定。这个概念有广义和狭义之分。从狭义上来讲，各国在制定国内政策的过程中，通过各国间的磋商等方式来对某些宏观经济政策进行共同的设置。广义概念则是指在国际范围内能够对各国国内宏观经济政策产生一定程度制约的行为，本节所指的国际政策协调是广义上的概念。

国际政策协调的必要性来源于开放经济的相互依存性和市场的不完整性。在本章的前四节内容中，对政策国际传导的宏观和微观机制分析能够体现出各国的宏观经济政策在开放经济下是相互依存的，政策传导的溢出效应和反馈效应可能会在一定程度上抵消各国经济政策的效果。因此各国在制定经济政策时都不能是孤立的。政策在国际间进行协调能够最大限度地发挥各国经济政策的效果，同时有助于避免"以邻为壑"政策的出现。

(二)国际政策协调的方式、框架及层次

1. 国际政策协调的方式

国际政策协调的方式主要有两种，分别为相机性协调(discretion-based coordination)和规则性协调(rule-based coordination)。

相机性协调是指根据各国的具体情况，在没有既定协调规则的条件下，通过各国之间的临时性协商来确定各国应该采取的政策组合。这个方式的优点是具备灵活性、时效性，以及针对性比较强。但其缺点也很明显，包括三点：一是协调成本高。每一次的协调实际上都是各国讨价还价的过程，因此决策成本很高。二是约束力较差。由于相机性协调是由

[①] 何国华，彭意. 美、日货币政策对中国产出的溢出效应研究[J]. 国际金融研究，2014(2)：19—28.
[②] 展凯，王茹婷，张帆. 美国货币政策调整对中国的溢出效应与传导机制研究[J]. 国际经贸探索，2021，37：83—98.

第十一章　开放经济下政策的国际传导机制与国际政策协调

各国进行协商来确定解决方案，因此对于各国的约束力较差，竞相违约以及"搭便车"的问题时常出现，这对于贯彻落实协调成果是不利的。三是缺乏可信性。由于在相机性协调下缺乏明晰的规则，因此协调结果具有很大的不确定性，难以通过影响公众的心理预期而达到政策效力。在布雷顿森林体系解体后，世界各国间的政策协调大多数采用了相机性协调方式。

规则性协调是指通过制定明确的规则来指导各国采取政策措施从而达到国际间协调的一种协调方式，其中规则包括原则、协定、条款或者其他指导性条文。布雷顿森林体系下和欧元区成员国之间的政策协调采用的方式即为规则性协调。这个协调方式的优点在于：一是规则清晰，参与各方能够理解、参考与执行；二是对参与方具备一定的约束力，有利于政策协调的连续与稳定进行；三是由主要协调方参与制定规则，而主要协调方大多数为全球性金融组织或其成员，因此具有较高的权威性和可信性，可以通过影响公众的心理预期来落实政策效果。

2. 国际政策协调的框架

国际政策协调的传统框架有三种：一是在多边协议框架下的机构性协调。采取这个框架的有布雷顿森林体系、国际贸易体系以及国际能源机构。二是在区域经济一体化过程中的地区协调。采用这个协调框架的最为典型的例子即为欧盟。三是在领导人会晤机制下的定期协调，例如七国集团会议和二十国集团会议。上述三种框架的共同特点在于多边，以国际组织为载体，以发达国家对发达国家为主。

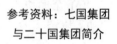

参考资料：七国集团与二十国集团简介

3. 国际政策协调的层次

依据进行政策协调的程度，国际政策协调由低到高可以分为六个层次[①]。

(1) 信息交换(information exchange)。信息交换是指各国政府就本国为实现宏观经济内外均衡而采取的宏观调控的政策目标范围、政策目标的侧重点、政策工具种类、政策搭配原则等信息进行相互交流，包括定期的政府间的信息交换、协商和宣布政策意向。通过信息交换，各国可以对其他国家的宏观经济政策、目标有所了解，从而在制定本国政策时采取相应的对策，实现与他国政策相协调。同时，如果掌握信息优势的国家能够将对经济前景的预测信息分享给他国，那么两国在产出和通胀方面的波动性都会降低，并且在信息共享的条件下，货币政策协调也更为有效[②]。

(2) 危机管理(crisis management)。危机管理是在全球性的特殊或者重大事件发生的情形下进行国际协调的形式。当这类事件发生后，各国进行共同的政策协调以缓解并渡过危机。各国进行政策协调的基础为暂时的协议。危机管理的主要目的在于防止各国采取独善其身的政策而导致危机进一步蔓延。

(3) 避免共享目标变量的冲突(avoiding conflicts over shared targets)。这个协调方式是指当两国面临共同目标时，应该进行政策协调从而避免出现为实现目标而采取的政策存在冲

---

① Cooper, R. Almost a century of central bank cooperation[R]. BIS Working Papers, NO 198, 2006: 1—17.
② 杨海珍，王开阳. 国际货币政策协调与信息互通的政策效果研究[J]. 管理评论，2019，(2)：49—57.

突。以欧债危机发生期间欧洲国家的政策协调为例，可以反映出共享目标出现冲突时的后果，也可以认识到经济政策在国际间进行协调的重要性。由于欧债危机的发生对欧元区的稳定造成了极大冲击，因此无论是危机国还是救助国都希望能够化解债务危机，进而重建欧元区的秩序，即欧盟内部各国的共享目标为欧元区的稳定与债务危机的化解。为了达到这个目标，德国等救助国支持扩大紧急救助基金规模以及建立欧洲稳定机制(ESM)，并批准了欧洲中央银行扩大对危机国发行债券的购买规模，以上的一系列举措对于缓解危机国的债务压力都能起到积极作用，有利于共享目标的实现。但是，以希腊为代表的危机国却以刺激本国经济增长、获取选票和维持社会稳定为目的，并不积极地执行削减财政赤字的要求，这无益于债务危机的化解，不利于共享目标的实现。因此，避免出现共享目标冲突是保证政策协调有效性的重要环节。

(4) 合作确定中介目标(cooperation intermediate targeting)。这个协调形式是指各国将某个中介变量作为政府协调的共同目标。由于这个中介目标会因为国家之间的经济联系而形成一个国家对另一个国家的溢出效应，进而影响另一个国家的宏观经济状况，因此各国有必要就这些中介目标展开协调。以货币供给量作为中介目标为例，如本章第三节内容所述，在浮动汇率制度下当一个国家增加货币供给量时，将在提升本国产出的同时，在溢出效应的影响下降低外国产出，产生以邻为壑效应。因此各国需要就货币供给量这个中介目标进行协调。

(5) 部分协调(partial coordination)。部分协调是指不同国家就国内经济某一部分目标或工具进行协调。例如，仅对各国的汇率政策进行协调，而听任各国根据其实际情况来实施其他政策。

(6) 全面协调(full coordination)。全面协调是指将不同国家的所有主要政策目标、工具都纳入协调范围，从而最大限度地获取政策协调的收益。

二、货币政策的国际协调

(一)货币政策国际协调的含义与必要性

货币政策国际协调是指不同经济体的货币当局，通过正式或非正式的协调机制，采取联合措施对各自国家的利率、汇率等操作目标进行干预，从而实现国内外多政策目标最优。货币政策国际协调包括有关国家和国际组织在货币政策、汇率政策、外汇市场干预以及国际收支调节等货币金融领域的协调。

货币政策进行国际协调的必要性主要体现在三个方面：一是各国之间经贸关系存在相互依存性。由本章前面内容所述，在开放经济条件下，一个国家执行的货币政策会产生溢出效应与反馈效应。在这个情形下，各国想要实现内外均衡，就需要借助货币政策的协调来缓解或消除负溢出效应。二是各国的货币政策选择存在困境，从客观上要求在国际间展开协调。根据"三元悖论"理论，当在汇率稳定和资本自由流动两个目标完全实现时，一个国家就需要放弃货币政策的独立性。因此，各国需要依赖货币政策协调，在保证汇率稳定与资本流动的条件下，来实现本国货币政策的有效实施。三是国际货币体系的内在缺陷促使各国通过货币政策协调来规避突发事件和危机的冲击。

第十一章 开放经济下政策的国际传导机制与国际政策协调

(二)货币政策国际协调的历史实践

货币政策的国际协调已有长期实践,而且在不同的国际货币体系下呈现出不同的特征及协调效力。不同货币体系下的货币政策国际协调情况如表 11-3 所示。

表 11-3 不同货币体系下货币政策的国际协调

国际货币体系	主要协调方式		协调机制	主要特点	协调效果
金本位制	以黄金为核心,自发形成的国际货币政策协调		规则性协调	①非制度性;②外部均衡优于内部均衡;③非对称性协调	协调有效,未出现缘于货币的国际经济利益冲突,但是收益分配不均衡。英国作为体系关键国,所获收益最多;德国、法国等主要工业国作为中间国所获收益次之;其他非工业国作为外围国所获收益最低,且容易受到其他国家货币政策的冲击
布雷顿森林体系	以美元为核心,人为设计的国际货币政策协调		规则性协调	①由世界主要国家共同制定规则形成的国际货币协调体系;②内外均衡兼顾;③非对称性协调	促进了国际货币金融领域的合作,维护了各国之间的货币汇率稳定,但是收益分配不平衡问题同样存在。美国享有最高收益,可以通过执行货币政策来调节外部均衡,因此可以专注于内部均衡。而其他国家只能将外部目标置于内部目标之上,以牺牲本国经济为代价来维持汇率稳定
牙买加体系	IMF 的全球多边货币协调		规则性协调	①货币政策国际协调的必要性进一步加强;②内外均衡兼顾;③非对称性协调;④协调机制短期化	减缓了各种突发事件和经济危机造成的冲击,在一定的程度上维持和促进了各国经济的稳定增长,但是收益分配不平衡问题依然存在。美国获得的收益最大,其他发达国家所获收益次之,而发展中国家在分担协调成本的同时难以确定获得的收益。同时,由于缺乏有力的制度性约束,以邻为壑现象频出
	大国间货币协调	G7 与 G20 货币协调	相机性协调		
	区域货币协调	欧元模式、东亚货币合作	规则性与相机性协调并存		

(三)牙买加体系下货币政策国际协调的具体实践

1. 大国间货币政策协调实践

在牙买加体系下,大国间货币政策协调实践按照协调主体平台不同可以划分为两个阶段:第一个阶段是以 G7 为主体平台开展的协调,第二个阶段是以 G20 为主体平台开展的协调。

(1) 以 G7 为主体平台的货币政策协调。这个阶段的协调实质上就是发达国家之间货币政策的协调。其中,G7 进行货币政策协调的经典案例即为广场协议与卢浮宫协议的签订,体现了 G7 联合执行宏观经济政策以及联合干预外汇市场,从而实现汇率调节与国际收支失衡调节的举措。

案例分析:广场协议与卢浮宫协议

(2) 以 G20 为主体平台的货币政策协调。在这个协调平台中，发展中国家对全球经济的影响力明显上升，开始逐步在国际协调中发挥重要作用。二十国集团领导人峰会是应对 2007 年次贷危机的产物，这个协调机制也在应对金融危机中发挥了积极作用。

① 次贷危机中的 G20 协调。在 2007 年美国次贷危机爆发并演变为全球性的金融危机后，各国普遍采用了大规模的金融救助计划，在采用传统货币政策工具进行救市的基础上，积极进行了政策工具创新。在传统货币政策工具的协调方面，各国主要通过降息的措施予以应对。具体来说，主要国家采取的降息措施详见表 11-4。

表 11-4　主要国家应对次贷危机降息措施一览

国　　家	降息措施
美国	美国联邦储备委员会从 2007 年 9 月 18 日开始到 2008 年 12 月 16 日 7 次下调联邦基金利率，累计下调联邦基金利率 5%
欧元区	欧洲中央银行于 2008 年 10 月 8 日开始降息，至 2009 年 5 月 7 日共 6 次下调主导利率。下调后，欧元区主导利率水平降至 1%，这是欧洲中央银行成立以来主导利率的最低水平
英国	英格兰银行于 2007 年 12 月 6 日开始降息，至 2009 年 3 月共 9 次下调回购利率，回购利率从 5.75%下降至 0.5%。这是英格兰银行 315 年历史上最低的借贷利率水平
日本	日本银行于 2008 年 10 月 31 日和 12 月 19 日共 2 次下调银行间无担保隔夜拆借利率，下调后利率降至 0.1%
中国	中国人民银行从 2008 年 9 月 16 日开始，共 5 次下调人民币贷款利率，累计下调 2.16%。存款利率从 2008 年 10 月 9 日开始下调，年内共下调 4 次，累计下调 1.89%

资料来源：尹继志. 经济全球化与金融危机背景下的货币政策国际协调[J]. 云南财经大学学报，2012(2)：109—118.

各大中央银行同步降息的意义主要体现在两方面：一是降低了实体经济的融资成本，缓解了金融危机对实体经济的冲击；二是向市场发出了各国通过货币政策的国际协调来维护金融稳定和阻止经济衰退的决心，有效影响了经济主体的心理预期，恢复了市场信心。

在创新型货币政策工具的协调方面，各国中央银行纷纷采用货币互换来增加市场流动性。从 2007 年 12 月开始，美国联邦储备委员会先后与欧元区、瑞士、日本、英国、加拿大、澳大利亚、新西兰、瑞典、丹麦、挪威、巴西、墨西哥、韩国、新加坡等国家和地区的中央银行建立了货币互换机制。欧洲中央银行也与丹麦和匈牙利的中央银行签订了货币互换协议，向其提供欧元流动性。2008 年 12 月至 2010 年，中国人民银行先后与韩国、中国香港、马来西亚、白俄罗斯、印度尼西亚、阿根廷、冰岛、新加坡等国家和地区的中央银行(货币当局)签署了货币互换协议，向这些国家和地区提供人民币流动性，总额达到 8035 亿元人民币，有效促进了国际贸易的复苏。

② 新冠肺炎疫情下的 G20 协调。新冠肺炎疫情在全球的扩散与蔓延对各国金融市场和实体经济都造成了剧烈冲击，已经成为当前全球经济面临的最大不确定性。新冠肺炎疫情暴发虽然属于危机事件，但是与次贷危机不同的是，新冠肺炎疫情暴发属于公共卫生事件，而且主要对实体经济产生影响。这在一定的程度上令宽松的货币政策和积极的财政政策无法从源头上彻底缓解投资者的恐慌情绪，令全球宏观政策协调面临更加严峻的挑战。

第十一章 开放经济下政策的国际传导机制与国际政策协调

为了应对疫情带来的挑战，二十国集团领导人均表示将致力于恢复信心、维护金融稳定和经济增长并解决疫情对全球供应链的破坏，并要求各国财政部长和中央银行行长进行定期协调，与国际组织一道制订应对疫情流行的行动计划。具体来说，各主要经济体采取的货币政策措施详见表 11-5。同时，各国在货币互换等领域也展开了合作。为了应对美国实行激进宽松货币政策所带来的政策溢出冲击，其他主要经济体也都跟进美国执行了量化宽松政策。大规模量化宽松政策的执行有利于各国国内经济的复苏和资本市场的反弹。但是量化宽松政策存在"棘轮效应"，因此在疫情得到有效控制后如何实现有效退出是各国在进行货币政策协调时需要重点考虑的问题。与此同时，量化宽松政策存在"以邻为壑"的负面影响，影响了各国货币政策协调效果。

表 11-5 主要国家应对新冠肺炎疫情的货币政策一览

国 家	主要货币政策
美国	在利率政策方面，美国联邦储备委员会将政策目标利率下调到 0~0.25%的区间，并作出维持零利率水平的预期承诺，同步开启量化宽松压低长端利率。本轮量化宽松规模庞大，从 2020 年 3 月 19 日到 2020 年 4 月 1 日，美国联邦储备委员会以每天 1250 亿美元的速度购买资产。同时，美国联邦储备委员会还降低存款准备金利率到 0.1%、扩大隔夜回购、贴现贷款和各种紧急流动性工具向市场和企业直接注入流动性
欧元区	采取了宽松的货币政策，欧洲央行推出疫情紧急资产购买计划(pandemic emergency purchase programme)，承诺购买 7500 亿欧元的政府和企业债券，支持金融市场的流动性和实体企业信贷。后将购买计划总额度提升至 1.35 万亿欧元，操作期限也扩展至 2021 年 6 月底
日本	采取了大规模的货币宽松政策，宣布购买国债、企业债、商业票据、ETF 和 J-REIT 产品，并为金融机构提供优惠贷款，特别鼓励金融机构向日本企业提供无利息无担保的融资支持，大规模购买资产，支持家庭和企业信贷周转
澳大利亚	降低短期利率至历史最低，购买长期国债以便降低长期利率，实施固定利率长期融资计划，开放合格的抵押品持有，提高外汇结算补偿等
中国	降准、降息、增加再贴现额度，并通过政策性银行的信贷安排对中小微企业贷款给予临时性延期还本付息等

资料来源：何青，冯浩铭，余吉双. 应对新冠疫情冲击的货币政策国际协调[J]. 经济理论与经济管理，2021(5)：4—16.

进一步详细比较中美两国为应对疫情采取的货币政策(详见表 11-6)可以看到，相比于中国的货币政策，美国货币政策更为宽松。从使用的货币政策工具来看，中国人民银行在执行货币政策时依赖更多的是传统型货币政策，而美国联邦储备委员会则采用了较多的创新型政策工具。美国执行宽松货币政策的重要抓手为无上限的量化宽松政策。

2. 区域货币政策协调实践

在牙买加体系下，无论是 G7 还是 G20 的协调方式均为相机性协调，由于缺乏相关规则制约，所以协调结果存在短期性和缺乏可信性的问题。这在一定的程度上导致了协调效率的低下。因

参考资料：东亚货币合作

此在区域内探索设立单一货币,通过区域内部的货币政策协调来提升政策协调层次成为实践的一个方向。这方面的实践最具有代表性的便是欧洲货币一体化、东亚货币合作与拉美国家美元化。其中,欧洲货币一体化的主要内容将在第十五章作详细讲解。东亚货币合作是东亚地区探索区域货币合作的重要探索,又称为多重货币合作模式,是指在区域内存在多个主导货币的情况下,首先通过多层次区域合作形成多种次区域货币,再逐步过渡到单一货币联盟的货币合作方式。

表 11-6 中美两国应对新冠肺炎疫情的货币政策对比

货币政策	美 国	中 国
降息	将目标利率下调到 0~0.25%的区间,降幅为 150 个基点	下调回购利率 10 个基点,下调逆回购利率 20 个基点至 2.2%,下调 MLF 利率 20 个基点,下调一年期 LPR 20 个基点和五年期 LPR 10 个基点
量化宽松	从 2020 年 3 月 19 日到 2020 年 4 月 1 日,美国联邦储备委员会以每天 1250 亿美元的速度购买资产	—
存款准备金率	将法定存款准备金利率和超额存款准备金利率降到 0.1%	降低存款准备金率 1 个百分点,普惠金融定向降准 0.5%~1%
再贴现	经过多轮下调将贴现率降至 0.25%	设立 3000 亿元防疫专项再贷款,增加 5000 亿元再贷款、再贴现额度,增加面向中小银行的再贷款、再贴现额度 1 万元
货币互换	对 5 个国家降低互换利率 25 个基点并与 9 个国家签署 4500 亿美元互换协议	—
流动性工具	推出一级市场公司信贷便利(PMCCF)和二级市场公司信贷便利(SMCCF);推出薪资保护项目流动性便利(PPPLF),支持发放贷款规模约 3500 亿美元;推出主街贷款计划(main street lending program),购买中小企业新发或续作的贷款,支持资产购买规模约 6000 亿美元;推出市政流动性便利(municipal liquidity facility),直接从州、郡(人口在 200 万人以上)和市(人口在 100 万人以上)购买短期票据,提供最多 5000 亿美元的贷款	—
直接提供贷款	美国联邦储备委员会实施"大众企业贷款计划",为符合条件的中小企业提供贷款。美国财政部为实施"大众企业贷款计划"而建立的特殊目的工具提供 750 亿美元的股权投资	—

资料来源:梁斯. 金融危机和新冠肺炎疫情中美国联邦储备委员会货币政策的异同、影响及我国应对[J]. 金融理论与实践,2021(5):60—68.

第十一章　开放经济下政策的国际传导机制与国际政策协调

美元化(dollarization)是指当一个国家出现较为严重的通货膨胀或汇率贬值预期时,公众为了减少损失或者获得较高的收益而减持本国货币、增持美元的现象①。美元化的本质是一种货币替代,即用美元代替本国货币。

参考资料：拉美国家美元化

三、财政政策的国际协调

财政政策的国际协调是指不同主权国家,采取联合措施对本国财政支出和税收政策作出协调,从而实现国内外多政策目标最优。财政政策的国际协调有其存在的必要性。第一,一个国家实行的财政政策会产生溢出效应,如果是正面的溢出效应,那么将带来他国经济的增长甚至是全球经济的改善,此时进行国际协调有助于实现正面促进效应最大化。如果是负面的溢出效应,就需要进行国际协调使负面影响最小化。第二,财政政策的有效协调是货币政策国际协调成功与否的重要影响因素。根据第九章对政策搭配理论的描述,蒙代尔的"政策指派理论"认为,只有实现财政政策与货币政策的合理搭配才能同时实现一个国家经济的内外均衡。因此,各国在进行货币政策协调的同时也需要搭配财政政策协调,从而实现协调效果最大化。

虽然财政政策协调与货币政策协调是相辅相成的,但是在现实中,相比于货币金融政策来说,财政政策的国际协调是较难实现的。这是由于,一个国家的财政政策与国家经济主权是紧密相关的,也是最难让渡的主权。而经济全球化(包括区域经济一体化)又是一个主权国家逐步让渡经济主权的过程。这就导致在国际协调过程中财政政策的协调进展缓慢,且有效性不足。其中,最典型的例子即为欧盟一体化进程中财政政策一体化的缓慢发展。在欧盟经济一体化进程中,欧元区的建立以及欧洲中央银行的建立表明金融货币一体化的进展最快。而相较之下,欧盟国家财政税收一体化的进展较慢,各国仍然执行独立的财政政策。财政税收一体化进程的缓慢也成为欧债危机发生期间危机化解乏力的重要原因之一。在 2007 年次贷危机中财政政策的国际协调也较为困难,各国难以在财税政策上推出共同应对措施,根本原因就在于任何一个国家都不愿意动用本国纳税人的税款来救助其他国家。

虽然财政政策的国际协调存在难度,但是各国并未放弃开展财政政策国际协调的实践,近年来也取得了一定的成果。在经济合作与发展组织(OECD)的协调下,国际税收体系形成了"双支柱方案",这代表着国际税收新框架得以确立。支柱一是要确保包括数字企业在内的大型跨国企业在其所有实施商业活动并取得利润的市场缴纳公平的税额。支柱二则是通过设立全球最低公司税率来管控各国之间的财税竞争。在这个体系下,131 个国家原则上同意确保企业最低税率为至少 15%,同时确保大企业在销售所在地纳税。这个新体系的确立表明税制全球一体化的进程又迈出重要一步。

四、贸易政策的国际协调

从生产力的角度来说,国际贸易是各国实行优势互补和进行资源有效配置的重要渠道。国际贸易也是影响一个国家外部均衡的重要因素。然而在现实中,完全自由贸易仅存在于理论中,各种贸易壁垒与限制客观存在。因此各国进行贸易政策的国际协调就有其必要性。

---

① 张宇燕. 美元化：现实、理论和政策含义[J]. 世界经济,1999,22(9)：17—25.

贸易政策国际协调是指各经济体通过正式或非正式的协调机制，就国际贸易中的关税、贸易壁垒等问题展开协商与联合干预，从而实现国际贸易量的扩大以及避免冲突的目的。相比于第二次世界大战前缺乏国际协调机制从而导致由贸易争端引发的战争，第二次世界大战后，发达国家间的贸易政策协调对于缓解贸易争端起到了一定的积极作用。贸易政策国际协调的形式主要包括以下几种类型。

(一)贸易条约和协定

贸易条约和协定是指有关主权国家为确定彼此之间的贸易关系，规定各自的权利和义务，协调各自对外贸易政策，经过协商或谈判缔结的书面协议。这是贸易政策国际协调的最初形式。

(二)双边协调与多边协调

双边协调是指国与国之间的协调，旨在协调贸易伙伴之间的关系。多边协调是指集团性、区域性贸易政策的多边协调，包括优惠贸易安排、自由贸易区、关税同盟、共同市场以及经济同盟等，体现了经济集团或区域经济一体化联盟为了共同利益而实施的共同对外贸易政策措施。

(1) 优惠贸易安排(preferential trade arrangement)。优惠贸易安排是指成员国之间通过协定等形式，对全部商品或部分商品规定较为优惠的关税，对非成员国的商品则设置较高贸易壁垒的一种区域经济安排。这是区域经济一体化下贸易协调的最低级和最松散的形式，商品跨国流动的障碍并没有完全消除。中国内地与港澳地区签订的《关于建立更紧密经贸关系的安排》(CEPA)即属于优惠贸易安排，在这个安排下，内地与港澳对对方商品均实行零关税政策。

(2) 自由贸易区(free trade area)。自由贸易区是指由签订了自由贸易协定的国家组成的贸易区，各成员国相互彻底取消商品贸易中的关税和数量限制，使商品在成员国之间可以自由流动。但是各成员国保持独立的对非成员国的贸易壁垒。中国-东盟自由贸易区(CAFTA)即属于这个类型的安排，是中国与东盟十国组建的自由贸易区，于2010年1月1日正式全面启动，成为继欧洲自由贸易区、北美自由贸易区后的第三大自由贸易区，也是世界上由发展中国家组成的最大的自由贸易区。

(3) 关税同盟(customs union)。关税同盟是指成员国之间彻底取消了在商品贸易中的关税和数量限制，使商品在各成员国之间可以自由流动。另外，成员国之间还规定对来自非成员国的进口商品采取统一的限制政策，关税同盟外的商品不论进入同盟内的哪个成员国，都将被征收相同的关税。关税同盟包括两种类型：一类是由发达国家建立的同盟，例如早期的欧洲经济共同体的关税同盟；另一类是由发展中国家建立的同盟，例如中非关税同盟与经济联盟等。

(4) 共同市场(common market)。共同市场是指成员国之间废除了商品贸易的关税和数量限制，并对非成员国商品进口征收共同关税，还规定生产要素(资本、劳动力等)可以在成员国之间自由流动。例如，南方共同市场(MERCOSUR)是南美地区的共同市场，也是南美地区最大的经济一体化组织，于1991年3月26日成立，在2014年已经成为世界第四大经济集团。

第十一章 开放经济下政策的国际传导机制与国际政策协调

(5) 经济同盟(economic union)。经济同盟不但是在成员国之间废除贸易壁垒，统一对外贸易政策，允许生产要素的自由流动，而且在协调的基础上，各成员国采取统一的经济政策，逐步废除政策方面的差异，使一体化的程度从商品交换扩展到生产、分配乃至整个国民经济，形成一个有机的经济实体。经济同盟最具有代表性的即为欧盟。

(三)致力于全球贸易体制的多边贸易政策协调

全球贸易体制下的多边贸易政策协调是指从符合世界贸易总体利益的角度，协调、规范和约束各国的对外贸易政策，促进世界贸易的规范化和有序化。1947 年诞生的关税及贸易总协定(GATT)引导的多边贸易规则是第一个全球性的多边贸易体系，后在 1995 年由世界贸易组织(WTO)代替。世界贸易组织(WTO)是多边贸易体制的法律和组织基础，是各国贸易立法的监督者，是就贸易问题进行谈判和解决争端的场所。世界贸易组织与世界银行、国际货币基金组织并驾齐驱，是当今世界经济体系的三大支柱。关税及贸易总协定和世界贸易组织对于促进贸易自由化、促进世界各国公平竞争以及解决贸易争端发挥了重要作用，但是在这个协调形式下，协调乏力的问题依然存在。发达国家频繁利用其在世界贸易组织中的优势地位来发动贸易战，倾销商品，对本国商品进行出口补贴等，这在违背世界贸易组织基本原则的同时，也成为贸易政策国际协调的反例。

案例分析：中美贸易战

五、金融监管政策的国际协调

金融监管政策的国际协调是指国际经济组织、金融组织与各国以及各国之间，在金融政策、金融行动等方面采取共同步骤和措施，通过相互之间的协调与合作，达到共同干预、管理与调节金融运行并提高其运行效益的目的。在金融监管政策的国际协调中，国际经济组织和金融组织是主体。

(一)金融监管政策国际协调的实践

金融监管政策的国际协调是一个发展的概念，伴随着世界经济、金融的发展，这种协调与合作的广度和深度都在发生变化。具体来说，金融监管政策的国际协调基本可以划分为三个阶段。

1. 第二次世界大战前的国际协调

20 世纪 30 年代发生的经济危机使经济学家们对经济稳定增长机制、金融监管体制等问题作出深入的思考。在各国具体的金融监管实践中，主要资本主义国家普遍对金融活动进行了立法监管并使之逐渐系统化，也加强了对金融监管的认识。但是，这个时期的金融监管政策的国际协调仍未广泛开展，各国仅仅是进行一些临时性的协调与合作。

2. 布雷顿森林体系下的国际协调

在布雷顿森林体系下，一系列国际经济金融组织建立起来，包括国际货币基金组织(IMF)、世界银行、经济合作与发展组织(OECD)、关税与贸易总协定(GATT)等。国际金融组织的建立使各国的金融监管开始走向监管政策的国际协调与合作。这个体系下的政策协调在维护主要资本主义国家的利益、协调国与国之间经济利益关系及促进国际贸易和国际金融等方面产生了一定的积极影响。但是，这个时期的协调机制并不健全，协调活动也主要集中在以美国为核心的发达资本主义国家之间，而发展中国家的利益并没有得到充分的考虑。同时，以银行业监管为主要内容之一的国际协调尚未得到充分重视。

3. 牙买加体系下的国际协调

在牙买加体系下，金融监管政策的国际协调范围进一步扩大，在银行业、证券业、保险业等金融行业的监管政策协调均有开展。以银行业为主要内容的金融业监管的国际协调与合作，主要体现在由国际清算银行(BIS)于1974年发起设立的巴塞尔银行监管委员会(Basel Committee on Banking Supervision)，以及委员会制定与实施的一系列协议和规则上，即著名的《巴塞尔协议》(Basel Accord)。在证券市场交易与管理方面，1974年国际社会成立了旨在支持区域证券市场发展的国际证券委员会及类似机构国际协会，1983年成立了国际证券委员会组织。这个委员会是目前国际社会唯一的一个多边证券监管组织，在抑制和惩治证券业欺诈活动的国际合作中发挥了重要的组织作用，尤其是在制定双边和多边监管合作协议、信息交换、对证券衍生品的监管等方面发挥了不可替代的作用。目前几乎所有证券交易的国家都是该组织的成员。在保险业监管的国际合作方面，1992年成立的国际保险监管者协会(International Association of Insurance Supervisors)成为推动各国保险监管国际协调的组织，以保护投资者利益和保险市场的稳定与效率，以及推动国际保险业以更广泛监管合作为目标，目前已经成为与国际证券业委员会组织和巴塞尔银行监管委员会并驾齐驱的推动金融监管国际合作的重要力量。除了上述合作组织以外，在牙买加体系下还建立了国际会计准则委员会(International Accounting Standard Commission)来加强会计工作的国际协调，以及建立金融集团联合论坛(forum)来保证金融机构的安全运作。

(二)金融科技的发展对金融监管国际协调的挑战

按照金融稳定理事会(FSB)的定义，金融科技(fintech)基于大数据、云计算、人工智能、区块链等一系列技术创新，全面应用于支付清算、借贷融资、财富管理、零售银行、保险、交易结算等六个金融领域，是金融业未来的主流趋势。金融科技能创造新的金融模式与产品，并对金融运作方式产生重要影响。相比于传统金融来说，金融科技促进了金融业服务效率的显著提升与服务边界的显著扩展，大幅降低了金融服务成本、搜寻成本和匹配成本。虽然金融科技的发展对金融业产生了上述积极影响，但是金融科技也存在风险，并且相比于传统金融来说，其面临的风险更加复杂，对于金融业也会产生很多负面影响，并给金融监管政策的国际协调带来新挑战。

第一，金融科技蕴含复杂风险，但是金融监管手段与工具创新性不足，难以对风险形成有效识别与防控。首先，金融科技蕴含信息技术风险。信息技术风险包括硬件风险、网络病毒风险、数据传输偏差及网络欺诈等。这个风险具备传染性、复杂性、隐蔽性和突发性等特征。其次，金融科技蕴含信用风险。由于金融科技的发展具备普惠金融特点，因此相比于传统金融来说受众更广泛，这就导致信用风险会表现得更加突出，也会在风险爆发时产生更大范围的影响。最后，金融科技的崛起也加剧了金融业的兼并与垄断，由此衍生

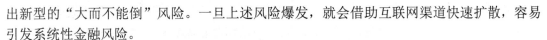
第十一章　开放经济下政策的国际传导机制与国际政策协调

出新型的"大而不能倒"风险。一旦上述风险爆发，就会借助互联网渠道快速扩散，容易引发系统性金融风险。

第二，金融科技的发展加剧了开展金融业务的机构与监管部门之间的信息不对称程度。一方面，传统金融监管规定金融机构需要定期报送会计数据、风险情况等信息，金融监管部门可以根据报送的信息对机构的风险状况加以判断。但是金融科技的运用使机构处理的金融业务规模更大、流动性更高且涉及的业务范围更广，因此信息报送存在严重的滞后性问题。另一方面，由于监管技术创新不足，导致监管部门难以对金融科技的海量数据作出有效监管，这也导致了信息不对称问题的扩大。

第三，对金融科技的监管滞后于金融科技的发展进程，这既表现在监管技术的滞后，也表现在监管法律与规章制度制定的滞后以及监管范围的局限性。就监管技术来说，除了上述提到的针对海量数据监管不足的缺陷以外，金融监管工作及其相关设备系统也滞后于金融科技的创新，很多的金融科技创新对于监管部门来说都尚属未知领域。就监管制度建设来说，虽然监管机构在云计算、应用程序接口、生物计量技术上积极地制定了监管新规，但是在人工智能、机器学习和分布式记账技术的监管方面仍然停留在评估和发布总体性政策指引上，这也就进一步导致了金融监管范围远小于金融科技的发展。当现有金融监管的制度、目标以及工具难以与金融科技发展相适应时，就会出现相关金融业务无序发展的问题。例如，部分企业在从事金融业务时出现无牌照或超范围的情形，或者在相关业务中存在违规行为等。

(三)金融科技的全球监管现状

第一，面对金融科技的迅猛发展，各国主要还是选择坚持现有的针对传统金融的监管体系或对监管体系做局部修补。其中，局部修补包括两种情形：一是将现有监管框架延伸至金融科技领域时提出明确的监管期望；二是对某些领域的金融科技企业通过发放经营许可证、颁布具体准入规定等方式来实施监管。

第二，在针对金融科技的新型监管方式上进行探索。例如，为了鼓励金融科技业务创新，许多国家启用了沙盒监管模式。沙盒监管(regulatory sandbox)的概念最早在2015年由英国金融行为监管局提出，是指金融科技企业可以测试其创新的金融产品、服务、商业模式和营销方式的一个安全空间，而不用在相关活动出现问题时立即受到监管规则的约束。目前已经有多个发达国家和经济体开始进行沙盒监管的尝试[①]。

第三，重视金融科技监管的国际合作。各国大力推动金融监管合作机制的建立，同时国际机构也是监管国际合作的重要参与者。国际机构主要有金融稳定理事会、反洗钱金融行动特别工作组、欧洲央行、欧洲银行管理局、国际证监会组织等。国际合作主要关注了加密资产、P2P借贷、人工智能、网络安全等领域，组织评估了新技术对金融业的影响，制定了监管的国际规则，发布了指导意见等。

第四，区域内金融科技监管合作紧密。以欧盟为例，作为经济一体化最为成功的代表，其在金融科技监管方面的合作也走在其他区域前列。例如，欧盟主要采用了欧盟规则来构建监管体系，并采取了宏观层面和微观层面双管齐下的风险防范措施。其中，宏观层面的

---

① 黄莺. 全球金融科技监管及改革趋势[J]. 现代国际关系，2021(7)：34—43.

风险防范由欧洲系统风险委员会负责,主要功能是识别、评估与规制欧盟的金融安全体系,并对风险作出提前预警。微观层面的风险防范由欧洲监管局负责,功能是搜集各成员国的金融信息,以便确保各成员国严格遵守监管规定。同时,负责协调各成员国金融机构之间的行为,并对缺乏风险意识或存在风险行为的金融机构进行监管规制,从而避免风险的传递与扩散。除了监管体系设计以外,欧盟在金融科技监管技术方面也有很多创新之处。为了满足不同成员国监管报告的不同要求,欧盟的监管报告基于云技术和 API 等端到端方式自动产生,金融信息的流通效率更高。同时欧盟利用大数据、云计算和区块链技术对金融信息数据进行验证、整合与分析,并与相关的安全指标进行对比,直接呈现给金融监管部门。这提高了欧盟金融科技监管的效率[①]。

本 章 小 结

本章首先利用两国蒙代尔-弗莱明模型对开放经济下政策国际传导的宏观机制展开分析,分别探讨在两国情况下,一个国家的财政政策和货币政策在不同汇率制度下如何通过收入机制、利率机制与相对价格机制对外国产生影响。在固定汇率制度下,一个国家实行扩张性的货币政策与财政政策时,都会产生正的溢出效应。而在浮动汇率制度下,本国实行扩张性的货币政策是一种典型的"以邻为壑"政策,本国产出扩张的一部分是以外国产出的相应下降来实现的,会产生负的溢出效应。本国财政扩张政策则对外国经济有正的溢出效应。其次利用奥布斯特弗尔德和罗格夫标准模型来分析政策国际传导的微观机制,探讨一个国家货币政策调整对本国和外国福利状况的影响。在一个国家实行扩张性的货币政策时,能够在提升本国福利状况的同时对外国产生正的溢出效应。综上所述,一个国家在采取宏观经济政策追求内外均衡目标时,会通过一系列传导机制对他国经济产生冲击。如果同时将反馈效应纳入讨论范畴,那么宏观经济政策的国际传导效应将更为复杂,各国经济之间的相互依存度也将更高。因此在开放经济下,各国经济是紧密相关的,任何一个国家都无法独善其身。因此,为了促进各国经济的共同发展与世界经济的复苏,各国有必要在现有基础上,在货币政策、财政政策、贸易政策和金融监管政策等方面积极寻求国际协调与合作。各国在经济发展过程中应该坚持"人类命运共同体"的理念,在追求本国利益时兼顾他国合理关切,在谋求本国发展过程中促进各国共同发展。

国际大宗商品价格变动
加剧了经济波动吗?

思 考 题

1. 试论述在不同的汇率制度下,相对价格传导机制的溢出效应与反馈效应的区别。
2. 请运用两国蒙代尔-弗莱明模型分析不同汇率制度下财政政策、货币政策的溢出

---

① 韩兴国. 数字经济时代下金融科技监管体系研究——来自欧盟的监管启示[J]. 技术经济与管理研究,2021(9): 75—79.

第十一章 开放经济下政策的国际传导机制与国际政策协调

效应。

3. 试总结奥布斯特弗尔德和罗格夫标准模型的政策含义与存在的缺陷。

4. 试评述在新冠肺炎疫情暴发的背景下,世界各国开展政策协调的必要性、存在的问题,并就改进措施提出建议。

第十二章　国际金融市场与金融风险管理

【章前导读】

本章主要介绍国际金融市场、国际金融衍生品市场、国际资本流动及其相关风险管理等内容,是理解国际金融活动及其运行规律和潜在风险的重要章节。在国际金融市场上,国际资本流动对全球经济发挥着非常重要的影响,在促进全球资源有效配置的同时,也暗含着货币危机和债务危机。因此,本章还基于历史上典型的危机事件,对货币危机发生的理论机理和债务危机发生的主要根源进行了分析,并在最后简要介绍了国际金融风险管理手段和政策协调问题。

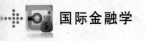

第一节　国际金融市场概述

本节涉及国际金融市场的概念、特点与主要分类,并重点介绍了国际货币市场、国际资本市场和欧洲货币市场。

一、国际金融市场的概念和特点

国际金融市场(financial market)的概念可以分为广义和狭义两种。广义的国际金融市场是指在国际范围内进行资金融通、证券买卖等各类金融业务活动的场所,包括传统的货币市场、资本市场、外汇市场和黄金市场。狭义的国际金融市场又称为国际资本市场(capital market),是指在国际范围内从事资金借贷活动或实行借贷资本转移的场所。20世纪70年代起,随着金融衍生产品的兴起,国际金融期货和期权交易市场也成为国际金融市场新的组成部分。

国际金融市场并不是独立存在的、专门设在某个固定场所的市场。它由各个主要国家及经济体(特别是发达国家)的金融市场共同组成。从形式上看,国际金融市场是以若干国家的国际金融中心为核心,通过电话、电传等现代化设备和技术连接起来,24小时不间断的国际性金融交易网络体系。

世界范围内超国家金融中心包括纽约、伦敦,地区性国际金融中心有法兰克福、巴黎、东京、苏黎世、上海、中国香港、新加坡等城市。在很长一段时间,"纽伦港"(即纽约、伦敦和中国香港)是最具有影响力的国际金融中心。进入21世纪以来,随着中国经济的快速增长,上海、北京和深圳等位于中国的国际金融中心在全球的影响力不断增强。国际金融中心代表从"纽伦港"逐步过渡到"海纽伦港"。

二、国际金融市场的分类

(一)按照融资期限的长短划分

按照融资期限的长短,国际金融市场可以分为国际货币市场(money market)和国际资本市场(capital market)。国际货币市场是指交易期限在1年或1年以内的短期资金融通市场,主要提供低风险、高流动性的短期融资工具,包括国际银行短期信贷、短期证券及票据贴现等。国际资本市场是指交易期限在1年以上的中长期融资市场,主要包括国际证券市场和银行中长期信贷市场。另外,国际融资租赁等具有长期融资功能的金融业务也属于国际资本市场的组成部分。

(二)按照业务内容进行划分

根据业务内容的不同,国际金融市场又可以分为货币市场、资本市场、外汇市场和黄金市场。

其中,外汇市场(foreign exchange market)是从事外汇交易的场所。外汇市场的参与者包括各国中央银行、商业银行、进出口商、外汇经纪人等。外汇市场交易活动主要包括现货交易、远期交易、外汇掉期和期权交易等。根据国际清算银行(BIS)公布的数据,2019年全

第十二章 国际金融市场与金融风险管理

球外汇市场的日均交易额高达 6.6 万亿美元，绝大部分交易量源自顶级银行、对冲基金、电子交易平台等大型机构。美元是全球最主要的交易货币，在所有交易货币中占比 88%；欧元、日元和英镑的交易量分别占比 32%、17%和 13%，其他主要交易币种还包括澳元(7%)、加元(5%)和瑞士法郎(5%)。人民币交易份额在全球保持第八位，占比为 4.3%。新兴市场经济体(EMEs)货币占全球整体交易量的 25%，在全球的市场份额中明显呈现出扩大趋势。全球主要的国际金融中心通常是外汇交易活动主要集中地。伦敦、纽约、东京、中国香港和新加坡五大国际金融中心的外汇交易活动份额达到 79%。外汇市场是国际金融市场不可缺少的一部分。通过外汇市场，不同币种的货币市场和资本市场才能有机联系起来。

黄金市场(gold market)是从事黄金集中交易的场所。根据交易的方式划分，黄金市场可以分为黄金现货市场和黄金期货市场。伦敦—苏黎世黄金集团是全球著名的黄金现货市场，纽约—香港黄金集团则是享誉世界的黄金期货市场。黄金是全球重要的储备资产，黄金价格依然是世界经济的晴雨表。但黄金市场在国际金融市场的地位已经逐步下降。

国际货币市场和国际资本市场均是提供资金融通的场所，包括信贷市场、证券市场等。它们的主要区别在于交易期限的不同。国际货币市场的交易活动体现在期限在 1 年以内的短期资金融通，国际资本市场的交易活动体现在期限在 1 年以上的长期资金融通。

(三)根据交易对象所属区域和币种来划分

根据交易对象所属区域和币种划分，国际金融市场可以分为在岸市场和离岸市场。

在岸市场(on-shore market)是国内金融市场的对外开放，允许非居民参与国际金融交易活动的场所，主要包括外国债券市场和国际股票市场。在岸市场使用市场所在国的货币进行交易，并受到该国政策法令的约束。

离岸市场(off-shore market)是指非居民之间进行交易的国际金融市场。与传统的金融市场明显不同，离岸市场实际上是一种境外市场(external market)，交易对象是可自由兑换货币，交易地点在货币发行国以外的国家或地区，不受任何国家的金融法规管制。如果从货币的角度来定义，狭义的离岸市场又被称为欧洲货币市场(euro currency market)，即在某种货币的发行国国境之外从事该种货币借贷业务的市场。例如，在日本东京经营美元业务，不受日、美两国法律的约束。著名的欧洲货币市场就是典型的离岸市场，是国际金融市场的核心。一个国家国内金融市场、在岸金融市场和离岸金融市场的关系如图 12-1 所示。

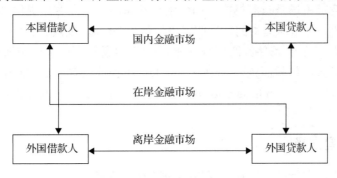

图 12-1　三种金融市场的关系

在岸市场实际上是一个国家国内金融市场的延伸。在岸市场参与者是居民和非居民，交易对象依然是本币，要受到本国法令的管制。离岸市场体现非居民之间的交易，交易对象非本国发行的可自由兑换货币。离岸市场是国际金融市场最主要的组成部分。三类市场在参与者、交易货币、受管制情况等方面也存在明显的区别(见表12-1)。

表12-1 三种金融市场的比较

市场种类	国内金融市场	在岸市场	离岸市场
参与者	居民之间	居民和非居民之间	主要是非居民之间
交易货币	本币	本币	世界主要货币
受管制情况	受本国法令管制	受本国法令管制	不受任何国家法令管制

三、国际货币市场

国际货币市场是指交易期限在1年以内的资金融通市场,主要包括短期信贷市场、短期证券市场和贴现市场。短期信贷市场主要是指银行同业拆放市场,期限包括3天、1周、1个月、3个月和半年,最长不超过1年,通常以伦敦银行同业拆放利率(LIBOR)为基准利率。短期证券市场是进行短期信用票据交易的市场,例如国库券、商业票据等。贴现市场是指对未到期的信用票据按贴现方式进行短期融资的场所。用以贴现的票据包括国库券、银行债券、公司债券和各类商业票据等。

国际货币市场可以为资金需求单位提供从隔夜到1年的各种短期资金,为暂时闲置的资金提供了投资渠道,有利于国际资金在世界范围内的优化配置。但是,由于国际货币市场上的短期资金规模巨大,资金的跨国快速流动,也对各国外部平衡和国际金融秩序造成冲击,特定情况下甚至成为引发货币危机的导火索。

四、国际资本市场

国际资本市场是指交易期限在1年以上的资金融通市场,主要包括中长期信贷市场、股票市场和债券市场三部分。

(一)国际中长期信贷市场

国际中长期信贷市场是政府机构、国际组织和跨国银行向客户提供中长期信贷资金的市场。政府机构和国际组织提供的贷款期限最长可达30年,期限长、利率低,并通常对贷款的使用范围附带一定的条件。跨国银行提供的贷款通常不附加约束条件,贷款利率根据市场行情和借款人的信誉而定。对于数额巨大的中长期贷款,在实践中通常会采用银团贷款(又称为辛迪加贷款,syndicated loans)的形式,由几家甚至十几家银行共同向客户提供资金。

(二)国际股票市场

国际股票是指对发行公司所在国家以外的投资者销售的股票。国际股票通常由国际辛迪加承销,面向全球投资者,其特点是发行人和投资人分别属于不同的国家。国际股票市场是指一个国家的非居民公司发行股票所形成的市场。在这个市场上,参与交易的主体既包括居民,也包括非居民。其中,大量非居民投资者参与交易,是国际股票市场的特征之一。

广义的国际股票市场不仅包括股票交易所,还包括场外交易市场。目前世界上主要的股市都是高度国际化的,包括英国的伦敦证券交易所、美国的纽约股票交易所、日本的东京证券交易所和德国法兰克福证券交易所等。成立于 1971 年的纳斯达克证券市场(NASDAQ)是全球第一个电子交易市场,也是世界上最大的股票场外交易市场。纳斯达克证券市场位于美国华盛顿,由 6000 多家相互联系的证券投资机构组成,完全采用电子交易,旨在为新兴产业提供竞争舞台。国际股票市场在 20 世纪 60 年代以后伴随着跨国公司的发展而得到快速发展。进入 80 年代以后,一些发展中国家为了吸引外资纷纷开放本国的股票市场,形成所谓的新兴市场(emerging markets)。但多数国家采用了有限制的直接开放,在投资行业、外国投资者持股比例等方面作出了种种限制。目前,欧美发达国家的资金可以通过共同基金等方式间接投资发展中国家的股票市场。

(三)国际债券市场

根据所交易债券的类型,国际债券市场分为外国债券市场和欧洲债券市场。

1. 外国债券市场

外国债券(foreign bonds)是指外国借款人在某个国家的债券市场上发行的、以市场所在国货币为面值的债券。从这个定义来理解,外国债券涉及两个主权国家:发行人和债券发行地分别属于不同的国家。外国债券的借款人包括政府、跨国企业或国际金融机构。从理论上看,任何国家,无论发达程度如何,均可成为外国债券发行人。但是受资本市场发达程度、货币的管制程度等因素的影响,债券发行地市场通常集中在美国、德国、日本、英国等发达国家。外国债券具有国际通称,通常与一个国家的标志物或特定的历史文化特点相联系。例如外国借款者在美国发行的美元债券被称为"扬基债券",外国借款者在日本发行的日元债券被称为"武士债券"等。

2. 欧洲债券市场

欧洲债券(euro bonds)是指一个国家的借款人在他国市场上发行的、以市场所在国以外的货币为面值的债券。欧洲债券的发行人、发行地点和面值货币分别属于不同的主权国家,因此它是一种离岸债券。在此处,"欧洲"并非特定的地理概念,可以理解为"境外"的意思。因此,欧洲债券又可以称为"境外货币债券"。例如在日本境外发行的以日元为面值的债券为欧洲日元债券,在美国境外发行的以美元为面值的债券为欧洲美元债券。与外国债券不同,欧洲债券发行非常自由,不受任何国家管制。发行手续也非常简便。在发行过程中通常采用"出盘"(placing),即无须申请批准的非正式方式发行。另外,欧洲债券发行费用和利息成本都比较低。发行费用约为面值的 2.5%,利息通常可以免交所得税,或可预先扣除借款国家的税款。对于债券期限和发行数量,多数国家通常不作限制。欧洲债券以不记名方式发行,有多种类型、期限和币种的债券可供投资者选择。因为欧洲债券的发行人通常为政府机构、跨国公司或国际大型商业银行,具有很高的信用,对投资者而言安全可靠,加之欧洲债券市场有一个富有活力的二级市场,流动性强,很容易转手兑现,对投资者也具有很大的吸引力,因此欧洲债券无论对发行人还是投资者来说都具有很强的优势。

欧洲债券的发行额巨大，通常需要由国际辛迪加承销。以一家银行或数家银行为首，十几家甚至数十家银行代为发行。辛迪加成员不仅包括商业银行，也可能包括信托公司、证券经纪人等非银行金融机构。债券上市后，各成员机构首先购进大部分，然后再转到二级市场或调往国内金融市场出售。欧洲债券市场是最有活力的国际金融市场之一，金融创新活跃，与其他金融市场联系紧密，对于国际金融市场一体化发展起着重要作用。

五、欧洲货币市场

欧洲货币是指在货币发行国国境外存放或流通的货币的通称。与欧洲债券的"欧洲"含义相同，此处的"欧洲"是"境外"的意思。因此，欧洲货币也可以理解为"境外货币"。相应地，经营欧洲货币的银行被称为"欧洲银行"。

欧洲货币市场(eurocurrency markets)是指境外货币的交易市场，是一种离岸金融市场。它既包括交易期限在1年以内的货币市场，也包括交易期限在1年以上的资本市场。

(一)欧洲货币市场的产生与发展

欧洲货币市场的前身是欧洲美元市场。它产生和发展的根本原因在于生产与资本的国际化。第二次世界大战后，各国经济走上复苏轨道，国际分工与协作大大加强，一批跨国公司急剧成长，催生了资本国际化需求。20世纪50年代，东西方阵营陷入冷战。受朝鲜战争的影响，美国政府冻结了中国存放在美国银行的资金。在当时的形势下，苏联和东欧国家也开始担心它们的美元资金被冻结，因此开始将持有的部分美元存款从美国国内转移到英国的各大银行。这就是欧洲美元的最初来源。而英国在1957年发生英镑危机之后，迫切需要维持英镑的地位和恢复国内经济，就允许伦敦各大银行合法经营境外美元存贷业务，从而在伦敦开始出现大规模经营美元存贷款业务的"欧洲美元市场"。

美国自1958年以后国际收支逆差不断扩大，导致大量美元流向境外特别是西欧各国，这成为欧洲美元市场不断增长的最根本原因。同时，美国对资本流出实行了包括《1933年银行法》Q条例和美国联邦储备委员会M条例等在内的一系列管制政策。例如，Q条例对定期存款设定利率上限，并规定活期存款不付息等。美国国内的资金为了规避管制，源源不断地流向更加有利可图的欧洲美元市场。除此以外，战后美国对西欧各国实施以经济援助为目的的"马歇尔计划"，也促使大量美元流向欧洲国家，从而驱动欧洲美元业务得到迅猛发展。

20世纪70年代以后，"石油美元"的出现，进一步为欧洲美元市场的迅速发展创造了条件。因为石油两次大幅度提高价格，造成全球性的国际收支失衡。石油输出国获得了大量以美元为单位的出口顺差，被称为石油美元。为了获得高额利息回报，顺差国持有的大量石油美元流向欧洲美元市场。为了弥补国际收支赤字，非产油的逆差国(很多是发展中国家)也纷纷转向欧洲美元市场借款，从而形成欧洲美元市场的强大供需。

自20世纪60年代起，在"特里芬两难"之下，美元危机频频爆发，美元信用受到损害。在欧洲美元市场上交易的货币除了美元之外，开始出现德国马克、瑞士法郎等其他币种。欧洲美元市场也开始超越原有的地理范围，向亚洲的香港地区、新加坡等地延伸。由此，欧洲美元市场演变为欧洲货币市场。"欧洲"则由最初的地理概念演变为抽象的"境外"概念。

进入20世纪80年代以后,欧洲货币市场的"欧洲"的意义又得到了进一步发展。1981年,美国联邦储备委员会批准在纽约设立"国际银行业务设施"(international banking facility,IBF),规定其不受美国国内的准备金率和利率的管制,不仅可以接受外国客户的美元存款或外币存款,也可以对外国客户贷出资金。可见,国际银行业务设施属于美国境内的欧洲货币市场。1986年,日本离岸金融市场(japanese off-shore market)成立,规定其可以经营来源于非居民的日元业务,属于日本境内的欧洲货币市场。因此,此处欧洲货币市场的"欧洲",又不仅仅限于"境外"的含义。

(二)欧洲货币市场的特点

(1) 市场范围广阔,不受地理限制。欧洲货币市场是国际金融市场的核心,是完全国际化的、由现代通信网络体系联系起来的全球性市场。但也存在一些地理中心,例如伦敦、纽约、东京等。这些传统的金融中心政治、经济环境稳定,金融基础设备完善,通常属于发达国家。20世纪60年代以来,巴林、新加坡和中国香港等成为新的欧洲货币中心,它们利用税收优惠等措施吸引了大量的国际资金。

(2) 所受管制较少,经营非常自由。与传统的国际金融市场相比,欧洲货币市场经营的是境外货币,既不受货币发行国的管制,也不受市场所在地政府的管制,是自由化的市场。欧洲货币市场借款条件灵活,对借款用途不作限制,通常允许免交存款准备金。非居民可以通过欧洲货币市场自由进行交易和自由转移资金,资金调拨非常方便。由于受到的管制较少,所以欧洲货币市场上的金融创新非常活跃,各种金融工具创新不断出现。

(3) 利率体系独特,交易成本很低。欧洲货币市场以伦敦市场的银行同业间拆放利率(LIBOR)为基础。因为不受货币发行国存款准备金率和存款利率的限制,欧洲货币市场的存款利率比货币发行国国内的存款利率高,而贷款利率又比货币发行国国内的贷款利率低,从而导致存贷利差比美国国内市场上的小(见图 12-2),所以欧洲货币市场对资金供求双方都很有吸引力。

图 12-2 美国国内市场利率与欧洲货币市场利率

(4) 资金规模庞大,交易品种繁多。欧洲货币市场是一个批发市场,以银行同业间的资金拆借为主。单笔交易额通常在100万美元以上,甚至数十亿美元。交易的币种不仅包括美元、欧元、英镑等世界主要货币,还包括一些发展中国家的货币,甚至出现以特别提款权为标价单位的交易。交易品种多达数十种,能够满足不同国家、银行和企业的多样化需求。

(三)欧洲货币市场的主要业务

欧洲货币市场的主要业务为欧洲银行信贷和欧洲债券买卖。经营境外货币的银行,被称为欧洲银行,通常为大型跨国银行。欧洲银行信贷业务由设在欧洲货币市场的各国大型商业银行及分支机构经营。根据经营期限的长短，欧洲银行信贷可以划分为短期信贷和中长期贷款。短期信贷以银行同业间拆借为主，通常以 100 万美元为起点，期限在 1 年以内，一般为 1 天、7 天、30 天和 90 天。欧洲银行中长期贷款市场交易金额巨大，通常在 1 亿美元以上，期限通常在 1~10 年，需要在贷款协议的框架下进行，利率确定较为灵活，既有浮动利率贷款，也有固定利率贷款。欧洲银行中长期贷款以银团贷款为主，通常由多家银行联合起来采用辛迪加贷款(syndicated loans)的形式向客户提供资金，以便分散信贷风险和减少同业之间不必要的竞争。

欧洲债券市场是经营境外货币债券的市场，是国际资本市场极为重要的组成部分之一。20 世纪 80 年代以来，欧洲债券存量占国际债券市场总量的比重一直在 50%以上。随着国际化程度不断上升，债券风险日益受到重视。目前，国际上评估债券风险等级的著名公司有标准普尔公司(Standard and Poor's)和穆迪投资者服务公司(Moody's Investors Service)。

第二节 国际金融衍生产品市场

20 世纪 70 年代，随着布雷顿森林体系的崩溃，国际政治风云变幻，国际资本跨国流动加快，汇率、利率、商品价格自由浮动幅度加大，为国际贸易和国际金融市场带来了更大的不确定性。在此背景下，金融衍生产品市场应运而生并得到迅速发展，在跨国投资和贸易中发挥着重要作用。投资者利用股票价格指数、利率和汇率等金融衍生产品对冲和管理风险，有力地促进了国际资本市场的深化，提高了国际金融市场的效率，但也在很大程度上加大了国际金融市场的交易风险。

一、国际金融衍生产品市场概述

金融衍生产品是一种价值取决于基础资产或指数的金融创新产品，通常以金融合约的形式体现。因为金融衍生产品是从原生金融资产中衍生出来的，所以又被称为衍生金融工具。作为不断创新的产物，金融衍生产品的形式多样，种类繁多。因此，关于其品种的划分方法并不一致。根据所依托的基础资产的类型，金融衍生产品可以划分为股票类、利率类、货币类和商品类[①]。根据合约种类的不同，国际清算银行(BIS)和原中国银行业监督管理委员会颁布《金融机构衍生产品交易业务管理暂行办法》，将其划分为远期、期货、掉期(互换)和期权四类。其中，期货是一种标准化的场内远期交易，其基础资产既可以是大宗商品，称为商品期货，也可以是国债等金融资产，称为金融期货。远期交易和掉期(互换)的基础资产为汇率和利率，例如远期利率协议、货币互换、利率互换等。

金融衍生产品通常采用保证金交易，不需要实际上的本金转移，通常只在期满时结算差价，因此具有很强的杠杆效应和高风险性。从交易者的动机来看，初期的金融衍生产品交易的目的是通过套期保值来规避风险。随着金融创新的不断加深，金融衍生产品的价格发现和市场预期功能得到发展，为投资者在市场进行套利和投机提供了便利，在改善国际金融市场效率的同时，也加大了市场风险，对国际金融活动和金融市场的发展有重大而深远

---

① 另一种分类是根据衍生产品所依托的基础资产性质，分为金融衍生产品(包括股票类、利率类、货币类)和商品衍生产品。

的影响。

在国际衍生产品市场 100 多年的发展史中,最早出现的是商品期货,然后才是金融期货。20 世纪 70—80 年代之前,以大宗商品为基础资产的商品期货是衍生产品的主体,并在欧美国家的实体企业中得到普遍运用。得益于发达的商品期货市场,美国、英国的期货市场一直都是全球大宗商品定价中心。芝加哥商业交易所、伦敦金属交易所对全球大豆、原油、玉米等大宗商品的期货交易价格有着举足轻重的影响。

20 世纪 70 年代,随着布雷顿森林体系的崩溃,国际政治风云变幻,国际资本跨国流动加快,金融衍生产品市场应运而生并得到迅速发展,在跨国投资和贸易中发挥着重要作用。金融衍生产品很快成为全球衍生产品市场的主体。根据美国期货业协会(FIA)的数据统计,2020 年全球期货和期权成交创下了 467.68 亿手的历史新纪录,其中,金融衍生产品占比 80.0%,基础资产为商品类的衍生产品(包括商品期货)仅仅占比 20.0%。近三年金融衍生产品的年平均增长率高达 26.8%,而商品衍生产品为 17.6%。目前,经过半个世纪的发展,国际金融衍生产品市场已经成为全球资本市场的核心组成部分之一。

根据 2019 年全球交易所成交排名,全球排名前 3 的交易所为印度国家证券交易所(NSE)、芝加哥商业交易所集团(CME Group)和巴西交易所(B3)(见表 12-2)。中国只有上海期货交易所排名进入了前 10(第 10 名)。大连商品交易所和郑州商品交易所分别排名第 11 和第 12 位。中国金融期货交易所排名第 28 位。

表 12-2　2019 年全球衍生品交易所成交排名情况

排名	交易所	交易量/百万手
1	印度国家证券交易所(NSE)	5 961
2	芝加哥商业交易所集团(CME Group)	4 830
3	巴西交易所(B3)	3 881
4	洲际交易所(ICE)	2 257
5	欧洲期货交易所(Eurex)	1 947
6	芝加哥期权交易所(CBOE)	1 912
7	纳斯达克(NASDAQ)	1 785
8	韩国交易所(KRX)	1 547
9	莫斯科交易所(MOEX)	1 455
10	上海期货交易所(SHFE)	1 448

二、国际金融衍生产品市场的主要交易品种

国际金融衍生产品市场的主要交易品种为各类依托股票、债券、汇率等基础资产而设计的衍生金融工具。在这个市场上,交易种类繁多。根据美国期货业协会的统计(见表 12-3),2019 年在全球 80 余家交易所上市的有 2900 个场内衍生产品。其中,成交量最高的是印度国家证券交易所的 Bank Nifty 股指期权,其次为巴西交易所的 Bovespa 迷你股指期货。在排名前 20 的金融衍生产品中,期权和期货各占 50%。其中,有 9 个属于股指类,6 个属于外汇类(即货币类),5 个属于利率类。下面重点介绍这三类金融衍生产品。

表 12-3　全球金融衍生产品合约 2019 年成交量排名情况

排名	合　约	交　易　所	小类	2019 年/百万手
1	Bank Nifty 股指期权	印度国家证券交易所(NSE)	股指	2994.08
2	Bovespa 迷你股指期货	巴西交易所(B3)	股指	1614.09
3	CNX Nifty 股指期权	印度国家证券交易所(NSE)	股指	1161.04
4	SPDR 标普 500 ETF 期权	多家美国交易所	股指	703.26
5	欧洲美元期货	芝加哥商业交易所(CME)	利率	687.07
6	美元兑印度卢比期权	印度国家证券交易所(NSE)	外汇	648.95
7	KOSPI 200 股指期权	韩国交易所(KRX)	股指	637.64
8	美元兑印度卢比期权	印度孟买证券交易所(BSE)	外汇	597.16
9	美元兑印度卢比期货	印度国家证券交易所(NSE)	外汇	551.28
10	隔夜同业拆借利率期货	巴西交易所(B3)	利率	476.19
11	10 年期国债期货	芝加哥期货交易所(CBOT)	利率	449.83
12	标普 500 电子迷你期货	芝加哥商业交易所(CME)	股指	395.15
13	美元兑印度卢比期货	印度孟买证券交易所(BSE)	外汇	385.27
14	美元兑俄罗斯卢布期货	莫斯科交易所(MOEX)	外汇	384.16
15	迷你美元期货	巴西交易所(B3)	外汇	340.26
16	标普 500 股指期权	芝加哥期权交易所(CBOE)	股指	318.94
17	5 年期国债期货	芝加哥期货交易所(CBOT)	利率	294.40
18	欧洲斯托克 50 股指期货	欧洲期货交易所(Eurex)	股指	292.36
19	欧洲美元期权	芝加哥商业交易所(CME)	利率	278.76
20	欧洲斯托克 50 股指期权	欧洲期货交易所(Eurex)	股指	270.46

(一)股票类金融衍生产品

股票类金融衍生产品又称为权益类金融衍生产品，其所依托的基础资产是股票或者股票价格指数，主要类型包括股票期货、股票期权、股指期货、股指期权以及上述合约的混合交易合约。其中股指期货和股指期权最具有代表性。

股指期货(share price index futures，SPIF)，是指以股价指数为基础资产的、在场内交易的标准化期货合约。在合约中双方约定在未来的特定日按事先约定的股价指数水平买卖标的指数，到期交割时只需要结算差价。在股价波动剧烈、市场充满不确定性的情况下，投资者可以利用股指期货合约套期保值和分散投资风险，或者利用其在股票价格波动中获利。1982 年，芝加哥国际货币市场推出世界上第一个股指期货合约，所依托的是标准普尔 500 种股票指数。在中国，股指期货标的指数包括沪深 300 指数、中证 500 指数和上证 50 指数。其中沪深 300 指数最为重要。

股指期权(stock index option)是以股票指数为标的物的期权合约。具体而言，股指期权以股票指数变动的百分点计价，在合同到期日，买方可以根据股票指数变化情况决定是否行使选择权。若选择行使合同，则双方互拨头寸平仓后，买方可能获得股指波动差价的利润。当股票指数朝着不利方向变动时，买方可以选择放弃行使合同而承担有限的亏损(最大亏损是权利金)。因此，股指期权对投资者管理风险有重要作用。

(二)利率类金融衍生产品

利率类金融衍生产品是指以利率或利率的载体为基础资产的金融衍生产品，主要包括远期利率协议(forward rate agreement)、利率期货(interest rate futures)、利率期权(interest rate option)、利率互换(interest rate swap)等。

在浮动利率条件下，利率类金融衍生产品是利率风险管理的重要工具。以利率互换为例，交易双方的债务币种相同时，可以约定未来一定期限内就相同名义本金交换现金流，同时在双方计算现金流时进行固定利率与浮动利率的调换，互相取长补短，节约成本。

案例：利率互换的原理

如果 A、B 两家公司因为资信等级不同，在欧洲美元市场上借款的成本差异如表 12-4 所示。A 公司无论是固定利率借款还是浮动利率借款，都比 B 公司优惠。但从两家公司的差异来看，A 公司在固定利率借款方面有比较优势，B 公司则在浮动利率借款方面有比较优势。

表 12-4 A 公司和 B 公司的市场借款成本

	A 公司	B 公司	差异
固定利率	11%	12%	1%
浮动利率	LIBOR	LIBOR+0.25%	0.25%
潜在的套利机会		0.75%	

因此，双方可以通过利率互换，来分享潜在的套利机会：A 公司按 11%的固定利率借入 5 年期借款，然后通过一家中介人(C 银行)将其债务的固定利率转为浮动利率，得到 LIBOR−0.25%，C 银行收取 0.25%的安排费以后，对 A 公司支付 11%的固定利率。B 公司则按 LIBOR+0.25%借入浮动利率借款，将其债务转为 5 年期固定利率，得到固定利率 11.5%，同时由中介人 C 银行支付 LIBOR 水平的浮动利息，如图 12-3 所示。

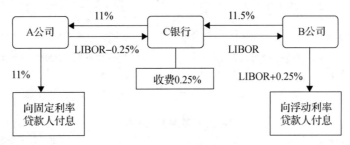

图 12-3 利率互换

通过互换，A 公司实际浮动利率借款成本为 LIBOR−0.25%+11%−11%=LIBOR−0.25%，相对其浮动利率借款可以节约 0.25%的成本；B 公司实际固定利率借款成本为 11.5%+LIBOR+0.25%−LIBOR=11.75%，相对其固定利率借款也可以节约 0.25%的成本，中介人则分享了另外 0.25%的好处，但也同时承担了两家公司的风险，如表 12-5 所示。

表 12-5　A 公司和 B 公司互换前后的成本比较

	互换前借款成本	互换后借款成本	节约成本
A 公司	LIBOR	LIBOR-0.25%	0.25%
B 公司	12%	11.75%	0.25%
C 银行		获得利益 0.25%	

(三)货币类金融衍生产品

货币类金融衍生产品是指以各种货币(外汇)作为基础资产的金融衍生工具，主要包括远期外汇、货币期货、货币期权、货币互换以及上述合约的混合交易合约。其中，远期外汇(forward exchange transaction)，简称期汇交易，是指交易双方就特定币种和金额事先约定交割汇率及交割时间等条件，到期才进行实际交割的外汇交易。货币期货又称为外汇期货(foreign exchange futures)，是一种在场内交易的标准化的远期外汇合约。货币期权又称为外汇期权(foreign exchange options)，指合约购买方拥有在未来约定日期或一定的时间内按照规定汇率买进或者卖出一定数量外汇资产的选择权。

货币互换(currency swap)又称为货币掉期，是指币种不同、期限相同的等值资金的交换，通常是期初按即期汇率交换指定货币的本金(也可以选择不交换)，然后按照预先约定的日期，进行利息和本金的分期互换。

案例：货币互换

例如，A 公司在欧洲美元市场上可以发行 3 年期固定利率债券来筹措 9000 万美元，但是需要将其转换为瑞士法郎。B 公司正好发行了一笔 3 年期、浮动利率的 1 亿瑞士法郎票据，希望将其转换成固定利率的美元负债。两家公司就可以通过银行中介进行货币互换，整个过程如图 12-4 所示。

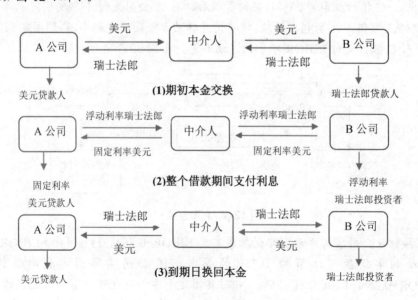

图 12-4　货币互换

第一步，按即期汇率进行本金兑换。A 公司向中介支付 9000 万美元而获得 1 亿瑞士法郎，B 公司向中介支付 1 亿瑞士法郎而获得 9000 万美元。

第二步，利息交换。在整个 3 年期限内，A 公司按浮动利率支付瑞士法郎利息给中介人，并从中介人处获得固定利率的美元利息。B 公司则按固定利率支付美元利息给中介人，并从中介人处获得浮动利率的瑞士法郎利息。

第三步，到期日的本金互换。两项债务到期时，两种货币的本金再以期初时的既定汇率进行相反方向的互换。

三、中国金融衍生产品市场的发展

中国的衍生产品市场起步很晚。20 世纪 90 年代初期在政府的倡导下开始试点商品期货。2000 年之后，政府在鼓励商品期货发展的基础上开始研究金融期货和期权产品。2008 年全球性金融危机以后，金融衍生产品在欧美国家的负面效应显现，发展一度落入低谷。但也为亚太地区发展金融衍生产品提供了重要的发展机遇。至 2010 年，亚太地区替代北美国家成为全球衍生产品交易量最大的市场。其中，中国、韩国和印度的金融衍生产品交易量持续上升，成为亚太地区交易量增长的主要来源。在此期间，中国大胆探索、果断批准了股指期货、国债期货等金融衍生产品的上市交易。2010 年股指期货正式推出，为证券公司和其他企业管理风险提供了市场化的支持。2015 年，尽管中国股市出现异常波动，金融衍生产品受到舆论的口诛笔伐，国家依然没有否认金融衍生产品的作用，继续鼓励股指期货交易。

与此同时，随着综合实力的提高，中国在全球资本市场的影响力不断加强，境外交易所正积极开展 A 股概念衍生产品布局。2004 年 10 月 18 日，第一个中国概念衍生产品——恒生中国企业指数期货在芝加哥期权交易所被推出。2005 年 5 月 23 日，新华富时中国 25 指数期货及期权在香港交易所被推出。2006 年 9 月 5 日，新华富时中国 A50 股指期货在新加坡交易所被推出。2013 年 11 月 27 日，基于德银-嘉实沪深 300ETF 开发的 ASHR ETF 期权在多家交易所上市。2015 年 10 月 12 日，芝加哥商品期货交易所又正式推出 E 迷你富时中国 50 指数期货，其样本涵盖在香港地区上市的 50 支中国概念蓝筹股。作为改革开放的产物，近年来中国衍生产品市场创新活跃，新产品不断上市。截至 2020 年年末，有 90 个场内衍生产品上市交易，其中 6 个对外国投资者开放，对于加快建设中国有弹性的资本市场，提升中国资本市场吸引力和定价话语权有重要意义。

但总体而言，中国衍生产品市场以商品衍生产品为主，金融衍生产品在总成交量中的占比还不到 2%，与国际衍生产品市场中金融衍生产品占据了 80% 的绝对份额也形成鲜明对比。从产品丰富程度来看，目前在国内上市的金融衍生产品只有股指期货(包括沪深 300 股指期货、中证 500 股指期货、上证 50 股指期货)、股指期权(沪深 300 股指期权)和国债期货等有限的品种，外汇衍生产品依然存在空白。而美国、巴西和印度上市交易的股指、利率和汇率类产品品种非常丰富，总体成交量也很大(见表 12-6)。中国金融衍生产品的发展水平与中国的经济大国地位极不相称。近年来，中国经济继续稳定迅速增长，金融衍生产品市场有着强大的经济基础和巨大的增长空间。

表 12-6 2019 年中美印金融衍生产品成交及占比变化情况

国家/地区	2019年成交/亿手	全球占比	2018年成交/亿手	全球占比	占比年度变化/个百分点
中国内地	0.66	0.2%	0.27	0.1%	0.1
美国	87.32	32.0%	89.49	36.9%	-4.9
印度	69.91	25.7%	48.32	19.9%	5.8
全球	272.54	100%	242.54	100%	—

第三节 国际资本流动

在国际金融市场上，国际资本流动对全球经济产生着重要的影响。特别是 20 世纪 80 年代以来，随着金融创新活动的日益活跃，国际资本流动的规模持续扩张，对国际金融市场产生越来越大的影响。本节主要介绍国际资本流动的概念和分类、资本跨国流动的原因及其产生的影响。

一、国际资本流动的概念

国际资本流动是指资本从一个国家(地区)转移到另一个国家(地区)，即资本的跨国界流动。早期的国际资本流动主要源自国际生产贸易活动。随着全球金融一体化程度的加深，国际资本流动除了出于生产贸易活动的需要以外，也越来越多地以获取资产差价和金融收益为目的。这种资本流动俗称国际游资，是与生产贸易无直接关系的纯金融性质的国际资本流动。这种资本流动对国际金融市场和全球经济的影响越来越大，成为国际金融领域的研究重点之一。本节也将重点讨论这种纯金融性质的资本流动。

在国际收支平衡表中，国际资本流动通常和资本与金融账户有关。其中，其他投资项目下的资本流动是国际资本流动的最主要组成部分。

二、国际资本流动的类型

按照流动的期限，国际资本流动可以划分为短期资本流动和中长期资本流动。

短期资本流动是指 1 年或 1 年以下的资本跨国流动，主要包括贸易资本流动、银行资本流动。其中，贸易资本流动涉及国际贸易过程中的短期资金融通和结算活动，是最为传统的国际短期资本流动方式。贸易资本流动通常涉及资本所有权的转移，反映在国际收支平衡表的经常项目当中。银行资本流动源自各国经营外汇业务的银行调整外汇头寸所带来的资本转移。为了规避持有外汇头寸所面临的汇率风险，外汇银行经常需要通过同业拆借进行多头抛出、空头买进，或者在外汇市场上进行套利或套汇活动，这些均会引起银行资本的跨国流动。

中长期资本流动是指期限在 1 年以上的资本跨国流动，主要包括跨国直接投资、证券投资和国际中长期贷款。跨国直接投资是一个国家的投资者将资金投资于另一个国家的企业的生产经营并拥有一定的经营控制权的投资行为。证券投资是指以货币形式在国际证券市场上购买有价证券以便获取收益的投资行为,属于间接投资。国际中长期贷款包括政府贷款、出口信贷、商业银行和国际组织提供的贷款等。

根据资本流动的动机不同,国际资本流动可以划分为保值性资本流动和投机性资本流动。保值性资本流动又称为资本外逃,是指在国内出现政治动荡和(或)经济形势恶化的情况下,资本持有者出于资本保值动机,通过换汇或筹资外存等方式跨国调配资本所引起的资本流动。投机性资本流动是指投资者利用国际市场上的金融资产或商品价格的行情涨落进行高抛低吸等市场化操作以便获取超额利润而产生的资本跨国流动。

20世纪80年代以来,随着金融创新活动的日益活跃,国际资本流动的规模持续扩张,对国际金融市场产生越来越大的影响。如果将全球资本流动分为总资本流入(gross capital inflows)和总资本流出(gross capital outflows),那么1980年以来的国际资本流动总规模如图12-5所示。可以看出,1980年以来全球资本流动规模不断扩张,至2007年达到顶峰。随着2008年全球金融危机的爆发,国际资本流动总体上放缓[①]。

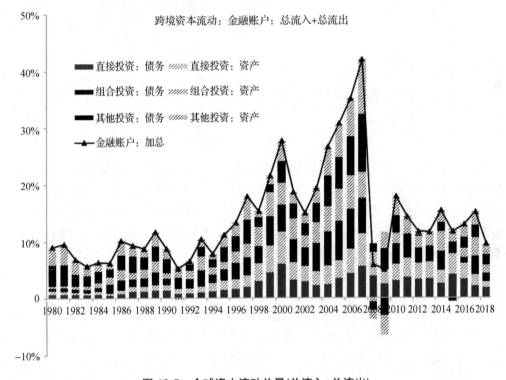

图12-5 全球资本流动总量(总流入+总流出)

20世纪末,随着苏联的解体和日本经济陷入衰退,越来越多的新兴市场国家也开始加入国际产业链。相应地,国际资本开始出现加速流向发展中国家的趋势。据统计,截至2014年年底,全球流入外资最多的前10个国家和地区中,发展中国家就占据一半的席位。作为世界上最大的发展中国家,中国在全球外国投资中的地位逐步上升。2009—2018年,国际资本流动作为外部冲击,成为影响中国国际收支状况的重要因素。在国际经贸摩擦背景下,

---

① 图中,负债侧表示非居民持有的本国资产的增加(等价于居民对外负债的增加),表示资本流入;资产侧表示本国居民持有的国外金融资产的增加,反映的是资本的净流出。

国际资本流动对外汇储备和人民币汇率的影响也在不断增强。如图 12-6 所示，中国跨境短期资本流动在过去 20 多年来呈现波动放大趋势，并在近年来呈现异动频繁的特征。其中，2014 年上半年以来，随着发达国家走出危机，中国面临较大的资本外逃压力，短期跨境资本流动呈现持续流出趋势。2018 年以来，短期跨境资本流动则开始呈现净流入且逐渐收敛于平衡。这个现状表明，加强对跨境资本流动的宏观审慎管理越来越重要。

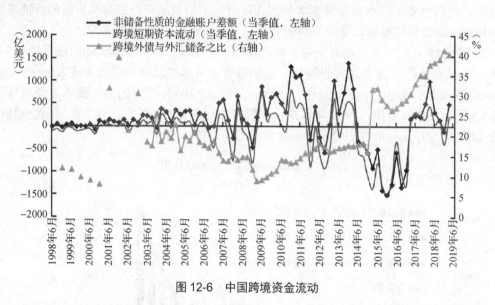

图 12-6　中国跨境资金流动

总体来看，实体贸易无论在规模还是增长速度上均远远落后于国际资本流动。以外汇市场交易为例，BIS 报告显示，2016 年 4 月全球外汇市场日均成交量为 5.06 万亿美元，三年后(2019 年 4 月)日均成交量增长到 6.6 万亿美元，比 2016 年同期增长 30%。而 2016 年全球货物贸易总额为 16 万亿美元，2019 年增长至 18.89 万亿美元，比 2016 年同期增长 18%。由此可见，全球年度货物贸易总额仅相当于外汇市场几日的成交量。

从直接投资来看，欧美国家为跨境直接投资的主体，2009 年到 2018 年间，欧元区和日本是全球直接投资的主要净来源国，跨境直接投资总量分别为 10.7 万亿美元和 1.0 万亿美元，净流出分别为 1.3 万亿美元和 0.9 万亿美元。中国大陆和中国香港则是全球除了美国以外最大的 FDI 目的地，2009 年到 2018 年间中国大陆跨境直接投资总量为 3.6 万亿美元，净流入为 1300 亿美元，中国香港跨境直接投资总量为 2.5 万亿美元，净流入为 1200 亿美元。因为中国在国际贸易中占有重要的地位，所以在以贸易融资信贷为典型特征的跨境其他投资项目流量已经处于世界前列。2009 年到 2018 年间，中国内地和中国香港在全球其他投资项目资产增量与负债净增量方面排名前两位，合计占比 45%。这些数据充分表明，随着综合国力的提升，中国经济在全球的影响越来越大。

三、国际资本流动的原因

(一)国际金融市场资本持有者的主观动机

从资本持有者的角度来看，国际资本流动归根结底是出于两个动机：追求利润和规避风险。

追求利润是资本持有者的首要动机。通常情况下,资本会从预期利润低的国家流向预期利润较高的国家。那些经济基本面好、关税税率低、劳动力和原材料价格便宜的国家或地区,往往意味着更低的风险和更高的预期回报率,往往引导着国际短期资本和中长期直接投资或间接投资的走向。

规避风险是资本持有者的另一个重要动机。投资目标国若是政局不稳定,出现罢工、暴动甚至战争等政治风险,或者经济形势恶化,出现大规模失业、恶性通货膨胀甚至货币危机,则将对投资者造成巨大损失。因此,资本往往倾向于流向政治、经济稳定的国家或地区,以便保障资本的安全性。20世纪80年代以来,一些发展中国家的经济快速增长,但是产权保护机制不健全,金融市场管制程度较深。这些国家的资本持有者为了规避管制和避免非经济风险,往往通过非正式渠道将资本转到西方发达国家,形成规模巨大的国际资本流动。

除此以外,投资者基于分散风险的考虑进行分散投资也是国际资本流动的重要原因。

(二)国际金融市场提供了充沛的资金来源

第二次世界大战以来全球经济的持续增长导致了全球范围内巨额金融资产的积累。这些巨额金融资产与生产贸易相脱离,成为国际金融市场重要的资金来源。在20世纪下半叶,美国因为长期的巨额国际收支逆差导致大量美元资金流出美国。与此同时,世界各主要产油国大幅度提高油价,由此产生的巨额石油美元也要寻找出路,再加上世界货币发行国长期的通货膨胀等因素,使国际金融市场资金供给来源非常充沛。而各国金融机构和欧洲货币市场不断进行的信用创造过程,派生了更多的金融资产,使越来越多的资金成为纯金融性质的国际游资。

(三)金融市场一体化为资本跨国流动提供了便利

现代科技和通信技术的发展,驱动了全球金融一体化进程,为金融资产在全球各个市场、各类产品之间进行配置提供了极大便利。同时,全球各大金融市场已经形成密切联系的金融交易网络体系,为投资者迅速识别不同金融市场之间的套利机会提供了可能。例如,各个市场之间只要有微小的利率和汇率差异,就可能在短期内引发投资者的套利或套汇活动,直到差异逐渐消除。资本持有者利用现代化的信息网络,可以以较低的成本在国际货币市场、外汇市场、证券市场等进行交易,实现资产配置的频繁调整和投资的分散化,也导致巨大的资本跨国流动。

(四)金融创新促进和放大了资本跨国流动的效果

20世纪80年代以来,全球出现了金融创新的浪潮。一方面,外汇远期、期货与期权等衍生金融工具大量出现,为资本持有者规避风险和政府管制提供了条件,从而极大地促进了资本跨国流动。例如,通过外汇远期、外汇期货和期权交易,资本持有者可以有效地降低或规避汇率风险。通过利率期货、远期利率协议、利率上下限工具等,资本持有者可以最大限度地减少利率风险。另一方面,金融创新进程中大量衍生金融工具的出现,进一步放大了资本跨国流动的效果。衍生金融工具的杠杆比率(leverage ratio)很高。以期货为例,投机者利用比率很小的保证金就可以控制金额巨大的合约。因此,衍生产品价格波动更为剧烈,其可能的盈亏幅度也远高于传统交易,对于投机性国际资本流动有极强的刺激作用。

四、国际资本流动的影响

(一)积极影响

1. 优化全球范围内的资源配置

在全球资源有限的情况下,资本的跨国流动,使稀缺的资源从过剩的国家或地区流向短缺的国家或地区,有利于提高资本的边际产出,促进生产要素在全球范围内的优化配置。特别是国际资本流动往往伴随着先进技术和管理经验的跨国传播,有利于促进资本流入国的经济发展,从而从整体上带动全球经济的繁荣。

2. 促进"财富效应"的国际传导

国际资本流动可以为公共存款提供投资渠道,使单个国家证券市场的财富效应得以跨国传导。特别是在全球各大金融市场联系日益紧密的情况下,一些重要经济体的经济增长,往往会推动世界其他国家的经济复苏,体现出明显的外溢效应。

3. 推动国际金融市场的一体化

国际资本流动在逐利和避险两个动机之下,能够对全球各大金融市场作出快速反应,对利率、汇率等价格或指数的变化异常敏感。通过在外汇市场、证券市场等进行市场化操作,加速了国际金融市场一体化进程。全球利率水平的趋同就是一体化程度加深的典型标志。目前,伦敦、纽约、东京、新加坡和中国香港等作为全球主要的国际金融中心,已经通过现代信息技术紧密联系在一起,为国际资本流动和资源的全球配置提供了广阔的空间和非常便利的平台。

(二)消极影响

1. 各国维持内外部均衡变得更加困难

在国际资本大规模、频繁地流动的情况下,各国内外部均衡的维持变得更加困难。首先,国际资本流动使一个国家的国际收支主要受到资本流动的影响,需要在维持国内经济稳定和国际收支平衡之间进行权衡。在浮动汇率制度下,国际资本流动会直接导致不同货币供求关系的变化,引起汇率的剧烈波动。在固定汇率制度下,国际资本流动对汇率稳定造成影响,为了干预外汇市场,一个国家的外汇储备就要直接受到冲击。若发生大规模的投机冲击,有可能引发货币危机甚至金融危机。始于1997年7月的亚洲金融危机就是一个典型案例。其次,在内部均衡方面,短期资本大规模流动会对本国的利率政策和货币供应量造成较大影响。各国货币政策独立性受到不同程度的限制,令本国利率不能完全根据国内的情况确定,甚至与国内均衡的目标相悖。对于采用浮动汇率制度的国家,为了避免外汇市场的大幅度波动,不得不调整利率来维持汇率稳定。对于采用固定汇率的国家,为了维持固定汇率制度,不得不采用非冲销式干预手段来干预外汇市场,从而直接抵销本国货币供应量的调整作用。从长期来看,若国际资本流动引发货币危机或重大经济波动,则会对本国的实体经济发展造成深远影响,从而加大内部均衡调节的难度。

2. 世界经济的稳定发展受到挑战

从微观上看,国际资本流动加大了企业从事跨国贸易的不确定性。在汇率的大幅度波动、各国之间汇率和利率的密切联动的情况下,一个国家的微观主体在从事跨国投融资活动时不可避免地受到其他国家经济政策变动的影响,因此不得不在市场预测、衍生金融工具使用等方面投入精力和成本以便尽可能地降低风险。而衍生金融工具往往具有很高的杠杆性,会进一步放大交易风险。在保证金制度下,标的资产价格的变动,可能导致合约价值发生几十倍于保证金的变动。这种剧烈的价值波动反过来又会影响标的资产的价格。上述不确定性加大了微观企业经营的困难。从宏观上看,国际资本流动在加深各国经济之间的密切联系的同时,也会将一个国家的经济波动甚至危机迅速传导到其他国家。在国际金融一体化背景下,投机冲击或政策变化下的一个国家金融市场的变动往往迅速引起其他国家的联动调整。一个国家若出现经济形势恶化或资本市场萧条,则该国的资本会迅速离开转向其他国家,带来其他国家资本市场的繁荣。而对于依赖外资较多的国家而言,外资的迅速撤出往往对该国经济造成巨大冲击,甚至引发固定汇率制度崩溃和爆发金融危机的严重后果。另外,一个国家若出现金融危机或债务危机,则国际资本不仅会迅速撤出该国,甚至对与危机发生国经济基本面相似或者存在密切经济联系的其他国家也会作出类似反应,产生"多米诺"骨牌效应,成为危机快速向其他国家蔓延的原因之一。例如,2010 年希腊债务危机发生之后迅速蔓延至西班牙、葡萄牙、爱尔兰等其他欧盟国家。

第四节 货币危机和债务危机

20 世纪七八十年代起,随着全球金融自由化加速,国际资金流动的规模不断扩张,对各国的内外均衡造成巨大挑战。例如,发生于 20 世纪 80 年代的拉美国家的货币危机、20 世纪 90 年代欧洲货币危机、2008 年全球金融危机之后希腊等欧盟国家所发生的债务危机等,不仅在当时重创了危机发生国的经济,也对全球经济发展造成了深远的影响。

一、货币危机

(一)货币危机的概念

货币危机(currency crisis)的概念有广义和狭义之分。广义的货币危机是指一个国家货币的汇率短期内变动过大,超过了一定的幅度。狭义的货币危机是指在固定汇率制度下,主要发生在外汇市场的危机。当市场参与者通过在外汇市场抛售等操作对一个国家的货币进行攻击时,导致一个国家的政府无力维持固定汇率制度,而不得不宣布放弃干预外汇市场,从而使该国货币出现大幅度贬值,外汇市场和金融市场出现持续动荡,就是货币危机。货币危机发生之后,如果缺乏有效的应对措施,就有可能进一步演化为金融危机(financial crisis),使一个国家的股票市场、银行体系等金融市场的价格也出现非正常波动,金融机构破产或经营困难,甚至包括主权国家出现的债务偿还困境,即国际债务危机。

(二)货币危机的发生机制

1. 国内信贷的持续扩张机制：第一代货币危机理论的解释

1979年，美国经济学家克鲁格曼(P. Krugman)从货币信贷扩张的视角对货币危机的发生机制进行了解释，这被称为第一代货币危机理论。克鲁格曼认为，货币危机源自一个国家的宏观调控政策与维持固定汇率制度这两个政策目标之间的冲突。在固定汇率制度下，如果货币需求保持稳定，那么国内信贷的过度扩张将影响汇率的稳定。为了维持稳定的汇率水平，会导致外汇储备的逐步减少和经济基本面的恶化。在国际资金的投机攻击下，政府将逐步失去干预能力，固定汇率制度将逐渐崩溃，从而出现货币危机。

在货币学派的理论框架之下，第一代货币危机理论假设一个国家的货币供给由国内信贷和外汇储备两部分组成，如式(12-1)所示：

$$M^d = M^s = D + R \qquad (12\text{-}1)$$

式中：M^s 和 M^d 分别代表货币供给和货币需求；D 为国内信贷，代表来自国内调控当局的货币供应基数；R 为外汇储备，代表来自外部(主要是贸易顺差)的货币供应基数。货币需求 M^d 为常数，如果一个国家为了解决财政赤字而持续扩张国内信贷 D，使货币供应量增加，就会导致该国的货币供给超过货币需求。多余的货币需要寻找出路，最终使货币供给与货币需求保持平衡状态，该国的居民就会加大进口，包括增加对外国商品、劳务和金融资产的购买，从而使国际收支逆差加大。相应地，该国的外汇储备逐步降低。

而为了维持固定汇率水平，政府必须动用外汇储备干预外汇市场。当外汇储备随着信贷扩张逐步降至一定的水平时，政府便失去对市场的干预能力，也就无法维持原有的固定汇率制度。如果不存在投机攻击，那么在国内货币需求保持不变的情况下，国内信贷的持续扩张会导致外汇储备的相应降低。如图12-7所示，国内信贷的增长将会导致外汇储备的逐步降低。当外汇储备消耗殆尽时，即图上的 t_0 点处，政府已经无力干预外汇市场，固定汇率制度必然崩溃。一旦政府无力维持固定汇率制度，而任由汇率自由浮动，该国货币就会出现大幅贬值，从而导致货币危机的发生。如果该国不幸成为国际投机资金攻击的对象，大规模国际游资通过在外汇市场上卖出本币、买入外汇来发动攻击，就会加快该国外汇储备的消耗，从而使固定汇率制度提前崩溃。

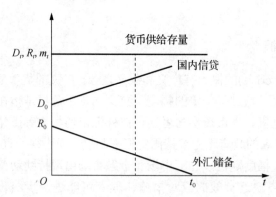

图 12-7 扩张性货币政策引起的货币危机发生过程

第一代货币危机理论将国内信贷扩张视为外汇储备流失的根本原因，具有浓厚的货币主义色彩。该理论认为，经济基本面不健康是危机产生的根源。投机性攻击只是加速危机发生的外部条件。如果没有从根本上调整经济政策，改善经济基本面，那么固定汇率制度终将崩溃。因此，防范货币危机最关键的是实行紧缩性财政政策与货币政策，并保持健康的经济基本面。

20 世纪 70 年代以来，全球发生了多次货币危机。例如发生于 1973—1982 年的墨西哥货币危机、发生于 1978—1981 年的阿根廷货币危机以及发生于 1982 年的智利货币危机等。这些国家货币危机的发生，大多数与危机发生国的信贷扩张政策有关。因此，第一代货币危机理论能够较好地解释危机的发生机制。值得关注的是，20 世纪下半叶全球发生的货币危机，以及第一代货币危机理论对危机发生机理的解释，都以"固定汇率制度+资本自由流动"为前提。在中国，政府对资本项目开放一直持非常谨慎的态度，严格控制人民币资本项目下的可自由兑换，尽管在 20 世纪实行了相对固定的汇率制度，却很好地避免了危机的发生。

进入 20 世纪 90 年代以后，投资性国际资金流动加剧，对全球经济的影响呈现越来越大的趋势，一些国家在经济基本面比较健康的情况下也会发生货币危机，例如发生于 1992—1993 年的欧洲货币危机。对此，克鲁格曼的理论无法提供合理的解释。于是，在学界又出现了第二代货币危机理论。

2. 贬值预期的自我实现机制：第二代货币危机理论的解释

奥布斯特弗尔德(Obstfeld)、马森(Masson)和本塞德(Bensaid)等人将心理预期因素纳入分析框架，认为货币危机的发生与经济基本面恶化无关，而是因为贬值预期的自我实现。他们的理论被称为第二代货币危机理论。

国际投机资本要想对一个国家的货币发动攻击，往往需要提前在该国市场上大量借入本币，再在外汇市场上抛售。待攻击成功后，本币大幅度贬值，再用外汇购回本币以便归还当初的借款，在此过程中攫取超额利润。因此，投机者的成本主要是借入本币时支付的利息。

因此，一个国家的政府在面临攻击时，除了动用外汇储备来维持固定汇率制度以外，还可以通过提高利率来增加投机者的成本。在理论上，只要把利率提到足够高，就可以保持固定汇率制度不受攻击。但这个政策工具的使用也是有代价的。过高的利率水平对本国经济起着紧缩作用，有可能导致股市暴跌、经济衰退、失业增加。同时，对于政府债务存量较高的国家，利率的上调会进一步加大预算赤字。另外，维持固定汇率制度显然是有益处的，稳定的汇率水平不仅有利于国际贸易与国际投资，还可以提高政府在国际社会的信誉，提升国家形象。因此，一个国家面临投机攻击时，为了维护汇率的稳定，是否愿意承担高利率的代价，取决于成本与收益之间的权衡。

如图 12-8 所示，CC 曲线表示政府维持固定汇率制度的成本，是一个"U"形的曲线。$\hat{i}$ 为经济体中的最佳利率水平，当超过这个水平时，维持成本将不断增加。BB 曲线表示政府为了维持固定汇率的收益。因为它与利率无关，所以 BB 曲线为一条水平线。在两条曲线的交点 i_c 处，维持固定汇率的成本等于收益。在 i_c 之前，维持固定汇率的成本是小于收益的，因此，政府会愿意通过提高利率来维持固定汇率制度。但是一旦利率水平超过 i_c，政府就会放弃固定汇率制度，货币危机将会发生。

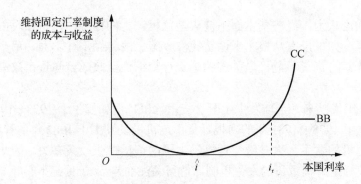

图 12-8 维持固定汇率制度的成本与收益

这个理论认为,在国际资金可自由流动时,一个国家即使有着健康的经济基本面,也没有大肆进行信贷扩张,也可能因为受到投机攻击而出现货币危机。其中,心理预期因素决定了货币危机发生的可能性及程度,而利率成为一个国家是否放弃固定汇率制度的关键变量。

根据第二代货币危机理论,危机发生的隐含条件是宏观经济中存在多重均衡(multiple equilibrium),分别对应着公众对该国货币是否会贬值的预期,且每种预期都是自我实现的。当公众预期该国货币汇率能够保持稳定而不会贬值时,则该国固定汇率能够维持的概率为100%。这是一种"好的均衡"。而当公众预期该国货币将会发生贬值时,就会进入一种"自我实现"的恶性循环:政府提高利率以便遏制投机→维持固定汇率制度的成本上升→市场贬值预期强化→利率进一步提高→贬值预期进一步强化。除非在此期间有足以改变预期的好消息出现,否则最终将导致固定汇率制度崩溃和货币危机的发生。因此,政府在国际投机冲击下,为了维持汇率稳定持续提高利率直到无法承担因此产生的代价而不得不放弃固定汇率制度,就是危机发生的主要机制。

根据第二代货币危机理论,预期的作用很突出,且预期是自我实现的,如何管理预期就成为防范危机的关键环节。因此,要想预防货币危机的发生,一个重要方面是尽可能提高政府的政策可信性。近年来,中国的宏观调控当局越来越重视对民众预期的管理。在长期的执政过程中,中国共产党领导的政府在人民群众中具有很强的公信力。改革开放以来中国在经济上取得了举世瞩目的伟大成就,特别是新冠肺炎疫情暴发以来,中国政府在领导民众团结抗疫和恢复生产方面的突出表现,进一步在全世界面前展示了中国力量和中国执政党的威望。这对于在中国建立"好的均衡"和有效防范货币危机,是不可忽视的重要因素。

3. 金融体系脆弱性和企业流动性危机:第三代货币危机理论的解释

第三代货币危机理论的产生是以亚洲金融危机的发生为背景的。1997 年 7 月,泰国宣布放弃固定汇率制度,泰铢危机爆发,并迅速引发一场涉及东南亚多个国家的金融风暴。马来西亚、新加坡、印度尼西亚、韩国、日本等国均受到波及。其中,泰国、印度尼西亚、韩国受到的影响最为严重,这些国家的货币大幅贬值,造成亚洲许多大型企业的倒闭,工人失业,社会经济陷入萧条。但中国香港因为有内地的强有力支持,最终在危机中得以幸免。到 1999 年 1 月,危机的"病毒"又感染了巴西的雷亚尔。这次亚洲金融危机肇始于泰国,并迅速蔓延到周边国家。危机传染的广度与深度方面均超过以往的货币危机,仅仅依

第十二章 国际金融市场与金融风险管理

赖现有危机理论无法获得充分的解释。为此，克鲁格曼提出了一个开放的小国经济模型，假设单一商品对进口商品具有不完全替代性，分析了贸易及实际汇率变动的影响与效应，并在此基础上提出第三代货币危机理论。

第三代货币危机理论对亚洲货币危机的解释中主要强调以下几个方面。

一是金融过度加剧了一个国家金融体系的脆弱性。克鲁格曼认为，金融体系在货币危机中发生崩溃并非由于之前的投资行为失误，而是由于金融体系的脆弱性。在开放经济条件下，当金融机构可以自由进出国际金融市场时，金融中介机构的道德冒险会导致证券金融资产和房地产的过度积累，这就是金融过度(financial excess)。东南亚国家的高债务因素、低边际进口倾向和相对出口而言大规模的外币债务，都是导致金融体系发生崩溃的重要因素。

二是亲缘政治增加了金融过度的程度。东南亚国家有长达数十年的亲缘政治传统。在亲缘政治影响下，各国政府为那些与政客们有裙带关系的银行和企业提供了隐性担保，从而增加了金融机构和企业的道德风险。在 20 世纪 90 年代，东南亚各国普遍采用准固定汇率制度，在严重依赖外资和大规模的对外借款的情况下，国际资金自由流动及可能存在的投机攻击，进一步加大了这些国家金融体系崩溃的风险。

三是警示效应和"羊群"效应。在危机发生前，东南亚各国经济基本面类似，都不同程度地存在着信用膨胀、银行系统薄弱、外汇储备较少等问题。当其中一个国家发生货币危机时，投资者便对其他相类似的国家产生警惕，形成警示效应。泰铢危机爆发后，投资者马上对那些与泰国经济基本面存在类似问题的印度尼西亚、韩国等国家产生警惕，纷纷收回投资，最后导致这些国家也爆发了货币危机。与此同时，由于存在信息不对称性，投资者的"羊群"效应也加快了危机蔓延速度。例如，当泰铢发生危机后，人们便担心韩元、印度尼西亚卢比可能也会出问题。当日本银行开始停止对韩国提供贷款时，欧美银行便纷纷效仿，于是"羊群"效应就形成了。

四是东南亚货币危机发生的关键在于企业。当本币贬值、利率上升时，企业的产品销售状况和财务状况恶化，流动性风险增加，从而导致企业的投资行为受到限制。当泰国爆发危机后，随着泰铢的大幅跳水，泰国银行机构和一般企业的外币债务大幅度升值，陷入流动性危机或债务危机。对此，国际金融市场的债权人迅速作出反应，立即紧缩对马来西亚、印度尼西亚等国的贷款和投资，从而使这些国家的企业也很快陷入流动性危机和债务危机。流动性危机和债务危机的形成，又会大大增加对外汇的需求，使本币加快贬值，货币危机爆发就难以避免。

从总体上看，第三代货币危机理论认为亚洲货币危机问题的关键症结在于企业、金融体系脆弱性以及亲缘政治。特别是第三代货币危机理论将关注的焦点放在金融体系与私人部门，因为汇率、利率等外部宏观环境的变化导致企业财务状况恶化和流动性危机，将进一步恶化经济基本面，成为本币贬值和危机爆发的推动力量。

4. 国内资产价格的信心效应：第四代货币危机理论的解释

第四代货币危机理论是由保罗·克鲁格曼(Paul R. Krugman)和哈佛大学阿吉翁(Aghion)在已有的第三代货币危机理论的基础上建立起来的。第四代货币危机理论的不同之处在于该理论主张对国内资产价格的信心效应是导致货币危机发生的关键因素。克鲁格曼指出，对国内资产价格的信心效应会导致由悲观预期的自我实现引发的投资降低和经济衰退。

在开放经济版本的模型中,假设该经济体只生产一种产品且仅存续两个时期,在 T_0 时期,投资者必须借入资金 B 才能进行生产,借贷实际利率为 r,总共有 N 个潜在投资者,实际投资者为 $n(n<N)$,总生产资源为 K。在 T_1 时期,投资者按照生产函数 $F(K/n)$ 进行生产,并以价格 q 卖出剩余资源。资源的价格由 $q=F(K/n)$ 确定,投资者的经济利润为 $S(q)/(1+r)-B$,$S(q)$ 为 T_1 时期扣除成本后的利润,借入资金 B 不会超过投资者抵押数额,即 $B \leq (qK/n)/(1+r)$。q 是 n 的增函数,$S(q)$ 是 q 的减函数。因此,当投资者对资本价格失去信心时,预期 q 会下降,n 会减少,这会造成 q 的实际降低,而 q 的降低会导致 $B>(qK/n)/(1+r)$,投资者没有足够的抵押数额进行贷款,投资水平下降,而投资水平的下降进一步造成资产价格和信心的下降。

在此基础上,克鲁格曼进行完善并提出了封闭经济版本的第四代模型,如图 12-9 所示。在该模型中,克鲁格曼引入了托宾 q 值来表示投资水平,当 q 值较低时表明企业的资产价格低于资产重置成本,此时投资水平将会降低,而投资水平又与利率 i 反向相关,因此在产品市场均衡中 q 值与产出水平 y 呈正相关。根据非线性商业周期理论,q 值与产出水平 y 是非线性关系。当 q 值极小时,q 值的减小不会影响 y 的大小。当 q 值极大时,由于其他生产因素的限制,产出水平 y 并不会无限制增大。由此可以得到反映产品市场均衡的 GG_1 曲线,而当货币政策不能对产出水平作出充分反应时会导致反映货币市场均衡的 AA_1 曲线向右上方倾斜,IS-LM 模型就会出现多个均衡点。所以,该国经济就可能会陷入不良均衡状态,由于资产价格信心效应引发的悲观预期的自我实现,货币当局难以通过货币政策扭转局面。

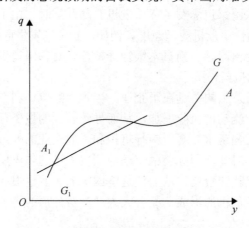

图 12-9 第四代货币危机模型(封闭经济)

第四代理论将研究目光转向了微观层面的企业部门。该理论认为投资者丧失信心会导致企业资产价格下降,从而导致投资水平的降低,而投资水平的降低又会进一步造成资产价格的下降与投资者信心的丧失。在发展初期,企业为了扩大生产规模,追逐更高的利润,通过国际金融市场大量举借外债,导致该国债务率偏高,这就会使国外的债权人对该国的经济丧失信心,资本外流,本币贬值。为了追逐更低的融资成本,企业投资者往往将短期贷款用于长期项目投资,外资抽离导致企业面临流动性风险,企业只能被迫降价出售资产、低价促销产品以便获得流动资金,这会导致本币贬值压力下的企业资产价格急剧降低,企业因此所能申请到的银行贷款也会大幅削减,整个国家的投资规模和产出水平都会下降,

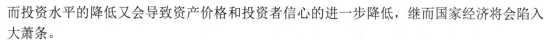

而投资水平的降低又会导致资产价格和投资者信心的进一步降低,继而国家经济将会陷入大萧条。

第四代货币危机理论为金融风险的防范提供了借鉴和更全面的理论依据。即使在经济基本面状况较为良好的情况下,由于某些事件导致投资者信心丧失也会引发危机,货币当局在稳定资产价格方面应该如何发挥作用或许将成为未来风险防范的重大考验。

二、债务危机

(一)债务危机概述

债务危机包括主权债务危机和国内债务危机。其中,主权债务危机(sovereign debt crisis)是指主权国家由于资不抵债,没有能力或基础偿还到期外债,对外宣布债务违约的事件。主权债务危机实质上是国家信用的破产。本节主要讨论主权债务危机。

1982年8月12日,墨西哥宣布无力偿还到期的公共外债本息268.3亿美元,无限期关闭全部汇兑市场,暂停偿付外债,拉丁美洲债务危机正式爆发。随后,债务危机迅速蔓延到巴西、委内瑞拉、阿根廷、秘鲁和智利等国。这次债务危机在历史上规模巨大,影响非常深远。危机发生后,债务总额持续增长。1986年,拉美各国债务总额达到10 350亿美元,至1990年飙升至13 000亿美元。债务危机发生之后,债务国经济全面紧缩,各大债权银行陷入困境。例如,1982年年底,美国最大的9家银行向这些国家提供了高达510亿美元的贷款,相当于其自我资金总额的176%。

1998年8月17日,受东南亚金融危机的影响,俄罗斯宣布卢布贬值,同时宣布所有的外债推迟偿还。俄罗斯债务危机爆发,导致国际投机资金损失惨重,国际商业银行的大量金融债权无法收回。

2008年美国次贷危机爆发之后,冰岛、迪拜先后爆发主权债务危机,并迅速蔓延至欧洲的希腊、西班牙、葡萄牙等国,让整个欧洲笼罩在债务危机的阴影之下,至今对欧盟的稳定和全球经济复苏有着深远影响。

(二)债务危机的形成原因

1. 债务国国内的政策失误

从危机发生的内因来看,20世纪80年代拉丁美洲债务危机之所以发生,与债务国国内的经济发展战略失误有关。在国内基础设施落后、产业结构不合理、经济增长缺乏持续动力的情况下,这些国家过于依赖外债来发展本国经济,导致外债规模逐渐膨胀而超出了本国经济的承受能力。20世纪70年代中期,西方发达国家开始步入经济衰退。墨西哥对外贸易严重萎缩,而同时期的两次"石油危机"使墨西哥面临巨大的对外支付压力。为了解决国际收支缺口和获得资金发展本国经济,墨西哥只好大规模借入外债,对国际资金流入的依赖性很强。到了1982年危机爆发前夕,墨西哥已经债台高筑,外债规模高达876亿美元,比70年代增长了近17倍,达到本国GDP的53%,而偿债率仅有75%。在债务规模不断扩张的同时,由于专业人才不足,外债管理不当,导致债务资金未能达到理想的使用效益。特别是债务的期限结构不合理,大多数为浮动利率借款,对国际利率和汇率水平变动特别敏感。1984年，美国曾三次提高利率水平，使墨西哥及其他拉丁美洲国家的对外债务风险加大，损失惨重。美元利率每上升1个百分点，墨西哥就要多支付52 000美元。一些拉丁美洲国家不得不借新债还旧债，从而为债务危机的爆发埋下了隐患。

2. 外部环境因素的冲击

拉丁美洲债务危机发生的外因，主要包括国际石油价格大跌、全球经济衰退、国际资金流动等。作为世界第四大产油国，墨西哥对外贸易对石油出口的依赖性很强。1982年，随着国际石油市场恶化，墨西哥两次下调石油价格，导致石油贸易收入锐减，由当年180亿美元的计划出口额，被迫减少到120~140亿美元。国际收支随之恶化，导致国内出现通货膨胀和本币贬值的恶性循环，偿债能力大幅下降。与此同时，在全球经济衰退的背景下，以美国为首的欧美发达国家为了应对国内经济严重的滞胀，开始实行紧缩性货币政策，并多次提高基准利率水平，吸引大量国际资金从拉丁美洲国家回流。其他发达国家为了避免国内资金外流，也不得不实行加息政策，从而使世界利率水平均呈上升趋势，使债务国的风险不断积累，偿债负担进一步加重，国内经济陷入困境。

3. 全球经济发展不平衡

就全球范围内发生的债务危机来看，危机发生的根源是全球经济发展不平衡，包括发达经济体与新兴经济体之间的不平衡、产油国与非产油国之间的不平衡、欧元区内部的不平衡等。而债务危机和金融危机的爆发，实质上是对全球经济不平衡的强行调整。拉丁美洲债务危机爆发的根源之一，是墨西哥、阿根廷、智利、巴西等中等收入发展中国家与西方发达国家在经济发展上的不平衡。前者经济结构落后，基础设施不足，发展资金短缺，对国际金融市场依赖性很强。后者科技发达，资金充裕，经济基本面更健康，更重要的是，这些发达经济体对全球经济不同程度地起着领导和控制作用，以美国为首的国家所制定的宏观经济政策直接影响国际金融市场的资金走向。2009年全球性金融危机之后，以中国为代表的新兴经济体增长态势良好，而发达国家出口需求不足，经济增长乏力，特别是中美之间的贸易不平衡，成为中美贸易战的导火索之一。在欧洲一体化之后，欧元区核心国家与外围国家的不平衡加重，各国的经济实力和财政实力差异很大。也正因为如此，欧债危机首先在希腊等外围国家爆发，并逐步向核心国家蔓延。

4. 凯恩斯主义对政策调控的影响

受凯恩斯主义的影响，在经济衰退或危机发生后增加财政支出以便干预经济，是各国政府普遍采用的手段。特别是第二次世界大战之后，发行公债以便解决财政赤字和调控经济，几乎成为西方资本主义国家经济的增长模式。21世纪出现在欧洲发达国家的债务危机，实际上是2008年金融危机的继续与深化。2008年金融危机之后，西方各国为了救市，纷纷提高公共债务预算，财政赤字和公共债务规模达到了前所未有的高度。根据国际货币基金组织的统计，2010年，美国、法国政府的负债率高达80%~100%，日本政府甚至在200%以上。2007—2010年间，全球公债总额增加约15.3万亿美元。2009年12月，希腊财政赤字达到293.79亿欧元，占该国GDP的比重高达12.4%。公债总额占GDP的比重高达113%，远远超过国际上公认的60%的安全线。这些数字导致惠誉、穆迪和标准普尔三个评级机构相继下调希腊主权评级，欧债危机随之拉开序幕。

三、货币危机和债务危机的传播

在经济全球化的背景下,世界各国之间的经济联系不断加强。一个国家若发生货币危机、债务危机或其他性质的金融危机,则往往形成蝴蝶效应和多米诺骨牌效应,对世界其他国家甚至全球经济造成冲击。20 世纪 70 年代发源于拉丁美洲发展中国家的债务危机、2008 年源于美国的金融危机和随后在欧美发达国家爆发的主权债务危机,均体现出这个特点。没有任何一个国家可以在危机中独善其身。

在以下情况下,货币危机通常会更快地得以传播:一是与危机发生国贸易联系紧密或存在明显的竞争关系。危机的发生将导致对该国商品的进口下降,或对该国的出口形成巨大压力,从而对贸易收支造成重大冲击,进而诱发国际资金的投机性攻击。二是与危机发生国的经济结构、发展模式相近的国家或经济体。国际投机资本一旦对危机国攻击成功,就会相应地瞄准有类似问题的国家。三是过度依赖外资发展经济的国家。危机的发生,往往导致大规模的国际资本流动,典型表现是外资迅速撤出危机发生国。对于危机发生国而言,大规模资本外流将不可避免地对该国国际收支和经济发展造成重大冲击,从而造成灾难性的后果。

第五节　国际金融风险管理手段和政策协调

历次的危机给世界经济和人类社会均造成了灾难性后果,国际金融风险管理的主要目的就是为了防止危机的发生与传播。因此,本节将主要介绍货币危机和国家债务危机的防范、国际资金流动的政策协调、金融科技与国际金融智能风控等内容。

一、货币风险和货币危机防范

如本章第四节所述,20 世纪 70 年代以来,全球发生了多次货币危机,例如 1973—1982 年的墨西哥货币危机、1978—1981 年的阿根廷货币危机、1982 年的智利货币危机、1992—1993 年的欧洲货币危机和 1997 年的亚洲金融危机。频繁发生的货币危机对危机国和全球经济的发展都造成了极大障碍。

(一)高度警惕虚拟经济泡沫过大的发生

随着虚拟经济规模的日益增加及开放的金融市场上金融工具专业化程度的不断加深,金融资产价值的稳定性更加难以控制和预测。虚拟经济在遭受某个冲击时,很可能会无限放大这种冲击的风险。2007 年美国次贷危机正是次级贷款证券化及其虚拟衍生资产的风险无限扩张而导致的。原本次级抵押贷款信用风险再高也就局限于违约贷款范围之内,不应该产生如此巨大的影响,但是美国在次级抵押贷款基础上却接连发行了次级抵押贷款债券(mortgage backed securities,MBS)、抵押债务债券(collateralized debt obligation,CDO)等证券化产品以及信用违约掉期(credit default swap,CDS)等衍生虚拟产品,使金融市场无力承受数十倍扩张的信用风险,最终触发了系统性金融危机。因此,要厘清虚拟经济和实体经济之间各种因素的传导机制,把握好虚拟经济与实体经济的适度比例,限制金融衍生产品及期货市场上的交易杠杆，高度警惕虚拟经济泡沫，防范国际金融风险的发生。

(二)重视一个国家货币内外价值的稳定

货币价值的内外稳定，是一个国家经济平稳发展的基础。货币对内价值的巨大波动，会引发通货膨胀或通货紧缩的危机，导致实体经济和虚拟经济的失衡。货币对外价格的大幅升值或大幅贬值会引发严重的外部冲击，导致调整成本剧增。1997年亚洲金融危机首先表现为东南亚各国货币的大幅度贬值，继而引发全球化的经济危机。结合第一代和第四代的货币危机理论研究得出，一个国家要实施合理的货币政策、财政政策等经济政策，保持宏观政策基本面健康和协调，为汇率稳定提供可靠的经济基础。此外，投资者的信心增强可以带来企业资产价格的上升，从而促使投资水平提高，以此可以进一步实现资产价格的上升和投资者信心的增强。可见一个国家应该增强投资者的信心和稳定资产价格，发挥政府对货币风险和货币危机的防范及调控的作用。

(三)加强国际或区域货币协调合作

一个国家内部经济对他国的经济具有传导性，各国的经济是相互依存的。在经济全球化程度日益加深的背景下，只有双边和多边的货币合作才是维持汇率相对稳定、顺利开展国际或区域经济活动，以及降低政策成本、加强政策效果的最有效途径。例如在欧盟货币一体化实践过程中，先后经历了跛行货币区、联合浮动、欧洲货币体系和欧洲经济货币联盟四个发展阶段，通过设立欧洲中央银行、制定稳定与增长公约以及设定欧元区准入条件等内部协调机制加强了成员国之间的经济交往和合作。又如中国与周边国家签订双边货币互换协议以及中国与"一带一路"沿线国家的货币合作，不仅有助于加强双边和区域金融合作、共同应对金融危机、促进贸易和投资便利化、维护双边和区域金融稳定，也是我国帮助周边和沿线国家及地区"去美元化"、推进人民币国际化进程、构建人类命运共同体的有效实践。

二、债务风险和国际债务危机防范

20世纪70年代起，国际金融自由化进程加速，资本的流动和金融全球化严重影响了各国的内外均衡，由此产生了一系列的主权债务风险事件，例如20世纪80年代的拉丁美洲债务危机、2007年美国次贷危机、2009年的欧债危机。

结合上一节债务危机的形成原因，债务危机的防范一是加强外债管理，严加控制外债规模，平衡债务期限结构，提高一个国家的外债承受能力和外债偿付能力。二是加强对外部环境冲击的抵御能力，防止外部风险传染及提高一个国家政府的危机应对能力，货币当局应该建立周详的债务危机应对预案，加强对短期资本流动的管理，提前规避汇率和资本异常流动的风险，提高外汇风险管理能力以及提高金融市场的风险承受能力。三是各国尤其是发展中国家，应该改善经济结构，加强基础设施建设，加大发展资金投入，减少对国际金融市场的依赖性，缩减全球经济发展不平衡的差距。四是正确规划一个国家的经济发展战略，合理制定国内经济政策，谨慎使用财政支出等经济干预手段，维持一个国家的内外部均衡，尤其是维持外部均衡，即国际收支的平衡。

三、国际资本流动的政策协调

在开放经济下,国际资本异常流动会对一个国家的内外均衡造成很大冲击,需要通过加强国际政策协调来维护国际资本流动及经济运行的双稳定性。

(一)国际政策协调的概念

国际政策协调(international policy coordination)是指各国通过谈判、磋商等方式对相关宏观政策措施达成共识和约定,并落实到各国在制定国内政策的过程中的行为。只要这种行为在国际范围内对各国国内宏观政策产生一定程度的制约,即可视为国际政策协调。

(二)国际政策协调的内容

20世纪50年代以来,全球经济往来日益紧密,国际宏观经济政策协调引起学者的重视,理论界陆续形成了米德冲突(Meade Conflict)思想、丁伯根法则(Tinbergen's Rule)、斯旺(Swan)内外均衡模型、蒙代尔-弗莱明模型(Mundell-Fleming Model)等理论。这些理论都肯定了各国政策协调的重要性,认为一个国家的政府如果需要实现内外部均衡的经济目标,就应该与经济贸易伙伴国的政策相互协调、相互依存。

国际政策协调主要包括货币政策协调、财政政策协调和汇率政策协调。

1. 货币政策协调

货币政策协调主要是利率的协调和货币量增长的协调。利率的协调主要考虑各国的利率调整方向和利率的调整幅度。此外,学者们建议通过控制货币的供应量来调节经济,在确定货币供应增长率保持稳定后就不应该对经济的增长过程进行干预。

2. 财政政策协调

单纯的货币政策往往事倍功半,有效的货币政策协调还需要财政政策的协调作为保障。一个国家顺利实现经济政策目标的关键是要靠各国同时协调相互之间的货币政策和财政政策。

3. 汇率政策协调

如果各国希望实现内外部均衡的最高经济目标,那么除了货币政策和财政政策的协调以外,还需要汇率政策的协调。尤其是在开放经济条件下,一个国家需要同时顾及本国的内部均衡和外部均衡。为了经济稳定和增长,必要时也可以采用经济干预的方式同时对货币政策、财政政策和汇率政策进行调整。但汇率政策是否有必要调整,一个国家的政府或货币当局应该谨慎考虑。

四、金融科技与国际金融智能风控管理

(一)金融科技

根据全球金融稳定理事会(financial stability board,FSB)的定义,金融科技(fintech)主要是指由大数据、区块链、云计算、人工智能等新兴前沿技术带动,对金融市场、金融机构

以及金融服务产生重大影响的新兴业务模式、新技术应用、新产品服务等。

(二)金融监管科技和智能风控

金融科技快速驱动着金融业创新,但金融科技的应用并没有实质性改变金融本身固有的市场风险、信用风险、操作风险、流动性风险等。相反,这些风险在新的技术环境下变得更隐蔽、更波动,因此,如何运用金融科技手段优化金融风险的监管将是一个重要议题。我国《金融科技发展规划》(2019—2021年)指出,金融科技将成为防范化解金融风险的新利器。这里要区分一下金融科技监管和金融监管科技。一般认为,金融科技监管是指监管主体对金融科技行业和企业的科技创新产品与服务等进行监管的行为。而金融监管科技侧重于监管主体运用哪些前沿科学技术手段来优化金融监管和防控金融风险,在某种程度上等同于智能风控的概念。

智能风控一般是指金融机构或金融监管机构利用大数据、人工智能等科学技术,实现金融风险的管控与运营的优化。智能风控改变了传统的风险管理模式,彰显着金融风险管控的未来发展趋势。以广州金融风险监测防控中心为例,该中心是全国地方政府中第一家采用金融科技力量搭建金融安全预警防线和应急处置机制的专业化金融风险监控机构,运用了人工智能、大数据、区块链、云计算等科技手段,打造出"金鹰系统"地方金融风险监测平台,帮助地方政府有效防范和化解了地方金融风险。

(三)国际金融智能风控管理

当前全球资本流动的频率与规模与日俱增,在国际金融监管缺失,并任由国际游资在全球范围内进行大规模套利投机等金融活动的情形下,容易导致各国尤其是缺乏金融管理经验的发展中国家的金融系统动荡不已,长此以往,极可能引发新一轮的国际金融风暴。因此,完善金融监管与风控机制,是确保国际金融市场长期稳定的重要因素。

在当前国际环境下,需要加强区域经济体对国际金融风险的联防联控。以我国为例,应以一带一路和区域全面经济伙伴关系(regional com-prehensive economic partnership, RCEP)等区域经济建设为契机,积极协同区域其他经济体建立完善的风险预判体系,建立区域金融监管信息沟通机制,将金融科技纳入区域经济合作范围,把我国成熟的人工智能、大数据、区块链等金融科技成果推广和应用到一带一路、区域全面经济伙伴关系的相关国家和地区,构建区域国际金融智能风控管理和数字国际金融体系,共同提高国际金融防范和管理的能力。

案例:光大证券"乌龙指"互联网金融风险事件

本 章 小 结

本章首先介绍了国际金融市场的概念与分类。按照融资期限的长短,国际金融市场可以分为国际货币市场和国际资本市场;按照业务内容的不同,可以分为货币市场、资本市场、外汇市场和黄金市场;根据交易对象所属区域和币种,国际金融市场可以分为在岸市场和离岸市场。本章第二节介绍了国际金融衍生产品市场的特点和主要交易品种。国际金融衍生产品可以分为股票类、外汇类和利率类三种类型,具有很强的杠杆效应和高风险性,在改善国际金融市场效率的同时,也加大了市场风险。本章第三节涉及国际资本流动的概念与分类。其中,与生产贸易无直接关系,以获取资产差价和金融收益为目的的国际资本流动是纯金融性质的国际资本流动,俗称国际游资,其正在对国际金融市场起着越来越重要的作用。

然后,本章对货币危机和债务危机问题及成因进行了分析。货币危机和债务危机不仅受国际金融市场影响,更与国际资本跨国流动密切相关。狭义的货币危机主要发生在固定汇率制度下,市场参与者通过在外汇市场抛售等操作,导致一个国家的固定汇率制度崩溃,货币出现大幅度贬值,外汇市场和金融市场出现持续动荡。根据不同的货币危机理论,发生货币危机的原因有国内信贷的持续扩张、贬值预期的自我实现等因素。债务危机包括主权债务危机和国内债务危机。其中,主权债务危机是指主权国家由于资不抵债,没有能力或基础偿还到期外债,对外宣布债务违约的事件。在经济全球化的背景下,世界各国之间的经济联系不断加强。一个国家若发生货币危机、债务危机或其他性质的金融危机,则往往形成蝴蝶效应和多米诺骨牌效应,对世界其他国家甚至全球经济造成冲击。国际金融风险管理的主要目的就是为了防止危机的发生与传播。这就需要采取多种手段防范货币危机和债务危机,包括警惕虚拟经济泡沫过大、加强国际间的政策协调、利用金融科技及国际金融智能风险控制等手段。

思 考 题

1. 国际资本流动在货币危机和债务危机中起到了什么作用?
2. 对发展中国家而言,应该如何有效应对国际资本流动所带来的风险?
3. 拉丁美洲债务危机给我国的启示有哪些?
4. 新冠肺炎疫情暴发之后,我国很快控制住疫情,成为2020年全球唯一实现了正增长的经济体。在其他国家经济受到重创、增长乏力的情况下,我国如何积极应对国际资本流动对宏观经济和宏观调控可能造成的影响?
5. 在数字经济时代,国际金融智能风险控制将如何影响国际政策协调?

2007年次贷危机简介

资本账户开放所带来的双重门限效应

第十三章 汇率制度与汇率政策

【章前导读】

汇率制度与汇率政策是国际金融实践中的重要问题,是对与汇率相关的概念和汇率决定理论的拓展及应用。本章主要讨论固定汇率制度和浮动汇率制度的优劣、汇率制度的分类标准及演变历程、政府对外汇市场的干预以及汇率对内部经济的影响机制。本章最后介绍人民币汇率制度的演变与人民币的自由兑换和国际化。

第一节 汇率制度

本节主要围绕汇率制度问题展开分析。先介绍汇率制度的概念和分类，再重点比较分析固定汇率制度和浮动汇率制度的优劣，最后阐述一些中间汇率制度，例如目标区汇率制度、爬行盯住汇率制度、货币局制度等。

一、汇率制度的概念和分类

(一)汇率制度的概念

汇率制度(exchange rate regime)，又称为汇率安排，是指一个国家或地区货币当局对本币汇率水平的确定、维持方式、调整方法、管理模式等一系列制度性的安排和规定。

具体来说，一个国家或地区的汇率制度主要包括：①汇率水平的确定原则和依据。选择汇率制度时，一个国家或地区需要明确规定其汇率水平的确定原则和依据，是官方确定还是市场自发形成，是依据货币的法定代表价值还是货币自身的价值。②维持汇率变动的方式和手段。在选择汇率制度时，一个国家或地区应该考虑是否将汇率维持在一定的区间范围。若该国或地区认为有必要维持汇率变动幅度，则当汇率变动达到规定的上限时，货币当局需要出售该国货币换回外汇或黄金；当汇率变动达到规定的下限时，货币当局需要出售其国际储备(主要指外汇或黄金)回购该国货币。若该国或地区认为没必要维持汇率稳定，则汇率变动将由市场决定，政府不再进行干预。③调整汇率的政策和方法。在选择哪种汇率制度时，一个国家或地区应该依据不同的汇率制度而采取不同的汇率调整政策和方法。若一个国家的政府不干预外汇市场，则汇率由外汇市场供求确定。若一个国家的政府干预外汇市场，则政府会依据一些指标对汇率作适度的、有限的调整，例如依据相对通货膨胀率等指标。④管理汇率的模式和机构。依据各国或地区的具体情况，各国或地区都会指定相关的金融政府部门管理该国的汇率制度，例如外汇管理局等。

汇率制度制约着汇率水平和变动，而不同的汇率制度意味着政府在内外均衡目标的实现过程中应该遵循不同的原则和规则。合理的汇率制度有助于建立良好的外汇市场秩序，降低市场的交易成本和不确定性，提高市场交易效率，有效协调各国经济发展。这些都是汇率制度的积极作用。但是，不合理的汇率制度也可能给经济带来严重后果。因此，汇率制度的选择是否合理，是一个国家乃至国际货币制度面临的重要问题，也是各国政府制定宏观经济政策以便实现内外均衡的重要议题。

(二)汇率制度的分类

依据汇率变动的幅度，汇率制度主要分为三类：固定汇率制度、浮动汇率制度、介于两者之间的中间汇率制度。

1. 固定汇率制度

固定汇率制度(fixed exchange rate regime)是指政府利用行政或法律等手段确定、公布、维持该国货币与某种参照物(通常为黄金、某国货币、一篮子货币)之间固定比价的汇率制度。

在固定汇率制度下,汇率水平基本固定,市场汇率围绕固定比价上下浮动,但波动幅度极小。当波动幅度较大时,政府有义务采取措施维持汇率的固定比价。固定汇率制度主要分为以下两个阶段。

(1) 金本位制度下的固定汇率制度。在金本位制度下,各国货币都规定其法定含金量,货币含金量之比就是其货币比价,即铸币平价。汇率水平以铸币平价为中心,以黄金输入点和输出点为波动的上下限。金本位制度下的固定汇率制度是自发形成的,其"三自由原则"(自由兑换、自由铸造、自由输出输入)保障了其汇率波动幅度会维持在黄金输送点之间。因此,金本位制度下的汇率制度是一种比较稳定的固定汇率制度。

(2) 布雷顿森林体系下的固定汇率制度。布雷顿森林体系下的固定汇率制度是第二次世界大战以后人为建立的,其主要内容是"双挂钩",即美元与黄金挂钩,其他国家货币与美元挂钩。各国货币与美元的汇率通常只能在上下各1%的幅度界限波动,如果波动幅度超过这个限制,那么政府有义务采取措施进行干预,以便维持汇率稳定。

这两种汇率制度的相同点是:中心汇率都由各国货币的含金量之比决定,汇率围绕中心汇率波动,且波动幅度只能在很小的限度内,汇率水平比较稳定。但是,两者又有着本质的区别:金本位制度下的固定汇率制度是自发形成的,其汇率稳定是自动维持的;而布雷顿森林体系下的固定汇率制度是人为建立的,其汇率稳定也需要人为调节和维持,故其汇率制度又称为可调整的盯住汇率制度。

2. 浮动汇率制度

浮动汇率制度(floating exchange rate regime)是指汇率水平完全由外汇市场的供求决定,政府不再规定本国货币和其他货币的固定比价及波动幅度的界限,也不再承担通过外汇干预维持汇率稳定的义务。依据不同的分类标准,浮动汇率制度又有几种不同的类型。

(1) 按照政府是否干预,浮动汇率制度分为自由浮动汇率制度与管理浮动汇率制度。自由浮动汇率制度又称为清洁浮动汇率制度,是指汇率完全由外汇市场的供求变化决定涨落,政府不采取任何干预措施。在这种汇率制度下,汇率波动剧烈,外汇市场的秩序混乱,严重影响国际贸易和国际投资活动,从而制约了世界各国的经济发展。管理浮动汇率制度又称为肮脏浮动汇率制度,是指政府直接或间接地干预外汇市场,使市场汇率朝有利于本国的方向浮动。在这种汇率制度下,汇率的波动不剧烈,有利于国际贸易和国际投资活动,从而推动本国的经济发展。目前,各国普遍采用管理浮动汇率制度。

(2) 按照浮动的方式,浮动汇率制度分为单独浮动汇率制度与联合浮动汇率制度。单独浮动汇率制度是指本国货币汇率是由外汇市场供求关系的变动单独调整,不与任何其他国家的货币发生固定联系。目前,美国、加拿大、英国、日本、澳大利亚等发达国家与少数发展中国家都采用单独浮动汇率制度。联合浮动汇率制度是指某些国家或地区组成经济联合体,经济联合体内各成员国的货币实行固定汇率以便维持汇率稳定,而对经济联合体之外的其他国家的货币实行联合浮动汇率。当某个成员国的货币受到冲击时,经济联合体内的其他国家有义务采取一致行动,共同干预外汇市场。例如欧洲经济共同体曾实行的联合浮动汇率制度。

(3) 按照汇率调整的幅度,浮动汇率制度分为盯住浮动汇率制度与弹性浮动汇率制度。依据盯住的目标不同,盯住浮动汇率制度又分为盯住单一货币浮动汇率制度和盯住一篮子货币浮动汇率制度。盯住单一货币浮动汇率制度是指本国货币盯住某个国家的货币,以该国货币作为货币锚，本国货币与其他国家货币的汇率变动随货币锚浮动。例如有些国家实行盯住美元的汇率制度，就是将美元作为货币锚。实行盯住单一货币浮动汇率制度的国家，有利于保持本国货币与被盯住国货币的汇率稳定，促进双方的经济贸易发展，但会使本国的经济发展受制于被盯住国经济发展的影响。盯住一篮子货币浮动汇率制度是指选择与本国贸易关系密切的国家的货币作为一篮子货币，或以特别提款权作为一篮子货币，将本国货币盯住该一篮子货币，使汇率保持稳定。在这种汇率制度下，本国的汇率不易受一个国家的操纵。依据汇率浮动的弹性大小，弹性浮动汇率制度又分为有限弹性浮动汇率制度和较大弹性浮动汇率制度。有限弹性浮动汇率制度是指本国货币的汇率以一种或一组货币为中心上下浮动，浮动范围很小，一般不超过1%。较大弹性浮动汇率制度是指本国货币的汇率不受波动幅度的限制，可以对汇率水平不断地、及时地进行调整。

二、固定汇率制度与浮动汇率制度的优劣比较

(一)固定汇率制度与浮动汇率制度的优势分析

1. 固定汇率制度的优点

在固定汇率制度的支持者看来，固定汇率制度的优点主要体现在以下几方面。

(1) 固定汇率制度下的汇率具有稳定性，可以避免汇率的大幅度波动，降低交易的不确定性，提高了经济效率，能够促进国际贸易和国际投资的发展。国际贸易和国际投资不仅要关注实际收益率，还要关注汇率变动，只有汇率变动稳定时，一个国家的出口商或投资者才能有效地判断其是否要进行国际贸易或国际投资。如果汇率的波动性较大，那么将给出口商或投资者带来更大的不确定性，其面临的汇率风险更大，将降低国际贸易和国际投资的发展。

(2) 固定汇率制度下政府有义务维持汇率稳定，对政府的政策行为形成一种外部约束，有效地降低各国通过汇率战或货币战等恶性竞争的方式干扰国际经济秩序的稳定发展的可能性。在固定汇率制度下，如果一个国家的政府通过增加货币供给量的方式刺激经济发展，该国就会出现通货膨胀，造成国际收支逆差。由于汇率固定不变，所以政府只能动用国际储备来弥补国际收支逆差，而不能采用本币贬值的政策，但一个国家的国际储备有限，这就造成通过国际储备来弥补国际收支逆差的作用也十分有限。为了避免国际收支逆差，政府通常只能放弃通货膨胀性货币政策，而采取维持物价稳定的方式。

(3) 固定汇率制度在一定的程度上可以起到抑制外汇投机活动的作用。投机活动主要是为了赚取差价。外汇投机活动主要通过汇率的波动，低买高卖，赚取汇率差价。在固定汇率制度下，汇率的波动幅度很小，投机者通过外汇投机活动获得的汇率差价较低，所以在一定的程度上抑制了外汇投机活动。但是，固定汇率制度下汇率的波动幅度有上限和下限，投机者也可能利用汇率的变动方向进行外汇买卖，通常情况下也可以获得一定的收益，但与浮动汇率制度下外汇投机活动的收益相差甚远。

2. 浮动汇率制度的优点

浮动汇率制度的赞成者认为，浮动汇率制度的优点主要有以下几个。

(1) 浮动汇率制度有利于国际收支均衡的自我实现，可以隔绝外国的通货膨胀。在浮动

汇率制度下，汇率水平由外汇市场的供求关系决定，当外汇需求大于供给时，外汇汇率上升；当外汇需求小于供给时，外汇汇率下降。汇率可以作为调节国际收支的主要政策工具，发挥其对国际收支的自动调节作用。浮动汇率制度下可以避免政府不恰当的行政干预或调节措施的延迟等问题，也可以避免汇率高估或低估，有利于本国宏观经济的稳定发展。

(2) 浮动汇率制度有利于货币政策的独立性。在浮动汇率制度下，汇率水平由外汇市场的供求关系决定。政府没有义务将汇率维持在一定的区间范围，政府可以依据不同时期经济的发展状况采取不同的货币政策，以便实现调节经济的目标。当一个国家出现通货膨胀时，政府可以采用紧缩性货币政策，从而实现物价稳定。当一个国家出现经济萧条时，政府可以采用扩张性货币政策，以便刺激经济发展。

(3) 浮动汇率制度可以缓解国际游资的冲击，减少国际储备的流失。在浮动汇率制度下，如果一个国家的货币币值出现急剧下跌，那么外国货币的汇率会大幅度升值，从而缓和国际游资的冲击。但浮动汇率制度下汇率由外汇市场供求决定，政府没有干预外汇市场以便稳定汇率的义务。因此，在浮动汇率制度下，国际收支平衡由汇率的变动自动实现，减少了国际储备的流失，也降低了持有国际储备的比例和机会成本。

(二)固定汇率制度与浮动汇率制度的劣势分析

1. 固定汇率制度的缺点

在固定汇率制度的批评者看来，固定汇率制度的缺点主要体现在以下几方面。

(1) 固定汇率制度下国家丧失了货币政策的独立性。在固定汇率制度下，政府主要通过动用外汇储备的方式调节外汇供求，从而改变汇率水平，以便稳定汇率水平在一定的区间范围。当一个国家通过扩张性货币政策来刺激经济时，通常会引起本币升值，而政府为了维持汇率稳定，就不得不采用紧缩性货币政策，那么扩张性货币政策刺激经济的作用将失去效果。

(2) 固定汇率制度下汇率缺乏弹性，容易引起汇率制度僵化，很有可能损害国家的金融安全。在固定汇率制度下，各国经济发展的状况不同，不能灵活调节汇率水平。当一个国家的经济形势发生变化时，若其汇率制度未能及时调整，则将给国际投机资本带来机会，有可能会损害本国的金融安全。然而，固定汇率制度通常是将问题积累到一定的程度才会对汇率水平进行调整，但调整幅度一般都很大，给经济带来剧烈的动荡。

(3) 固定汇率制度极容易造成通货膨胀的国际传播，给一个国家经济的内外均衡带来冲击。当一个国家发生通货膨胀时，该国的物价水平上升，出口需求下降，进口需求增加，外汇需求增加，从而引起本币贬值、外币升值。这样，外国出口增加，外资大量流入该国，外汇供给增加，从而引起本币升值、外币贬值。为了维持汇率稳定，外国政府在外汇市场大量投放外汇，从而使通货膨胀传播到外国。

2. 浮动汇率制度的缺点

浮动汇率制度的反对者认为，浮动汇率制度的缺点主要有以下几个。

(1) 浮动汇率制度下汇率的波动幅度较大，汇率的不确定性加大，不利于国际贸易和国际投资的发展。在浮动汇率制度下，汇率的水平和波动难以预测，国际市场价格的波动性也较大，使国际贸易和国际投资成本及收益很难测算。本来可以获利的交易，因为汇率的过度波动，使其遭受损失。由于汇率的波动性较大，所以造成国际贸易和国际投资存在报价不稳定、延迟付款、取消合同等现象，阻碍了国际贸易和国际投资的发展。

(2) 浮动汇率制度助长国际投机活动，加剧了国际金融市场的动荡。在浮动汇率制度下，汇率波动的幅度和频率增加，为外汇投机活动提供了机会。而外汇市场非理性投机极易造成汇率超调，引起汇率的过度波动，造成国际金融市场受到国际游资的冲击。即使是汇率的微小变动也可能导致国际金融市场的剧烈动荡。

(3) 浮动汇率制度具有内在通货膨胀倾向。在浮动汇率制度下，国际收支的调节完全依据汇率的自由浮动得以实现，但在缺乏货币纪律约束的情况下，政府偏好采用扩张性货币政策来刺激经济发展，而不必担心国际收支问题。浮动汇率制度下通货膨胀的传递具有不对称性。本币汇率下降有助于改善国际收支，但易造成进口成本上升和国内物价水平上涨，而本币汇率升值却很难下降或下降幅度较小，其净效应是物价水平的上涨。因为汇率变动必然带动两国货币价值的变化，所以贬值国的通货膨胀上升幅度大于升值国的通货膨胀下降幅度，从而推动世界整体的通货膨胀。

(三)固定汇率制度与浮动汇率制度的优劣比较

上述的分析表明，固定汇率制度和浮动汇率制度各有利弊，在很多方面也是优势互补的。所以，很难对固定汇率制度和浮动汇率制度孰优孰劣下定论，这也是固定汇率制度和浮动汇率制度孰优孰劣争论多年来一直没有停止的原因。从本质上看，固定汇率制度和浮动汇率制度的比较与选择，是各国政府对汇率制度安排可信度和灵活性的权衡。表 13-1 为固定汇率制度和浮动汇率制度主要优缺点的概括。

表 13-1 固定汇率制度和浮动汇率制度优缺点的比较

	固定汇率制度	浮动汇率制度
优点	汇率具有稳定性，避免汇率大幅度波动，促进国际贸易和投资的发展	自我实现国际收支均衡，可以隔绝外国的通货膨胀
	降低各国通过汇率战或货币战等恶性竞争方式干扰国际经济秩序的可能性	有利于货币政策的独立性
	抑制外汇投机活动	可以缓解国际游资的冲击，减少国际储备的流失
缺点	丧失货币政策的独立性	汇率波动幅度较大，加大了汇率的不确定性，不利于国际贸易和投资的发展
	汇率缺乏弹性，容易引起汇率制度僵化	助长国际投机活动，加剧国际金融市场的动荡
	容易造成通货膨胀的国际传播	具有内在的通货膨胀倾向

三、其他汇率制度

(一)汇率目标区制

汇率目标区制主要有广义和狭义两种情况。广义汇率目标区制是指将汇率的波动幅度限制在一定的区间范围内的汇率制度，例如中心汇率上下各 10%的波动幅度。狭义汇率目标区制由美国学者威廉姆森在 20 世纪 80 年代初提出,他认为,狭义汇率目标区制以限制汇率波动范围为核心,制定包括中心汇率和波动幅度的确定方法、维系目标区的国内政策搭配以及实施目标区的国际政策协调等一整套的国际政策协调方案。

威廉姆森只是对汇率目标区制进行了基本特征的描述。克鲁格曼(Krugman)建立了汇率目标区理论模型,将汇率目标区思想模型化,并提出其汇率的运行规律。他认为,汇率波动主要受两类因素的影响,即基本经济变量和汇率的预期。基本经济变量主要有货币供应量(M_s)和除了货币供应量之外的其他经济变量(V)。假设其他经济变量(V)是一个随机变量,服从正态随机变量分布,期望值为零。

假设汇率与基本经济变量(M_s+V)之间呈线性关系,浮动汇率制度下其关系表示为图 13-1 中的直线 *AB*。直线 *AB* 的斜率为正,说明基本经济变量上升,汇率上升,本币贬值。反之,基本经济变量下降,汇率下降,本币升值。然而,在汇率目标区制下,汇率的变动轨迹为图 13-1 中的曲线 *CD*,其呈 S 型变动趋势。当货币供应量(M_s)不变而其他经济变量(V)变动时,汇率会突破目标区边界,政府要将汇率稳定在目标区内,通常会对货币供应量做反向操作,进而使基本经济变量保持不变,以便稳定汇率。如果汇率接近于目标区上限,政府就会减少货币供应量,阻止本币贬值。反之,如果汇率接近于目标区下限,政府就会增加货币供应量,阻止本币升值。同时,当汇率接近于目标区上限或下限时,市场会预期政府将对汇率变动进行干预,形成远期外汇贴水或升水预期。在这个预期下,即期外汇市场对本币的需求量上升或下降,以便实现未来本币升值或贬值而获得收益,即期外汇市场汇率将出现下降或上升。因此,在汇率目标区制下,汇率波动轨迹曲线 *CD* 的上半部分总是位于曲线 *AB* 的下面,而其下半部分总是位于曲线 *AB* 的上面。

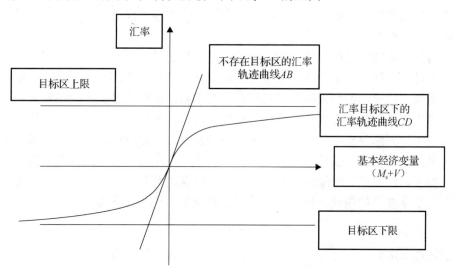

图 13-1 汇率目标区内的汇率波动

若政府强而有力,则当市场汇率发生波动时,市场参与者相信政府会维持确定、公开的汇率波动区间及边界。当市场汇率接近于上限或下限时,政府就要干预市场汇率,使汇率水平稳定。如果汇率下降且接近于目标区下限,那么政府干预的可能性增加,市场会形成本币汇率上升的预期,故本币在政府干预和预期的作用下向中心汇率回归。如果汇率上升且接近于目标区上限,那么政府干预的可能性增加,市场会形成本币汇率下降的预期,故本币在政府干预和预期的作用下向中心汇率回归。这种情况称为"蜜月效应",就像一对热恋中的情侣一样,在短暂的分离后必将重逢。但是,"蜜月效应"的作用需要透明的、确定的游戏规则,且政府会对汇率波动做出干预。只有这样,市场参与者才会形成稳定的汇率预期,政府和市场参与者的目标才会一致,从而使汇率稳定在目标区内。

如果一个国家的经济基本面朝某个方向发生改变,这个改变的程度很大且有长期趋势,此时市场参与者预期汇率目标区的中心汇率将发生改变,原来的汇率目标区不再可信。在这种情况下,市场将发生投机行为,汇率的波动剧烈,其波动幅度有可能高于汇率正常的波动幅度,且不再向中心汇率回归。这种情况称为"离婚效应",就像一对长期生活的恋人一样,爱情已经不复存在,离婚势在必行。

(二)爬行盯住汇率制

爬行盯住汇率制是指政府按照预先宣布的固定范围,对汇率做经常的、小幅度调整的固定汇率制度。在这个汇率制度下,政府有义务维持汇率稳定,汇率水平可做经常的、小幅度的调整,调整幅度通常为2%~3%。

爬行盯住汇率制的支持者认为其优点主要体现在:第一,爬行盯住汇率制可提供更为有效的内外均衡调节机制。在爬行盯住汇率制下,政府可以通过汇率政策调节国际收支,尽可能避免因为汇率调整滞后而导致投机行为。此外,汇率调整是小幅度的,对经济的冲击也较小。第二,爬行盯住汇率制可以在一定的程度上抵制境外通货膨胀的输入。爬行盯住汇率制经常的、小幅度的调整可以使汇率失衡得到及时纠正,使该国拥有独立的通货膨胀水平。第三,爬行盯住汇率制可以减少外汇储备持有量。在爬行盯住汇率制下,政府不需要将汇率长期维持在一定的水平,如果出现国际收支赤字问题,那么可以通过本币经常性、小幅度贬值来调整。

爬行盯住汇率制也存在一些弊端。一是汇率的调整仍然不够及时。在爬行盯住汇率制下汇率调整是经常性、小幅度的。如果经济遭受突发事件等外部冲击,且冲击幅度很大,那么此时需要大幅度的汇率调整。而爬行盯住汇率制的汇率调整在这个时期就显得不够及时。二是国内货币政策会受到外部制约。在爬行盯住汇率制下,本国货币贬值,要求利率上升,以便维持国际收支平衡。但是,在汇率经常性、小幅度的调整下,本国的货币政策将受到严重的外部制约,造成其内部均衡无法实现。三是容易形成国内通货膨胀。在爬行盯住汇率制下,汇率调整的经常性和小幅度性,使其调整具有一定的规律,造成国内物价水平采取与汇率挂钩的指数化措施,本币贬值将直接转化为国内物价水平上升,进而抵消贬值效果。

(三)货币局制

货币局制是指在法律中明确规定本国货币与某种外国货币保持固定比价,并要求本国货币发行必须以一定的(通常为100%)该外国货币作为准备金,以便保障履行这个法定固定比价的汇率制度。

1894年,毛里求斯成立世界上第一个货币委员会,标志着货币局制度的形成。1913年,西非货币局成立,标志着货币局制度的成熟。货币局制度的运行机制为:货币发行机构必须以法定汇率折算100%的外汇储备作为本币发行的保障,如果市场汇率低于法定汇率,货币发行机构就买进外汇发行本币；反之，如果市场汇率高于法定汇率，货币发行机构就卖出外汇回笼本币，以便稳定市场汇率。也就是说，政府不可以随意地发行货币，本币的发行量取决于该国国际收支差额的变化。

在货币局制度下，汇率稳定不需要政府干预，而是市场自发形成的。汇率稳定的自动调节机制主要是货币流动机制和现金套利机制。货币流动机制主要通过国际收支影响货币存量，使利率发生改变，进而引起资本流动，最终使国际收支平衡。例如，国际收支出现盈余，导致货币存量增加，利率下降，资本外流，而国际收支盈余下降，汇率稳定。现金套利机制主要发生在市场汇率与官方汇率发生偏差的情况下。例如在直接标价法下市场汇率高于官方汇率，即市场上的本币价值低，市场参与者会提取现金到货币局按官方汇率兑换外币，再将外币按市场汇率卖出，使外汇市场上的外币供给增加，外币价值下降，本币升值，起到稳定汇率的作用。

100%的外汇储备作为货币发行保障，虽然使一个国家的政府完全无法利用货币发行的方式来调节经济，但是可以从根源上抑制通货膨胀的发生，也有助于维护该国或地区政府的完全信誉。在货币局制度下，汇率基本保持稳定，可以消除外汇风险，避免因为防范外汇风险而付出成本，从而有利于国际贸易和国际投资的发展。但是，货币局制度具有不可避免的缺陷，主要体现在以下几方面。

第一，实行货币局制度的国家或地区完全丧失了货币政策的独立性。在货币局制度下，货币存量由外汇储备决定，一个国家或地区无法控制外汇储备水平，造成其不能控制货币存量，导致不再具有以便服务本国内外经济目标的独立的货币政策。如果两国经济的发展趋势相反，例如本国经济高涨，盯住国经济萧条，该盯住国采用扩张性货币政策，利率下降，而实行货币局制度的本国从国内经济出发仍然维持利率不变，资金内流，本币升值，固定汇率制无法维持。因此，实行货币局制度的国家将被迫使利率下降以便维持汇率稳定，国内经济的不平衡程度加剧。

第二，实行货币局制度的国家或地区不容易隔绝外来冲击的影响。在货币局制度下，货币当局不能向政府提供融资，也不能作为银行系统的最后贷款人或从事公开市场业务。当一个国家遭受外部冲击时，实行货币局制度的国家不能采用汇率调节手段或财政政策、货币政策等措施来隔绝外来冲击。

第三，货币局制度下的固定汇率制极易受到投机的攻击。当实行货币局制度的国家或地区的经济与其盯住国的经济出现偏离时，本币高估或低估的情况将会恶化，由此可能引发国际投机资本的攻击。实行货币局制度的国家或地区以100%的比例发行其基础货币，而实际货币供应量会在货币乘数的作用下被放大。如果该国突然大量抛售本币，那么货币局的外汇储备可能会耗竭，不得不实行本币贬值。然而，货币局制度下的投机是一种无风险的投机活动，如果成功，就会获得高收益；如果失败，那么也不会受到很大损失。

实行货币局制度的国家或地区大都属于小型开放经济体，对外依存度比较强。所以，货币局制度主要适用于通货膨胀低、外汇储备水平高、劳动力流动性强和名义价格弹性高、生产和出口多样化、财政弹性和可持续性高等情况，但对资本的流动性没有特别要求。目前，只有中国香港、立陶宛、爱沙尼亚等少数国家或地区采用货币局制度。

案例分析：香港的联系汇率制度

一、联系汇率制度的产生

1863年，港英政府宣布当时的国际货币——银元作为香港的法定货币，并于1866年开始发行。1935年11月，因全球白银危机，港英政府放弃银本位制度。于同年11月9日，港英政府宣布港元成为香港本地货币，与英镑挂钩的固定汇率制度，即1港元兑1先令3便士(16港元兑1英镑)。1972年6月，香港实行与美元挂钩的管理浮动汇率制度。1974年11月，由于美元弱势，香港开始实行完全自由浮动的浮动汇率制度。但自1977年开始，香港的经济环境不断恶化，货币及信贷过度增长，导致贸易逆差扩大，通货膨胀高企，港元汇率持续下降。

1982年，香港房地产行业大幅度下滑，社会各界对香港经济未来的发展缺少信心，当局取消外币存款利息税而保留港币存款利息税等，导致港元贬值进一步恶化，爆发港元危机。1982年7月1日至1983年6月30日，港币兑美元汇率由1美元兑5.913港币跌至1美元兑7.20港币，港币贬值幅度为18%。到1983年9月26日，美元兑港币汇率一度跌至1美元兑9.600港币，导致香港出现挤兑和抢购风潮。为挽救港币危机、恢复港币信心和香港经济，港英政府于1983年10月15日公布稳定港元的新汇率政策，即按7.8港元兑1美元的固定汇率与美元挂钩的联系汇率制度。

二、联系汇率制度的内容和运行机制

1983年10月15日，香港政府对港币发行和汇率制度的安排为：发钞银行(汇丰银行、渣打银行、中国银行(香港))在增发港币纸币时，必须按1美元兑7.8港币的固定汇率水平向外汇基金缴纳等值美元，以换取港元的债务证明书，作为发钞的法定准备金。

在联系汇率制度下，香港存在两个平行的外汇市场，即由外汇基金与发钞银行因发钞关系而形成的同业现钞外汇市场，相应地，存在官方固定汇率和市场汇率两种平行汇率。利用银行在上述市场的套利活动，使市场汇率贴近官方固定汇率。具体而言，当市场汇率低于官方固定汇率，银行以官方固定汇率从发钞银行换取美元，并在市场上抛出，赚取差价；发钞银行也能将债务证明书还给外汇基金，换回美元，并在市场上抛出获利。

三、联系汇率制度的优缺点

联系汇率制度使港币汇率长期稳定，有利于香港金融的稳定发展，有助于香港国际金融中心地位的巩固和加强，使市场各主体的信心增强。但是，联系汇率制度也存在一些明显的缺陷。首先，联系汇率制度使香港货币当局丧失了调整经济的灵活性。由于联系汇率制度，香港经济运行过度依赖美国，香港货币当局很难运用利率、货币供应量等政策方式调节经济。其次，联系汇率制度使香港无法发挥汇率调节国际收支的作用。最后，联系汇率制度使香港同时存在高通货膨胀和负利率。

(四)美元化

美元化本质上是一种货币替代现象，货币替代(currency substitution)是指在开放经济条件下，一个国家的居民放弃本国货币，以外国货币代替本国货币发挥货币的各种职能。而美元化是指一个国家的居民持有相当大一部分外币(主要是美元)，使外币进入流通领域，在

价值贮藏、交易媒介、计价标准等方面取代本币的各种货币职能。美元化实质上是外币化。美元化又可分为官方美元化和非官方美元化。官方美元化是指政府明确宣布用美元代替本币完成各种货币职能，且形成一种货币制度。非官方美元化是指私人机构用美元代替本币来完成各种货币职能，并没有形成一种货币制度。20世纪七八十年代，美元化问题开始引起人们注意，一些拉丁美洲国家由于经济政策措施不当引起高通货膨胀，造成居民对本国货币失去信心，开始持有外国货币。1999年，巴西金融动荡后，阿根廷等拉丁美洲国家提出实施美元化的想法，厄瓜多尔成为实施美元化的第一个国家。

对于发展中国家来说，美元化的优势主要有：第一，有助于降低或消除外汇风险，降低外汇交易成本，促进国际贸易和国际投资的发展，进而推动本国经济和世界其他国家经济的融合，提高竞争力和国内经济的效率；第二，有助于消除或大大降低货币风险，甚至降低爆发货币危机的可能性，避免国际投机的攻击；第三，有效降低通货膨胀率，甚至避免恶性通货膨胀的发生，抑制国内利率的非正常提高，促进国内金融市场的稳定发展；第四，提高货币的可信度，为长期融资提供保障，同时，改善政府的财政状况，强化财政纪律，提高财政政策的有效性，为经济的长期稳定发展创造良好的环境。

同样，美元化也有各种弊端。第一，损失大量的铸币税。据阿根廷估计，推行美元化后，阿根廷每年损失的铸币税将高达6亿～7亿美元。第二，丧失货币政策和汇率政策的自主权，造成本国经济发展受制于美国货币政策。政府既可以利用货币供应量的变动调节国内利率水平，降低外部冲击的影响，也可以利用货币政策做反周期需求管理的政策调节，消除贸易冲击等周期性的经济波动。第三，增加外来冲击对国内经济的影响，将被动接受美国经济政策的外部影响。美国制定经济政策是为了解决本国经济面临的问题，不会考虑其他国家的利益。当美国采用紧缩性经济政策(例如提高利率)时，部分美元会流向国内，美元化国家的美元储备将会下降，进而对其经济产生紧缩效应。如果实行美元化国家的经济本来就处于紧缩状况，那么美国的紧缩经济政策将对美元化国家带来更严重的冲击。

对于美国来说，美元化也会给美国带来影响。有利影响包括：增加了美国的铸币税；加快美国和实施美元化国家的经济融合；强化美国对美元化国家的经济影响。不利影响包括：失去利用汇率变动调整其与实施美元化国家的国际竞争力；造成美国长期存在贸易赤字，影响国内就业和经济发展；实施美元化国家对美国的货币政策过度依赖，存在试图影响美国联邦储备委员会推行货币政策的决策；实施美元化国家出现经济失衡时，美国要承担帮助这些国家调节经济失衡的责任。

通常情况下，选择美元化道路的国家或地区需要符合以下条件之一：该国或地区的经济发展与美国经济发展高度统一；该国经济规模比较小，开放程度比较高，且经济结构和出口市场或出口产品单一；该国的价格水平和工资水平富有弹性；因为各种原因造成该国或地区居民对货币当局维持货币稳定的职责失去信心，使该国或地区政府被迫选择美元化。

第二节 汇率制度的选择

本节主要分析各国汇率制度的选择问题。依据汇率制度分类标准的演变，梳理全球汇率制度的分布情况，并结合全球汇率制度的演变历程分析汇率制度的选择理论和影响因素。

一、全球汇率制度的分布

依据国际货币基金组织的分类标准,全球汇率制度的分类大体经过以下六个阶段。

(一)第一个阶段:二分法(1944年至1974年)

在布雷顿森林体系下,国际货币基金组织成员国的汇率要围绕中心平价的上下1%波动,中心平价是与美元或黄金相挂钩。在史密森调整下,国际货币基金组织成员国的汇率要围绕中心平价的上下2.25%波动,中心平价与任何国际货币、黄金或特别提款权(SDR)相挂钩。

(二)第二个阶段:1975年名义分类法(1975年至1976年)

在《IMF协定第二次修正案》的基础上,国际货币基金组织依据成员国官方宣布的名义汇率安排,对其汇率制度进行分类,被称为名义分类。依据1975年至1976年的名义分类,汇率制度主要为五类:一是盯住单一货币(a single currency),围绕单一货币中心汇率的上下2.25%波动;二是盯住合成货币(a composite currency),围绕一篮子货币或特别提款权中心汇率的上下2.25%波动;三是参考一套指标调整浮动(adjusted floating),围绕中心汇率的上下2.25%波动,并基于指标定期调整中心汇率;四是共同界限内浮动(common margins' floating),几个国家的汇率围绕其他货币中心汇率的上下2.25%波动,并通过干预支撑;五是独立浮动(independently floating),准许偏离中心汇率超过上下2.25%。

(三)第三个阶段:1977年名义分类法(1977年至1981年)

依据1977年至1981年的名义分类,汇率制度分为四类:一是盯住单一货币(a single currency);二是盯住合成货币(a composite currency);三是参考一套指标调整(adjusted according to a set of indicators);四是合作汇率安排(cooperative exchange arrangements)。

(四)第四个阶段:1982年名义分类法(1982年至1998年)

依据1982年至1998年的名义分类,汇率制度分为七类:一是盯住单一货币(a single currency),围绕单一货币中心汇率的上下1%波动;二是盯住合成货币(a composite currency),围绕一篮子货币或特别提款权中心汇率的上下1%波动;三是对单一货币有限灵活(limited flexibility for a single currency),一个国家的货币或特别提款权的上下2.25%波动;四是对合作汇率安排有限灵活(limited flexibility for cooperative exchange arrangements),保持其套算汇率上下2.25%波动;五是参考一套指标调整(adjusted according to a set of indicators);六是其他管理浮动(other managed floating);七是独立浮动(independently floating)。

(五)第五个阶段:1999年实际分类法(1999年至2008年)

1999年1月1日,国际货币基金组织不再采用官方宣布的名义汇率进行分类,而是开始依据实际汇率安排对其汇率制度进行重新分类。实际分类是指国际货币基金组织依据各成员国实际的名义汇率灵活程度和政府干预程度对其汇率制度安排进行分类,而非成员国宣布的名义汇率制度。

依据1999年的实际分类法，国际货币基金组织将汇率制度分为八类：一是无独立法定货币的汇率安排(exchange arrangements with no separate legal tender, NS)，采用另一个国家的货币为其法定货币，或属于货币联盟使用共同货币，例如美元化和货币联盟；二是货币局制度(currency board arrangements, CBA)，货币当局承诺按固定汇率兑换指定货币，并以货币发行权的限制给予保障；三是其他传统的固定盯住制(conventional fixed peg arrangements, FP)，围绕中心汇率的上下1%波动，例如盯住单一货币、货币篮子和合成货币；四是盯住平行汇率带(pegged exchange rates within horizontal bands, HS)，其波幅超过围绕中心汇率上下1%的波动，且保持在官方承诺的汇率带内；五是爬行盯住(crawling pegs, CP)，汇率按固定的、预先宣告的比例、定期地进行较小调整；六是爬行带内浮动(exchange rates within crawling bands, CB)，围绕中心汇率在一定的区间内波动，且中心汇率按固定的、预先宣告的比例，定期地进行调整；七是不事先宣布汇率路径的管理浮动(managed floating with no predetermined path for the exchange rate, MF)，货币当局通过干预影响外汇市场上的汇率波动，但不事先宣布汇率路径；八是独立浮动(independently floating, IF)，汇率由外汇市场供求决定，外汇干预不是为了将汇率确定在一定的范围内，而是为了防止汇率过度波动。

依据汇率制度的浮动程度，将上述八种汇率制度归为三大类：第一类，严格固定汇率制度，包括无独立法定货币的汇率安排、货币局制度；第二类，中间汇率制度，包括其他传统的固定盯住制、盯住平行汇率带、爬行盯住、爬行带内浮动、不事先宣布汇率路径的管理浮动；第三类，自由浮动的汇率制度，仅包含独立浮动。1999年1月1日，国际货币基金组织185个成员国中，45个实行严格固定汇率制度，93个实行中间汇率制度，47个实行自由浮动的汇率制度。

(六)第六个阶段：2009年实际分类法(2009年以后)

美国次贷危机后，各国加强了对汇率的干预。2009年，国际货币基金组织依据实际汇率安排对各成员国的汇率制度进行了重新分类，将1999年的"三大类、八小类"扩展为"四大类、十小类"。

依据2009年的实际分类法，国际货币基金组织将汇率制度分为十类：一是无独立法定货币的汇率安排(exchange arrangements with no separate legal tender, NS)；二是货币局制度(currency board arrangement, CBA)；三是传统盯住制(conventional pegged arrangement, CPA)，货币当局干预汇率，将其维持在固定平价，通常在中心汇率的上下1%以内；四是稳定性安排(stabilized arrangement, SA)，将即期外汇市场的汇率波幅维持在2%以内，且保持6个月以上；五是爬行盯住(crawling pegs, CP)；六是类似爬行安排(crawl-like arrangement, CLA)，汇率波幅维持在2%以内，且保持6个月以上；七是盯住平行汇率带(pegged exchange rate within horizontal bands, HS)，围绕固定中心汇率在超过上下1%的波动幅度内或波幅超过2%；八是浮动汇率(floating rate, FR)，汇率由外汇市场供求决定，没有汇率变动的预期路径；九是自由浮动(free floating, FF)，货币当局仅偶尔干预，6个月内最多干预3次，每次不超过3个工作日；十是其他管理安排(other managed arrangement, OMA)，无法归为上述分类的，就将其归为此类。

依据汇率制度的浮动程度,将上述十种汇率制度归为四大类:第一类,严格盯住(hard pegs),包括无独立法定货币的汇率安排、货币局制度;第二类,软盯住(soft pegs),包括传统盯住制、稳定性安排、爬行盯住、类似爬行安排、盯住平行汇率带;第三类,浮动汇率制度(floating regimes),包括浮动汇率、自由浮动;第四类,其他(residual),主要是其他管理安排。

表13-2 2009年实际分类法国际货币基金组织成员国汇率制度安排分类比重   单位:%

汇率制度		2010年	2011年	2012年	2013年	2014年
严格盯住	合计	13.2	13.1	13.1	13.1	13.1
	无独立法定货币的汇率安排	6.3	6.8	6.8	6.8	6.8
	货币局制度	6.9	6.3	6.3	6.3	6.3
软盯住	合计	39.8	43.1	39.4	42.9	43.4
	传统盯住制	23.3	22.6	22.6	23.6	23.0
	稳定性安排	12.7	12.1	8.4	9.9	11.0
	爬行盯住	1.6	1.6	1.6	1.0	1.0
	类似爬行安排	1.1	6.3	6.3	7.9	7.9
	盯住平行汇率带	1.1	0.5	0.5	0.5	0.5
浮动汇率制度	合计	36.0	34.7	34.7	34.0	34.0
	浮动汇率	20.1	18.9	18.4	18.3	18.8
	自由浮动	15.9	15.8	16.3	15.7	15.2
其他	合计	11.1	8.9	12.6	9.9	9.4
	其他管理安排	11.1	8.9	12.6	9.9	9.4
汇率制度		2015年	2016年	2017年	2018年	2019年
严格盯住	合计	12.6	13.0	12.5	12.5	12.5
	无独立法定货币的汇率安排	6.8	7.3	6.8	6.8	6.8
	货币局制度	5.8	5.7	5.7	5.7	5.7
软盯住	合计	47.1	39.6	42.2	46.4	46.4
	传统盯住制	23.0	22.9	22.4	22.4	21.9
	稳定性安排	11.5	9.4	12.5	14.1	13.0
	爬行盯住	1.6	1.6	1.6	1.6	1.6
	类似爬行安排	10.5	5.2	5.2	7.8	9.4
	盯住平行汇率带	0.5	0.5	0.5	0.5	0.5
浮动汇率制度	合计	35.1	36.9	35.9	34.3	34.3
	浮动汇率	19.4	20.8	19.8	18.2	18.2
	自由浮动	15.7	16.1	16.1	16.1	16.1
其他	合计	5.2	10.4	9.4	6.8	6.8
	其他管理安排	5.2	10.4	9.4	6.8	6.8

资料来源:IMF Annual Report 2019.

如表13-2所示，按照2009年实际分类法，2010年至2019年期间，在国际货币基金组织成员国中，实行严格盯住汇率制度的占比基本稳定，2019年占比为12.5%；实行软盯住汇率制度的占比呈上升趋势，由2010年的39.8%上升到2019年的46.4%；实行浮动汇率制度的占比略有下降，2019年占比为34.3%；实行其他管理安排的占比呈下降趋势，由2010年的11.1%下降到2019年的6.8%。从整体上看，国际货币基金组织成员国以软盯住和浮动汇率制度这两大类汇率制度安排为主，而严格盯住和其他管理安排这两大类汇率制度安排较少。

二、汇率制度的选择理论

纵观国际金融的发展，汇率制度的选择一直是国际金融领域争论不休的重要问题之一。国际货币制度和汇率制度相继经历了国际金本位体系下的固定汇率制度、布雷顿森林体系下的盯住固定汇率制度、牙买加体系下的混合汇率制度这三种情况。而随着世界各国经济开放程度和市场化程度的不断提高，影响汇率制度的选择理论也一直是学界和政界争论的焦点。关于汇率制度选择理论的研究主要有成本收益理论、经济结构理论及政策搭配理论。

成本收益理论主要是从成本收益的角度分析汇率制度的选择。该理论认为，一个国家选择哪种汇率制度取决于该汇率制度所带来的收益和成本的大小。如果该汇率制度带来的收益大于成本，那么该汇率制度就是合理的。反之，如果该汇率制度带来的收益小于成本，那么该汇率制度就是不合理的。

经济结构理论主要是从经济结构特征的角度分析汇率制度的选择。不同的国家拥有不同的经济结构，其汇率制度的选择也将不同。蒙代尔提出"最优货币区"理论，该理论以生产要素的流动性为标准，建立最佳货币区。如果在某个区域内各国之间的一体化程度较高，生产要素可以实现自由流动，那么该区域内的国家可以实行固定汇率制度。相反，如果在某个区域内各国之间的一体化程度较低，生产要素不可以自由流动，经济发展不平衡，需要以币值的变动来推动生产要素的流动，那么该区域内的国家采用浮动汇率制度更为合适。

政策搭配理论主要是从政策搭配的角度分析汇率制度的选择。该理论认为，一个国家选择哪种汇率制度，要与该国的宏观经济政策、相关制度安排及资本账户管制状况等因素搭配决定。蒙代尔-弗莱明模型就是政策搭配理论的具体应用，该模型具体分析了不同的汇率制度、不同的资本流动程度下货币政策和财政政策的有效性问题。在资本完全流动情况下，固定汇率制度下的财政政策是有效的，而货币政策是无效的；浮动汇率制度下的货币政策是有效的，而财政政策是无效的。这就是所谓的"不可能三角"，又称为"三元悖论"，即汇率稳定、资本自由流动和货币政策独立性三者之间不可能同时成立，必然要放弃其中之一。

三、汇率制度的影响因素

关于汇率制度选择的因素，影响较大的理论为"经济论"和"依附论"。"经济论"由罗伯特·赫勒提出，他认为，一个国家选择汇率制度时应该从经济层面予以考虑，影响因素主要包括经济规模、对外依存度、金融市场的发展程度、通货膨胀水平以及进出口产品的结构和外贸的地域分布等。"依附论"主要是探讨发展中国家的汇率制度选择问题，该理论认为，发展中国家在选择汇率制度时，应该考虑其在经济、政治、军事等方面的对外依附关系，选择其依附程度较高的国家的货币作为盯住货币。综合这两种汇率制度选择因素理论，影响一个国家选择汇率制度的因素主要包括以下几点。

第一，经济规模和经济结构。经济规模较大的国家倾向于选择浮动汇率制度，而经济规模较小的国家更倾向于采用固定汇率制度。经济规模较大的国家多为发达国家，其经济较为独立，经济结构和对外贸易多元化，资本管制也较少，但其经济内部调整的成本较高，更倾向于追求经济政策的独立性，一般选择浮动汇率制度。而经济规模较小的国家经济结构较为单一，出口产品以初级产品为主，对外依存度较高，内外经济的平衡能力较差，为了降低汇率波动对经济的冲击，通常选择固定汇率制度。

第二，经济开放程度。一个国家的经济开放程度越高，汇率波动对其国内经济的影响越大。开放程度越高的国家，意味着其贸易商品价格在整体物价水平中的比重越大，汇率波动将对物价水平带来冲击。如果一个国家的经济开放程度较高但经济规模较小，那么其抵御外来冲击的能力较弱，为了防止汇率波动带来的冲击，通常选择固定汇率制度，例如中国香港实行的联系汇率制度。如果一个国家的经济开放程度较高，且金融市场的一体化程度也较高，国际间的资本流动较大，政府对资本流动的管制较少，那么为了维持货币政策的独立性，一般选择浮动汇率制度。

第三，金融市场发展程度。一个国家的金融市场发展程度较高，其金融机构和金融制度也较为完善，对资本流动的管制也较少，为了维持货币政策的独立性，更倾向于选择浮动汇率制度。而一个国家的金融市场发展程度较低，其金融机构和金融制度不完善，为了防止资本流动带来汇率大幅波动，一般选择固定汇率制度。

第四，区域经济合作情况。如果两国之间或一个区域内有非常密切的经济往来，那么选择固定汇率制度有利于维持两国之间或一个区域内的经济合作与发展。例如，欧洲各国之间的经济合作，促使其建立了欧洲货币体系和欧元的诞生。又如，拉丁美洲国家出于对美国经济的依赖，通常选择与美元挂钩的固定汇率制度，以便维持汇率的稳定，进一步促进区域经济合作。

第五，特定的政策目标。如果一个国家的政府面临高通货膨胀，那么其通常会与低通货膨胀的国家联盟，选择固定汇率制度，严格控制货币的发行，有效地控制通货膨胀。如果政府以防止境外通货膨胀输入为政策目标，那么其通常会选择浮动汇率制度，该国政府拥有独立的货币政策，可以防止境外通货膨胀的输入。

第三节　政府对外汇市场的干预

本节主要分析汇率政策。本节先阐述汇率政策的概念和目标，然后重点分析政府对外汇市场干预的目的和类型，并对中国的外汇干预进行分析。

一、汇率政策的概念与目标

汇率政策是指一个国家的货币当局通过实施一系列的政策、规定及措施等方式，确定本币与外币的比价，并控制在一定的范围内，以便实现本币币值的稳定。汇率政策的主要内容包括：①选择哪种汇率制度；②确定汇率的基准水平；③控制汇率波动的幅度范围；

④是否便于国际协调与合作。汇率政策的目标主要是维持本币币值的稳定，实现本国物价稳定，进而有助于国际贸易和国际资本的发展。

为了实现汇率政策的目标，其主要的手段有：第一，法定贬值，其是指一个国家的政府用法律明文规定降低本国货币的汇率水平，促使外币价格提高；第二，法定升值，其是指一个国家的政府用法律明文规定提高本国货币的汇率水平，促使外币价格下降；第三，本币高估，其是指一个国家的政府人为地提高本币的外汇价格，使其本币的价值超过其实际价值，实现其汇率政策目标；第四，本币低估，其是指一个国家的政府人为地降低本币的外汇价格，使其本币的价值低于其实际价值，实现其汇率政策目标；第五，盯住汇率，其是指一个国家的政府将其货币盯住与其经济有密切联系的某个经济体的货币，以便稳定本币币值，促进双边经济贸易的发展。

二、政府对外汇市场的干预概述

在固定汇率制度下，政府有义务将汇率维持在一定的范围内，政府对外汇市场的干预时常发生，是一种强有力的干预。而在浮动汇率制度下，政府没有维持汇率稳定的义务，但在开放经济中汇率处于核心地位，几乎所有国家都没有完全放弃对外汇市场的干预。

(一)政府干预外汇市场的目的

政府干预外汇市场的目的主要有以下几个。

(1) 避免汇率短期的过度波动。当今，国际资本流动的数额巨大，常会引起汇率短期的过度波动。而引起汇率波动的原因有很多，例如人们对汇率变动的预期、价格黏性以及投机行为等。特别是，与市场经济基本面不相关的投机行为的盛行，带来投机性资本的大量流动，造成汇率短期内的过度波动，导致外汇市场混乱，有时甚至引发货币危机。因此，在汇率出现短期的过度波动时，政府通常会采用各种手段对外汇市场进行干预，以便避免汇率过度波动而引发货币危机。

(2) 防止汇率中长期的失调。汇率中长期的调整表示为汇率平均水平的变动。若汇率平均水平的变动趋势处于高估或低估的状态，则称为汇率失调。一般情况下，如果汇率水平与购买力平价的偏离超过 20%，就认为汇率存在较为严重的失调问题，政府应该对汇率进行干预。此外，有些政府为了达到某种特定的经济目标，会对汇率水平进行干预。例如，为了刺激经济，政府会使本币贬值；相反，为了降低失业率，政府会使本币升值。

(3) 有效地推行政策搭配。政府在外汇市场的干预，也属于货币政策的重要组成部分。政府干预外汇市场，外汇市场上本币的供求关系发生改变，影响该国的国内经济状况，进而对宏观经济目标产生作用。通常情况下，政府需要通过政策搭配的方式，实现其国内国外经济目标。例如，当经济出现通货紧缩时，中央银行在外汇市场买入外汇，市场上的货币供应量增加，以便刺激经济。当经济出现通货膨胀时，中央银行在外汇市场抛售外汇储备，回笼本币，市场上的货币供应量下降，以便缓和通货膨胀。

(二)政府干预外汇市场的类型

依据不同的分类标准，政府对外汇市场的干预也有不同的类型，主要有以下几种分类标准。

(1) 依据政府干预手段的不同划分，政府对外汇市场的干预可以分为直接干预和间接干预。直接干预是指政府直接进入外汇市场买卖外汇，改变外汇市场上的外汇供求关系，进而影响汇率的水平和变动趋势。间接干预是指政府不直接进入外汇市场干预外汇的供求关系，而是通过利率或预期等因素来影响汇率水平和变动趋势。间接干预的方式主要有两种：一是改变利率等国内金融变量，使本币和外币的资产收益率发生改变，进而引起外汇市场供求关系和汇率水平的变动；二是通过公开宣传等方式影响外汇市场参与者的预期，进而引起汇率水平的变动。例如，政府通过新闻报道等方式发表对汇率变动趋势的看法，或者公布具有央行政策意图的经济指标，影响市场参与者对汇率变动趋势的预期，进而影响汇率的变动。

(2) 依据是否引起货币供应量的变化划分，政府对外汇市场的干预可以分为冲销式干预和非冲销式干预。冲销式干预是指政府在外汇市场进行外汇买卖的同时，采取其他的货币政策例如公开市场操作等抵消前者对货币供应量的影响，维持货币供应量不变。例如，中央银行在外汇市场买入外汇，使货币供应量增加，同时在二级市场卖出公债，使货币供应量减少，尽可能地降低政府外汇干预对货币供应量的影响。非冲销式干预是指政府在外汇市场买卖外汇的同时，不采取其他的货币政策抵消前者对货币供应量的影响，此时货币供应量通常会发生改变。

(3) 依据政府干预策略的不同划分，政府对外汇市场的干预可以分为熨平每日波动型干预、逆向交易型或砥柱中流型干预和非官方盯住型干预。熨平每日波动型干预是指政府对外汇市场每日汇率波动的干预，当汇率日波动幅度较大时，政府进行外汇市场干预。例如在高价位时大量卖出外汇，在低价位时大量买入外汇，使汇率日波动幅度维持在一定的范围内。逆向交易型或砥柱中流型干预是指当外汇市场因突发因素导致的汇率单方向的大幅度变动时，例如大幅度上涨或大幅度下跌，政府采用反向的外汇买卖操作，降低汇率的变动幅度，维持汇率稳定。非官方盯住型干预是指政府单方向地、非公开地确定汇率水平和变动范围，当市场汇率变动与之不符时，政府就要对外汇市场进行干预。

(4) 依据政府外汇干预参与国家的多少划分，政府对外汇市场的干预可以分为单边干预和联合干预。单边干预是指某个国家依据本国经济发展的需求，独自对外汇市场进行干预。联合干预是指至少两个国家通过国际协调等方式，共同对外汇市场进行干预。例如广场协议中以美国为首的五国联合干预日元和美元的汇率问题、欧盟地区对欧元汇率的干预等。

案例分析：我国对外汇市场的引导和干预

20 世纪 90 年代初，外汇需求逐渐增加，投机因素和不合理的心理预期的影响加大，人民币汇率出现加速下降的趋势。1993 年 7 月，国家出台了一系列的宏观调控措施，中国人民银行首次积极运用经济手段对外汇市场进行干预，并取得稳定人民币汇率的成效。1994 年 4 月，中国银行间外汇市场正式运行，而中国人民银行以普通会员的身份参与外汇市场交易，通过这种方式调控外汇市场、稳定人民币汇率，实现国内外经济目标的平衡。因此，中国人民银行初步形成了外汇市场干预的一整套运行机制。中国外汇市场干预基本初步达到稳定人民币汇率的基本目标，成效也比较显著。但是，由于政策目标的制约、央行的独立性不足以及跨境资本持续流动的压力等因素的影响，造成中国人民银行的外汇市场干预带有较强的内生性。央行对宏观经济的微调方式主要是冲销干预，这种方式可以在短期内解决资本内流问题，实现人民币汇率的稳定。但是，这种干预的经济成本较大，使央行实施货币政策的难度增加，通过利率对经济产生负作用，从而制约外汇市场的活力。

2017年5月，为了适度对冲顺周期波动，人民币对美元汇率中间价报价机制中引入逆周期因子，以便稳定市场预期。2018年1月，我国跨境资本流动和外汇供求趋于平衡。而近期，受美元指数走强和贸易摩擦等因素的影响，外汇市场出现一些顺周期行为。为了防范宏观金融风险，促进金融机构稳健经营，加强宏观审慎管理，中国人民银行决定自2018年8月6日起，将远期售汇业务的外汇风险准备金率从0调整为20%。同时，中国人民银行将继续加强外汇市场监测，根据形势发展需要采取有效措施进行逆周期调节，维护外汇市场平稳运行。2020年3月12日，中国人民银行将全口径跨境融资宏观审慎调节参数由1上调至1.25，扩大企业融资渠道，降低实体经济融资成本。4月14日，中国人民银行继续优化外汇业务管理，完善外汇服务方式，提升跨境贸易投资便利化水平。2020年以来，中国人民银行通过淡出使用"逆周期调节因子"，调整远期售汇业务的外汇风险准备金率、跨境融资宏观审慎参数、境内企业境外放款宏观审慎调节系数等引导市场预期，预计未来宏观调控政策将继续起到积极作用，促进人民币汇率在均衡合理水平双向波动，维护跨境资本流动基本平衡与外汇市场平稳运行，为保持外汇储备规模的稳定提供保障。

(三)汇率失调问题

汇率失调是指汇率长期偏离其合理水平。通常情况下，汇率失调分为汇率高估和汇率低估。

汇率高估是指一个国家货币的汇率高于其本身所具有的价值，即高估本币价值。汇率高估，相同数量的本国产品可以购买更多的外国产品。一方面，使以外国货币计价的本国出口商品的价格提高，不利于出口，削弱了本国出口商品在国际市场上的竞争力；另一方面，使以本国货币计价的外国进口商品的价格降低，有利于进口，引起国际收支赤字。

汇率低估是指一个国家货币的汇率低于其本身所具有的价值，即低估本币价值。一个国家本币对外贬值，使进出口商品的相对价格发生变动，以本国货币计价的外国进口商品的价格提高，而以外国货币计价的本国出口商品的价格下降，从而造成出口更多的产品才能换回相同数量的外国产品。汇率低估提高了本国商品的国际竞争力，但损害了本国福利。

第四节 汇率对内部经济的影响

一、汇率政策的调节机制

汇率是两种货币之间的相对价格，而汇率变动引起两国商品相对价格的变动，使商品的需求结构发生改变，从而产生支出转换效应。而支出转换效应是汇率对经济运行发挥作用的关键。

支出转换效应要想发挥作用，必须满足两个条件：一是汇率变动能够引起两国商品相对价格的调整；二是两国商品相对价格的变动能够引起需求在两国商品之间转换。如果货币贬值的同时发生通货膨胀，那么通货膨胀会抵消货币贬值的效应，支出转换效应并未发挥作用。如果两国商品的需求价格弹性之和小于或等于1，那么既不符合马歇尔-勒纳条件，也不会使支出转换效应发挥作用。

二、汇率对内部经济的影响机制

(一)依存经济模型基本介绍

汇率对内部经济的影响是一个复杂的系统。与其他模型不同，本节重点考虑经济体的内部结构，将内部经济分为可贸易部门和不可贸易部门，分析汇率变动对内部经济的影响机制。

依存经济模型又称为澳大利亚两部门模型，是由澳大利亚经济学家斯旺(Trevor Swan)与萨特(Wilfred Salter)共同创立的理论模型，被普遍用于分析开放经济运行。模型的基本假设包括：第一，经济体内部经济分为可贸易部门和不可贸易部门(主要指服务业)，社会资源与社会需求在两部门中分配；第二，可贸易部门中购买力平价成立，国际市场决定可贸易商品价格；第三，价格具有完全弹性，经济体始终处在充分就业水平。本章利用生产可能性曲线和无差异曲线，分析可贸易部门与不可贸易部门之间的产出，如图 13-2 所示。

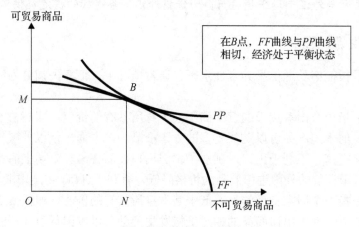

图 13-2　依存经济模型

FF 曲线是生产可能性曲线，表示在资源总量和技术既定的条件下，所能生产的可贸易商品与不可贸易商品的最大数量组合。该曲线的斜率是两种产品的相对价格(P_N/P_T)，表示增加一单位不可贸易商品的产出，所放弃的可贸易商品产出的数量增大，即斜率为负。这个斜率就是一个国家的内部实际汇率，反映两种产品的边际转化率。FF 曲线凹向原点，越接近曲线的下方，其切线的斜率越陡，斜率也就越大。PP 曲线是两种产品的无差异曲线，其斜率反映两种产品的边际替代率。

当经济体处于均衡时，FF 曲线与 PP 曲线相切，如图 13-2 中的 B 点。在 B 点，不可贸易商品的产出为 ON，可贸易商品的产出为 OM。此时，总产出等于总需求，经济处于内部均衡。同时，可贸易商品产出等于其需求，经济也处于外部均衡。

(二)内部实际汇率的调整机制

1. 需求转向不可贸易商品

当经济体的偏好发生改变时,以偏好消费不可贸易商品为例(见图 13-3)。为了获得一单位不可贸易商品,经济体愿意放弃更多的可贸易商品。此时,无差异曲线变得更为陡峭,由 PP 曲线变为 PP' 曲线。PP' 曲线与 FF 曲线交于 A 点,经济重新达到平衡。但内部实际汇率提高,即不可贸易商品的相对价格上升,不可贸易商品的产出增加,而可贸易商品的产出下降。

在经济均衡点调整到 A 点的过程中,不可贸易商品的需求上升,引起不可贸易商品的相对价格上升。若不可贸易商品的价格出现刚性,即 P_N 无法发生变动,则需要名义汇率升值来降低可贸易商品的价格,进而提高不可贸易商品的相对价格。在购买力平价成立的情况下,实际内部汇率为

$$R = \frac{P_N}{P_T} = \frac{P_N}{eP_T^*}$$

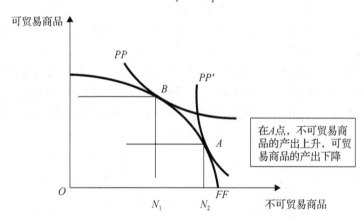

图 13-3 需求转向不可贸易商品时的经济调整

当实际内部汇率发生变动时,通过可贸易商品和不可贸易商品的相对价格变动来影响需求与供给,即需求转换效应和供给转换效应。需求转换效应是指相对价格变动引起两个部门需求的变化。供给转换效应是指相对价格变动引起两个部门供给的变化。当不可贸易商品的相对价格上涨时,一方面,需求转换效应使可贸易商品价格相对便宜,需求会从不可贸易商品转向可贸易商品;另一方面,供给转换效应使不可贸易商品变得更有利可图,将有更多的资源转向不可贸易商品的生产。因此,当经济体更偏好于消费不可贸易商品时,不可贸易商品的相对价格上涨,不可贸易商品的需求下降,但供给增加,从而使经济重新恢复到均衡状态。

依据图 13-3 可以推导出可贸易商品的供需曲线,如图 13-4 所示。D_T 曲线是可贸易商品的需求曲线,在其他条件不变的情况下,不可贸易商品相对价格上升,可贸易商品的需求提高,D_T 曲线变为 D_T' 曲线。S_T 曲线是可贸易商品的供给曲线,在其他条件不变的情况下,不可贸易商品相对价格上升,可贸易商品的供给下降,S_T 曲线变为 S_T' 曲线。D_T' 曲线与 S_T' 曲线交于新的均衡点 A,此时,可贸易商品市场达到均衡状态。依据瓦尔拉斯定理,不

可贸易商品市场也将处于均衡状态。

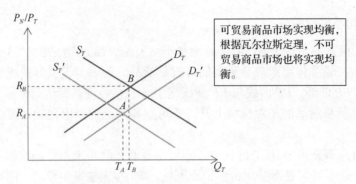

图 13-4　可贸易商品的需求与供给曲线

2. 政府提供补贴给可贸易商品部门的生产

为了鼓励出口，政府会对某些可贸易商品部门的生产提供补贴，使可贸易商品的产出增加。当国内需求不变时，可贸易商品出现超额供给，此时经济处于内外失衡状态。可贸易商品的超额供给，会使出口增加，贸易出现顺差，将造成本币升值，不可贸易商品的相对价格提高。依据需求转换效应，不可贸易商品相对价格上升，引起可贸易商品的需求上升，从而使可贸易商品的超额供给减少。依据供给转换效应，不可贸易商品相对价格上升，将有更多的资源用于生产不可贸易商品，进而使可贸易商品的超额供给下降。最终，使经济重新回到均衡状态，如图 13-5 所示。但是，政府对某些可贸易商品部门提供补贴，会对其他可贸易商品部门产生一定的挤出效应，即 T_2T_3。

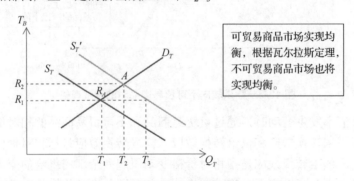

图 13-5　政府提供补贴给可贸易商品部门生产

3. 本国发现矿产资源

当一个国家发现矿产资源时，因为矿产资源开采后可直接用于出口，所以可贸易商品部门的产出增加。当国内需求不变时，可贸易商品出现超额供给，出口增加，贸易顺差，引起本币升值，不可贸易商品的相对价格提高。当不可贸易商品相对价格上升时，一方面通过需求转换效应引起可贸易商品的需求上升，从而使可贸易商品的超额供给减少；另一方面通过供给转换效应将有更多的资源用于生产不可贸易商品，使可贸易商品的超额供给下降，从而使经济重新回到均衡状态。

此时，同样存在挤出效应。当矿产资源产出增加时，原来可贸易商品部门的制造业产出将会呈现一定程度的下降。因此，自然资源的发现会通过本币升值损害一个国家原有的制造业部门。20世纪60年代，荷兰发现大量天然气等自然资源，政府开始大力开发天然气等自然资源，出口急剧增加，引起贸易顺差和货币升值。因为荷兰天然气等自然资源的增加，其对原有的工业特别是制造业产生挤出效应，严重影响了制造业的发展，所以使其经济发展遭受损失。这个现象被称为"荷兰病"。

案例分析：澳大利亚煤矿资源

三、汇率变动的其他经济效益

贬值税效应。本币贬值，进口品的价格相对上升，使进口相同数量的可贸易商品所需的支出增加，造成进口商品的需求下降。这实际上是货币贬值在社会总需求上的一种赋税，被称为贬值税。

收入再分配效应。本币贬值，有利于依靠利润获得收入的群体(例如企业主)，而不利于依靠劳动获得收入的群体(例如工人)。这个效应类似于通货膨胀所带来的再分配效应。

债务效应。本币贬值，以外币计价的债务还本付息需要支付得更多，也会降低社会总需求。

生产率效应。本币贬值，出口增加，有助于保护本国工业发展，但会造成生产率的低下。

第五节 人民币汇率制度与人民币国际化

本节先介绍人民币汇率制度的演变历程，再阐述人民币的自由兑换和国际化。

一、人民币汇率制度

(一)人民币汇率制度的历史演变

1948年12月1日，中国人民银行成立，统一发行人民币。人民币对西方国家货币的汇率于1949年1月18日在天津首次公布，标志着人民币汇率制度的形成。在不同时期，由于经济形势的不同，人民币汇率制度安排也在不断发展变化。

1949年至1950年，中国以"奖出限入，照顾侨汇"的方针制定人民币汇率，汇价不断上升，人民币汇率持续贬值。1950年至1952年，中国以"进出口兼顾，照顾侨汇"的方针制定人民币汇率，汇价不断下降，人民币汇率持续升值。1953年至1973年，中国形成全国统一的人民币汇率制度，即可调整的固定汇率制度，保持汇率高度稳定，人民币汇率仅是一种记账单位。1973年至1978年，人民币汇率采用盯住一篮子货币的可调整的固定汇率制度，人民币汇率不断上调，人民币定值偏高。1979年至1984年，人民币汇率制度为双重汇率制度，即官方汇率和贸易内部结算汇率并存。1985年至1993年，人民币汇率制度实行官方汇率与外汇调剂市场汇率并存的汇率双轨制，仅作为一种过渡机制，既不符合国际惯例，也不利于中国经济和贸易的发展。1994年，中国推行人民币汇率并轨，实行以市场供求为基础、单一的、有管理的浮动汇率制度，取消了外汇留成制度，实行银行结售汇制度，人民币在经常项目实现有条件的可兑换，同时建立银行间外汇交易市场，改革汇率形成机制。

(二)现行的人民币汇率制度

人民币汇率并轨后,政府对人民币汇率波动的管制较多,国际收支出现严重失衡。因此,为了改善国际收支顺差与优化经济结构,中国人民银行于 2005 年 7 月 21 日改革人民币汇率形成机制。人民币汇率不再盯住单一美元,开始实行以市场供求为基础、参考一篮子货币进行调节、有管理的浮动汇率制度。

人民币汇率形成机制改革的内容包括:第一,自 2005 年 7 月 21 日起,开始实行以市场供求为基础、参考一篮子货币进行调节、有管理的浮动汇率制度。人民币汇率参考一篮子货币,而非盯住单一美元,并依据外汇市场供求关系对人民币汇率做适度浮动,这使人民币汇率更富有弹性。第二,每个工作日闭市后中国人民银行公布当日银行间外汇市场交易货币对人民币汇率的收盘价,以此作为下一个工作日人民币汇率的中间价格。第三,人民币对美元汇率即日升值 2%,即将 2005 年 7 月 21 日 19 时美元对人民币的交易价格调整为 1 美元兑换 8.11 元人民币,以此作为次日银行间外汇市场人民币交易的中间价。第四,每日银行间外汇市场美元对人民币的交易价格按中间价的上下 0.3% 的幅度内波动,欧元、日元和港元等非美元货币对人民币的交易价格按中间价的上下 3% 的幅度内波动。第五,依据市场发展情况和经济金融形势,中国人民银行可以适时调整人民币汇率的浮动区间。

自 2006 年 1 月 4 日起,保留撮合方式的同时,在银行间即期外汇市场引入询价交易方式(OTC 方式),人民币汇率中间价的形成方式得以改进。2008 年 7 月,为了应对全球金融危机给经济带来的不稳定性,中国将人民币兑换美元汇率固定在 1 美元兑换 6.83 元人民币。2010 年 6 月 19 日,为了增强人民币交易的灵活性,结束了两年以来与美元挂钩的制度,重新实行参考一篮子货币进行调节、有管理的浮动汇率制度。2010 年 9 月,中国人民银行公布,人民币汇率形成机制是:以市场供求为基础的、参考一篮子货币进行调节、有管理的浮动汇率制度。2012 年 4 月 14 日,银行间即期外汇市场人民币兑换美元交易价浮动幅度由 0.5% 上升至 1%,买卖外汇价差不能超过当期汇率中间价的幅度由 1% 上涨至 2%。2014 年 3 月 17 日,银行间即期外汇市场人民币兑换美元交易价浮动幅度由 1% 上涨至 2%,外汇指定银行为客户提供当期美元买卖现汇价差不能超过当期汇率中间价的幅度由 2% 上涨至 3%。2014 年 7 月 2 日,取消银行对客户美元挂牌买卖价差的管理,由市场供求确定人民币汇率,增强了人民币汇率的弹性,央行基本退出常态的外汇干预。

2015 年 8 月 11 日,中国人民银行宣布完善人民币兑美元汇率中间价报价。在每日银行间外汇市场开盘前,做市商向中国外汇交易中心提供的报价主要参考上日银行间外汇市场的收盘汇率,并结合上日国际主要货币汇率变动及外汇供求情况进行微调。2015 年 11 月 30 日,国际货币基金组织决定将人民币纳入特别提款权(SDR)货币篮子,人民币的权重为 10.92%,新的特别提款权货币篮子将于 2016 年 10 月 1 日生效。2015 年 12 月 11 日,中国外汇交易中心(CFETS)发布 CFETS 人民币汇率指数。2016 年以来,中国人民银行进一步完善"收盘汇率+一篮子货币汇率变化"的人民币兑美元汇率中间价形成机制,明显地增强了人民币兑美元双向浮动弹性,外汇市场供求在人民币汇率形成中的作用显著。为了适度对冲市场情绪的顺周期波动,2017 年 5 月,在人民币兑美元中间报价模型中引入"逆周期因子",初步确立"收盘价+一篮子货币汇率变化+逆周期因子"的中间报价机制。人民币对美元的双边汇率弹性得到进一步的增强,具有明显的双向浮动特征。2017 年 12 月 27 日,在中国外汇交易中心引入境外银行参与银行间外汇市场区域交易。2018 年 1 月,中国跨境资本流动和外汇供求区域平衡,人民币兑美元中间报价模型中将"逆周期因子"恢复至中性。受贸易摩擦和美元指数走强的影响,2018年8月以来,人民币兑美元中间报价陆续调整"逆周期系数",以便适度对冲贬值的顺周期情绪。2019年以来,央行通过预期引导使外汇市场有序运行,市场供求基本平衡,实现了人民币汇率的稳定、有序调整。2020年,中国外汇交易中心人民币汇率指数与上年末基本持平,人民币实现双向浮动,并基本保持稳定。

二、人民币自由兑换

人民币自由兑换是指在外汇市场上人民币可以自由地兑换成外汇,或者用外汇自由兑换成人民币。实现人民币可自由兑换是中国外汇管理体制改革的目标和方向。人民币自由兑换主要分为人民币经常项目自由兑换与人民币资本和金融项目自由兑换,只有实现了这两个项目的自由兑换,人民币才实现了全面自由兑换。

人民币经常项目自由兑换主要分为以下两个阶段。

第一个阶段,人民币经常项目有条件可兑换。1994年人民币汇率并轨改革,中国对外汇管理体制进行了一次重大改革。其中,取消了外汇留成制度,取消了经常项目外汇收支指令性计划,对中资企业经常项目外汇实现银行结售汇制度,非贸易非经营性用汇经过审批后可以在外汇指定银行购汇。从1994年起,人民币在经常项目实现了有条件的可兑换。

第二个阶段,人民币经常项目可兑换。1996年12月,中国政府宣布接受《国际货币基金组织协定》第八条,使人民币在经常项目实现了可自由兑换。将外商投资企业纳入银行结售汇体系,使外商企业的经常项目用汇可凭有效单证直接到外汇银行购买。同时,扩大了境内居民因私出境兑换外汇的额度,并规定居民个人外汇存款可以汇出境外。这两项措施,充分地说明了人民币在经常项目实现了可自由兑换。

目前,在资本和金融项目下人民币兑换仍然会受到条件、数额等限制,人民币仍然未实现资本和金融项目自由兑换。而人民币全面自由兑换是中国外汇管理体制改革的长期目标。国际经验表明,一个国家要想实现本币在资本和金融项目自由兑换,必须具备的条件有:合理的利率水平和价格水平;发达的资本市场;健全的国内金融体系;较低的通货膨胀率;较强的宏观调控能力;完善的金融监管体系等。中国在这些方面还存在一些差距,人民币要实现资本和金融项目自由兑换还需要一段时间的准备,可以从试点到全面,逐步放松对人民币自由兑换的限制,最终实现人民币的全面自由兑换。

三、人民币国际化

从货币国际化的字面来理解,货币国际化是指一个国家的货币跨越国界,在境外流通,并且成为国际上普遍认可和接受的计价单位、结算货币和储藏货币的过程,在某种程度上被认为是一个国家的货币逐步地演变成国际货币的过程,但是货币在境外流通不一定就是国际化。从货币职能的角度看,货币国际化是指一个国家的货币在其地域范围内的职能超过其地域的限制,在该国地域之外普遍流通,并且在国际上发挥其在国内的部分或全部货币职能。静态上,主要是完全可自由兑换的货币在世界范围内发挥其货币职能,并被各国政府和居民接受。在一定的程度上,货币国际化反映了一个国家的货币的国际化程度。动态上，一个国家的货币流向境外，在国际上发挥计价、支付、储备等货币职能，被世界各国广泛接受的过程，说明货币国际化是一种渐进的、动态的、不断发展演变的过程。

依据货币国际化程度，可以将货币国际化分为三个层次。首先，货币的周边化，是指一个国家的货币在其周边国家和地区流通，发挥在周边地区的货币职能。其次，货币的区域化，是指一个国家的货币在某个区域范围内作为贸易结算货币、投资交易货币以及储备资产货币，被区域内各国普遍认可和接受；或在一个国际区域范围形成统一的货币区，区域内各国通过货币合作整合在该区域内流通的货币。最后，货币的全球化，是指货币的区域化向世界范围的进一步扩展，该货币在全球范围内普遍流通和使用。

人民币国际化是指人民币跨越中国的国界，在国际市场上流通，并且被世界各国居民和政府普遍地认可和接受，在国际上充当计价货币、支付货币以及储藏货币等主要货币，由非国际货币到国际货币、由准国际化到国际化、由周边化到区域化再到国际化的发展演变过程。因此，从静态看，人民币国际化过程有初级阶段、中级阶段、高级阶段之分。从动态看，人民币国际化是由国际化初级阶段到国际化中级阶段再到国际化高级阶段的发展演变过程。人民币国际化的具体内涵主要包括：一是人民币在境外流通，以人民币结算的国际贸易交易达到一定的比例；二是以人民币计价的金融产品成为各国主要金融机构的投资工具；三是各国接受人民币作为本国的储备货币。

人民币国际化的支撑因素可以归纳为三方面，即国力方面、金融方面及货币国际循环方面。只有良好的经济、金融和货币国际循环机制支撑，才能谨慎、稳步、可持续地推进人民币国际化。国力方面：经济总量较大且增长率较快，稳定的汇率水平、国际贸易和经常账户盈余及大量的官方储备等。金融方面：要不断地开放资本账户，完善汇率制度和监管机制。货币国际循环机制方面：建立有效的人民币流出机制和人民币回流机制，实现人民币的国际循环，推动人民币国际化进程。货币的流出机制为货币迈向国际化提供了必要的货币供给，货币的回流机制为货币实现国际化提供了可能性。

人民币国际化可以获得的收益主要有：获得铸币税收入；降低人民币汇率风险，有助于国际贸易和国际投资的发展；以人民币作为结算货币，可以节约外汇储备；增强中国的偿债能力，降低外债成本，有利于外债结构的优化；带动中国经济增长和居民收入水平提高。但是，人民币国际化也有一定的风险，例如货币政策风险、汇率政策风险、金融冲击风险等。

人民币国际化必将是一个长期过程，那么应该如何加快人民币国际化进程，为人民币国际化创造良好的经济环境、政治制度环境及国际环境呢？首先，建立有益于推进人民币国际化的经济环境。一个国家的货币的国际化必须以强大的综合国力为后盾，即经济规模和对外贸易的扩大、国际支付能力的增强等。同时，国际货币是市场交易者对拥有该货币的需求和信心的产物，币值稳定是国际货币的必要条件。因此，中国要继续提升综合国力和人民币的国际地位，保持人民币币值稳定，培育具有国际竞争力的金融主体。推进离岸金融市场和国际金融中心建设，为人民币国际化创造良好的经济环境。其次，完善人民币国际化的政策措施。中国不仅要建立有利于推进人民币国际化进程的经济环境，还要不断完善相关的政策和制度，创造有利于推动人民币国际化的政治环境和制度环境。因此，中国要不断地提升货币当局的公信度，深化利率市场化和人民币汇率制度改革，逐步实现资本账户开放，以及改革金融体制和完善金融监管，为人民币国际化创造良好的政策环境和制度环境。最后,加强人民币的国际合作。随着中国经济实力的增强和国际地位的提升,人民币国际化成为必然趋势。当前提出人民币国际化的"三步走",即推进人民币在港澳和周边地区流通,实现人民币周边化;提升人民币在亚洲地区作为主导货币的流动,实现人民币区域化;人民币逐步走向国际化。因此,在全球一体化趋势下,中国必须加强国际合作,提升中国的国际影响力和人民币的国际地位,为人民币国际化奠定良好的国际环境,进而有效地推进人民币国际化的进程。

本 章 小 结

本章主要介绍了汇率制度和汇率政策。具体来说,一个国家或地区的汇率制度应该包括:确定汇率水平的原则和依据;维持汇率变动的方式和手段;调整汇率的政策和方法;管理汇率的模式和机构。依据汇率变动幅度,汇率制度主要分为三大类:固定汇率制度、浮动汇率制度、介于两者之间的中间汇率制度。而学术界对固定汇率制度和浮动汇率制度的优劣进行了广泛探讨,发现一个国家在选择何种汇率制度时,要结合经济和金融的发展情况来决定。为了维持本币币值的稳定,促进国际贸易和国际资本的发展,政府要对外汇市场进行有效干预,避免汇率短期的过度波动,防止汇率中长期的失调,从而有效地推行政策搭配,实现内外经济平衡。此外,人民币汇率制度也随着中国经济和金融的发展不断地演变,人民币开始逐渐地实现自由兑换和国际化。

思 考 题

1. 汇率制度是什么?有哪些分类?
2. 固定汇率制度和浮动汇率制度的概念是什么?请你比较其优劣。
3. 汇率目标区制是什么?影响因素有哪些?如何影响?
4. 什么是货币局制度?有什么优缺点?其自动调节机制有哪些?
5. 一个国家在选择汇率制度时,应该考虑哪些影响因素?
6. 汇率政策是什么?政府干预外汇的目的和类型有哪些?

第十四章 国际货币体系

【章前导读】

国际货币体系是国际间对货币本位、汇率制度、国际收支调节、国际清偿力等货币金融国际关系所做的一系列制度安排，是国际金融关系的一个重要方面和集中反映，对整个国际金融领域有着基础性的、至关重要的影响。本章主要分析国际货币体系的基本概念和发展历史，分析国际金本位体系、布雷顿森林体系和牙买加体系的演变过程，使读者对国际货币体系的演变、特征、演变规律以及改革思路有较深入的了解。近年来，中国在国际货币体系改革过程中发出了自己的声音，做出了自己的贡献，在国际货币体系中的话语权和地位不断上升。

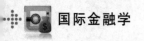
国际金融学

第一节　国际货币体系概述

一、国际货币体系的概念

国际货币体系亦称为国际货币制度，是指在国际经济关系中，为了满足国际间各类经济交易的需要，各国对货币在国际间的职能和作用以及其他相关的国际货币金融问题所制定的协议、规则和据此建立的相关组织机构的总称。国际货币体系涵盖的内容相当广泛，主要包括以下几方面内容。

(1) 国际储备货币或国际清偿力的确定和供给。即确定用什么来作为国际货币(例如黄金或某些特定国家的货币)用于国际支付和国际清算，一个国家的政府应该持有哪种资产作为各国普遍接受的，以及满足国际支付和调节国际收支需要的储备资产，一个国家应该持有的储备资产规模和构成。国际储备货币的决定一般是以货币本位为基础，例如在国际金本位制度下，国际储备为黄金，国际清偿力的供给则取决于黄金的供给。

(2) 汇率制度的安排。即确定一个国家的货币与其他货币之间的汇率水平应该如何决定与调整、货币能否自由兑换以及采取哪种汇率制度，例如是固定汇率制度还是浮动汇率制度等。汇率制度是国际货币体系的核心，它制约着国际货币体系的其他方面，反映了一定时期内国际货币体系的特征。例如，在国际金本位制度下，汇率制度为自发形成的固定汇率制度。

(3) 国际收支的调节方式。即确定适用各国的统一的国际收支的概念和标准，明确各国之间国际收支调节如何协调，如何有效地促使国际收支严重失衡的国家进行调节，并使各国公平地承担国际收支调节的责任等问题。例如，在国际金本位制度下，国际收支调节主要靠自发的价格—铸币流动机制。

(4) 国际货币事务的协调和管理。以上三个方面的内容都牵涉不同国家的经济利益和货币主权，在确立和实施过程中不可避免地存在矛盾与冲突，于是就产生了国际货币事务协调和管理的需要，其实质就是协调各国的国际货币活动和与此有关的经济政策。这种协调和管理通常是通过国际货币金融组织机构来进行的，通过协商签订协议的方式制定若干共同接受的规则、惯例和制度，充当国际金融协调者和管理者，例如布雷顿森林体系下的国际货币基金组织。

二、国际货币体系的分类

国际货币体系一般从储备资产和汇率制度两个角度进行分类，其中货币本位是决定储备资产的基础，因此根据储备资产特点分类也是基于货币本位的分类。国际储备资产是国际货币体系的基础，根据储备资产划分有金本位制度、金汇兑本位制度和信用本位制度。金本位制度只以黄金作为国际储备资产或国际本位货币。金汇兑本位制度同时以黄金和可以直接自由兑换的货币作为国际储备资产，是一种混合本位制度。信用本位制度则以某种或某些货币(例如美元、英镑或其他货币)作为国际储备资产，而与黄金等商品货币无任何联系。汇率制度是国际货币体系的核心，汇率制度可以划分为固定汇率制度和浮动汇率制度。在固定汇率制度下，政府通过法律确定、公布和维持本国货币与某种参照物(例如黄金或某种货币)之间的固定比价。在浮动汇率制度下，汇率水平则主要由外汇供求决定，政府一般不进行干预。另外，也可以将储备资产和汇率制度两者相结合来对国际货币体系进行分类，例如金本位制度下的固定汇率制度、信用本位制度下的固定汇率制度以及信用本位制度下的浮动汇率制度等。

三、国际货币体系的演变历史

国际货币体系从产生至今，其演变过程大致可以划分为以下几个时期。

1. 19 世纪末至 20 世纪初的国际金本位体系

大约于 19 世纪下半叶在各国自发实行金本位制度的基础上形成，是历史上最早出现的国际货币体系。国际金本位体系到 1914 年第一次世界大战爆发时结束。该体系虽然不是各国协商的结果，但是黄金执行世界货币的职能，金本位制度仍然具有国际货币体系的性质。国际金本位制度对当时世界各国的经济发展起到了积极作用，但也存在着不少缺陷，例如其运行依赖于世界黄金产量的增长等。正是因为这些缺陷的存在，所以该体系难以与世界经济的进一步发展相适应。随着世界经济的发展，破坏金本位制稳定性的因素在日益增长，1914 年第一次世界大战爆发，各国实施黄金禁运和货币停止兑换黄金，从而宣告国际金本位体系的瓦解。

2. 两次世界大战期间的国际金汇兑本位制

第一次世界大战后各国协商重建国际货币体系。1922 年在意大利热那亚召开了世界货币金融会议，热那亚会议吸取了国际金本位体系的教训，确定了一种节约黄金的货币制度——国际金汇兑本位制度。除了英国、法国、美国等国实行与黄金直接挂钩的货币制度以外，欧洲其他国家货币均通过间接挂钩的形式实行了金汇兑本位制。从节约黄金的角度来看，这个货币制度在一段时间内是成功的。国际金汇兑本位制度仍然属于国际金本位制度的范畴，其依然存在黄金数量满足不了世界经济增长和维持汇率稳定需要的缺陷。当黄金供应达到一定的程度时，该货币体系就会变得脆弱。1929 年发生资本主义危机，国际金汇兑本位制开始瓦解。1931 年和 1933 年，英国和美国先后放弃金本位制，至此国际金本位体系彻底崩溃。此后直到布雷顿森林体系建立之前，国际货币金融领域基本处于无政府、无秩序、无规则的混乱状态。

3. 1944 年到 1973 年的布雷顿森林体系

为了消除金本位制崩溃后国际货币的混乱局面，第二次世界大战尚未结束，英美两国即着手设计新的国际货币秩序。1944 年，44 个国家的代表聚集在美国新罕布什尔州的布雷顿森林，建立了以黄金—美元为基础的双挂钩体系。这个体系在国际货币体系史上占有重要地位，为第二次世界大战后国际经济关系的重建提供了稳定的货币环境，为二战后资本主义世界经济迅速恢复和发展提供了稳定的国际基础。但这个体系同样也存在着难以克服的弊端，并最终导致了其彻底崩溃。

4. 1973 年以后的牙买加体系

20 世纪 60 年代反复上演的美元持续贬值的美元危机使布雷顿森林体系于 1973 年崩溃，

从此国际货币体系进入了一个多元国际储备、主要货币之间汇率浮动、全球由浮动汇率制度主导的新阶段。1976年1月国际货币基金组织在牙买加首都金斯顿召开会议并签署了《牙买加协议》，同年4月通过了《国际货币基金协定》第二次修正案，这标志着牙买加体系的建立。现行牙买加体系也存在着诸多缺陷，对其进行改革也是国际金融领域的一个重要议题。

第二节　国际金本位体系

一、国际金本位制度的内容

金本位制是指以黄金作为本位货币的一种货币制度。国际金本位制就是以各国普遍采用金本位制为基础的国际货币体系，它是世界上最早出现的国际货币体系，大约形成于19世纪末期。金本位制与国际金本位制是两个不同的概念，尽管早在1816年英国政府就颁布了《金本位制法案》，宣布实行金本位制，但是这还不足以形成国际金本位制，只有当世界主要国家都实行金本位制之后，才会形成国际金本位制。19世纪末德国、日本和其他国家纷纷采用金本位制，美国于1879年宣布将内战时期发行的"绿背纸币"与黄金挂钩，实际上加入了金本位体系，1900年的《美国金本位法案》从法律上确立了美元和黄金的联系。1870年前后欧美主要国家普遍通过相关法案实行金本位制，所以通常就以这一年作为国际金本位体系的起始年。依据货币与黄金的联系紧密程度，金本位制度包括金币本位制、金块本位制和金汇兑本位制三种形态。

1. 金币本位制

金币本位制的主要特点。

(1) 国家通过法律规定铸造一定形状、重量和成色的金币，用来作为具有无限法偿效力的支付工具而进行流通。

(2) 金币可以自由铸造，也可以将金币自由熔化。

(3) 金币和黄金可以自由输出和输入本国。

(4) 流通中其他货币和金币之间可以按法定比率自由兑换，也可以兑换与金币等量的黄金。金币本位制于1870—1914年间在主要的国家普遍实行。

2. 金块本位制

金块本位制的主要特点。

(1) 金币仍然作为本位货币，但政府不再铸造金币，而是发行纸币，市场上没有金币流通，流通的纸币有无限法偿能力。

(2) 不允许自由铸造金币，单位纸币规定有含金量并确定黄金官价。

(3) 禁止私人对国外输出黄金。

(4) 纸币兑换黄金受到限制，只能在一定的情况下按规定的限制数量用纸币向中央银行兑换金块。例如英国在1925年实行金块本位制时，规定一次至少兑换400盎司，当时约值1700英镑；法国规定兑换的最低起点为21.5万法郎，相当于12千克黄金。

3. 金汇兑本位制

金汇兑本位制的主要特点。

(1) 金币名义上仍然为本位币，并规定有含金量，但国内并不流通金币。

(2) 本国货币与某个实行金币本位制或金块本位制的国家的货币保持固定比价，并将本国的黄金外汇储备存到挂钩国家的中央银行，通过市场买卖和政府干预管制以维持汇率的稳定。

(3) 国内流通的货币是银行券，银行券不能直接兑换金币或金块，只能兑换为实行金币或金块本位制国家的货币(外汇)之后才能兑换成黄金。

二、国际金本位的特点与内外均衡目标的实现

在上述三种形态中，金币本位制是典型的金本位制度，通常所说的国际金本位体系也主要是指世界主要国家均实行金币本位制情况下的国际货币体系，也是所谓"纯正"的金本位，其主要特征如下。

(1) 黄金充当国际货币，是国际货币体系的基础。在金本位制下，流通中使用的是具有一定成色和重量的金币，金币可以自由铸造、自由兑换和自由输出与输入。金币的自由铸造和熔化，可以起到自动调节货币流通量的作用，从而保证了物价水平的稳定。金币的自由兑换，保证了黄金与其他代表黄金流通的金属铸币和银行券之间的比价相对稳定。黄金的自由输出与输入保证了各国货币之间的比价相对稳定。可以说，金币本位的"三自由"保证了其为一种比较稳定的货币制度。

(2) 各国货币之间的汇率取决于它们各自的含金量之比，即铸币平价，实行的是典型的固定汇率制度。市场汇率围绕铸币平价上下波动，但由于黄金的自由输出与输入，汇率波动的上下限不会超过黄金输送点，因此汇率相对稳定。实际上，英国、美国、法国、德国等主要国家货币的汇率平价自 1880 年至 1914 年间，35 年内一直没有发生变动，从未升值或贬值。

(3) 国际收支具有自动调节的机制，即英国经济学家大卫·休谟于 1752 年最早提出的"价格—铸币流动机制"。当一个国家的国际收支出现逆差时，将导致本国黄金的外流，而黄金的外流又会引起本国货币供应量的减少，从而使物价下跌。物价的下跌使本国产品的国际市场竞争力提高，从而导致出口增加进口减少，国际收支逆差逐渐消除。反之，如果国际收支顺差，那么这个状况也会通过此机制得到改善，如图 14-1 所示。

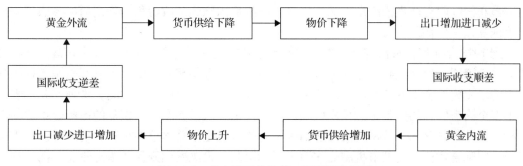

图 14-1　金本位下的价格—铸币流动机制

国际金本位始于 19 世纪末，当时充分就业、物价稳定、经济增长内部均衡问题并不突出，自由市场经济仍然处于主导地位，对充分就业问题并不太关注，政府进行宏观经济调控的需要并不强烈。外部均衡则主要要求政府保证黄金和本国货币的自由兑换，在政府按照国内法实施金本位各项规则的情况下，这个条件得以满足，在价格—铸币流动机制的作用下，汇率和国际收支都可以保持较大的稳定性。

三、国际金本位制度的缺陷及其崩溃

在当时条件下金本位制对各国经济发展起到了积极的推动作用，因此国际金本位制时期也被称为资本主义世界的第一个"黄金时代"，但金本位制也存在着许多缺陷。

(1) 国际金本位制度的自动调节机制受诸多因素的制约，特别是要求各国政府必须严格按照金本位制的要求实施货币政策，对经济不加干预。但是，各国不可能完全忽视本国经济发展对货币的需求而保持充分的黄金准备，或听任金本位制度的自动调节，它们通常会利用国际信贷、利率及公开市场等手段解决国际收支困难，而不愿意让黄金频繁流动，这样导致了自动调节机制难以实现。

(2) 在国际金本位时期，受黄金产量的影响，物价并不是长期稳定的。金本位制的价格稳定只有当黄金与其他商品的相对价格较为稳定时才能实现，如果黄金的供应剧烈波动，这个价格就不可能保持稳定。在金本位时期，黄金产量的增长与物价水平的变化密切相关。当货币黄金的增长率超过物质产品的增长率时，价格水平就趋于上升；反之，则趋于下降。当然，黄金产量的波动对物价的影响是长期而且缓慢的，其间还可能有滞后期，但这种影响确实存在。

(3) 国际金本位制的运行依赖于世界黄金产量的增长。在国际金本位制下，汇率的稳定、国际收支的自动调节都有赖于世界黄金产量的增长，当世界黄金产量的增长满足不了世界经济增长以及维持汇率稳定的需要时，国际金本位制就会变得很脆弱，无法经受各种冲击。特别是当世界黄金存量集中在少数国家手中时，其他国家的金本位制就难以维持，黄金持有分布的不平均将使国际金本位制面临危机。

在国际金本位制初期，以上这些缺陷表现得并不明显，但随着世界经济的不断发展，这些缺陷日益暴露，并最终导致了国际金本位制的崩溃。1914 年第一次世界大战爆发，各参战国纷纷实行黄金禁运以及停止纸币兑换黄金，国际金本位制暂停实行。第一次世界大战期间，各参战国为了筹措战争经费，均发行了大量不能兑换的纸币，这些纸币在战后相对于黄金大幅贬值，从而造成了严重的通货膨胀。同时各国货币之间汇率剧烈波动，对国际贸易和国际收支产生了严重影响。所以，在战后国际经济政治稍为稳定后，各国便先后着手恢复金本位制。

到 1928 年年底，战前实行金本位制的国家基本上恢复了金本位制，黄金在国际间再度实现自由流通。但是此时的国际金本位制与战前已经大不相同。实际上只有美国实行的是原来的、完整的金币本位制，英法两国实行金块本位制，德国、意大利、奥地利和丹麦等三十多个国家实行的则是金汇兑本位制。所以，第一次世界大战后恢复的国际金本位制，实际上是一种以美元、英镑和法国法郎为中心的国际金汇兑本位制，黄金的地位比过去削弱了，国际金本位自动调节机制的作用也受到限制，很难做到既保持国际收支平衡又稳定国内经济。随着资本主义国家经济危机的不断深化，各国政府越来越不愿意遵守金本位自动调节的基本规则，尤其是美法两国明确表示将对内目标置于对外目标之上，并切断黄金流入流出与国内货币供应和物价波动的关系，使自动调节机制更难以奏效。

此时的国际金本位制已经变得相当脆弱，经不起较大的冲击。1929年爆发了世界性经济危机，英国的国际收支出现困难，各国纷纷向英国兑换黄金，使英国难以应付，被迫于1931年9月21日停止了金本位制。1933年3月，美国在大量银行倒闭和黄金外流的情况下，也不得不停止黄金兑换和禁止黄金输出，从而实际上放弃了金本位制。随后在1935年3月到1936年9月，先后又有比利时、法国、荷兰、瑞士、意大利宣布货币贬值，放弃金本位制。至此，第一次世界大战后各国勉强恢复的国际金汇兑本位制也即1870年以来的国际金本位制宣告彻底崩溃。国际金本位体系的发展变化及其对世界经济的影响，为以后布雷顿森林体系的建立提供了丰富的经验教训。

第三节 布雷顿森林体系

一、布雷顿森林体系的建立

国际金本位体系崩溃后的20世纪30年代，各国国际收支严重失衡，各国货币汇率极端不稳，外汇管制普遍加强，相互对立的英镑、美元、法郎三大货币集团之间的矛盾和斗争也非常尖锐，外汇战、贸易战和货币战接连不断，国际货币体系相当混乱，这给国际经济贸易关系造成极大的负面影响，阻碍了国际金融和国际经济的正常发展。因此，如何建立一个稳定的国际货币体系就成了迫在眉睫的问题。

第二次世界大战使资本主义国家之间的政治经济实力发生了巨大的变化。美国一跃成为世界第一大国，1945年美国GDP占到了世界GDP总量的一半以上，工业产值占到了世界的40%以上，黄金储备更是占世界的75%，是世界最大债权国。因此美国积极筹划在战后取代英国，建立美元霸权。从英国方面来看，第二次世界大战虽然极大地打击了英国的实力，但是瘦死的骆驼比马大，英国作为一个传统资本主义强国在世界经济中的地位仍然不可低估，英镑区和帝国特惠制依然存在，国际贸易的40%还用英镑结算，英镑仍然是一种主要的国际货币，伦敦依旧是世界最大的国际金融中心。因此，重建战后国际金融新秩序的重任必然由英美两国共同承担。

在此背景下，英美两国政府从本国的利益出发设计新的国际货币体系，并于1943年4月7日分别出台了各自的方案，即美国的"怀特计划"和英国的"凯恩斯计划"。由于两者之间存在着很大差异，所以基于各自利益的考虑，1943年9月到1944年4月间两国代表团在双边谈判中展开了激烈争论。由于美国在政治和经济上的实力远远超过英国，所以英国被迫放弃自己的计划而接受美国的方案，同时美国也做了一些让步，最后双方达成协议。1944年4月，双方发表了主要基于怀特计划的《关于建立国际货币基金组织的专家联合声明》。同年7月在美国新罕布什尔州布雷顿森林召开了有44国参加的联合与联盟国家国际货币金融会议，即布雷顿森林会议，会议通过了以怀特计划为基础的《国际货币基金组织协定》和《国际复兴与开发银行协定》，总称布雷顿森林协定，确定了以美元为中心的国际货币体系——布雷顿森林体系。

二、布雷顿森林体系的主要内容

布雷顿森林体系主要包括六个方面的内容。

(1) 建立了一个永久性的国际金融机构,即国际货币基金组织(International Monetary Fund,IMF)。国际货币基金组织是布雷顿森林体系赖以维持的基本运行机构,也是战后国际货币体系的核心。其主要职能是明确成员国在汇率政策、与经常项目相关的支付及货币兑换方面需要遵守的行为准则并实施监督,向国际收支逆差成员国提供必要的资金融通等。国际货币基金组织在国际货币体系中发挥了重要作用,在一定的程度上维持着国际金融形势的稳定。

(2) 通过"双挂钩"制度确立了黄金和美元并列作为主要国际储备资产的储备体系。布雷顿森林体系下美元与黄金直接挂钩,以美元作为关键货币,美元与黄金的固定比价为 1 盎司黄金等于 35 美元,即 1 美元的含金量为 0.888 671 克纯金,其他国家政府或中央银行持有的美元可按 35 美元等于 1 盎司黄金的比价向美国兑换黄金。同时其他国家的货币与美元直接挂钩,各国货币可以规定自己的含金量,与美元的汇率可以按各自货币的含金量确定,也可以不规定含金量而只规定与美元的比价。美元与黄金挂钩,其他货币与美元挂钩,即所谓"双挂钩"构成了布雷顿森林体系的两大支柱,并确立了美元在国际货币体系中的中心地位,与黄金一起成为主要的国际储备资产。

(3) 采用可调整的盯住汇率制度。《国际货币基金组织协定》规定,各国货币平价必须以黄金或美元来表示,平价一经确定就不能随意变动。各成员国政府有义务与国际货币基金组织合作维持有秩序的汇率安排,随时干预外汇市场以便使本国货币与美元的市场汇率波动幅度保持在平价的±1%以内,促进汇率的稳定。成员国只有在国际收支发生根本性不平衡时,才可以进行货币贬值或升值。一般来说,若平价的变更幅度在 10%以下,则成员国可以自行调整,事后只需要通知国际货币基金组织即可。若平价变动的幅度达到或超过了 10%,则必须事先经过国际货币基金组织的批准,这个汇率制度被称为可调整的盯住汇率制度。

(4) 确定了多种国际收支失衡的调节机制。布雷顿森林体系下国际收支的调节机制包括:①由国际货币基金组织向国际收支赤字国提供短期资金融通,协助其解决国际收支困难。国际货币基金组织的资金主要来源是成员国认缴的基金份额,份额的 25%以黄金或可兑换黄金的货币认缴,其余 75%的份额以本国货币认缴。当成员国国际收支出现逆差而需要国际储备时,可以通过向国际货币基金组织进行资金融通而加以解决,用本国货币向国际货币基金组织购买一定数额的外汇,并在规定期限内以用黄金或外汇购回本币的方式偿还借用的外汇资金。成员国在国际货币基金组织中的借款能力,一般与其缴纳的基金份额相关,认缴份额越大,其借款能力也就越强,同时其投票权也就越大。成员国在国际货币基金组织的"普通资金"账户是最基本的贷款账户,它只限于调节成员国国际收支中的经常项目的逆差,并且贷款的发放按照不同的标准实行分档政策。例如会员国在任何一年内借用普通资金都不能超过其份额的 25%,5 年之内累积不得超过其份额的 125%。②如果成员国发生国际收支根本性失衡,就采取调整汇率平价的方式来调节。

(5) 废除外汇管制。《国际货币基金组织协定》第八条规定:会员国不得限制经常项目支付，不得采取歧视性货币管制措施，要在保持兑换性的基础上实行多边支付。但有三种情况例外：①允许成员国对资本项目实施外汇管制。②成员国在战后过渡时期可以延迟履行货币可兑换义务。国际货币基金组织原本希望经常账户从管制到可兑换的过渡期不超过5年，但实际上直到1958年末主要工业化国家才取消了经常账户的外汇管制，实现了货币的自由兑换。暂时仍然保留对经常项目支付限制的国家被称为"第十四条款国家"，履行了经常账户自由兑换义务的国家则被称为"第八条款国家"。③允许成员国对稀缺货币采取临时性兑换管制。

(6) 制定了稀缺货币条款。当会员国国际收支出现顺差时，并且该国货币在国际货币基金组织的库存下降到其份额的75%以下时，国际货币基金组织可以将该国货币宣布为稀缺货币，可按赤字国家的需要实行限额分配，其他国家有权对稀缺货币采取临时性限制兑换，或限制进口该国的商品和劳务。制定这个条款的目的是希望顺差国与逆差国能共同承担调整国际收支失衡的责任，但是该目的并未真正得到实现。例如，在战后初期美元严重短缺时，却无法引用此条款限制美国的出口。再比如，20世纪60年代当西德和日本持续顺差时，动用此条款对付西德和日本在政治上也自然行不通。所以稀缺货币条款形同虚设。在布雷顿森林体系下，调整国际收支失衡的责任仍然主要落在逆差国身上。

三、布雷顿森林体系的运作与崩溃

布雷顿森林体系是以美元为中心的国际货币体系，因此美元的地位对该体系有着决定性的影响。第二次世界大战后美元经历了一个美元荒到美元灾再到美元危机的过程，布雷顿森林体系就是伴随着美元地位的不断变化而走向崩溃的。

布雷顿森林体系建立初期，美国独霸世界经济，对外贸易和资本输出迅速扩大，是当时最大的出口国，国际收支连年顺差，黄金储备与日俱增。1945年，美国的GDP占到了世界GDP总量的一半以上，工业产值占到了世界的40%以上，黄金储备更是占到了世界的75%。而受战争重创的西欧和日本，为了恢复和发展本国经济，不得不从美国大量进口产品，对美贸易发生巨额逆差，美元极度缺乏，一度在世界范围内出现美元荒。这种状况一直持续到20世纪50年代初。

1950年美国发动朝鲜战争后，对外短期债务激增，国际收支开始出现逆差，黄金储备开始逐渐流失。在1950年至1957年的7年中，美国的黄金储备流失了17亿美元，美元的国际地位开始被削弱。与此同时，西欧和日本的经济得到恢复并出现高速增长，国际收支由连年逆差转为顺差，其持有的美元越来越多，大大超过了美国的黄金储备。于是从20世纪50年代后半期起，资本主义世界由美元荒转而出现了美元灾。

1960年，美国对外短期债务首次超过其黄金储备额，美元的信用基础严重动摇，美元危机开始频频爆发。所谓美元危机，是指由于美元泛滥引起美元在国际金融市场上的信用下降、地位动摇，被人们竞相抛售并抢购黄金和其他货币导致美元暴跌的一种金融现象。在1960年10月终于爆发了战后的第一次美元危机。人们纷纷抛售美元，抢购黄金和其他经济处于上升阶段的国家的货币(即所谓硬通货)，例如德国马克等。为了稳定国际金融市场，维持布雷顿森林体系，保持美元的可兑换性和固定汇率制，美国与其他国家联合采取了一系列的措施，包括1961年10月达成的"黄金总库"协议、1961年11月的"借款总安排"、

1962年3月的"互惠信贷协定"等。但是这些措施只有短期效应，并没有从根本上解决国际货币体系中存在的问题，布雷顿森林体系的内在缺陷并没有得到根本纠正。

20世纪60年代中期以后，美国国际收支状况进一步恶化。1967年美国的黄金储备降至121亿美元，对外短期债务增至331亿美元。受1967年英镑危机的影响，外汇市场上的投机浪潮于1968年转向美元，爆发了第二次大规模的美元危机。在极其猛烈的抢购黄金风潮下，美国仅半个月就流失了价值14亿美元的黄金，巴黎市场金价一度涨至44美元1盎司。面对猛烈的换购风潮，大多数黄金市场停业，而"黄金总库"也已无力维持市场金价，被迫于同年5月停止活动，改而实行"黄金双价制"，即官方黄金交易价格仍然维持每盎司黄金35美元，但市场金价则任其按供求情况波动。

然而，这些措施并未能阻止美元危机。1971年，美国经常账户首次出现巨额赤字，短期债务已经高达678亿美元，而黄金储备降到102亿美元。1971年5月，第三次美元危机爆发，西欧市场再度掀起了抛售美元、抢购黄金和德国马克等货币的风潮。至1971年7月下旬，美元暴跌，黄金价格猛涨，美元危机势头更加凶猛。迫于压力，尼克松政府1971年8月15日宣布实行"新经济政策"，具体包括：①停止外国中央银行向美国兑换黄金，终止每盎司黄金35美元的官方兑换比价；②征收10%的进口附加税，意图扭转美国贸易赤字；③冻结国内工资、物价，意在降低成本，提高出口产品竞争力。"新经济政策"意味着美元与黄金脱钩，布雷顿森林体系的两大支柱之一"美元与黄金挂钩"已经倒塌，这标志着布雷顿森林体系开始走向崩溃。

美国的新经济政策使国际金融市场陷于混乱。为了寻求解决办法，"十国集团"1971年12月在华盛顿的史密森学会大厦召开会议，达成"华盛顿协议"，或称为"史密森协议"，确定每盎司黄金价格由35美元提高到38美元，美元对黄金贬值7.98%，停止各国中央银行按官价向美国兑换黄金，许多主要货币对美元都升值，各国货币对美元汇率的波动也由平价±1%扩大到±2.25%。该协议虽然勉强维持了布雷顿森林体系下的固定汇率，但是并未能阻止美元危机与美国国际收支危机的进一步发展。

1973年2月，美元危机再一次爆发，法兰克福外汇市场仅2月9日一天就抛售美元近20亿，国际外汇市场不得不暂时关闭，美国政府被迫于2月12日宣布美元再次贬值10%，每盎司黄金价格由38美元调整到42.22美元。1973年3月，美元危机又起，伦敦黄金价格一度高达每盎司96美元，联邦德国、日本等货币升值国的外汇市场被迫关闭17天之久。在这种情况下，西方国家经过磋商最后达成协议，决定放弃"史密森协议"所规定的美元汇价，实行浮动汇率。这意味着布雷顿森林体系的两大支柱中的另一根支柱即各国货币盯住美元、与美元建立的可调整固定汇率制度也倒塌。至此，历时27年的布雷顿森林体系彻底解体。

四、对布雷顿森林体系的评价

(一)布雷顿森林体系作用评价

布雷顿森林体系是在国际金融领域处于无政府无秩序的混乱状态这样一种局势下建立起来的，是国际货币合作的产物，它稳定了国际金融局势，建立了世界主要国家之间的货币秩序，促进了国际贸易和国际投资，为战后经济的迅速恢复和发展作出了重要的贡献，主要表现在以下几个方面。

(1) 在一定的程度上解决了金本位下黄金产量不足的问题。在第二次世界大战后黄金生产增长缓慢的情况下，确立美元等同黄金的地位，把美元作为唯一的主要储备资产，美元作为黄金的补充源源不断地流向国际市场，弥补了国际储备的不足，在一定的程度上解决了国际清偿能力短缺的问题。

(2) 通过稳定汇率，促进了战后国际贸易发展和世界经济恢复与增长。在布雷顿森林体系下，各国实行固定汇率制度，保持了汇率的稳定，消除了国际贸易及对外投资的汇率风险，有力地推动了国际贸易和资本流动。据统计，1948—1971 年，资本主义世界的出口贸易平均年增长 8%，大大高于第一次世界大战期间的 0.8%，资本主义国家资本输出总额由 1945 年的 510 亿美元增长到 1970 年的 3000 多亿美元。"马歇尔计划"开始了资本主义国家之间的大规模资本借贷和投资，不少国家通过生产国际化，积极参加国际分工，走上负债发展经济的道路，特别是拉丁美洲各国及亚洲"四小龙"的高速发展令世人瞩目。

(3) 推动了广泛的国际货币合作。布雷顿森林体系本身就是国际货币合作的产物，它的产生又进一步促进了国际货币合作。国际货币基金组织为各成员国提供了进行国际货币合作和协商的场所，特别是其对成员国提供的各种类型的短期和中长期贷款，在一定的程度上缓和了成员国在国际收支方面的困境，对成员国国际收支逆差的弥补和经济的发展有重要作用，有利于世界经济的稳定和增长。通过国际货币基金组织协调解决国际金融问题，开辟了国际金融政策协调的新时代。

(二)布雷顿森林体系的缺陷

尽管布雷顿森林体系极大地推动了战后世界经济的迅速恢复和发展，但是其本身也存在着一些固有的缺陷，正是这些不足以及各国经济发展的差异导致了布雷顿森林体系的最终崩溃。

(1) 特里芬难题。在布雷顿森林体系中美国有两个基本责任：一是保证美元能够按官价兑换黄金，维持各国对美元的信心；二是提供足够的国际清偿力，即美元供国际支付清算之用。美元既是美国的货币，又是世界的货币。作为一个国家的货币，美元的发行必须受制于美国的货币政策和黄金储备。作为世界的货币，美元作为国际清偿力的供应又必须满足和适应世界经济与国际贸易增长的需要。由于规定了双挂钩制度，以及黄金的产量和美国黄金储备的增长跟不上世界经济和国际贸易总量的增长，所以美元便出现了一种进退两难的状况：为了满足世界经济增长和国际贸易的发展，美元的供应必须不断地增长，以便保证国际清偿力充足的供应；而美元供应的不断增长，又会使美元与黄金的兑换性越来越难以维持，使各国对美元的信心产生动摇，即信心和清偿力同时得到实现是有矛盾的。美国耶鲁大学经济学家罗伯特·特里芬于 20 世纪 50 年代预见到了这种情况，故称之为特里芬难题。事实上，任何国家的货币如果单独充当国际储备货币就不可避免地会遇到特里芬难题，而由几种货币共同承担国际储备货币责任也同样如此，只是程度有所差异而已。

(2) 僵化的汇率制度不适应经济格局的变动。布雷顿森林体系把维护固定汇率制度放在首要地位，成员国在国际收支根本性不平衡时可以申请改变汇率。但事实上，各国汇率很少变动。1950—1971 年，主要资本主义国家的货币之间的汇率相当稳定，日元一直纹丝不动，英镑在 1967 年贬值过一次，法郎在 1958 年和 1969 年各贬值过一次，西德马克在 1961

年和 1969 年各升值过一次，美元也始终力求稳定。但在这 21 年中，国际经济格局发生了巨大的变化，尤其是美国、英国、法国、西德、日本五国的经济实力和地位有了相当大的改变。反映到国际收支上，美国持续逆差，英法两国逆差多于顺差，西德和日本积累了巨额顺差。如果排除人为干预，那么美元、英镑和法郎贬值，西德马克和日元升值是必然之举。但美国认为美元是基准货币，其他国家有责任维持汇率的稳定，因此美国主张盈余国货币升值。其他国家则认为美国赤字是其过度的财政赤字和通货膨胀所致，美国应该为此负责。同时也没有任何盈余国愿意将货币升值而使自己的国际竞争力下降。结果是，可调整的固定汇率制度成了完全的固定汇率制。这种僵化状态违背了建立"可调整的固定汇率制度"的初衷，矛盾的积累最终冲破了布雷顿森林体系的约束机制。当 1973 年美元危机再起时，一些当时仍然实行固定汇率制的国家也放弃了固定汇率制，布雷顿森林体系彻底瓦解。

(3) 国际收支调节的效率不高，国际货币基金组织协调解决国际收支的能力有限。虽然在布雷顿森林体系的固定汇率制度下汇率是可以调节的，但是因为固定汇率的多边性而增加了调整平价的难度，并且汇率波动只允许在平价上下 1% 的幅度内，所以使汇率显得过于刚性。国际收支逆差国的货币有贬值趋势，为了维持与美元的固定汇率，中央银行必须在外汇市场上卖出美元购进本国货币，从而缩减了国内货币供给，往往会导致经济衰退和失业。顺差国的货币则有升值的趋势，为了维持与美元的固定汇率，中央银行必须在外汇市场抛出本币购进美元，从而增加国内货币的供给，往往会导致国内通货膨胀。也就是说，各国为了维持稳定的汇率，往往不得不牺牲国内经济目标。另外，由于各国经济发展不平衡，也由于汇率制度僵化，所以各国国际收支问题的严重程度大大超过了国际货币基金组织所能够提供的财力支持。特别是发展中国家处于十分不利的地位，它们需要得到的贷款与实际得到的贷款相去甚远。从全球范围来看，尽管国际货币基金组织做了不懈的努力，但它并不能彻底、有效地协调和解决国际收支问题。

(4) 利益分配不合理，破坏了国际货币合作的基础。美元作为唯一的国际储备货币，相当于美国享有向世界各国征收铸币税的特权，从而造成各国利益分配的不合理，美国更是可以用美元弥补国际收支赤字，美国赤字越多，美元流出也就越多，其他国家流向美国的真实资产也就越多，而持有大量美元的其他国家则承担美元泛滥贬值的损失。另外，美国还可以利用在国际货币基金组织中占有最大份额和表决权来操纵国际金融事务，这必然会引起其他发达国家和广大发展中国家的不满及反对，也不利于国际货币合作的开展，从而加大了这个货币体系长期维持下去的难度。

(5) 缺乏有效的政策协调机制。国际金本位制之所以较为稳定，是因为金本位制的规则对各国货币政策有较强的约束力，而这种约束力在布雷顿森林体系中是较为薄弱的。《国际货币基金组织协定》仅含糊地要求各成员国对可能影响国际货币体系稳定的国内经济政策进行相互协调，但并未明确授予国际货币基金组织广泛且具有约束力的协调职能。战后各发达资本主义国家政府对经济的干预十分盛行，政府政策对经济的影响很大，各国在经济政策方面又喜欢追求独立性，因此相互之间的政策差异很大。这必然会导致各国在收入水平、经济增长率、失业率、通货膨胀等方面的差异，进而引起各国国际收支的不平衡。各国货币的固定汇率平价也会因为与实际经济情况变化脱节而变得难以维持，各国大多数不愿意为此牺牲本国国内经济目标，布雷顿森林体系的崩溃不可避免。

第四节 牙买加体系

一、"牙买加协议"的主要内容

(一)牙买加体系的形成

布雷顿森林体系崩溃以后,国际金融市场持续动荡不安,世界各国都希望建立一种新的国际货币体系,以便结束这种混乱的局面。各国从各自利益出发,提出了不同的国际货币体系改革方案,并进行了长期协商。在这个过程中,充满了各种矛盾和斗争。1974 年 9 月,在国际货币基金组织年会上决定成立"国际货币体系临时委员会"(包括 20 个成员,其中有 5 个基金份额最多的国家,6 个发达国家,9 个发展中国家),负责研究有关国际货币体系改革的问题,考虑修改《国际货币基金组织协定》。1976 年 1 月,国际货币基金组织在牙买加首都金斯敦召开会议,就汇率制度、黄金问题、扩大基金组织贷款额度等问题达成了协议,称为"牙买加协议"。1976 年 4 月,国际货币基金组织通过了该协定的第二次修订案,并于 1978 年 4 月 1 日正式生效,从此国际货币体系进入了一个新的阶段——牙买加体系。牙买加体系的建立,是国际货币体系的一个重要转变,开启了信用货币本位制度,后来美元无序扩张,是近几十年来国际金融体系各种问题的制度性根源。

(二)牙买加体系的内容

"牙买加协议"主要包括以下五个方面的内容。

1. 浮动汇率合法化

1973 年美元危机后,以美元为中心的固定汇率制度崩溃,主要资本主义国家普遍实行浮动汇率制,"牙买加协议"将这个现实从法律上予以了追认,同时又强调了国际货币基金组织在稳定汇率方面的监督和协调地位。"牙买加协议"允许会员国自由选择任何汇率制度,可以采取自由浮动或其他形式的固定汇率制度,但会员国的汇率政策应该受国际货币基金组织的监督,并应该与国际货币基金组织协商。"牙买加协议"要求各国在物价稳定的条件下寻求持续的经济增长,稳定国内的经济以便促进国际金融的稳定,并尽力缩小汇率的波动幅度,避免操纵汇率来阻止国际收支的调整或获取不公平的竞争利益。"牙买加协议"还要求实行浮动汇率制的会员国根据经济条件,逐步恢复固定汇率制度,在将来世界经济出现稳定局面以后,经过国际货币基金组织总投票权的 85%多数票通过,可以恢复稳定的但可调整的汇率制度。

2. 黄金非货币化

"牙买加协议"明确黄金不再作为各国货币的定值标准,特别提款权也不再用黄金定值,黄金作为国际储备资产的地位将由特别提款权取代。取消黄金官价,各国中央银行可以按市价自由进行黄金交易,取消会员国相互之间以及会员国与国际货币基金组织之间需要用黄金清算债权债务的义务。国际货币基金组织所持有的黄金应该逐步处理,其中 1/6(2500 万盎司)按市价出售,以其超过官价(每盎司 42.22 美元)部分作为援助发展中国家的资金。另外 1/6 按官价由原缴纳的各会员国买回,其余部分约 1 亿盎司,根据总投票权的 85%作出的决定进行处理,向市场出售或由各会员国购回。

3. 提高特别提款权(SDR)的国际储备地位

修订特别提款权的有关条款,以便使特别提款权能够逐步取代黄金和美元成为国际主要储备资产。"牙买加协议"规定各会员国之间可以自由进行特别提款权交易,而不必征得国际货币基金组织的同意。国际货币基金组织与会员国之间的交易以特别提款权代替黄金计价,国际货币基金组织一般账户中所持有的资产一律以特别提款权表示。在国际货币基金组织的一般业务交易中扩大特别提款权的使用范围,并且尽量扩大特别提款权的其他业务使用范围。另外,国际货币基金组织应该随时对特别提款权制度进行监督,适时修改有关规定。

4. 扩大对发展中国家的资金融通

以出售黄金所得收益设立信托基金,以优惠条件向最不发达的国家提供贷款或援助,以便解决它们的国际收支困难。扩大国际货币基金组织信贷部分贷款的额度,额度由占会员国份额的 100%增加到 145%,并放宽出口波动补偿贷款的额度,由占会员国份额的 50%提高到 75%,以便满足发展中国家的特殊需要。

5. 增加会员国的基金总份额

各会员国对国际货币基金组织所缴纳的基金总份额,由原来的 292 亿特别提款权增加到 390 亿特别提款权,增加了 33.6%。各会员国应缴份额分配比重也有所调整,主要是石油输出国的比重由 5%提高到 10%,其他发展中国家维持不变,主要发达国家中除了联邦德国和日本略增以外,都有所降低。

从其内容中可以看出,"牙买加协议"在很大程度上只是对当时国际金融领域内的既成事实的一种法律追认,并未对国际货币体系进行根本性的改革。而且,在该协议签订后,国际货币体系也没有完全按"牙买加协议"规划的方向发展。

二、牙买加体系的特点

1. 多元化的国际储备体系

与布雷顿森林体系下美元地位十分突出、国际储备结构单一的特点相比,牙买加体系下形成了以美元为主导的多元化国际储备资产并存的国际储备体制,其主要表现为:①黄金的国际储备地位受到严重削弱,但并没有完全丧失。在国际金本位和布雷顿森林体系时期,黄金一直是最重要的国际储备资产。而在牙买加体系下,国际货币基金组织推行黄金"非货币化"政策,黄金已经由直接弥补国际收支逆差变为备用的第二线储备。其储备作用的下降,直接促成了黄金储备比重的下降。但是,世界范围内黄金的总储备量一直较为稳定,黄金仍然是比较可靠的保值手段,不受任何超国家权力的干预。加之世界上还有发达的黄金市场,从而可以方便地通过市场出售黄金来获取外汇,因此黄金储备仍然是国际储备中的一个重要组成部分。②美元地位有所下降,但仍然是主导货币,是最主要的国际支付手段和最重要的价值储藏手段。在牙买加体系下,美元垄断外汇储备的时代已经一去不复返了,外汇储备呈现出鲜明的三元化。例如,在 2004 年年底,美元在全球储备中的比重达60%,欧元占20%左右,其他还包括日元、英镑以及人民币等。这种储备货币结构的变化是美国经济实力削弱,欧洲、日本经济实力增强的一个直接结果。③其他货币包括欧元和特别提款权的国际货币地位有所上升。欧元成为仅次于美元的第二大储备货币,广泛运用于国际计价、支付和储藏。特别提款权是国际货币基金组织发行的一种复合货币,其价值最初是由美元、英镑、法国法郎、德国马克和日元五种货币按加权比例决定的。由于五种货币价值的升降在相当的程度上可以相互抵消,所以特别提款权被认为是一种比较稳定的储备资产。目前,特别提款权在国际货币储备中所占比重较小,不到5%,但国际货币基金组织采取了一系列措施来加强特别提款权的国际储备地位。

2. 多样化的汇率制度安排

与布雷顿森林体系下单一的固定汇率制度不同,牙买加体系下的汇率制度安排是多种多样的。根据"牙买加协议",各会员国可以自由选择任何汇率制度,即可以采取自由浮动或其他形式的固定汇率制度。目前,全球大致有三类基本的汇率安排:一是独立浮动汇率安排,实行国家主要是发达国家例如美国、欧元区、日本和部分新兴市场经济体;二是固定汇率安排,包括实行货币局制度和传统盯住汇率制度的国家以及已经取消法定货币的国家(例如欧元区内部和实行美元化的国家);三是"中间道路"安排,即介于浮动汇率和固定汇率之间的安排,例如爬行盯住制、区间浮动制和管理浮动制等,主要包括一些外向型程度较高或国内通货膨胀比较严重的发展中经济体。当今汇率制度演变呈现以下特点:一是区域内实行稳定的汇率制度,例如欧元区在欧洲实行统一货币以及一些国家实行盯住汇率制度;二是美日欧主要货币之间的汇率波动剧烈;三是实行固定汇率制度的国家越来越少,实行灵活的汇率制度的国家不断增多。

3. 多样化的国际收支调节方式

在布雷顿森林体系下,国际收支失衡主要通过政策调节,而在牙买加体系下,可以通过自动调节机制和政府手段相互配合纠正国际收支的不平衡,包括:①汇率机制调节。牙买加体系下国际收支失衡主要靠汇率进行调节,当一个国家国际收支出现逆差时,外汇需求就会大于外汇供给,该国货币汇率便会趋于下跌,从而带来出口的增加、进口的减少,只要进出口需求弹性满足马歇尔-勒纳条件,国际收支逆差就能得到改善。反之,当一个国家国际收支出现盈余时,外汇供给就会大于外汇需求,该国货币汇率便会趋于上升,从而带来出口的减少、进口的增加,国际收支恢复平衡。当然,在实际中汇率机制的调节作用大小仍然受到其他条件制约。②利率机制调节。这是指一个国家通过利率与其他国家利率的差异来引导资金的流出和流入,从而达到调节国际收支的目的,即借助资本的跨国流动影响资本账户的盈余和赤字,来平衡国际收支的赤字和盈余。从实际操作过程看,就是利用债务和投资来调节国际收支。③利用国内经济政策消除国际收支不平衡。当一个国家国际收支赤字时,政府运用紧缩性的财政政策和货币政策改善国际收支。而当国际收支盈余时,则运用扩张性的财政政策和货币政策改善国际收支。④国际金融市场的调节。主要是通过国际金融市场的媒介作用和国际商业银行的借贷活动来为国际收支盈余国与国际收支赤字国之间融通资金。⑤国际金融机构的协调。主要是通过国际货币基金组织、世界银行等国际金融机构给国际收支赤字国提供贷款、指导和协调等活动来调节。由上不难发现,与布雷顿森林体系相比较,牙买加体系下的国际收支调节方式更多且更加灵活。

三、牙买加体系的作用与缺陷

(一)牙买加体系的积极作用

牙买加体系是世界经济发展变化的产物，在其运行至今的数十年里，对维持国际经济运转和推动世界经济发展起到了有益的作用。

(1) 国际储备体系的多元化使货币币值稳定的信心和清偿能力之间的矛盾有所缓和，在一定的程度上缓解了特里芬难题。在牙买加体系下，美元不再是唯一的国际储备资产，欧元等货币作为国际储备资产的地位不断加强。特里芬难题表明一个国家的货币单独充当国际储备货币存在不能避开的矛盾，储备货币的多元化显然可以使这个矛盾得到缓解。当对一种储备货币发生信心危机时，其储备货币地位下降，那么其他储备货币则在储备资产中的比重上升。当某种储备货币发行因为国际收支盈余而无法提供足够的国际清偿力时，其他货币则可以补充其不足。多元储备体系在世界经济繁荣与衰退期间都有较强的适应性。在繁荣时期，多元储备可以缓和国际清偿力的不足。在衰退时期，也不太可能发生全部储备货币的危机，从而影响整个国际货币体系的稳定。

(2) 多样化的汇率制度安排能灵活地随经济状况的变动而做出调整，改变了以往汇率制度的僵化局面。首先，自由的汇率制度安排能使各国充分考虑本国的宏观经济条件，各国政策自主性加强，不必为维持汇率稳定而丧失国内经济目标。当国际收支出现严重逆差时，与固定汇率制度不同，该国并不需要采取紧缩的宏观政策来维持本国货币的汇率，因此不会引起国内严重的失业问题。本国货币汇率下浮，也可能达到促进出口、改善国际收支的目的。其次，主要储备货币的汇率自由浮动，它们随着市场供求状况的变化而自发调整，从而能更好地适应瞬息万变的世界经济状况，可以减少因为汇率剧烈变动对国际贸易和世界经济的冲击。最后，在以浮动汇率为主的多种汇率制度安排下，各国没有为维持固定汇率而必须持有较多外汇储备的义务，从而降低了保持高额外汇储备的成本。

(3) 国际收支调节方式的多样化，可以在一定的程度上缓解布雷顿森林体系下调节机制失灵的状况。在牙买加体系下，各国除了依靠国际货币基金组织和汇率变动对国际收支进行调节以外，还可以通过利率机制、国际金融市场的媒介作用、国际商业银行的借贷活动、外汇储备变动等方式来调节国际收支。既可以单独使用这些调节方法，也可以综合运用相互补充。这比较能适应当今世界经济水平发展不均衡，各国经济发展水平相差悬殊，各国发展模式、政策目标和客观经济环境不相同的特点，在一定的程度上缓解了布雷顿森林体系调节机制单一与乏力的困难。

(二)牙买加体系的缺陷

牙买加体系总体上具有较强的适应性，这正是其最大的优点。但是，从另一个角度来看，这种适应性也是当前国际货币体系的一个最大的缺陷，即不稳定性。现行牙买加体系是在布雷顿森林体系解体后自发形成的，是缺乏国际规则的约束及国际金融机构的组织与协调的"无秩序"的体系，其内部同样存在着严重的缺陷与不公，其缺陷主要表现在以下几个方面。

(1) 缺乏真正意义上的国际货币，导致国际储备体系具有内在的不稳定性。由少数主权国家的信用货币充当国际货币,而这些国际货币缺乏统一信用基础,供给不受约束,无法根据国际经济的客观需要提供相应的国际流动性。例如,只要对其中某一种货币的信心稍有动摇,其持有者便欲抛出该种货币,兑换成其他国际储备货币,国际储备货币之间的投机不可避免,从而加剧了外汇市场的动荡。多种储备货币共存并没有从根本上解决储备货币同时担负世界货币与储备货币所在国本币的双重身份所造成的两难,当两个目标发生冲突时,这些国家必然侧重于后者,从而对他国乃至世界带来负面影响。

(2) 汇率波动频繁,汇率体系存在着极大的不稳定性。在浮动汇率制下,各国货币的汇率变化不定,并且波动的幅度较大,这样就增加了汇率的风险,对国际贸易、国际资本流动和国际信贷关系都产生了消极的影响,成为引起国际与金融市场不稳定的重要因素。汇率听任市场供求力量自由浮动,造成汇率剧烈波动,经常脱离价值基础,偏离均衡水平,引发货币竞争性贬值或竞争性升值,导致国际贸易争端和国际金融危机。汇率大幅度动荡和货币危机频繁爆发成为近几十年来的常态。另外,虽然该体系下各国拥有了选择汇率制度的自由,但实际情况是主要发达国家基本实行了浮动汇率制度,而大多数发展中国家由于经济发展落后和经济依赖性,采用了盯住汇率制,将本国货币盯住美元等国际货币。这样一旦主要货币汇率水平大幅度波动,就会使盯住它们的发展中国家无论国内经济状况如何都不得不随之重新安排汇率,承受额外的外汇风险,使自身的外汇储备和外债等问题复杂化,对自身稳定和发展极为不利。

(3) 国际收支调节方式仍然不健全。各种国际收支的调节方式都有其局限性,且相互之间很难协调,某些方式的作用甚至是相互矛盾、相互抵消,从而无法全面改善国际收支。例如,对于各国在储蓄-投资结构及经济结构方面的差异所造成的结构性失衡,事前预防调节机制基本缺位。同时,国际货币基金组织的贷款能力又有限,不能很好地促进国际收支的平衡。牙买加体系没有吸收布雷顿森林体系的教训,没能通过完善的制度来指导与监督顺差国和逆差国促进国际收支平衡,国际收支调节负担仍然主要落在逆差国身上,逆差国往往不得不寻求贸易保护主义等措施来平衡国际收支,对世界经济造成不利影响。

(4) 各国政策仍然不能相互独立。目前各主要国家实行的基本上都是管理浮动汇率制度,它们在必要的时候仍然要对市场汇率进行干预,因此这种浮动汇率制并没有完全隔绝外部经济的冲击,而且各国的政策仍然相互制约而不能各自独立。例如在 20 世纪 70 年代后期,美国采取扩张性货币政策,降低利率,导致美元汇率贬值,在一定的程度上增强了美国商品的竞争能力,于是西欧各国也纷纷采取了货币扩张和降低利率的政策与之竞争。又比如到了 20 世纪 80 年代上半期,美国的反通货膨胀政策使市场利率节节上升,吸引了大量资金流向美国,并使美元汇率不断上浮,于是西欧各国和日本为了避免资金大量外流和本国货币的疲软,也不得不紧缩货币提高利率。

(5) 利益分配仍然不合理。虽然国际储备货币有多元化趋势,但是各储备货币发行国特别是主要储备货币发行国美国,仍然享受着向其他国家征收"铸币税"的特权。缺乏真正意义上的世界中央银行,没有扮演各国中央银行最后贷款人并对国际货币体系进行统一组织与领导的机构,而由美国联邦储备委员会在一定的程度上扮演世界中央银行,造成现有储备货币发行国只享受征收巨额铸币税的权利,而不承担调节全球货币供应量的义务。现行国际货币体系权利与义务严重失衡,是整个国际货币体系纷乱无序、动荡不安的组织根源。同时,多元化国际货币缺乏统一的稳定的货币标准,国际货币利益关系错综复杂,这些都给国际货币合作带来了许多不利的影响。

综上所述,牙买加体系虽然在各方面均有较强的适应性,但是它在储备货币、汇率机制、国际收支调节机制等方面的缺陷也很突出。近数十年来,牙买加体系暴露出来的弊端,已经引起了世界各国的重视,并试图通过各种途径进行国际协调来加以改革。2008年的全球金融危机,对国际货币制度的改革一度有所加速,但随着危机的消退,改革再次陷入停滞状态。

四、国际货币体系改革

(一)国际货币体系改革的各种建议

现行国际货币体系存在着不少弊端,因此一直以来要求对其进行改革的呼声很高,对此学者们提出了许多设想和方案。例如,麦金农提出,应该围绕世界上三种重要货币美元、德国马克和日元来建立新的国际货币本位,即美、日、德三国货币在长期内形成基于固定汇率的新的国际货币体系。再比如,蒙代尔提出的"金融稳定性三岛"建议,即在金融全球化的背景下,浮动汇率制应该以货币联盟的形式向固定汇率制复归,美、欧、亚三大货币联盟将成为21世纪国际货币体系的基本架构。库珀认为,建立超国家的世界货币和世界中央银行应该作为国际货币体系改革的目标,其步骤应该从货币目标区到美、日、欧"金融稳定性三岛",最后到统一世界货币。克鲁格曼也赞同回归到一种固定但可以调整的汇率体系。还有人认为,应该将国际货币基金组织转变为拥有世界货币发行权的世界中央银行,用世界货币来取代美元,为发展中国家提供经济增长所需的清偿力。

改革涉及各国的利益,而各国的利益差异巨大,所以主张的差异也很大。发达国家均致力于争夺国际货币制度和国际经济金融改革的主导权,美国认为应该进一步推行金融和经济自由化并在更大的范围内实行浮动汇率,不愿意放弃自身在国际货币体系中的霸权地位。欧盟为了摆脱在国际货币制度中对美国的依赖,一方面通过经济一体化实现金融一体化,试图用欧元与美元抗衡;另一方面,提出改革国际货币基金组织,试图削弱美国在国际货币基金组织中的影响力。日本则主张建立亚洲货币基金组织,形成以日元为核心的亚洲货币体系,扩大其在亚洲经济金融中的影响力,争夺对亚洲经济金融的领导权。发展中国家在现行国际货币体系下无疑处于弱势地位,为了保护自身的利益,也积极参加国际货币体系的改革。它们一般主张对国际资本特别是短期资本的无节制流动进行严格监管,实行有条件的渐进式的金融开放,兼顾金融开放与金融安全,并对国际货币基金组织、世界银行等进行改革,改变国际金融机构由少数发达国家控制的局面。

(二)国际货币体系改革的方向和目标

2008年金融危机再次暴露现行国际货币体系的内在缺陷,特里芬难题仍然存在,即储备货币发行国无法在为世界提供流动性的同时确保币值的稳定。针对危机后的国际货币体系改革,时任中国人民银行行长认为,首先,国际储备货币应该有一个稳定的基准和明确的发行规则,以便保证有序的供给。其次,其供给总量应该可以及时、灵活地根据需求的变化进行增减调节。最后,这种调节必须是超脱于任何一个国家的经济状况和利益。现行以主权信用货币作为主要国际储备货币是历史上少有的特例,只有创造性地改革和完善现行国际货币体系，推动国际储备货币向着币值稳定、供应有序、总量可调的方向完善，才能从根本上维护全球经济金融稳定。创造一种与主权国家脱钩并能保持币值长期稳定的国际储备货币，从而避免主权信用货币作为储备货币的内在缺陷，是国际货币体系改革的理想目标。超主权储备货币不仅能克服主权信用货币的内在风险，也为调节全球流动性提供了可能，应该考虑发挥特别提款权的作用，特别提款权具有超主权储备货币的特征和潜力，同时它的扩大发行有利于国际货币基金组织克服在经费、话语权和代表权改革方面所面临的困难。因此，应该着力推动特别提款权的分配。同时，国际货币基金组织集中管理成员国的部分储备，不仅有利于增强国际社会应对危机、维护国际货币金融体系稳定的能力，也是加强特别提款权作用的有力手段。

从短期来看，国际货币体系改革的近期目标是：在各国继续保留中央银行和使用本国货币的情况下，建立一个具有部分中央职能的世界性准中央银行，由其发行能够被世界各国政府广泛认可和持有的、可以充当国际计价和储备资产的国际货币，并负责全球范围内的国际货币金融管理事务，协调各国的宏观经济政策，为世界经济平稳发展创造一个稳定的国际金融环境。从长期来看，改革的远期目标是：各国不再保留独立的中央银行和放弃使用本国货币，建立一个超国家的、真正意义上的世界中央银行，由其统一发行在世界各国范围内唯一流通的真正意义上的国际货币，统一制定和实施全球性货币政策，形成全球统一的单一货币体系，彻底根除汇率波动、国际储备供给短缺或过剩、国际收支失衡等国际货币因素对世界经济的不利影响和制约，最终实现全球货币一体化和经济一体化。

但在现实中，国际货币体系改革是一项非常复杂的系统工程，涉及该体系的许多方面改革，利益错综复杂。金融危机后，改革一度有所加速，主要集中在超主权货币及其载体国际货币基金组织上。借着金融危机的机会，国际货币基金组织在2009年发行了1826亿特别提款权，按照成员国在国际货币基金组织的份额分配给各成员国。这是历史上的第三轮特别提款权发行，全球各国持有的特别提款权总额借此达到2041亿美元。另外，以中国为代表的发展中国家在国际货币基金组织的话语权有所提升。2010年11月，国际货币基金组织通过份额改革方案，中国的份额由3.72%升至6.39%，投票权也从3.65%升至6.07%，超越德国、法国和英国，位列美国和日本之后，得到在这个国际组织中的更大话语权。2015年11月30日，国际货币基金总裁拉加德宣布将人民币纳入国际货币基金组织特别提款权货币篮子，决议于2016年10月1日生效，当时SDR货币篮子的权重为美元41.73%，欧元30.93%，人民币10.92%，日元8.33%，英镑8.09%。2020年新冠疫情暴发后，国际货币基金组织酝酿开展新一轮特别提款权分配，于2021年8月决定对成员国分配约合6500亿美元的特别提款权，这也是有史以来规模最大的新一轮特别提款权分配。总体而言危机促进了改革，但是随着危机消退改革的动力也快速消退，改革往往重新回到停滞状态，超主权货币和世界性中央银行的建立仍然遥遥无期。2008年金融危机及2020年新冠疫情暴发后，美国央行都开始大肆发行货币输出危机，美元在国际货币体系中的主导地位和为所欲为，导致市场可能因此出现过多的资本流动和过高的波动性，加剧了全球经济不平衡，对新兴经济体影响尤甚。越来越多的人认识到，一个多元化的货币体系将会使全球经济有更强的抵御冲击的能力，比超主权和世界性中央银行的设想更具有现实意义。多元货币体系可能同时包括美元、欧元和人民币等作为国际货币。要想实现这个目标，需要一个漫长、复杂的过程，欧洲、中国和其他国家都应该采取措施来加强欧元和人民币的国际吸引力。

本 章 小 结

本章主要介绍国际货币体系的发展历史及相关的理论。国际货币体系亦称为国际货币制度，是国际间对货币本位、汇率制度、国际收支调节、国际清偿力等货币金融国际关系所做的一系列制度安排，是国际金融关系的一个重要方面和集中反映，对整个国际金融领域有着至关重要的影响。在 100 多年的演变进程中，国际货币体系先后经历了国际金本位体系、布雷顿森林体系和牙买加体系三个阶段。国际货币体系的形成有两种方式：一是自发地形成，比如国际金本位制度；二是由参与的各国政府磋商而定，一旦商定各参与国就应该自觉遵守，例如布雷顿森林体系。不断完善国际货币体系，使其与世界经济发展形成一个相互促进的良性循环，是国际金融理论与实践的重大问题。

思 考 题

1. 什么是国际货币体系？它的分类及主要内容是什么？
2. 简述国际货币体系的几个阶段。
3. 国际金本位体系的主要特征及缺陷分别是什么？
4. 简述布雷顿森林体系的主要内容。
5. 简述布雷顿森林体系崩溃的原因。
6. "牙买加协议"的主要内容包括哪些？
7. 简述牙买加体系的主要特征。
8. 牙买加体系的优缺点分别是什么？

国际货币基金组织

其他国际金融机构

第十五章 欧洲货币一体化

【章前导读】

基于最优货币区理论的区域货币一体化是布雷顿森林体系崩溃后国际金融领域的一个重要发展,其中欧洲货币一体化是最重要、最成功和影响最大的区域货币一体化实践。本章在讨论区域货币一体化的基础上,介绍和分析最优通货区理论与欧洲货币一体化进程和前景,使读者能对区域货币合作的演变历史、最新进展以及未来发展趋势有深入了解。近年来,随着经济政治实力的不断上升,中国积极参与国际货币合作,对国际货币合作的影响力逐步上升,这必将大大推动货币一体化理论和实践的发展。

第一节 区域货币一体化概述

一、区域货币一体化的概念与理论

广义而言,区域货币一体化是区域货币合作的一种形式,是指一定的区域内的国家和地区在货币乃至金融领域进行的协调与合作。根据合作的程度不同,区域货币一体化可以分为三类:区域货币合作、区域货币联盟和通货区。最宽泛的货币一体化是区域货币合作,即有关国家或地区在货币金融领域实行的协商、协调乃至共同行动,它在合作形式、时间和内容等方面都有较灵活的选择余地,合作往往是暂时的、局部的和松散的。进一步的一体化是区域货币联盟,是更深和更高层次的区域货币合作,是指就货币金融领域的某些重大问题通过一系列法律文件或共同遵守的国际协议进行合作。最严格、最高层次的货币一体化是通货区,通货区一般有如下特点:①成员国之间的货币汇率保持固定;②成员国之间的货币具有充分自由兑换性;③签订严格的合作协调协议并设立执行机构;④由此导致成员国货币政策的独立性受到削弱。

通货区的固定汇率和货币之间的自由兑换使内部经济交易的汇率风险降低,降低了交易成本,有利于成员国之间的自由贸易和资本自由流动,使成员国的经济合作更为紧密,从而能够促进区域经济一体化。但是,各国需要让渡部分乃至全部的货币政策权力,货币政策宏观调控能力会受到较大程度的削弱。随着货币一体化的深入,如果在通货区实行单一货币,那么将成为区域货币一体化的最高形式,成员国的货币政策完全让渡给统一的区域中央银行,从而丧失货币政策这个重要的宏观调控工具。

20世纪50年代,固定汇率与浮动汇率的优劣之争,衍生出了最优通货区(或最适度货币区、最优货币区,optimal currency area)理论,区域货币合作和区域货币一体化的实践在很大程度上由此理论指导,并且通过实践不断丰富这个理论。最优通货区理论是与货币一体化实践密切相关的一种理论,其内容主要是研究如何给通货区确定一个最佳范围,即在怎样的条件下加入通货区利大于弊,在怎样的条件下加入通货区弊大于利,或者说最优通货区理论试图阐明在什么条件下适合组成货币联盟,实行货币一体化。

二、区域货币一体化的实践

在世界范围内,区域货币合作都是较为盛行的,在世界各个区域都存在不同起源、不同目的和不同层次的诸多货币合作,比较典型的有以下几种。

1. 欧洲货币一体化

欧洲货币一体化无疑是最重要、最成功和影响最大的区域货币一体化实践。早在20世纪50年代,欧洲联盟就开始进行货币一体化的尝试,一直到2002年1月1日起欧元正式流通,成为欧元区各国法定货币。1950年,欧洲支付同盟成立,标志着欧洲货币一体化的发端。1957年,法国、联邦德国等6国签订《罗马条约》,决定成立欧洲经济共同体(简称欧共体)。1958年,欧共体签署《欧洲货币协定》替代欧洲支付联盟,促进西欧国家货币自由兑换。1969年,欧共体决定筹建欧洲经济与货币联盟,分阶段建立欧盟,使欧共体成为商品、资本和劳动力自由流动的统一体,并创立了欧洲货币单位。1978年欧共体决定于1979年建立欧洲货币体系。1979年3月,欧洲货币体系正式成立。1991年,欧共体通过了《经济和货币联盟条约》,制订了实施统一货币的计划。1999年1月,欧元正式使用,取代欧洲货币单位,欧元和各国货币同时流通。2002年7月1日开始各国货币退出流通领域。

欧洲货币一体化是世界货币史上的一个重要创举,单一货币给国际市场融资带来优势,以欧元发行的国际负债额已经超过以美元发行的国际负债额。伴随着欧元区成为世界第二大经济体,以及巨大的具备较强流动性的金融市场的形成,欧元拥有了挑战美元作为最大储备货币的潜力。截至2019年年底,欧元占全球官方外汇储备的比例为20%,但是,2010年爆发的欧洲债务危机对欧元的前景仍然构成一定的阴影。

2. 非洲区域货币合作

非洲货币合作起源于殖民地时期,法属殖民地和英属殖民地的国家联合采取了共同货币的制度安排,即英属殖民地国家的货币盯住英镑并由英镑支持,法属殖民地的法郎则盯住宗主国法国的法郎,殖民地的货币发行最终是由法国财政部的可兑换性保证和对殖民地国家的政府借贷融资来支持的。在原法属殖民地的法郎联盟逐渐扩展的基础上组成了目前的非洲法郎货币联盟。西非货币联盟最初建立于1962年5月12日,当时由非洲西部的塞内加尔、尼日尔、贝宁、科特迪瓦、布基纳法索、马里、毛里塔尼亚等7个成员国组成。1963年11月,多哥加入了该联盟。中非货币联盟制度则由喀麦隆、乍得、刚果、赤道几内亚、加蓬和中非共和国6个成员国组成,这些成员国原来也是法国殖民地,也是法郎区的一部分,与西非货币联盟成员国一样,独立前后使用的货币也是法属非洲法郎。1973年4月1日,中非货币联盟成立了总行设在喀麦隆首都雅温得的共同中央银行,称为"中非国家银行",发行共同的货币"中非金融合作法郎"。西非和中非两个货币联盟虽然各自发行不同名称的货币,但是都采取盯住法国法郎(欧元诞生后盯住欧元)的货币发行机制,两种货币是等值的。中非法郎和西非法郎纸币、硬币式样都是统一的。因为非洲国家技术较落后,货币一直都是由法国代为印制。各国发行自己特色的钱币,既不经济,又无必要,而欧洲国家原本就是各自发行货币,所以制造货币在技术上并不困难。

3. 亚洲货币合作

1997年亚洲金融危机爆发后,亚洲特别是东亚和东南亚地区开始积极探索区域货币合作机制。2008年金融危机后合作曾一度加速,但是后来由于各种原因进展又陷入停滞状态。东亚区域货币合作总体上是源于对抗危机而产生的较为松散的一种合作,主要跟随欧洲货币一体化的发展,在以下问题上仍然需要取得一定的共识,包括东亚是否具备建立一个统一货币区的条件,以及应该采取怎样的具体形式或者有哪些可行的方案可以推进这种进程。

1999年11月,创建了东盟10+3(东盟10国与中国、日本、韩国)监督机制,成员国的财政部长和秘书长每半年举行一次会议,促进各国经济政策协调一致。2001年5月在东盟10+3财政部长会议上,各国一致同意建立东盟10+3早期预警系统,以便及时发现金融动荡隐患。总的来说,亚洲各种政策对话机制普遍比较松散。1997年9月,日本提出中日韩和东盟模仿国际货币基金组织共同设立一项总额为1000亿美元的"亚洲货币基金",但由于美国反对最后不了了之。1998年10月,日本提出"新宫泽构想",将规模缩减为300亿美元,并根据这个构想向印度尼西亚、韩国、马来西亚、菲律宾、泰国等危机国家提供了总额约 240 亿美元的短期贷款、长期贷款以及贷款担保。2000 年 5 月，在泰国清迈召开的亚洲开发银行年会上，东盟 10+3 的财政部长通过了《清迈协议》，建立一笔备用贷款基金，各国出资额将按照其外汇储备额比例分摊，在亚洲地区发生短期资本急剧流动等情况下，相互提供干预资金以便应付紧急之需。《清迈协议》是一个以双边货币互换为核心的紧急融资框架，到 2008 年东盟 10+3 各国共签署了 16 份双边货币互换协议。2009 年 5 月，中国、日本、韩国三国财政部长曾经就有关建立亚洲区域外汇储备库的关键细节达成共识，计划于年底前建成该储备库，从而尽快向在经济下行期有需要的国家提供流动性以便应对危机，但此事最终也不了了之。广义上亚洲货币合作也属于货币一体化的合作，但其合作的层次和成果与欧洲货币一体化仍然有很大差距，以下将重点分析欧洲货币一体化。

第二节 最优通货区理论

货币一体化的实践与最优通货区理论密切相关。所谓最优通货区即满足特定标准的、适合采用将区内不同货币保持相互汇率固定、建立货币同盟乃至采用同一种货币以及统一货币政策的区域。最优通货区理论主要讨论在什么条件下适合组建或加入通货区。加入通货区既可以获得收益，也需要付出代价。从收益方面讲，通货区内实行固定汇率可以避免汇率波动对贸易和物价的不利影响，有助于商品的流通和物价的稳定，可以减少成员国保持国际储备的需要，从而提高资源的使用效率等。从代价方面讲，成员国丧失货币政策独立性，会导致付出丧失货币政策工具的代价，以及丧失用汇率进行经济调节的能力。由于这些矛盾，所以需要将收益与成本进行比较，由此产生了最优通货区理论。衡量加入货币区条件的分析方法一般可以分为以下两类。

一、最优通货区的单一分析法

由于汇率、主导货币问题、货币兑换性问题都是国际货币体系中的重大课题，因此最优通货区理论实际上也是国际货币体系理论的一个组成部分。最优通货区理论最早由罗伯特·蒙代尔于 1961 年提出。此后，西方学者展开了广泛的讨论。对于建立最优通货区的条件问题，罗纳德·麦金农、彼得·凯南、詹姆斯·伊格拉姆、爱德华·托尔、托马斯·威莱特、G. 哈伯勒、G. M. 弗莱明等分别提出了不同的标准，他们的观点可以统称为传统的最优通货区理论——单一指标法。

(一)蒙代尔的最优通货区理论

蒙代尔于 1961 年提出用生产要素的高度流动性作为确定最优通货区的标准。他认为，一个国家国际收支失衡的主要原因是发生了需求转移。假设有 A、B 两个区域，若原来对 B 区域产品的需求现在转向 A 区域产品，则 B 区域的失业增加。如果 A 区域正好是 A 国，B 区域正好是 B 国，那么 B 国货币汇率的下跌将有助于减轻 B 国的失业，A 国货币汇率的上升有助于降低 A 国的通货膨胀压力。但如果 A、B 是同一个国家内的两个区域，它们使用同一种货币，那么汇率变动无法同时解决 A 区域的通货膨胀和 B 区域的失业。因此，浮动汇率只能解决两个不同通货区之间的需求转移问题，而不能解决同一通货区不同地区之间的需求转移问题,后者只能通过生产要素的流动来解决。因此,若要在几个国家之间保持固定汇率并保持物价稳定和充分就业,则必须有一个调节需求转移和国际收支的机制,这个机制只能是生产要素的高度流动。蒙代尔的理论试图通过生产要素的流动适应需求的转移来保持同一通货区内各国经济的平衡发展,但他忽视了各国经济发展不平衡的特征,生产要素的高度流动有可能使穷国在经济增长上的损失超过在贸易上的收益,造成穷国更穷,富国更富。另外,这个理论没有区分资本流动和劳动力流动的不同,当国际收支失衡时,资本高速流动可能是非均衡的,而劳动力的高度流动由于迁移费用、语言、风俗、文化等原因只能影响一个国家的经济长期发展,而未必能成为解决国际收支短期波动的机制。因此,蒙代尔的最优通货区理论是有局限性的。

(二)麦金农的最优通货区理论

麦金农于1963年提出用经济高度开放性作为确定最优通货区的标准。他以贸易商品部门相对于非贸易商品部门的生产比重作为衡量开放程度的指标,如果所占比重大,则该国经济对外开放的程度高;反之,则程度低。对于一个经济开放程度高的小国家来说,实行浮动汇率不理想。这是因为:第一,由于高度开放,市场汇率稍有波动就会引起国内物价的剧烈波动;第二,在一个进口占消费很大比重且高度开放的小国里,汇率波动对居民实际收入的影响非常大,使存在于封闭经济体中的货币幻觉消失,进而令汇率变动丧失了纠正对外收支失衡的作用。基于以上原因,麦金农认为,一些经济开放程度高且相互联系的几个国家应该组成最优通货区,对内实行固定汇率制度,对外实行浮动汇率制度。首先,这个理论的缺陷在于其以世界其他各国物价稳定为前提来考察汇率变动的后果,这个假设缺乏现实依据。其次,其考察的主要是经济高度开放的小国,其开放性指标意义不大。最后,麦金农的重点放在贸易收支上,忽略了资本移动对各国经济的影响。

(三)凯南的最优通货区理论

凯南于1969年提出用低程度的产品多样化作为确定最优通货区的标准。其理论也建立在国际收支失衡的主要原因是宏观经济的需求波动这个假设上。他认为一个产品相当多样化的国家,其出口也是多样化的。在固定汇率制度安排下,对一个产品多样化程度高的国家而言,由于单一品种的出口商品在整个出口中所占的比重不大,所以其需求的下降不会对国内就业产生太大的影响。相反,对产品多样化程度低的国家来说,其出口产品的多样化的程度也很低。若外国对本国出口商品的需求下降,则必须对汇率作较大幅度的变动,才能维持原来的就业水平。可见,出口产品的多样化使外部动荡对经济的冲击力变小了,出口收益相对稳定。因此,产品多样化程度高的国家可以容忍固定汇率的后果,而产品多样化程度低的国家则难以容忍固定汇率的后果,它们应该采用灵活的汇率制度安排。

(四)其他单一指标法最优通货区理论

(1) 伊格拉姆于1969年提出用金融一体化作为确定最优通货区的标准。伊格拉姆认为,一个区域内各国国际收支的不平衡与资金的移动状况有关,尤其是与缺乏证券的自由交易有关。如果国际金融市场高度一体化,由国际收支失衡导致的利率的微小变动,就会引起规模相当大的资本流动,从而使汇率避免波动。伊格拉姆提出的金融一体化标准只强调了资本要素的流动，忽视了对经常项目的考虑，他也是从维持固定汇率制度的角度来考虑最优通货区的。

(2) 托尔和威莱特于 1970 年提出用政策一体化作为确定最优通货区的标准。他们认为通货区成员国的政策取向保持一致对最优通货区的成功相当关键，但以政策合作作为国际收支平衡机制要求建立超国家的统一的中央银行和财政制度，这在现实中显然是困难的。此外，政策一体化标准的明确含义是什么，还是一个没有明晰的问题。

(3) 哈伯勒和弗莱明于1970年和1971年分别提出用通货膨胀相似性作为确定最优通货区的标准。他们认为，通货膨胀率的差异会导致国际收支基本账户的失衡以及短期资本的投机性移动。因此，如果区域中各国的通货膨胀率趋于一致，就可以避免汇率的波动。区域内部各国的通货膨胀率(或经济周期)趋于一致，则有条件成为最优通货区。的确，通货膨胀会使国际收支恶化，但把通货膨胀率差异作为国际收支失衡和汇率波动的主要原因与现实不完全相符，故以它作为最优通货区的唯一标准是缺乏根据的。

二、最优货币区的综合分析法

从以上分析可以看出，以单一指标作为最优通货区的唯一标准都存在着片面性和局限性，都无法对区域货币合作作出圆满的解释。传统的最优货币区理论对共同货币理论与实践的发展起到了巨大的推动作用，但随着经济全球化和区域经济一体化的发展，以及世界经济形势和格局的巨大变化，其历史的局限性和不成熟性也逐渐暴露出来。20 世纪 90 年代以来，最优通货区有了新发展，研究重点转移到综合分析加入通货区的收益和成本上来。综合分析法并不是对传统理论的否定，与传统理论一样仍然认为如果在要素流动、金融交易和商品贸易方面高度一体化，经济高度开放的国家之间组成货币联盟将会更有效地解决内部平衡和外部平衡的关系，能够带来更高的收益。它实际上是建立在传统单一指标法基础之上的，其理论发展在于，通过将宏观经济学的观点引入最优通货区的成本收益分析，并将其纳入了宏观经济决策的理论体系，更加符合货币联盟发展的实际情况，进一步为有关国家加入货币联盟提供了理论支持。

1. GG-LL 分析框架

20 世纪 90 年代后，随着欧洲货币一体化进程的加快，不少国家都面临着是否参与区域经济和区域货币一体化的现实选择，于是关于区域内各经济体选择是否参加货币区的理论便应运而生，克鲁格曼以欧盟和芬兰为例，分析了芬兰加入欧盟的成本—收益曲线，即所谓的 GG-LL 模型。克鲁格曼认为，一体化体系内成员国加入货币区的收益大小取决于该国与货币体系成员国之间贸易关系的一体化程度。

图 15-1 横轴表示加入国与货币区的经济紧密程度，可以用本国与联盟其他成员国的经济交易占 GDP 的百分比来表示；纵轴表示加入国的收益与成本。其中，成本是当国家加入货币区后，由于放弃了运用汇率政策和货币政策调节就业、产出和国际收支以保持经济稳定的权力，而引发的额外的经济不稳定性，即所谓的"经济稳定性损失"；而收益则是加入货币联盟之后带来的汇率稳定以及贸易、资本流动增加的好处。图中 GG 曲线为收益曲线，其斜率为正，说明一个国家与其所在货币区的经济一体化程度越高，跨国贸易和要素流动越广泛，加入单一货币区的收益就越大；LL 曲线为成本曲线，其斜率为负，说明一个

国家的经济与其所在货币区的经济联系程度越密切,加入货币区的经济稳定性损失就越小,反之亦然。总之,一个国家与其所在货币区的经济一体化程度越高,加入货币区就越有利。图中 GG 曲线和 LL 曲线的交点为 θ,它决定了一个国家是否加入货币区的经济一体化程度的临界点,当该国的货币区一体化程度大于 θ 时,加入货币区有净收益,否则加入只会带来净损失。GG-LL 分析是一个抽象的理论分析,在现实中很难得到一个国家加入货币联盟的具体位置,因此也很难估算其加入联盟的临界点 θ。

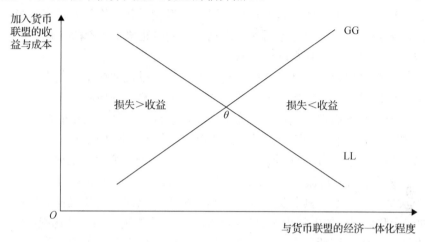

图 15-1 加入货币联盟的收益和成本比较

2. 加入货币联盟的成本收益分析

那么加入货币联盟有哪些成本呢?一是丧失汇率政策工具。浮动汇率制有助于自发地对国际收支进行调节,例如当国际收支持续出现顺差时,本币将升值,由此刺激进口增加出口减少,促进国际收支趋向平衡;反之则本币贬值。而加入货币联盟,则意味着不同程度地放弃了汇率这种调节工具,如果一个国家的工资价格缺乏弹性,劳动力缺少流动性,当本国因为某些原因导致逆差时,就需要对国内价格、工资和劳动力进行调整,这意味着调整的成本可能会比较大,对国内经济进行紧缩可能会导致较高的失业率。二是丧失货币政策独立性乃至完全丧失货币政策工具。根据三元悖论,一个国家不能同时实现汇率稳定、资本自由流动和独立的货币政策,加入货币联盟之后,意味着选择了汇率稳定,同时在同盟内往往需要资本自由流动,即相当于在一定的程度上放弃了独立的货币政策。而在货币联盟的高级阶段,采用同一种货币则意味着完全丧失货币政策这种重要的宏观调控政策工具。三是铸币税损失。铸币税是拥有发行货币带来的好处,当一个国家货币的票面价值超出货币的生产成本时,则产生铸币税。大国发行货币能够带来可观的货币税收入,加入货币联盟之后,特别是放弃本国货币之后,这部分的好处将可能丧失。四是进入和退出的过渡成本。货币联盟在过渡期间,需要对结算、交易等方式进行调整,例如"菜单"需要重新打印,各种交易习惯需要重新调整,货币需要重新铸造、印刷,组建新的中央银行等管理机构都需要相应的成本。而如果退出货币联盟,就导致信誉损失、重新铸造货币、印刷菜单以及重新调整计价单位等各种成本,还有由此导致的混乱等隐性代价。

那么,加入货币联盟的收益有哪些呢?一是减少汇兑损失和汇率风险管理成本。由于采用同一种货币,在联盟内各种交易的计价单位统一,所以不需要进行货币的兑换,不需要对联盟内的跨国经济交易的汇率风险进行管理，据估算其节约的成本相当于 GDP 的 0.1%～1%。二是促进区域贸易和资本流通，减少了汇率波动风险和金融交易成本，有利于区域内的贸易和投资。贸易增加和投资便利化使通货区的社会福利能够得到较大程度的提高，同时使生产要素在货币区内得到更好的配置，这也有助于提高经济增长率。三是获得承诺机制，降低融资成本。加入货币联盟的成员国，由于货币联盟集中储备并共同对货币汇率进行稳定，相当于获得了货币联盟对汇率稳定的承诺，而且货币联盟的承诺机制要强于单个国家实行固定汇率制度，因为货币联盟一旦崩溃，其代价就非常高。由此可以在一定的程度上避免为了维持汇率稳定而保持高利率，同时也降低持有外汇储备的需求。特别是货币联盟里的小国，由于获得联盟和联盟内强国的支持，所以信用级别可以得到提高，其企业和政府都得以用较低的利率获得融资。四是减少投机性冲击。货币联盟因为集中了资源和力量，可以更好地发挥规模经济的优势，从而能够更好地应对投机性冲击，降低操纵市场、破坏金融市场稳定等投机性行为发生的可能性。此外，货币联盟可以有效地促进经济融合，同时也有助于政治的全面融合，从而可以获得政治上的利益。

通过 GG-LL 模型还可以分析判断，一个国家经济环境的变化是如何影响其加入货币区的选择的。当某国经济出现波动(例如 2010 年希腊等国发生债务危机)，在经济一体化程度的任何一个水平上，汇率工具和货币政策工具的缺失使该国产出和就业的不稳定性增大，于是 LL 曲线上移，则使加入货币区的临界点右移，即需要更高的一体化程度，加入货币区的收益才会大于成本。因此，在其他条件不变时，经济的不确定性增大将使一个国家加入货币区的意愿降低。

克鲁格曼用 GG-LL 模型说明了最优货币区理论，指出最优货币区就是通过商品贸易和服务贸易以及要素流动，促使多国经济紧密相连的地区。如果各国之间的贸易和要素流动性较大，那么组建货币区对各成员国均有益处，反之则不适宜。这对货币一体化的实践具有重要的指导意义。另外，GG-LL 模型借用传统的成本—收益分析方法，从单个国家是否加入货币区为切入点，分析了加入货币区的成本、收益因素，有助于人们直观地分析单个国家加入货币区的利弊得失，从而成为确定一个国家是否加入货币区的一个较为实用的分析工具。

第三节　欧洲货币一体化

一、欧洲货币一体化的发展历程回顾

最优通货区理论和区域货币一体化实践出现在同一个时期，相辅相成，前者对后者从理论上进行了阐述和总结，是后者的理论依据，而后者的发展进程也证实了前者的理论是符合实际的，并对前者的发展起到了促进作用。欧洲货币一体化的发展进程就是最优通货区理论的一次伟大实践，被公认为自布雷顿森林体系崩溃以来在国际货币体系方面最有意义的进展，是国际政策协调方面最重要的典范，为其他区域货币体系的发展以及未来的国际货币制度改革树立了一个可以借鉴的榜样。欧洲货币一体化的发展历程可以依次分为四个阶段，即跛行货币区阶段、联合浮动阶段、欧洲货币体系阶段和欧洲单一货币阶段，这个过程遵循了从区域货币合作到区域货币联盟最后到通货区这个由低级向高级发展的演进过程。

(一)第一阶段(1960—1971年)：跛行货币区阶段

欧洲货币一体化最早可以追溯到20世纪60年代以前，例如1950年建立的欧洲支付同盟及其替代物——1958年欧洲经济共同体各国签署的欧洲货币协定。这些组织或协定在名称上虽然有货币一体化的形式，但是却无其实质。它们的出发点在于，促进成员国贸易和经济在战后的发展，恢复各国货币的自由兑换，而不涉及各国的汇率制度安排和储备资产的形式。因此，人们一般将20世纪60年代的跛行货币区作为欧洲货币一体化进程的开端。当时，国际上共存在三个跛行货币区，即英镑区、黄金集团和法郎区(跛行源于跛行本位制，跛行货币区是指货币区内没有主导货币，仍然需要盯住区外货币)。英镑区是较正式的货币区，区内各成员国储备资产的形式主要是英镑，各国的货币也盯住英镑，但是由于英镑本身是盯住美元的，所以该货币区是跛行的。黄金集团是由西欧各国组成的一个不太正式的货币区，区内各成员国的主要储备资产是黄金，但是因为区内各国货币还与美元保持着固定的比价，所以它也是一个跛行的货币区。与英镑区和黄金集团一样，法郎区也是一个跛行货币区，但其重要性较弱。跛行货币区虽然开始了欧洲货币一体化的尝试，但是由于其内部缺乏支持其稳定存在的基础，所以在整个货币一体化的发展进程中，它的地位并不重要。1957年3月，法国、联邦德国、意大利、荷兰、比利时和卢森堡六国签订了罗马条约，决定成立欧洲经济共同体。虽然当时没有货币联盟的决定，但是欧共体决定了推动经济一体化的政策，而经济一体化则是货币一体化的重要基础，货币一体化也就顺理成章了。

(二)第二阶段(1972—1978年)：联合浮动阶段

布雷顿森林体系瓦解之际，欧共体国家为了减少世界货币金融不稳定对区域内经济的不利影响，同时也为了实现西欧经济一体化的整体目标，于1969年着手建立欧洲货币联盟。1970年10月，《关于在共同体内分阶段实现经济和货币联盟的报告》"魏尔纳报告"出台，并于1971年2月9日经欧共体部长会议通过。"魏尔纳报告"提出从1971—1980年，用10年的时间分三个阶段实现货币联盟的目标。第一个阶段从1971年年初至1973年年底，主要目标是缩小成员国货币汇率的波动幅度，着手建立货币储备基金，加强货币与经济政策的协调。第二个阶段从1974年年初至1976年年底，主要目标是集中成员国的部分外汇储备以便巩固货币储备基金，进一步稳定成员国货币之间的汇率。第三个阶段从1977年年初至1980年年底，主要目标是使汇率趋于完全稳定，货币储备向统一的中央银行发展，并着手规划统一的货币。根据其建议，欧共体于1972年开始实行成员国货币汇率的联合浮动，也称为可调整的中心汇率制，即对内实行参与该机制的成员国货币相互之间保持可调整的盯住汇率，并规定汇率的波动幅度，对外则实行集体浮动汇率，这就是所谓的"蛇形浮动"。1973年布雷顿森林体系崩溃以后，西欧各国货币与美元脱钩，但联合浮动仍然存在，过去对美元的中心汇率被实际上的对德国马克和以后的对欧洲货币单位的平价所取代。"魏尔纳报告"提出的计划虽然在美元危机、石油危机及经济危机的多重冲击下最后以夭折而告终，但是其提出建立欧洲货币合作基金和欧洲货币计算单位，为后来欧洲货币体系的建立做了必要的准备，其尝试也为欧洲货币一体化的发展提供了宝贵的经验。

(三)第三阶段(1979—1998年)：欧洲货币体系阶段

联合浮动极易受到美元汇率波动的冲击，同时为了加强欧共体在国际金融领域内与美国分庭抗礼的地位，欧共体各国在 1978 年 12 月 5 日的布鲁塞尔会议上达成协议，决定于 1979 年 1 月 1 日建立欧洲货币体系。随着 1979 年 3 月 13 日欧洲货币体系的正式建立，欧洲货币联盟迈上了一个新的台阶。最初参加的有法国、西德、意大利、荷兰、比利时、卢森堡、爱尔兰和丹麦 8 个国家，英国虽然暂时不加入欧洲货币体系，但是英格兰银行却按规定的比例认缴黄金和美元储备，参加了欧洲货币基金。此后，希腊于 1981 年加入，西班牙、葡萄牙于 1986 年加入，英国于 1990 年最后加入。欧洲货币体系的建立，反映了欧共体内部经济政治一体化的要求，同时也是出于抵御外部汇率浮动和市场动荡冲击的需要。

(四)第四阶段(从 1999 年至今)：欧洲单一货币阶段

欧洲货币体系极大地推动了欧洲货币一体化的进程。期间的几个关键协议包括 1985 年欧洲理事会卢森堡会议拟就的《单一欧洲法案》、1988 年欧洲理事会马德里会议通过的《欧洲共同体经济和货币联盟的报告》(即"德洛尔报告")以及 1991 年欧共体各成员国签署的《欧洲联盟条约》(即《马斯特里赫特条约》，简称《马约》)。《马约》的核心内容是决定于 1999 年起实行单一货币，其签订与实施标志着货币一体化建设的高级形式——通货区的启动，由此欧共体进入了一个新的历史阶段。

二、从欧洲货币体系到欧元诞生

(一)欧洲货币体系的建立与运作

欧洲货币体系(European Monetary System，EMS)是过渡到统一货币的关键性安排，主要包括三方面内容：欧洲货币单位(European Currency Unit，ECU)、欧洲货币基金(European Monetary Fund，EMF)和稳定汇率机制(Exchange Rate Mechanism，ERM)。

1. 欧洲货币单位

欧洲货币单位是欧洲货币体系的基础，由欧洲货币计算单位演变而来，是由欧共体各国货币组成的一个货币篮子。其价值是其成员国货币的加权平均值，每种货币的权重根据该国在欧共体贸易中所占比重和该国国民生产总值的规模而定。德国马克、法国法郎、英镑是欧洲货币单位的组成货币中最重要的三种货币，其中德国马克所占比重最大。组成欧洲货币单位的成员国货币的权重每 5 年调整一次，若其中任何一种货币比重的变化超过 25%，则可以随时对权重进行调整。

欧洲货币单位的发行有特定程序。在欧洲货币体系成立之初，各成员国将它们 20%的黄金储备和 20%的美元储备交付欧共体的欧洲货币合作基金，该基金以互换形式向各成员国发行数量相当的欧洲货币单位。在创设时，该基金共向各国发行了 230 亿欧洲货币单位。欧洲货币单位的作用主要有三种：①作为欧洲稳定汇率机制的标准。各成员国货币与欧洲货币单位保持固定比价，与其他成员国货币的比价由此中心汇率套算得到。②作为确定成员国货币汇率偏离中心汇率的参考指标。③作为成员国官方之间的清算手段、信贷手段和外汇市场的干预手段。随着欧洲货币单位的发展，其用途越来越广泛，在国际金融市场上逐步形成了一个银行业的欧洲货币单位市场,以欧洲货币单位计价结算的存款、放款、债券发行、国际贸易、票据及信用卡等业务不断扩大。可见,与原来的欧洲货币计算单位相比,欧洲货币单位的功能大大增强了。

2. 欧洲货币基金

1973年4月,欧共体为了稳定汇率建立了欧洲货币合作基金,集中成员国各20%的黄金储备和美元储备作为发行欧洲货币合作基金的准备。但由于基金数额不大,所以不足以适应干预外汇市场的需要。欧洲货币体系成立后,扩大了欧洲货币合作基金的规模,并决定在1981年将原欧洲货币合作基金转变为欧洲货币基金。欧洲货币基金建立后,欧洲货币体系的全部信贷业务都归其管理,并负担起调整各国中央银行间债务的全部清算业务。1981年4月该基金规模达到492亿欧洲货币单位,使欧共体各国中央银行干预外汇市场的能力大为增强。欧洲货币基金成员国发生资金困难时,主要采取三种信贷方式。一是极短期信贷方式,主要用于干预外汇市场,期限为45天。但如果符合有关条件,那么也可以延长到3个月,数量不受限制。二是短期信贷,主要用于支持国际收支出现暂时困难的成员国,期限为3个月,可以延长到9个月,数量有一定的限制。三是中期财政信贷,主要用于支持国际收支处于严重困境的成员国,为期2～5年,每个成员国拥有固定的借款额度。与国际货币基金组织发放贷款的办法相似,成员国取得贷款时,应该以等值的本国货币存入基金。

3. 稳定汇率机制

稳定汇率机制是欧洲货币体系的核心,欧共体成员国之间实行可调整的固定汇率制,对外则实行联合浮动。欧洲货币体系通过双重机制来稳定汇率:一是平价网体系,二是货币篮子体系。

平价网体系是指欧共体各成员国之间规定一个中心汇率,各成员国货币相互之间的汇率只能在中心汇率上下浮动,波动幅度不超过中心汇率的±2.25%,任何一个成员国的货币升降如果超过规定波动的幅度,该国中央银行就有义务采取行动干预外汇市场,使汇率回到规定的幅度之内。英国和意大利因为当时经济情况比较困难,这两国汇率的波动幅度适当放宽,但也不能超过其中心汇率的±6%。平价网体系要求,每一对成员国货币之间都要得出各国有义务保证维持的双边中心汇率。各国货币之间的汇率以其与欧洲货币单位的中心汇率为基础,形成了一个网状的平价体系,因此称之为平价网体系,从而为稳定汇率机制规定了运行框架。平价网干预机制的优点是以双边为主,一个国家的货币对另一个国家的货币汇率变动一目了然,但很难判断是哪一个国家的货币对外价值发生变动。要维持货币汇率的稳定,一般由弱国货币采取行动。

货币篮子体系是指首先确定成员国货币对欧洲货币单位的中心汇率,然后计算每种货币对这个中心汇率所允许的最大偏离幅度,公式为:±2.25%×(1-成员国货币在欧洲货币单位中所占的比重)。对经济承受力较弱的少数国家来说,上式中的±2.25%扩大为±6%。为了进一步稳定欧洲货币单位,欧洲货币体系还采用了早期报警系统,即规定了偏离临界点,它等于0.75×最大偏离幅度。这意味着某成员国货币对欧洲货币单位的中心汇率波动幅度达到最大偏离幅度的75%时,该成员国货币当局就应该采取干预措施。

总的来说,这种双重稳定机制的运行还是比较成功的。它促进了成员国货币之间汇率的稳定,有利于成员国之间通货膨胀差异的缩小、经济政策的协调和经济状况的改善,扩大了欧洲货币单位在官方领域和私人领域的使用范围及使用程度,为最终发行单一货币创造了有利的条件。

(二)欧元的诞生

20 世纪 80 年代中期后,全球性区域经济一体化又掀起一次新的浪潮,在此背景下,欧洲经济一体化进程明显加快。

1985 年 12 月,欧洲理事会卢森堡会议拟定了《单一欧洲法案》,提出了向内部统一大市场迈进的目标。1989 年 6 月,欧共体执行委员会主席雅克·德洛尔在欧洲理事会马德里会议上提出了《欧洲共同体经济和货币联盟的报告》,即"德洛尔报告",其明确指出,货币联盟的最终目标之一就是建立单一欧洲货币,并获得通过。"德洛尔报告"提出分三个阶段实现经济与货币联盟。第一个阶段,加强货币政策、财政政策的协调,进一步深化金融一体化,使成员国货币全部加入欧洲货币体系,消除对私人使用欧洲货币单位的限制,扩大成员国中央银行行长委员会的权力和权限。第二个阶段,建立欧洲中央银行体系,由其接管原先存在的体制性货币安排,随着经验的取得,逐步扩展欧洲中央银行体系在制定和管理货币方面的职能,只有在特殊情况下才可以使用汇率调整。第三个阶段,推行不可改变的固定汇率,实施向单一货币政策的转变,由中央银行体系承担全部职责,发行统一的共同体货币,集中并管理官方储备,对外汇市场进行干预,为过渡到单一共同体货币做好制度和技术准备。

鉴于各成员国对"德洛尔报告"的反应各不相同,1991 年欧共体 12 国首脑在荷兰马斯特里赫特签订了《欧洲联盟条约》,即《马斯特里赫特条约》。《马约》的核心内容是:①于 1993 年 11 月 1 日建立欧洲联盟,密切各国在外交、防务和社会政策方面的联系;②于 1998 年 7 月 1 日成立欧洲中央银行,负责制定和实施欧洲的货币政策,并于 1999 年实行单一货币;③实行共同的外交和安全防务政策等。《马约》参考了"德洛尔报告",也规定了一个分三阶段实现的货币一体化的计划。第一个阶段,从 1990 年 7 月 1 日至 1993 年 12 月 31 日,实现所有成员国加入欧洲货币体系的汇率机制,实现资本的自由流动,协调各成员国的经济政策,建立相应的监督机制。第二个阶段,从 1994 年 1 月 1 日至 1996 年 12 月 31 日或 1998 年 12 月 31 日,进一步实现各国宏观经济政策的协调,加强成员国之间的经济趋同,建立独立的欧洲货币管理体系——欧洲货币局,作为欧洲中央银行的前身,为统一货币做技术和程序上的准备,各国货币汇率的波动在原有基础上进一步缩小并趋于固定。第三个阶段,从 1997 年 1 月 1 日开始,最迟于 1999 年 1 月 1 日,建立统一的欧洲货币和独立的欧洲中央银行。

各成员国进入第三个阶段的条件是:①价格稳定,在加入货币联盟前 18 个月的平均通货膨胀率不得超过通货膨胀率最低的 3 个成员国平均通货膨胀率的 1.5%;②汇率稳定,其波动保持在汇率机制规定的范围以内,至少在两年内没有对其他成员国货币贬值;③财政状况的可持续性,即当年的财政赤字不得超过 GDP 的 3%;④利率稳定,长期名义利率最高不得超过通货膨胀率最低的 3 个成员国平均水平的 2%;⑤公债适当,政府的总举债额占其国内生产总值的比重不应该超过 60%。1993 年 11 月 1 日,《马约》正式生效,欧共体也从 1993 年 11 月 1 日起更名为欧洲联盟,简称欧盟。此后,欧盟在制度方面为欧洲货币一体化的实施做了大量的准备工作。

1998年3月25日，欧盟委员会宣布第一批符合趋同标准的国家有11个，即奥地利、比利时、芬兰、德国、法国、爱尔兰、意大利、卢森堡、荷兰、葡萄牙和西班牙符合使用欧元的条件，有资格成为首批流通欧洲单一货币——欧元的国家。在欧盟15个成员国中，希腊未达到趋同标准(希腊于2000年初使其各项经济指标达到《马约》规定的趋同标准，并于2001年1月1日成为欧元区的第12个成员国)，瑞典、英国、丹麦虽然已经达标，但是出于国内政治考虑，决定暂留货币联盟之外。

案例：1992年欧洲货币体系危机

三、欧元诞生后的运作

(一)欧元的使用情况

1999年1月1日，欧元如期诞生。从1999年1月1日起，欧元以支票、信用卡、电子货币、股票和债券等形式流通。1999年1月1日起，欧元在德国、法国、意大利、荷兰、比利时、卢森堡、爱尔兰、奥地利、芬兰、西班牙和葡萄牙11个国家正式使用，并于2002年7月1日取代上述11国的货币。2002年1月1日欧元纸币和硬币投入流通，欧元在欧元区内与各国原货币同时流通，欧洲中央银行和成员国中央银行逐渐回收各成员国的本国货币。到2002年2月28日，成员国本国货币已经全面退出流通领域，欧元与成员国原有货币并存期结束。2002年7月，欧元成为欧元区唯一合法货币，至此欧洲正式迈入了"欧元时代"。希腊随后也加入欧元区，欧元区国家达到12个。随后，斯洛文尼亚于2007年1月1日加入欧元区，成为欧元区第13个成员国。塞浦路斯与马耳他于2008年1月1日一起加入了欧元区，成为第14个和第15个成员国。斯洛伐克于2009年1月1日加入欧元区。爱沙尼亚于2011年1月1日正式启用欧元。拉脱维亚于2014年1月1日正式加入欧元区。立陶宛于2015年1月1日正式加入欧元区，成为欧元区的第19个成员国。目前欧元(Euro)是欧盟中19个国家的货币。欧元区的19个成员国是德国、法国、意大利、荷兰、比利时、卢森堡、爱尔兰、西班牙、葡萄牙、奥地利、芬兰、立陶宛、拉脱维亚、爱沙尼亚、斯洛伐克、斯洛文尼亚、希腊、马耳他、塞浦路斯。欧元由欧洲中央银行(European Central Bank，ECB)和各欧元区国家的中央银行组成的欧洲中央银行系统负责管理，另外，欧元也是非欧盟中6个国家(地区)的货币，包括摩纳哥、圣马力诺、梵蒂冈、安道尔、黑山和科索沃地区，其中前4个袖珍国根据与欧盟的协议使用欧元，而后两个国家(地区)则是单方面使用欧元。目前与欧元挂钩的货币有佛得角共和国货币埃斯库多、波斯尼亚及黑塞哥维纳可兑换马克、保加利亚列弗、法国海外法郎、中非法郎、西非法郎、科摩罗法郎及立陶宛立特。总的来说，欧元已经是23个国家和地区的官方货币，28个国家和地区的官方货币的汇率与欧元挂钩。

(二)欧元的成就

欧元的诞生不仅使欧洲面貌发生了深刻的变化，而且在国际金融领域内发挥了重要的作用，对世界政治与经济发展产生了深远的影响。

1. 欧元诞生对欧元区的影响

实行单一货币，要求执行统一的货币政策，这使各成员国更容易在政策目标方面达成一致，并可以避免各国发生汇率战、利率战和贸易战；可以降低成员国在经济交往以及货币兑换方面的信息成本与交易成本；有利于提高成员国经济的开放性，加强商品与生产要素在成员国之间的流动性，提高价格机制在货币区配置资源的效率，从而有助于创造一个相对合理的竞争环境，推进成员国经济的一体化进程，提高整个货币区经济的平均增长率；可以带来货币区内货币的相对稳定，防范国际资本流动对一个国家的货币的冲击，在一定的程度上可以避免金融危机的发生；有利于消除内部汇率的不确定性，提高各成员国运用金融交易调节国际收支的能力，从而降低中央银行对汇率的干预成本，节约外汇储备；对欧元区国家抑制通货膨胀、稳定物价也起到了积极的作用。

2. 欧元诞生对国际货币体系的影响

欧元问世及欧元区的形成，预示着世界上一个经济实力足以与美国抗衡的经济体的崛起，美元—欧元双寡头的国际储备货币格局有可能形成，今后各国中央银行将会对外汇储备进行调整，适当减少美元，增加对欧元的需求，国际金融体系很可能出现"两霸多强"的格局。这个格局的形成，一方面可以使各国摆脱对美元的过分依赖，避免因为美元汇率的波动而给其他国家造成较大损失，从而降低各国储备管理难度，避免国际金融被一个国家操纵，有助于国际汇率体制的稳定；另一方面可以使国际交易中的计价结算支付体系更加简化和便利，促进国际货币合作与政策协调。另外，欧洲中央银行在欧洲货币联盟范围内执行货币政策，这将比任何一种单一欧洲国家的政策有更大的溢出效应，将深刻地影响国际政策的协调和世界各国的外汇体制。

3. 欧元诞生对国际金融市场的影响

欧元区巨大的经济实力及长期内欧元具有的稳定性决定了欧元对国际金融市场的影响是全方位的：从直接融资到间接融资、从资本市场到货币市场、从外汇市场到衍生金融工具市场、从银行业到非银行金融业、从官方部门到私人资产的运行，乃至全球金融中心格局等。欧元启动后，原来以各国货币表示的债券和股票转换为以欧元计价，原来分割的欧洲各国资本市场被一个统一的证券市场代替，证券的流动性增强，交易成本降低，市场规模将会扩大。同时，欧元也加剧了欧洲银行业的兼并重组，统一货币打破了一个国家对银行业的垄断，使欧盟各银行在一个相对公平和透明的单一市场上进行竞争，小银行将失去国内优势，银行并购将加速进行。另外，欧元区的形成还会引起世界金融中心地位的变化，欧洲中央银行设在法兰克福，而且由于德国在欧洲经济中的领导地位，欧元的推行将提高其作为金融中心的地位，而巴黎等金融中心的地位将可能下降。

表 15-1 所示为欧元带给欧洲的经济利益。

表 15-1 欧元带给欧洲的经济利益

收益种类	收益估计
1.降低汇兑成本	据欧盟委员会估计，每年可以消除超过 200 亿美元的汇兑成本
2.消除汇率不确定性对贸易和投资的影响	欧元区内贸易及直接投资显著增长，单一货币对区内贸易量和直接投资的增幅贡献分别达到 1/2 和 1/3
3.提高落后成员国的经济发展水平	通过贸易和直接投资促进了区内经济落后成员国的经济发展，例如希腊和西班牙人均 GDP 仅为欧元区平均水平的 71%和 84%，而在 2008 年达到 94%和 90%

续表

收益种类	收益估计
4.提升较弱国家的信用	爱尔兰、希腊等落后国家可以以接近德国的利率水平发行债券,降低了融资成本
5.控制通货膨胀、稳定物价	欧元区成立以来通货膨胀水平仅为2%,希腊、葡萄牙等多国从双位数通货膨胀中解脱出来
6.欧元作为国际储备货币,提升了欧洲政治地位	欧元1999年占世界外汇储备的12.5%,最高时曾经达到2009年的27.75%,现在为20%上下。

(三)欧洲债务危机的影响

2008年9月爆发了严重的全球金融危机,金融危机之后世界各国采取了强有力的财政扩张政策,同时经济衰退严重,各种隐藏的财政问题相继暴露,主权债务危机因此相继爆发。2009年11月迪拜发生债务危机,2010年年初希腊爆发了主权债务危机,随后危机扩散到爱尔兰、葡萄牙、西班牙、意大利等国,欧元也一度面临自1999年诞生以来的最大危机。一直以来,虽然对欧元的质疑声音不断,但是支持欧盟和欧元的声音盖过了质疑声音,而希腊主权债务危机引发了新一轮更大的对欧元的质疑。

2009年10月21日,希腊新政府在对欧盟提交的报告中宣布,2009年希腊政府财政赤字和公共债务与国内生产总值之比预计将分别达到12.7%和113%,远远超过欧盟《稳定与增长公约》规定的3%和60%的趋同标准,这立刻引起了国际金融市场的恐慌,随后全球三大评级机构惠誉、标准普尔和穆迪相继调低希腊的主权信用评级,从而拉开了希腊主权债务危机的序幕。2010年4月底5月初,希腊债务危机的传染效应显现,危机迅速向欧洲其他国家蔓延,葡萄牙、西班牙、意大利、爱尔兰等国同时遭受主权信用危机,形成了所谓的"欧猪五国"(PIIGS,五国的首字母缩写),包括德国和法国等欧元区的龙头国家也受到了危机的影响。欧元一度遭受到问世以来最严重的生存危机。

(1) 欧元区国家经济严重受挫。欧债危机后,欧洲金融市场发生严重波动,PIIGS国家中希腊、西班牙、爱尔兰、葡萄牙和意大利的股票价格指数下降幅度分别达到36.21%、26.64%、4.84%、16.45%和16.99%。同时PIIGS国家的国债收益率不断上涨,融资成本迅速攀升。希腊短期国债收益率高达900%,国债事实上构成违约,欧盟不得不对希腊进行救助,而救助附加条件包括希腊政府必须对经济进行紧缩,从而使希腊经济进一步紧缩。希腊经济连年负增长,2009—2012年,希腊GDP实际增长率分别为-4.3%、-5.5%、-9.1%、-7.3%,也造成其失业率居高不下。2001—2007年,PIIGS五国失业率再次回升,而债务危机则使这个趋势加强,2010年上半年希腊、爱尔兰、西班牙和葡萄牙失业率都在10%以上,其中西班牙已经成为欧元区高失业的重灾区,失业率高达20%,是欧盟平均失业率的两倍,希腊失业率在2013年曾经高达27.5%。欧元区金融机构直接损失惨重。截至2009年年底,欧洲金融机构总计持有约10万亿美元的欧洲债务头寸,其中8万亿美元来自PIIGS国家。以希腊为例,2005—2009年,希腊对外发行的国债中,50%以上由欧盟国家持有;对外国银行发行的3000亿欧元的公司和银行债中,超过90%由欧洲银行持有,其中法国、瑞士和德国金融机构的认购规模最大。欧债危机导致持有PIIGS国债的欧洲各国政府及金融机构遭受了巨大的资产损失。

(2) 欧元汇率大幅下跌，国际货币地位受到冲击。欧元面世之初，欧元兑各种货币(尤其是美元)均大幅下跌。欧元于 1999 年面世时，1 欧元兑 1.18 美元；2000 年 10 月 26 日欧元跌至 1 欧元兑 0.8228 美元的历史低位。随后欧元开始经历一段复原期。2001 年年初，欧元升至 1 欧元兑 0.96 美元。但随后又踏入下跌期，虽然该次的跌幅较小，最低跌至 2001 年 7 月 6 日的 1 欧元兑 0.834 美元。由于美国公司丑闻影响，这两种货币于 2002 年 7 月 15 日接近 1∶1，到了 2002 年年末，欧元兑美元的汇率达到了 1 欧元兑 1.04 美元，随后持续攀升。2003 年 5 月 23 日，欧元第一次超越了它面世那天的高度 1.18 美元，并于 2004 年 12 月 24 日冲破了 1.35 美元。2008 年 4 月 22 日及 7 月 15 日，欧元两次达到历史新高 1.60 美元。

在经历金融危机后，欧元进入强烈震荡时期。在欧债危机的演进过程中，欧元有两次较大幅度的贬值。第一次是 2010 年年初至 2010 年 5 月，债务危机开始在欧元区内蔓延，欧盟领导却对救助持观望态度，直至 2010 年 4 月底希腊被迫正式提出援助申请。在此期间，欧元空头头寸在 2 月曾经增至 80 亿美元，欧元兑美元汇率下跌近 25%。随后，随着欧洲金融稳定机制(EFSM)与欧洲金融稳定基金(EFSF)相继成立，市场信心有少许恢复，欧元迎来了升值周期。但是 2011 年 5 月随着希腊第二次债务危机的爆发以及欧债危机的恶化，欧元兑外币汇率再次下跌，反映了市场对欧元区未来走向的悲观态度。

图 15-2 所示为欧元诞生以来对美元的汇率。

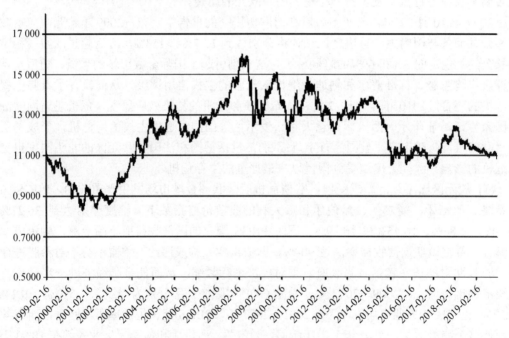

图 15-2　欧元诞生以来对美元的汇率

自 2009 年欧债危机全面爆发后，欧元在全球外汇储备中所占的比例由 2009 年的 27.7%下降为 2011 年的 25.0%。非欧盟成员国外汇中欧元所占份额由 2009 年的 63.7%下降为 2011 年的 60.9%。美国、英国和加拿大在 2008 年至 2011 年的外汇储备中，欧元所占比例平均值分别为 53.9%、55.4%和 39.8%，2011 年则分别减少了 0.5%、4.1%和 4.9%。欧债危机发生后，在非成员国和主要发达国家所持有的外汇储备中，欧元所占比例均出现一定程度的降低。这说明在欧债危机的冲击下，欧元在全球外汇市场上受到了较大的负面影响。

(四)欧元区的制度缺陷是导致欧元区危机的直接原因

(1) 欧元区货币政策和财政政策不统一。货币联盟要求成员国部分让渡制定国内经济政策的自主权，执行协调一致的货币政策和财政政策。成员国必须保持相同的通货膨胀率，如果各国的物价水平长期不一致，那么最终将导致汇率的变动和货币联盟的崩溃。而为了保持各国物价水平一致，要求它们不仅要执行相同的货币政策，而且要执行与货币联盟的目标相一致的财政政策。《马斯特里赫特条约》(简称《马约》)规定了欧元区成员国共有一个中央银行，但各国仍然保留本国的征税权。这意味着欧元区各成员国使用同一货币，具有统一的货币政策，但没有统一的财政政策。由于欧元区成员国丧失了宏观调控的重要工具——货币政策，所以通过财政政策刺激经济增长的压力骤然加大。一旦货币区内缺乏自律的政府长期执行财政赤字政策，就会引发整个货币区的通货膨胀，货币联盟就会变成通胀联盟，并将欧元引入一个长期的趋势性贬值区间。

(2) 欧盟对各国的财政控制力薄弱，同时缺乏应对成员国债务违约风险的危机处理机制。与美元作为国际货币的地位不同，欧元的基础是 1993 年生效的《马约》和 1997 年生效的《稳定与增长公约》(简称《稳约》)，这两个文件规定了欧盟财政政策的基本规则，被认为是欧元区经济稳定的基石。《马约》为约束欧元区国家的财政政策设定了两个关键指标：一个国家的债务占 GDP 的比重低于 60%，并且财政赤字占 GDP 的比重低于 3%。在这两个指标中，后一个指标更重要。债务率只是作为分析和判断政府财政形势的一个参考指标，而赤字率是一个硬性指标。《稳约》在《马约》基础上确定了欧盟财政政策协调的规则、过度财政赤字的惩罚程序，以及建立预警机制监督各国财政运行状况。根据过度财政赤字的惩罚程序，一旦欧元区国家当年财政赤字占 GDP 的比重超过 3%，欧盟就要对该国家征收最高相当于 GDP 的 0.5%的罚款。在经济状况良好时，欧元区各国政府很容易将财政预算赤字维持在 3%以内，但经济衰退时则很难控制。由于加入了欧元区，所以这些国家丧失了应对危机最有效的政策工具——独立的货币政策，无法通过本币贬值来扩大出口，政府只能通过扩大开支或大规模减税的方式来刺激消费和投资，从而使政府财政预算逐渐恶化。2001 年，葡萄牙赤字率达到 4.1%，成为第一个违反《马约》规定的国家，德、法两国也紧随其后连续 3 年超标。2008 年，为了应对次贷危机，绝大多数欧元区政府预算都远远超过了 3%的标准。为了降低成员国的道德风险问题，欧元在设立之初没有赋予欧洲央行"最后贷款人"的角色，同时也没有规定任何一个国家有责任向处于财政困难的国家提供帮助，《马约》第 125 条明确规定：除了自然灾害及无法控制的事件发生以外，禁止欧元区国家之间提供直接的资金援助，这就是欧盟的"不救助"条款。这样，当财政约束松散的成员国面临主权债务风险时，欧元区内部缺乏一种有效的危机救援机制，无法向这些国家提供资金援助。

欧洲国家债务状况恶化，而主权信用评级展望又呈负面，投资者对其短期内筹资偿还债务的能力存在广泛猜疑，使相关经济体的融资成本进一步上升。在债台高筑且自行融资成本不断攀升的情况下，危机重灾区不得不接受国际救援，大多数救助资金都带有紧缩财政的附加条件。这无疑将经济复苏基础不牢固的债务国推向了进退两难的境地，若继续实行宽松的财政政策和货币政策来维持经济增长和就业，则会加重政府违约风险；若勒紧腰带应对债务问题，则会延长经济衰退期限，还会带来社会动荡，而这又会延缓经济复苏。

(五)欧洲货币一体化

欧元对美元构成了严峻挑战和威胁，使美国感受到了最强劲的竞争对手，或许正因为如此，美国的大牌经济学家例如费尔德斯坦、萨缪尔森、格林斯潘以及弗里德曼等无不"唱衰"欧元。欧元区的整体稳定性和欧洲一体化进程经受考验，随着主权债务危机的发展，统一货币政策与成员国经济周期、经济结构和发展阶段差异化的矛盾更加凸显，严重威胁欧元区的整体稳定性。关于希腊等危机重灾国家将由于难以承受巨大压力而可能最终退出欧元区的传言一度甚嚣尘上，一旦发生这种情况欧洲经济与货币联盟就会受到严峻考验。欧债危机至今已经十多年，欧元区经受住了考验，不仅没有分裂，欧元区成员还有所增加，从最初的 11 个国家增加为现在的 19 个国家。

首先，欧元是战后欧洲一体化长期发展的必然结果，现在已经成为欧洲经济政治一体化的象征，在欧洲尤其是在欧元区已经深入人心。长期以来，采用单一货币一直是欧洲人的一大梦想。自 20 世纪 60 年代末以来，欧共体/欧盟为实现单一货币整整奋斗了 30 年，直到 1999 年欧元才得以正式启动，2002 年 3 月欧元终于取代成员国货币成为欧元区唯一法定货币。欧元区成员国通过让渡经济主权中最重要的货币主权而最终促成了统一货币的诞生，这本身也是一个政治博弈的过程。欧元作为欧洲一体化的里程碑，这个概念已经在政治、经济、文化乃至社会心理层面深深扎根。

其次，自欧元诞生以来，所取得的成功始终是主流。回顾欧元问世以来的历史，人们不难发现，欧洲中央银行基本实现了其稳定物价的首要目标，在促进欧元区内部贸易、投资扩大和金融市场一体化方面以及欧盟经济的长期稳定和发展方面欧元都发挥了重要作用。即使在空前严重的金融危机中，虽然由于需要协调内部利益关系，欧元区在应对危机上往往比美国、日本等国家要慢，但是如果没有欧元区的集体作用而仅靠各单个成员的力量，或许它们所受到的冲击和损失要大得多。尽管各国从单一货币欧元中所得到的利益有大有小，但是各成员国无论大小都是净受益者。

最后，欧元一旦崩溃的巨大成本使各国都不敢轻易尝试。国际经济一体化理论认为，一个国家一旦走上一体化道路并为此作出了必要的调整，如果想要退出一体化进程，那么其成本将会更大。对于欧洲来说，这种成本不仅包括经济成本、法律成本，而且更重要的是政治成本，一旦欧元崩溃，欧洲力量平衡格局将被打破。如果某个成员退出欧元区，就意味着当事国家的欧洲政策的失败，必将发生政府更迭，类似于法国勒庞之类的极右翼势力便很有可能上台，而这是人们都不愿意看到的结局。实际上，无论对于发生主权债务危机的 PIIGS 各国，还是对于德、法等国来说，退出欧元区都绝非其最优选择。PIIGS 国家如果退出欧元区，那么首先会使外界对其经济发展的信心尽失，融资成本翻倍，而单靠自救将难以在高负债与经济发展之间找到平衡点。至于德、法等国，它们也绝不会放弃其从单一货币中所获得的巨大的经济利益，断言德国会率先退出欧元区，实乃不了解德国从欧元中获得了多大的贸易、投资利益所致。

20 年后的今天，欧元区已经由最初的 11 个成员国扩展至 19 个成员国，使用欧元的民众超过 3.4 亿。欧元也成为国际货币体系的支柱之一。以全球各国的外汇储备为例，欧元资产所占比例约为 20%，仅次于美元资产的 60% 的占比，超过所有其他货币资产的总和。在全球外汇交易市场份额中，欧元占比约为 15%，也仅低于美元 40% 的份额。至少从目前来

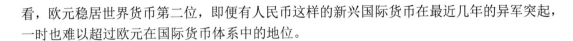

看，欧元稳居世界货币第二位，即便有人民币这样的新兴国际货币在最近几年的异军突起，一时也难以超过欧元在国际货币体系中的地位。

本 章 小 结

本章主要描述区域货币一体化问题。区域货币一体化是布雷顿森林体系崩溃后国际金融领域的一个重要发展，其主要依据是最优货币区理论。1999年1月1日，欧元区的11个成员国开始使用欧元，两年后希腊加入欧元区。截至2020年年末，欧元区共有19个成员，另有9个国家和地区采用欧元作为当地的单一货币。欧洲货币一体化是国际金融和国际经济中具有重大影响的事件，是区域货币合作和国际经济合作的重要成果。欧洲货币一体化的演进被认为是自布雷顿森林体系崩溃以来在国际货币体系中最有意义的发展，是迄今为止最优货币区理论最成功的实践结果。在欧洲货币一体化的发展过程中，成员国建立起一个"货币稳定区域"，使它们免受区域外金融不稳定的影响，区域内的固定汇率制度安排直至使用同一种货币方便了成员国之间的经济交往和合作。欧元诞生对加深欧洲经济一体化、促进欧洲经济融合起到了很大的促进作用，但2008年金融危机之后发生的欧洲债务危机也对欧元区的未来发展甚至生存构成了一定的考验。

思 考 题

1. 欧洲货币一体化的理论依据是什么？
2. 最优通货区的标准包括哪些？
3. 简述欧洲货币一体化的发展历程。
4. 请联系实际分析欧元启动给世界所带来的影响。
5. 请分析建立亚元区的可行性。

参 考 文 献

[1] 姜波克，陆前进. 国际金融学[M]. 上海：上海人民出版社，2003.

[2] 杨长江，姜波克. 国际金融学[M]. 5版. 北京：高等教育出版社，2019.

[3] 左柏云，陈德恒. 国际金融[M]. 5版. 北京：中国金融出版社，2003.

[4] 钱荣堃，陈平，马君潞. 国际金融[M]. 天津：南开大学出版社，2002.

[5] 沈国兵. 国际金融[M]. 3版. 北京：北京大学出版社，2018.

[6] 迈克尔·H. 莫菲特，阿瑟·L. 斯通西尔，大卫·K. 艾特曼. 国际金融[M]. 5版. 北京：机械工业出版社，2021.

[7] 陈雨露. 国际金融[M]. 4版. 北京：中国人民大学出版社，2011.

[8] 约瑟夫·P. 丹尼尔斯，戴维·D. 范胡斯. 国际金融学[M]. 路蒙佳，译. 北京：中国人民大学出版社，2016.

[9] 基思·皮尔比姆著. 国际金融[M]. (原书第4版). 汪洋，译. 北京：机械工业出版社，2015.

[10] 吉尔特·J. 贝克特，罗伯特·J. 霍德里克著. 国际金融[M]. (原书第2版). 蔡庆丰，等译. 北京：机械工业出版社，2015.

[11] 托马斯·A. 普格尔. 国际金融[M]. 英文版. 第15版. 北京：中国人民大学出版社，2012.

[12] 艾特曼，莫菲特. 国际金融[M]. (原书第12版). 刘园，等译. 北京：机械工业出版社，2012.

[13] 韩玉珍. 国际金融[M]. 北京：首都经济贸易大学出版社，2007.

[14] 潘英丽，马君潞. 国际金融学[M]. 北京：中国金融出版社，2010.

[15] 陈彪如，马之騆. 国际金融学[M]. 3版. 成都：西南财经大学出版社，2001.

[16] 冯文伟. 国际金融学[M]. 上海：立信会计出版社，2000.

[17] 易刚，张磊. 国际金融[M]. 上海：上海人民出版社，1999.

[18] 裴平. 国际金融学[M]. 4版. 南京：南京大学出版社，2013.

[19] 何璋. 国际金融[M]. 4版. 北京：中国金融出版社，2001.